思想与文化 第三十五辑

Thought & Culture No.35

杨国荣　主编

文明互鉴与儒学基层治理

WENMINGHUJIAN YU RUXUE JICENGZHILI

华东师范大学中国现代思想文化研究所　主办

华东师范大学出版社

·上海·

图书在版编目(CIP)数据

思想与文化. 第三十五辑,文明互鉴与儒学基层治理/杨国荣主编. —上海:华东师范大学出版社,2025.

ISBN 978-7-5760-5950-2

Ⅰ. C53

中国国家版本馆 CIP 数据核字第 2025KS2600 号

文明互鉴与儒学基层治理

思想与文化(第三十五辑)

主　　编　杨国荣
执行主编　方旭东
责任编辑　吕振宇
特约审读　王莲华
责任校对　王丽平　时东明
装帧设计　刘怡霖

出版发行　华东师范大学出版社
社　　址　上海市中山北路 3663 号　邮编 200062
网　　址　www.ecnupress.com.cn
电　　话　021-60821666　行政传真 021-62572105
客服电话　021-62865537　门市(邮购)电话 021-62869887
地　　址　上海市中山北路 3663 号华东师范大学校内先锋路口
网　　店　http://hdsdcbs.tmall.com

印 刷 者　上海昌鑫龙印务有限公司
开　　本　787 毫米×1092 毫米　1/16
印　　张　25.25
字　　数　408 千字
版　　次　2025 年 1 月第 1 版
印　　次　2025 年 1 月第 1 次
书　　号　ISBN 978-7-5760-5950-2
定　　价　88.00 元

出 版 人　王　焰

(如发现本版图书有印订质量问题,请寄回本社客服中心调换或电话 021-62865537 联系)

华东师范大学中国现代思想文化研究所　主办

目录

Contents

文明互鉴

文明互鉴

人性建构中的女性

——一种基于儒、耶女性伦理的文化比较研究

孙海燕*

［摘　要］　文化与人性，皆由人类在漫长的历史进程中建构而来，二者在人类生存实践中构成了一种相辅相成的互动关系。作为中西文化的两大基干，儒家与基督宗教分别对中西人性产生了重要塑造作用。从两家女性伦理所呈现的人性差异看：儒家是“屈妻而伸母”，张扬了女性的“母性”面而压抑了“妻性”面，体现了父系家庭伦理的纵贯性特征；基督宗教“疏母而伸妻”，张扬了女性的“妻性”面而压抑了“母性”，体现了人神“两个世界”下的平等性特征。这种“母性”与“妻性”彼此消长，造成了东、西方女性不同的生活方式、价值取向和生命体验，无疑是人性与文化互动的一种具体表现。这种人性差异，分别是儒、耶两家伦理体系中的重要一环，它们各有其漫长而复杂的历史文化因缘。追本溯源，儒家是农业文明大背景下宗法父权制、孝道伦理等多种因素结合的现世伦理，基

* 孙海燕（1978—　），男，山东鄄城人，哲学博士，广东省社会科学院哲学与宗教研究所副研究员，主要从事儒家哲学、中国思想史研究。

督宗教则是基于上帝一神论信仰的宗教伦理。

［关键词］ 儒家；基督宗教；女性伦理；母性；妻性

究竟什么是"人性"，历来是一个众说纷纭而迄无定论的重大哲学问题。但学者大多会接受这样一种分解，即从广义上说，人性是生物性与文化性的结合，其中文化性构成了人性的本质（此即狭义上的人性）[①]。就人性与文化的辩证关系看，文化是人性的对象化和观念化，人性则是文化的内在心理凝聚。马克思在谈到"人的本质"，或者说"人性"问题时，突出了"社会关系"对人性的规范作用。他说："人的本质不是单个人所固有的抽象物，在其现实性上，它是一切社会关系的总和。"[②]人作为社会性的人，既是社会关系的主体，不断创造着社会关系，同时也是社会关系的产物，总是受到特定社会关系的制约。而这种特定的社会关系，又是特定文化的一部分。通常来说，一个民族的文化与本民族的人性（或称为民族性）总是互为表里、相资为用的，一方面，该民族在历史发展中不断超越自己的生物性，创造出具有民族特色的文化；另一方面，该民族文化又以不同于生物遗传的社会遗传（广义的教育），一代代塑造着本民族的人性，使每个人一出生就受到民族文化的陶冶。作为影响深远的两大文化系统，儒家与基督宗教分别诞生于中、西特定的社会历史背景之中，它们成为支配性文化后，又分别对中、西方人性起着重大的铸造作用。

女性作为人类的两大性别之一，天然置身于特定的社会关系中，"母性"与"妻性"作为女性的两大社会属性，在不同的文化系统中有着不同的表现形式和伦理偏向。本文旨在从人性建构的视角，论证儒家与基督宗教两种文化中女性伦理的一大差异，即儒、耶二教如何各自彰显了女性之人性整全中的"母性"与"妻性"向度。要说明的是，"母性"与"妻性"是我们为了更好地诠释儒、耶家庭伦理的特色而暂时提出的一对概念。所谓"母性"，指的是女性因成为"母亲"这

---

① 如李泽厚指出："人是动物，有与动物心理完全相同的基本机制和功能，但人毕竟又不完全是动物，经由制造—使用工具和社会群体组织的漫长历史，人的心理机制和功能，有不同于动物的特异之处。这特异之处就在于，动物性与文化性已交融混合在一起：既是动物心理，又有某种文化成果积淀其中；既有社会性（文化性、理性），又有个体性（动物性、感性）。我称之为'文化心理结构'。"——《说天人新义》，见氏著《历史本体论·己卯五说》，北京：生活·读书·新知三联书店，2008年，第247页。

② 马克思、恩格斯：《马克思恩格斯选集》第一卷，北京：人民出版社，2009年，第18页。

一社会角色而体现的人伦属性。由于母亲有抚养教化子女的义务,也有受子女孝敬赡养的权利,“母性”体现了母子关系中的纵向伦理。所谓“妻性”,是指女性因担任“妻子”这一社会角色而具有的人伦属性。妻子与丈夫组成家庭,承担彼此相应的权利和义务,“妻性”体现的是夫妻关系中的横向伦理。

在下文,我们首先分析儒家与基督宗教女性伦理中“母性”与“妻性”如何各擅胜场,由此再从人性系统建构的立场,探讨这一伦理差异所产生的历史文化因缘。

一、儒家女性伦理中的“屈妻而伸母”

仿照董仲舒《春秋繁露》中“屈民而伸君,屈君而伸天”的著名句式,首先应该指出:相比于基督宗教,儒家女性伦理的一大特征是“屈妻而伸母”。在我国传统的宗法家族制度下,儒家伦理的主轴不是夫妇“横向”的并列关系,而是父子“纵向”的上下关系,这就从根子上决定了儒家女性伦理中“母性”与“妻性”的不平等地位。

这一判断的依据,在儒家的经典和礼俗中比比皆是。按照儒家礼制,婚姻首先是关乎家族、宗庙和传宗接代的事,男女双方对自己的婚姻都没有多少决定权,决定权在于父母(所谓“父母之命”)。《礼记·昏义》说:“婚姻者,合二姓之好,上以事宗庙,下以继后世也。”即便是男女婚配之后,决定女性家庭地位的,也不是妻子而是母亲的身份。儒家婚姻的这一特征,与孝道伦理结合起来,便造就了妻子在家庭中的弱势地位。《礼记·内则》中说:“子甚宜其妻,父母不说,出。子不宜其妻,父母曰:‘是善事我。’子行夫妇之礼焉,没身不衰。”在儒家看来,妻子能否取悦于公婆,是可不可以休掉的依据。《大戴礼记·本命》有男子“休妻”的七条理由(“妇有七去”),首要的一条就是“不顺父母”。此篇中有男子不可以“休妻”的“三不去”,其中一条就是“与更三年丧”,是说妻子在夫家为公婆守丧三年的不可休掉。

儒家宗法父权制下的孝道伦理,是造成“屈妻而伸母”的主要原因。儒家认为,人生天地间,受到的最大恩情来自父母,故应以孝敬父母为做人第一义。与之相应,孝道是儒家伦理最核心的具体德行,是人最根本的品质。所谓“孝悌也者,其为仁之本与”(《论语·学而》),“不爱其亲而爱他人者,谓之悖德”(《孝经》)，孔子说“仁者，人也，亲亲为大”(《中庸》)，孟子认为“不得乎亲，不可以为人；不顺乎亲，不可以为子”(《孟子·离娄上》)，“君子有三乐，而王天下不与存焉”，首“乐”就是“父母俱存，兄弟无故”(《孟子·尽心上》)。总之，在儒家的价值世界中，父母的地位直可与天地并列，具有某种终极关怀的意味。相应地，男性与父母的纵向关系，要远比与妻子的横向关系更为优先和重要。女子嫁到夫家后，自然地成为夫族的一分子，要顺从丈夫尽此孝道。依照后世的一些女教规范，女子出嫁后不仅要敬翁姑如父母，甚至要督促丈夫孝敬父母。父母当然也要慈爱儿子、媳妇，但这一方面多不被强调，相比之下，儿子、媳妇对父母的孝道，则是绝对的天理，否则就是大逆不道。相比之下，夫妻关系则与君臣、朋友一样，是以“义”合(“夫妻之义”)，西汉的孔光曾言“夫妇之道，有义则合，无义则离”(《汉书·孔光传》)。男女双方如果恩断义绝，彼此也就没有什么义务了。男性在母亲与妻子“不可得兼”时，当然要宁为母绝妻，不为妻绝母。文学史上广为流传的刘兰芝与焦仲卿、陆游与唐婉的爱情悲剧，都是因“子甚宜其妻，父母不说”而引发的爱情悲剧。一般诗文中“父母且不顾，何言子与妻”(曹植《白马篇》)之类的句子更不待言。现实中，当然有很多“娶了媳妇忘了娘”的现象(荀子所谓“妻子具而孝衰于亲”)，但这类行为已不符合儒家伦理了。与此相关，夫妻关系的重要性很多时候反不如兄弟关系，后者常被喻为“同气连枝”的手足。《郭店楚简·六德》也说“为父绝君，不为君绝父；为昆弟绝妻，不为妻绝昆弟”[①]。受儒家文化的影响，小说《三国演义》中刘备也推崇古人所谓的“兄弟如手足，妻子如衣服。衣服破，尚可缝；手足断，安可续?”[②]凡此种种，都可看出妻子这一身份在家庭中的卑弱地位。或许正有鉴于此，美国学者明恩溥(Arthur Henderson Smith)才议论说：“中国的孝道使妻子处在一种从属的地位上。孔子从未谈及妻子对丈夫的责任或丈夫对妻子的责任。基督宗教要求男人离开父母，守着妻子。儒家学说却要求男人守着父母，并强迫他的妻子也这样做。如果在丈夫与其父母的关系和丈夫与其妻子的关系这两者之间产生了冲突，那么，后一种关系就必须作出牺牲，因为夫妻关系是次要的、从属的。”[③]

有人或许质疑说：父权制下的儒家伦理具有男女尊卑的特征，男子之所以

---

① 李零：《郭店楚简校读记》(增订本)，北京：中国人民大学出版社，2007年，第171页。

② 罗贯中：《三国演义》第十五回，北京：人民文学出版社，1973年，第124页。

③ 明恩溥：《中国人的气质》，刘文飞等译，南京：译林出版社，2011年，第164页。

唯父母之命是从，主要是因为"父亲"而非"母亲"的缘故，因此你以上所说的这些，只能证明父亲的地位重于妻子，不能说母亲的地位重于妻子。这一说法是经不起推敲的。诚如林安梧教授所言，血缘性纵贯轴是儒家家庭伦理的核心，其中"父子"关系是"社会的血缘性纵贯轴"，它所具有权利和符号的意义是文化所特别赋予的，它不同于"母子"关系这一"自然的血缘性纵贯轴"。前者是最核心的，后者则是次核心的。① 但必须看到，母子这种"自然的血缘性纵贯轴"，同样是十分重要而不可或缺的。由于父子关系涉及社会权利分配等各种问题，加上"严父""家长"的严肃面目，使得父子之情往往变得复杂化。相比之下，母子之情反倒更加深刻和自然，代表了人性中最原始的亲子情感。所谓"母子连心"，这种以自然的亲子人性为基础的母子关系，使儿子对母亲有一种未被社会观念异化的孺慕、感恩之情，这又常常是父亲所不及的。故《礼记·表记》也有"母，亲而不尊；父，尊而不亲"的说法。有学者甚至认为："在传统中国性别关系的制约下，具有讽刺意味的是：一个男子一生中最熟悉、觉得和自己最相似，并且可以公开地、无所顾忌地热爱的唯一女性往往就是他的母亲。同样，一个女子一生中既可毫无保留地热爱，又可无所畏惧地要求他对自己忠诚、热爱和感激的唯一男性就是她的儿子。母亲和孩子之间的感情联结是在孩子们的幼年时期开始形成的。由于这种关系，孩子不但对母亲的命运中的每一个细节都非常熟悉，并且还会使自己和母亲的种种苦难融合在一起。更有甚者，儒家伦理中对于孝道的规定非常独特，它允许（事实上还要求）儿子永远对母亲保持绝对忠诚。母亲有充分的理由在精神上物质上对儿子进行更多的投资，并期待或要求他们长大以后能给她忠诚的报答。"②正由于母亲身份的重要性，儒家经典可随处看到"父母"并称的情况，这是"夫妇"关系无法与之相提并论的。举例而言，在儒家核心经典《论语》一书中，"父母在，不远游""事父母几谏"之类的话所在多有，但无一句话论及夫妻关系。

当然，如果仔细寻找，在儒家经典中也颇不乏一些强调夫妻伦理的话，如《中庸》所谓"君子之道，造端乎夫妇；及其至也，察乎天地"，认为夫妇伦理是君

① "血缘性纵贯轴"等说法，参见林安梧：《儒学与中国传统社会之哲学省察——以"血缘性纵贯轴"为核心的理解与诠释》，上海：学林出版社，1998 年，第 27 页。

② 熊秉贞：《明清家庭中的母子关系——性别、感情及其他》。载李小江等主编《性别与中国》，北京：生活·读书·新知三联书店，1994 年，第 540 页。

子之道的开端。《周易》家人卦“彖辞”说:“家人,女正位乎内,男正位乎外,男女正,天地之大义也。家人有严君焉,父母之谓也。父父,子子,兄兄,弟弟,夫夫,妇妇,而家道正,正家而天下定矣。”这段话强调了女性在家庭中的主体地位,对儒家伦理“男尊女卑”的说法或许有所驳正,但我们要看到,夫妇伦理以及女性在家庭地位的重要性是一个问题,而女性之作为女性,其身份地位是更多地源自“母性”,还是源自“妻性”,则又是另外一个问题。总体来说,在儒家的价值序列中,母亲的地位远远高于妻子,上段话中“家人有严君焉,父母之谓也”,把父母作为家庭的领导者(严君),正恰好说明了这一点。

历史地看,母子关系之重要性,有时甚至达到与父子关系相抗衡的地步。[①]兹举两例:其一,按照儒家旧制,“父在为母服丧一年”,到唐代的武则天上表建议改为“父在,为母服齐衰三年”,理由是“子之于母,慈爱特深,非母不生,非母不育。推燥居湿,咽苦吐甘,生养劳瘁,恩斯极矣”(《旧唐书·礼仪志七》)。武则天加重母服的论述,无疑强调了母亲对子女的生养恩情。其二,中国历史上的女主摄政,基本上是因皇帝年幼或无能,由母后临朝主政的形式。[②] 这虽然多为权宜之计,不能总体上挑战男性的统治地位,但就儿子角度看,由于强大的孝道伦理,母亲对他有很大的支配力。有学者指出:“‘女为弱者,为母则强’,此语原本用来形容女性为保护子女所发挥的坚韧毅力,然而放在父系礼法中女性借助为母的身份伸张意志的角度来理解,却也不无启发。”[③]这一论断不为无见。小说《红楼梦》中的贾母,评书《杨家将》中的佘太君,都是这类“母亲”形象的典型。这两大“母亲”虽属艺术形象,在传统儒家家庭却有着代表性意义。

儒家的“屈妻而伸母”,最直接的体现还是儿媳对婆婆的服从。在“女主内”的传统社会分工中,母亲不但某种程度上控制着儿子,更是儿媳的直接“统治者”。对一女人而言,“多年媳妇熬成婆”意味着对家庭“内政”的接管,进而抵消了做“媳妇”时的委屈与不公。这一点,连西方学者也有所察识:“在中国历史上

① 关于母子关系对父系制度的挑战,可参考李贞德《女人的中国中古史——性别与汉唐之间的礼律研究》,载邓小南等主编《中国妇女史读本》,北京:北京大学出版社,2011 年。

② 关于中国历史上女主摄政的现象,参见杨联陞《中国历史上的女主》一文,载邓小南等主编《中国妇女史读本》,北京:北京大学出版社,2011 年。

③ 李贞德:《女人的中国中古史》,载邓小南等主编《中国妇女史读本》,北京:北京大学出版社,2011 年,第 44 页。

儒家思想受推崇的任何时期，年长的妇女，有着与她年龄相称的智慧和经验，人们就要敬重她、服从她，儿子即使是皇帝，对母亲也必须恭顺。也许正是这个事实，使得传统中国妇女能够如此长期地接受强加给她们的地位身份。”[①]我们说，儒家虽然有诸如《仪礼·丧服》所谓“妇人有三从之义，无专用之道。故未嫁从父，既嫁从夫，夫死从子”，孟子所谓“以顺为正者，妾妇之道也”（《孟子·滕文公下》）之类要求女性服从男性的教条，但在儒家孝道的制衡下，“夫死从子”的教条从未被“母亲”严格执行过。在这一点上，连现代著名女性主义者李银河也不得不承认：“与西方的情形相比，我们还是具有一些文化特色的，比如母亲在中国家庭中的地位往往比西方家庭要高一些，但是这并没有改变女性处于劣等地位这一基本事实。”[②]故一定程度上可以说，儒家文化中的“家庭母权”委实是存在的，此也反衬出妻子在家庭中的低下身份。

二、基督宗教女性伦理的“疏母而伸妻”

如果说，以夫妻为中心的家庭结构，两性间的平等地位，夫妻间的性情之爱，是“妻性”得以展现的三大基本条件，那么，与儒家伦理的“屈妻而伸母”不同，基督宗教伦理彰显了女性的“妻性”特质，可称为“疏母而伸妻”。此在以《圣经》为中心的基督宗教文化中也有充分的证据。

首先，脱离父母笼罩的夫妻关系是基督宗教家庭伦理的核心。在《新约》中，耶稣宣称：“从起初创造的时候，神造人是造男造女。因此，人要离开父母，与妻子连合，二人成为一体。既然如此，夫妻不再是两个人，乃是一体的了。所以，神配合的，人不可分开。”（《马可福音》10:6—9，《圣经》和合本，下同）根据《旧约》的“摩西十诫”也有“当孝敬父母”一条，但从实际情况看，男性成年后要离开父母与妻子一起生活，那么，与父母的关系自然要疏远得多了（儒家则崇尚“子孝妻贤”，甚至追求“四世同堂”）。就母亲而言，既然儿子成年后不与自己同住，“母性”自然也就因失去了施用对象而大打折扣了。这一点，体现了儒、耶家庭伦理的根本性不同。儒家要强化这种亲子关系，乃至将其神圣化，而基督宗

---

① 圭索（Richard W. Guisso）：《泽上有雷：五经和早期中国对妇女的认识》，转引自安乐哲《自我的圆成：中西互镜下的古典儒家与道家》，石家庄：河北人民出版社，2006 年，第 464 页。

② 李银河：《女性主义》（代序），上海：上海文化出版社，2018 年。

教则要破除之,借此以凸显神人关系的至上性。《旧约》中亚伯拉罕的杀子献祭,就彰显了此一神论信仰对血缘亲情的超越。耶稣说:“我来是叫人与父亲生疏,女儿与母亲生疏,媳妇与婆婆生疏。人的仇敌,就是自己家里的人。爱父母过于爱我的,不配作我的门徒;爱儿女过于爱我的,不配作我的门徒。”(《马太福音》10:37)“弟兄要把弟兄,父亲要把儿子,送到死地。儿女与父母为敌,害死他们。并且你们要为我的名,被众人恨恶。”(《马太福音》10:21—22)《新约》福音书中还多次记载了耶稣对母亲的“冷漠”,如他曾对母亲说:“母亲(原文作妇人),我与你有什么相干,我的时候还没有到。”(《约翰福音》2:4)当耶稣传道时,有人提醒说母亲和兄弟来找他了,他回答说:“谁是我的母亲?谁是我的弟兄?……凡遵行神旨意的人,就是我的弟兄姐妹和母亲了。”(《马可福音》3:33—35)对耶稣的这类言行,基督徒当然会别有一番解释,如认为耶稣并非不孝之人,只是他要孝的是“天上的父”,而非生养他的母亲。有鉴于此,有学者将基督宗教的孝和儒家的孝分别称为“人本之孝”与“神本之孝”①。无论如何,耶稣的这些行为,与孟子所描绘的大舜感天动地的孝行相比,无疑是形同天壤(另如儒家“窃负而逃”“亲亲相隐”乃至“郭巨埋儿”的孝道叙事)。说到底,基督徒的终极关怀是死后的灵魂得救,而非儒家现世的“天伦之乐”与“光宗耀祖”。

第二,从家庭地位的比较看,基督宗教伦理中的夫妻关系比儒家更具平等和独立性。基督宗教和儒家的女性伦理有很多相同之处,都要求妻子顺服丈夫、保持贞洁等。如圣徒保罗说:“你们作妻子的,当顺服自己的丈夫,如同顺服主。因为丈夫是妻子的头,如同基督是教会的头;他又是教会全体的救主。教会怎样顺服基督,妻子也要怎样凡事顺服丈夫。”(《以弗所书》5:22—24)但总体地看,基督宗教缺乏儒家所植根的纵贯式宗法家庭伦理,夫妻双方的人格地位要相对独立和平等得多。《新约》多次强调了人在上帝前的平等:“你们因信基督耶稣,都是神的儿子。你们受洗归入基督的,都是披戴基督了。并不分犹太人,希腊人,自主的,为奴的,或男或女;因为你们在耶稣基督里,都成为一了。”(《加拉太书》3:26—28)按照基督宗教的教理,婚姻是神意下的盟约,夫妻不可分开,男人要像爱护自己身子一样爱护妻子:“你们作丈夫的,要爱你们的妻子,正如基督爱教会,为教会舍己。”(《以弗所书》5:25)这类要求,教徒能否真正做

① 参见孙清海《多维宗教视野下的孝道观》,《基督教思想评论》,2022年总第24期。

到当然另当别论，但基督宗教文化中男女平等的思想资源无疑比儒家更为丰富，至少在男性对待妻子和母亲孰轻孰重的问题上，两家做出了近乎相反的价值抉择。即便在父母与儿女关系上，基督宗教也强调一种神恩下的朋友伦理："你们作儿女的，要在主里听从父母，这是理所当然的。"(《以弗所书》6:1)"你们作父亲的，不要惹儿女的气；只要照着主的教训和警戒，养育他们。"(《以弗所书》6:4)有了上帝这一无与伦比的敬仰感恩对象，基督宗教就不会像儒家那样严苛地要求儿女对父母尽孝道。著名基督宗教伦理学家白舍客(Karl-Heinz Peschke)认为，与其他宗教相比，基督信仰是最尊重妇女尊严的。"在世界众多的宗教领袖中，只有耶稣一个人看到，女人与男人有同样的价值与地位。"[①]"在基督宗教文化中，妇女们享有的尊敬超过她们在大部分其他文化所得的重视。"[②]一夫一妻制于今大昌于世，学者多认为与基督宗教倡导的男女平等的婚姻伦理有关。

如果说基督宗教也有尊卑，主要是"神""人"两个世界之间的尊卑，而儒家的尊卑，则是不同身份在现实世界的尊卑。必须承认，儒家也有夫妻平等，丈夫应敬重妻子的教义。如《礼记·哀公问》所载孔子对哀公说："昔三代明王之政，必敬其妻子也，盖有道焉。妻也者，亲之主也，敢不敬与！"《礼记·昏义》："(夫妇)共牢而食，合卺而酳，所以合体，同尊卑，以亲之也。"但这类男女平等的论说毕竟少之又少，更容易被"阳尊阴卑""夫为妻纲"等实际存在的纲常礼法所扭曲。尤其在秦汉大一统之后的皇权制度下，夫妻变成了类似于父子、君臣的泛政治性关系。如董仲舒所云："君臣、父子、夫妇之义，皆取诸阴阳之道。君为阳，臣为阴；父为阳，子为阴；夫为阳，妻为阴。阴道无所独行。"[③]《白虎通义》倡导"三纲六纪"说，更将"夫权"绝对化，强调"一与之齐，终身不改"，以及"妇者，服也，事人者也"。班昭的《女诫》更以女性的口吻强调了女子在婚姻家庭中的卑从地位。在这里，我们也不是不承认，这种"男尊女卑""夫为妇纲"的儒家伦常在特定的历史情况下，有其自身的历史合理性(见后文)，但仍不得不指出，夫

① 卡尔·白舍客：《基督宗教伦理学》(第二卷)，静也、常宏等译，上海：华东师范大学出版社，2010年，第436页。

② 卡尔·白舍客：《基督宗教伦理学》(第二卷)，静也、常宏等译，上海：华东师范大学出版社，2010年，第438页。

③ 苏舆撰，钟哲点校：《春秋繁露义证》，北京：中华书局，1992年，第350—351页。

妻关系一旦父子化和君臣化，男女间的爱情便容易被扭曲，女性的“妻性”之花也就无法自由开放。

第三，从夫妻伦理所规范的具体内容看，基督宗教更强调夫妻间的性情之爱，儒家更强调夫妻间的恩情礼义。一谈起基督宗教的性爱伦理观，许多人不免想起历史上的禁欲主义，尤其是三、四世纪基督宗教的修道运动和欧洲“黑暗”的中世纪，以及离弃世俗情爱世界的修道院制度等等。然而，这一切，并非基督宗教性爱伦理的核心体现，更不是基督宗教性爱伦理的全部。首先应该辨明，自然情欲是男女双方缔结婚姻、组成家庭并繁衍后代的原始动力之一。无论基督宗教还是儒家，都承认婚内性爱的合情合理性，都强调男女双方尤其是女性对婚姻的忠贞。相对而言，基督宗教对“性爱”持有更积极和正面的态度，甚至认为“性”是上帝赐予人类的礼物，正当的性爱是蒙上帝祝福的圣事。据《旧约·创世纪》，上帝造了亚当后，认为他一人独居不好，遂用他的一根肋骨又造了夏娃，这使得男女成为彼此“骨中的骨，肉中的肉”。在《旧约》的《雅歌》中，激情的性爱甚至得到正面的欣赏和赞扬。如谓：“愿他用口与我亲嘴，因为你的爱情比酒更美”（《雅歌》1:2）；“爱情，众水不能息灭，大水也不能淹没；若有人拿家中所有的财宝要换爱情，就全被藐视。”（《雅歌》8:7）这类通篇都洋溢着炽热情欲的诗篇，即便可以被解读出超越性爱的神圣寓意，在儒家经典中也是踪迹难觅的。这种男女性爱，在儒家的经典中多以“阴阳和合”一笔带过，即便出现了，也要尽量回避性爱的意旨。如《诗经》之《关雎》，本是孔子之前咏叹男女情爱的民歌，后儒仍然要从“窈窕淑女，寤寐求之。求之不得，寤寐思服”的句子中读出“温柔敦厚”的“后妃之德”来。[①] 依儒家教义，士君子应“贤贤易色”，娶妇首重性情淑贞、端庄娴静等贤德，女性的自然感性之美常常被忽略，甚至被刻意回避，因为后者属于“色”的范畴（尽管实际上很少有人能真正做到）。基督宗教则主张，丈夫要爱妻子：“你们作丈夫的，要爱你们的妻子，正如基督爱教会，为教会舍己。”（《以弗所书》5:25）“丈夫也当照样爱妻子，如同爱自己的身子，爱妻子便是爱自己了。”（《以弗所书》5:28）“然而你们各人都当爱妻子，如同爱自己一样，妻子也当敬重她的丈夫。”（《以弗所书》5:33）与这种夫妻之爱有所不同，儒

① 如郑玄说：“《关雎》，后妃之德也。”并说“是以《关雎》乐得淑女，以配君子，忧在进贤，不淫其色。哀窈窕，思贤才，而无伤善之心焉，是《关雎》之义也。”《毛诗传笺》，孔祥军点校，北京：中华书局，2018 年，第 1—2 页。

式家庭崇尚夫妻之间的琴瑟和谐、相敬如宾,“礼”与“义”的成分远远超过“性”与“爱”的成分。孟光与梁鸿“举案齐眉”的故事尤被传为佳话。与此相关,儒家经典涉及夫妻关系时,多注重强调男女有别、夫唱妇随、孝敬父母之类,“性爱”几乎是完全缺位的。至于《圣经》及诸多神学著作出现的很多“性话题”,如媾和、性愉悦、经期性行为、性幻想、手淫、强奸、性虐、同性恋、性教育、卖淫、避孕、性变态,等等,更完全在儒家圣经贤传的触角之外。美国学者明恩溥说:“中国的古籍之中完全没有任何使读者的心灵变得庸俗的东西。”他还引用密迪乐的话说:“无论古今,没有一个民族能像中国人这样拥有如此圣洁的文献,其中完全没有一处放荡的描写,没有一句出格的话语。四书五经的每一句话,每一条批注,都可以在英国的任何一个家庭里大声诵读。”[①]这正是看到了儒家经典“圣洁”(对性的隐匿)的一面。

总结而言,基督宗教要求男子应离开父母与妻子组成家庭的神谕,夫妻因信仰上帝而有的平等身份,以及所认可的夫妻间的自然情爱等,使其比儒家文化更好地张扬了“妻性”的人性向度。现代新儒家熊十力说:“(予)常谓西洋伦理,由男女之恋爱发端;吾人伦理,由亲子之慈孝发端,此是东西根本异处。”[②]这是有道理的,其根源正在于中西伦理中“妻性”与“母性”的分野。华裔人类学家许烺光也指出,儒家社会是以父子关系为模型的,西方社会是以夫妻关系为模型的。父子关系的模型社会有延续性、包容性、权威性和无“性爱”性的特点,人际关系以上下关系为主,讲究尊卑秩序,夫妻关系也如此。而夫妻模型的家庭关系则是平等关系,全家人甚至可以兄弟姊妹相称。[③] 许氏的这一陈述,显然也是建立在儒、耶文化分别对中、美社会影响之基础上的。

三、儒、耶之“母性”“妻性”对扬的人性反思

如上所述,“屈妻而伸母”与“疏母而伸妻”是儒、耶女性伦理的根本性差异之一。这种差异,在当今社会无疑极容易引发激烈的伦理冲突。因为就人性的整体而言,一个人“妻性”展现得多,“母性”就展现得少,反之亦然。从现代西方

---

① 明恩溥:《中国人的气质》,刘文飞等译,南京:译林出版社,2011 年,第 259 页。

② 熊十力:《答谢幼伟》,《十力语要》(二),沈阳:辽宁教育出版社,1997 年,第 255 页。

③ 相关论说,可参见(美)许烺光《宗族·种姓·俱乐部》一书,薛刚译,北京:华夏出版社,1990 年。

文明的立场看，基督宗教的女性伦理较之儒家亦确乎更能体现夫妻间的人格平等与尊严（尽管也受到西方女性主义者的批判）。对于那些有基督宗教背景的人来说尤其如此。他们会认为，儒家所谓的“母性”张扬，是以平等人格的丧失，尤其是“妻性”的萎缩为代价的。基督宗教女性在中晚年虽然享受不到儒家女性的“待遇”，但在真正的基督徒看来，这种“待遇”并无多少意义，她们专注的是死后的灵魂得救与天国永生。基督宗教女性似乎亏欠了“母性”，但实际将生命中神圣而崇高的情感，转移到对上帝这位“天上的父”的侍奉中去了。

但站在儒家的立场，则又是另一番议论。首先，与“妻性”相比，“母性”何尝不是女性的另一大生命属性？要儿子离开父母单独生活，对“母性”何尝不是一种戕害？儒家视为天经地义的“孝道”又何以落实？更何况基督宗教提出“原罪”说，使人永远地匍匐于上帝的脚下，徒然导致了人神间的尊卑不平等，又怎么比得上儒家将人类提高到与天地并立（与天地参）的高度？依儒家伦理，妻性与母性不过是道德人格的自然流转，女性在“妻子”身份上即便有“不公”（儒家当然不认为这是“不公”，而是一种人之为人的责任伦理，是一种厚德载物的“坤道”），也会在“母亲”身份上得到弥补。而从儒家的伦理序列看，“和谐”之于“平等”，“义务”之于“自由”，都是更优先的道德诉求。至于有人质疑，儒家何以不重视夫妻间的性爱，而只重视彼此的恩德礼义？儒家则可以答之曰：性爱乃人之自然本能，儒家对此本不否认，但也不必多加强调，且此情色之欲多变易失，不可依恃，而强调“男女有别”“相敬如宾”“夫唱妇随”的夫妻礼义，才可使家庭更和谐，婚姻更长久，从而也有利于社会的和谐稳定。

这类针锋相对的争论背后，还隐藏着一个更具根本性的问题，即：母性与妻性的多寡，最终必然落实为不同的生活经验和生存感受，呈现出不同的性情人格和生命格调，那么，究竟哪一种经验和感受更富有价值呢？或者说，妻性的张扬与母性的实现，究竟哪一个更符合健全的人性？如何才能建构一个更完美的家庭模式，使人类生活得更自由和幸福？

老实说，这类问题牵涉到生命意义的多层次性，恐怕永远只能是见仁见智、没有确切答案的，因为人性是开放而非封闭性的，有着无比丰富的内涵。所谓的“完美”“健全”等价值判断，都是人类为自己“立法”的结果。这种立法，本身是对人性的一种探寻和规定，并使之以不同的文化形态表现出来。这一道理，中外思想家已多有论述。如著名哲学人类学家马克斯·舍勒认为“人是一个能够向世界无限开放的 X”。[①] 文化人类学家克利福德·格尔茨(Clifford Geertz)说:“马克斯·韦伯提出,人是悬在由他自己所编织的意义之网中的动物,我本人也持相同的观点。于是,我以为,所谓文化就是这样一些由人自己编织的意义之网,因此,对文化的分析不是一种寻求规律的实验科学,而是一种探求意义的解释科学。”[②]法国思想家埃德加·莫兰(Edgar Morin)认为:“随着人们意识到历史是进化的和文明具有多样性,人性的概念更被摘去了核心而变成柔软的原浆。既然在不同的时间和空间条件下的人类是如此不同,既然他们随着社会发生变化,那么人性就不过是一种可塑的原料,只有文化或历史才能赋予它形式。”[③]现代新儒家徐复观指出:“人性蕴储着无限的多样性。因人性所凭借以自觉的外缘条件之不同,所凭借以发展的外缘条件之不同,于是人性总不会同时作全面的均衡发展,而所成就的常是偏于人性之某一面,这便形成了世界文化的各种不同性格。我相信由各种文化的不断接触互往,人类文化能向近于‘全’的方面去发展。但不能赞成以一种文化性格作尺度而抹杀其余的文化的武断态度。”[④]凡此诸论,都强调了人性的开放性、多样性和未完成性特征。应该说,儒、耶伦理中的“母性”与“妻性”作为女性之全体人性中的两大维度,都是人性之“无限开放”的不同表现,都是人类自己编织的“意义之网”,都是文化和历史所赋予的“内容”和“形式”,都是因“外缘条件之不同”而凸显的“人性之某一面”。从人性建构的立场看,这种“母性”与“妻性”的此起彼伏,已经是中西文化巨木上分别结出的花枝,各有其经脉与姿容,也各有其历史与文化的合理性。这一问题,分析起来颇为复杂。限于篇幅,这里只能对儒、耶女性“母性”“妻性”的文化根脉略加梳理和反思。

人性的差别源自文化的差别,而不同民族的文化差异,最初源于自然环境及因之而来的生活方式和心理体验。作为儒家文化的发源地,黄河中下游地区有着源远流长的农业文明。一方面,以种植业为主体的农耕文明更多地依赖于

---

① M. Scheler: Die Stellung des Menschen im Kosmos, Berlin, Verlag, 1921, S. 49.(转引自欧阳谦著《20 世纪西方人学思想导论》,北京:中国人民大学出版社,2002 年,第 324 页。)

② 克利福德·格尔茨:《文化的解释》,韩莉译,南京:译林出版社,2014 年,第 5 页。

③ 埃德加·莫兰:《迷失的范式:人性研究》,陈一壮译,北京:北京大学出版社,1999 年,第 4 页。

④ 徐复观:《儒家精神之基本性格及其限定与新生》,见氏著《儒家思想与现代社会》,北京:九州出版社,2014 年,第 4 页。

气候、雨泽、土壤，也更容易形成人与大自然的脉脉温情，使华夏先民产生了对现实世界的诚信感以及对自身能力的信心，人们相信依靠自身的努力，能够在此世间创造一种更美好的生活。这一原始信念，从根子上培养了儒家文化的现世品格。另一方面，在此精耕细作、安土重迁的农耕文明中，长辈的生存经验极为重要，较早形成了稳固的家庭—家族结构，孕育了法天敬祖的亲缘文化，并演化出一套尊敬长老的习俗和制度。[①] 钱穆说："'家族'是中国文化一个最主要的柱石，我们几乎可以说，中国文化全部都从家族观念上筑起，先有家族观念乃有人道观念，先有人道观念乃有其他的一切。中国人……不很看重另外一个世界的上帝，可以说全由他们看重人道观念而来。人道观念的核心是家族而不是个人。"[②]这种以小农经济为主体的家庭—家族生活，既是儒家孝道伦理产生的温床，也是儒家父权制下"屈妻而伸母"现象产生的渊薮。

众所周知，儒家文化诞生的一大因缘，在于殷商之际的一场"人文主义"觉醒。——周人由殷人对原始天命鬼神的信仰，转移到对人类自身德性的建设上来。[③] 尤其是周公的"制礼作乐"，在国家政治思想层面加剧了人文与宗教的切割，中国从此成为一个宗法伦理社会，作为血缘纵贯轴的父子关系也成为家庭伦理的轴心。到了孔子及儒家，天道与人心成为人的基本信仰，道德理性愈发与宗教信仰分道扬镳，并落实为一套阴阳互补、尊卑有序、父严母慈、妻贤子孝的礼教系统。梁漱溟指出："宗教问题实为中西文化的分水岭。我国古代社会与希腊罗马古代社会，彼此原都不相远的。但西洋继此而有之文化发展，则以宗教若基督宗教作中心；中国却以非宗教的周孔教化作中心。此后两方社会构造演化不同，悉决于此。"[④]与此相关，梁先生认为中国"以伦理代宗教"是一种文化"早熟"。我们说，"早熟"本身即意味着"不足"，因为当时社会的整体民智，尚无法达到彻底抛弃"宗教信仰"的阶段。到了汉武帝时，儒家获得了主流意识形态地位，董仲舒构建出一套"天人感应""屈民而伸君，屈君而伸天"的神学目

① 关于儒家的"现世精神"及其家庭伦理之诞生，可参见拙文《论儒家现世精神的起源》，《人文杂志》，2023年第9期。

② 钱穆：《中国文化史导论》，北京：商务印书馆，1994年，第51页。

③ 详参徐复观《中国人性论史》（先秦篇）之第二、三章，台北：商务印书馆，1969年。余英时《士与中国文化》之《士在中国文化史上的地位》《古代知识阶层的兴起与发展》二章，上海：上海人民出版社，2003年。

④ 梁漱溟：《中国文化要义》，《梁漱溟全集》（第3卷），济南：山东人民出版社，2005年，第53页。

的论，可以说恢复了某种形式和程度的宗教信仰。与此同时，儒家以“三纲五常”为骨干的礼教系统也基本定型，自下而上的“孝道”尤其成为伦理的重心。相对来说，先秦儒家的“五伦”即君臣、父子、夫妇、兄弟、朋友五种社会关系，是一种以“等差之爱”为底子的权责关系，此关系是互为条件的。到了《白虎通》提倡“君为臣纲，父为子纲，夫为妻纲”的“三纲”，则强调了君对臣、父对子、夫对妻的绝对权威。在“阳尊阴卑”“夫为妻纲”等观念和儒家孝道的合力下，儒家女性伦理“屈妻而伸母”的特色就愈发彰显。著名“女德”读本——班昭的《女诫》也产生在这一时期。时至今日，大凡受过西方“平等”观念洗礼之人，无不痛斥“夫为妻纲”等儒家伦理对女性的奴役。尽管至今学者对“三纲”是否来自先秦儒家仍有激烈论辩[①]，但倘若采取一种历史主义而非伦理主义的眼光，就知道这种由“五伦”到“三纲”的演进，有其合理性的一面。此正如贺麟先生在《五伦观念的新检讨》一文所指出的，君臣、父子、夫妇等“五伦”关系是自然的、社会的、相对的。这种相对关系，一方面要求君臣、父子彼此尽自己的义务，另一方面也蕴含着君不尽君道，臣自然就会不尽臣道的逻辑。父子、夫妻关系也是如此。这样一来，只要社会上有不君之君，不父之父，不夫之夫，则臣弑君，子不孝父，妇不尽妇道的事情，随时就可能发生，社会就难免陷入循环的计较报复中。“三纲”正是要补救这种相对关系的不安定性，进而要求一方绝对遵守其位份，履行单方面的义务。故而，包括“夫为妇纲”在内的“三纲”，其本质在于要求君不君，臣不可以不臣；父不父，子不可以不子；夫不夫，妇不可以不妇。这种要求臣、子、妇尽单方面的忠、孝、贞的绝对义务，可以避免相对的“循环报复，给价还价的不稳定的关系”。从这种意义上看，“三纲”的出现，有其历史逻辑的合理性，是“五伦”的必然发展。[②] 在我们看来，不管传统儒者是否有此自觉，这种伦理上的绝对化倾向，有利于维系整个社会的和谐有序，可视为儒家对自身宗教性不足的一种补偿。西方思想家孟德斯鸠在《论法的精神》中说：“儿媳每天清晨是否前去侍候婆婆，此事本身无关紧要。可是，我们如果想到，这些日常细节不断地唤起必须铭刻在心中的一种感情，而正是每个人心中的这种感情构成了中华帝国的治国精神，我们就会明白，此类具体行为没有一件是可有可无的。”[③]

---

① 相关论争，可参见方朝晖《为“三纲”正名》，上海：华东师范大学出版社，2014年。

② 参见贺麟著：《文化与人生》，北京：商务印书馆，2017年，第62页。

③ 孟德斯鸠：《孟德斯鸠论中国》，许明龙编译，北京：商务印书馆，2016年，第255页。

另外，还应该指出，儒家这种建立在“差等之爱”基础上的亲情伦理尽管有其浓厚的世俗性，但并非浅薄的世俗主义，而是一种以“和谐”为更高价值的生命伦理。如《易传》所谓“天行健，君子以自强不息”，“地势坤，君子以厚德载物”，就赋予男女和谐以天地之道的神圣意义，它要求男性像苍天一样广大正直、自强不息，女性像大地一样谦卑包容、厚德载物。如此，宇宙便阴阳和谐、生生不息，女性的生命也因此得到安顿。由此可见，儒家伦理之“母性”的张扬与“妻性”的萎顿，只是此文化大系统的一个有机环节。

对照之下，基督宗教“疏母而伸妻”的女性伦理，则有着另一番文化起源，是犹太教文明和古希腊文明媾和的产物。如果说儒家文明起源于农业文明下华夏先民对现世生活的热爱，那么，犹太文明的上帝信仰，则源于一个流亡民族的现实无助感。与华夏民族极重视现世的家庭生活不同，犹太民族有着长期被奴役的苦难经历，使他们产生了强烈的一神论信仰。基督宗教由犹太教脱胎而来，耶稣将犹太教的“末世论”转化为“救赎论”，不但超越了犹太教的律法主义和民族主义，更将犹太人期盼社会解放的理想，转化为死后灵魂得救的理想。基督宗教在罗马帝国的传播过程中，充分吸收了古希腊的形而上学思想和罗马的社会组织系统，最终成为一种轻肉体重灵魂、轻理性重信仰、轻现世重来世、轻家庭重教会的唯灵主义宗教。[①] 在以教会为中心的团体生活中，神人关系成为最基本的关系，基督宗教所崇尚的“信”“望”“爱”三德，都是以对上帝的信仰为核心，世俗的家庭生活及人际伦理一直没有成为其伦理重心。

对于基督宗教的团体生活及其平等观念，费孝通先生分析说：“西洋的‘团体格局’社会中的道德体系，决不能离开他们的宗教观念。宗教的虔诚和信赖不但是他们道德观念的来源，而且是支持行为规范的力量，是团体的象征。在象征着团体的神的观念下，有着两个重要的派生观念：一是每个个人在神前的平等；一是神对每个个人的公道。耶稣称神是父亲，是个和每个人共同的父亲，他甚至当着众人的面否认了生育他的父母。为了贯彻这个‘平等’，基督宗教的神话中，耶稣是童贞女所生的。亲子间个别的和私人的联系在这里被否定了。其实这不是‘无稽之谈’，而是有力的象征，象征着‘公有’的团体，团体等等代

① 关于基督宗教与希伯来、希腊文化的复杂关系，详参赵林《基督宗教与西方文化》第二、三章，北京：商务印书馆，2013 年。

表——神,必须是无私的。每个'人子',耶稣所象征的'团体构成分子',在私有的父亲外必须有一个更重要的与人相共的天父,就是团体。——这样每个个人人格上的平等才能确立,每个团体分子和团体的关系是相等的。"①

这一点,与儒家立足现世生活的人际伦理构成了鲜明的对比。对儒家伦理深有研究的西方学者安乐哲(Roger Ames)也说:"(犹太教)耶和华、(基督宗教)上帝、(伊斯兰教)安拉为我们人生赋予意义。与此很不一样,对儒家哲学体系来说,人生的意义与人生中所建立的关系是同步产生和形成的。人在自己家庭关系上达到的对待关系的至善程度,既是人、社会乃至宇宙意义的起点也是它们的根本源头。"②由此可见,儒家的"母性"与基督宗教的"妻性"只是两大文化系统的局部表现,两者虽都落实在家庭伦理中,但从更大的系统看,前者本质上是一种人际伦理,后者则是一种宗教伦理。如果说"报恩"是跨文化的人性心理,是一种根本性的"元伦理",那么,儒家既然认为人的生命来自父母,父母自然成为崇拜感恩的对象,再加上儒家并无"教会"之类的宗教组织,又要保证父母在晚年得到照顾,所以要格外强调子女对父母的孝道。与此不同,基督宗教认为一切都来自上帝的创造与恩赐,上帝也自然成为无与伦比的感恩对象,这样一来,后者就不会像儒家那样严苛地要求儿女对父母尽孝道。儒家女性的价值,既然要在现世伦理中安顿,就必然要有一个现实权威,对儿女而言,这个权威只能是父母。夫妻之间,这个权威只能是丈夫。而基督宗教女性的价值,要在神人关系中安顿,为凸显上帝这个超越的权威,就必然要淡化家庭伦理,宣扬一种人在上帝之前的平等关系。这就出现了一种理论的吊诡:基督宗教的平等,是在神人二分前提下的相对平等,而儒家的平等,则是在"天人合一"观念下的人性平等。——根据儒家的义理,人先天具有良知善性,只要不断保养、扩充这种善性,就可以超凡入圣,实现"参天地之化育"的使命。"贤妻良母"正是儒家女性参赞天地,实现生命价值的人格模型。

钱穆说:"文化俨如一生命,他将向前伸舒,不断成长。横切一时期来衡量某一文化之意义与价值,其事恰如单提一部门来衡量全部,同样不可靠。我们应在历史进程之全时期中,求其体段,寻其态势,看他如何配搭组织,再看他如

---

① 费孝通:《乡土中国》,北京:商务印书馆,2017年,第34页。

② (美)安乐哲:《儒家角色伦理学》,济南:山东人民出版社,2017年,第188页。

何动进向前，庶乎对于整个文化精神有较客观、较平允之估计与认识。”[①]他在论及中西“平等”时也说：“天地乾坤，平等中有不平等，故有尊卑。若必求男女平等，则即就今日西方言，在此亦尚有甚远距离。惟西方婚后即成一小家庭，夫妻各自脱离其原有之家，故其父母与子女间，只有上半世之关系，下半世日疏日远。视其中国孝道，至少已截了下半截。故个人主义与人伦主义不同。”[②]钱先生这段话，并非紧扣基督宗教的平等观念立论，但其所谓今日西方父母与子女间“下半世日渐疏远”，却正是基督宗教文化影响下“母性”萎缩的表征之一。

余论

如上所述，儒家与基督宗教是不同民族因各自特殊的历史文化因缘发展出来的两大人性系统，从表面看，它们固然有着诸如“母性”与“妻性”等诸多不可调和的差异或矛盾，但从人性建构的立场看，二者又有着功能上的内在统一性，分别以各自的文化样态及人性模式，完成了一个人由生到死的生命意义的系统建构。儒、耶之“母”“妻”二性上所表现出的不同取向，都是以各自的人性选择为基础的，二者不宜相互否定与攻讦，而应在相互尊重的基础上予以同情的理解。

早在 80 多年前，梁漱溟先生就曾预言道：“人类文化之全部历程，恐怕是这样的：最早一段，受自然（指身体生理心理与身外环境间）限制极大，在各处不期而有些类近，乃至有某些类同，随后就个性渐显，各走各路。其间又从接触融合与锐进领导，而现出几条干路。到世界大交通，而融会贯通之势成，今后将渐渐有所谓世界文化出现。在世界文化内，各处自仍有其情调风格之不同。复次，世界文化不是一成不变的；它倒可能次第演出几个阶段来。”[③]我们所论述的儒家与基督宗教，乃至其他如印度文化、伊斯兰文化等等，堪称梁先生所谓人类文化的“几条干路”。值此“世界大交通”时代，不仅出现了亨廷顿所谓的“文明的冲突”，而且出现了构建“普世伦理”的诉求。应该肯定，世界文化的未来发展，固然不可能泯灭各种具体差别，但总结出某些公共的人性价值仍是十分必要

---

① 钱穆：《中国文化史导论》，北京：商务印书馆，1994 年，第 708 页。

② 钱穆：《晚学盲言》，北京：生活·读书·新知三联书店，2018 年，第 336 页。

③ 梁漱溟：《中国文化要义》，《梁漱溟全集》（第 3 卷），济南：山东人民出版社，2005 年，第 40 页。

的。相应地，深入研究文化与人性相辅相成的生成关系，有助于我们从一种更深刻的理论视角审视并解决现实生活中的文化冲突，以实现人类自身期盼的和谐相处与人性健全。本文尝试从人性建构的角度，探索儒、耶两家“母性”“妻性”的消长现象及其各自的历史文化因缘，正是为此宏愿所做的一点微不足道的理论探索。

“Maternality” and “Spousality” in the Construction of Human Nature: A Comparative Culture Study Based on Confucian and Christian Feminine Ethics

Sun Haiyan

Abstract: Culture and human nature are constructs developed by humanity throughout the lengthy course of history, establishing a complementary and interactive relationship within human existential practices. As principal pillars of Eastern and Western cultures, Confucianism and Christianity have significantly shaped their respective civilizations' concepts of human nature. Analyzing the portrayal of human nature through these tow traditions reveals a dichotomy: Confucianism emphasizes “Maternality” over “Spousality”, enhancing the maternal aspect of women while suppressing their role as spouses. This reflects the pervasive characteristics of patrilineal family ethics. Conversely, Christianity promotes “Spousality” at “the expense of “maternity,” highlighting an egalitarian trait under the dualistic world” of man and God. The fluctuating prominence between “Maternality” and “Spousality” manifests distinct lifestyles, value orientations, and life experiences among Eastern and Western women, undeniably exemplifying the interaction between human nature and culture. These differences in the conceptions of human nature are integral to the ethical systems of Confucianism and Christianity, each rooted in a complex historical and cultural background. In the sense of tracing back to the source, Confucianism is in the agrarian civilization's patrilineal and filial ethics, and Christianity is in the monotheistic religious ethics of God.

Keywords: Confucianism; Christianity; Feminine Ethics; “Maternality”; “Spousality”

道德与事功之间：冢田大峰的“仁”解与管仲评价*

侯雨萌**

［摘　要］　日本江户时代儒者冢田大峰将《论语》中的“仁”解释为“成功不违义”，主张孔子所论之“仁”是指在不违背先王所制之“义”的前提下行事成功。冢田大峰的这一阐释同时包含道德与事功两大要素，且二者互为一体、不可分割。冢田大峰不认为管仲是“仁者”，这是因为冢田大峰在用汉文训读翻译《论语》的过程中将原文中的“如其仁”错译成了“其如仁”，致使其误以为孔子未曾许管仲以“仁”。

［关键词］　冢田大峰；仁；管仲；道德；事功

---

* 基金项目：上海市浦江人才计划项目“《孟子》日译匡谬补缮研究”（19PJC080）、上海师范大学青年跨学科创新团队培育项目“‘一带一路’与东亚的文明交流互鉴研究”（310－AW0203－23－005408）。

** 侯雨萌（1990—　），男，黑龙江省齐齐哈尔市人，国际文化学博士，上海师范大学外国语学院副教授，上海市“世界文学多样性与文明互鉴”创新团队成员，研究方向为先秦儒学、日本思想史。

一、问题缘起:“仁”义中的道德性与事功性之争

孔子一生中并未直接就儒家思想的核心概念“仁”下过精确的定义。古往今来,关于孔子“仁”义的研究汗牛充栋,各家都希望从先秦时代的诸多典籍——尤其是《论语》各篇孔子论“仁”的记述——中解析出一个完整的“仁”义来。随着考察的不断发展与深入,当代学界逐渐意识到单凭“仁是全德之名、道德之总”①“仁是最高之德”②“仁是人的理想人格化”③“仁是人的自我完善”④等从道德维度上做出的解释无法概括“仁”的全貌,因为在孔子评价“不俭”“不知礼”(《论语·八佾》)的管仲“如其仁”(《论语·宪问》)的事例中,套用前述诸说均无法得出合理的解释。

如果孔子所说的“仁”是全德之名、道德之总,那么“俭”与“知礼”两德一定是包含在“仁”之内的,也就是说一个人如果“仁”那么其绝不会“不俭”“不知礼”;同样,如果“仁”是最高之德,那么“俭”与“知礼”在道德高度上一定位于“仁”之下,不会出现一个人达到了最高之德“仁”却没能做到次于“仁”的“俭”与“知礼”的情况。故而,我们可以认为,“全德之名”说和“最高之德”说无法解释管仲的事例。同理,管仲虽然辅佐桓公达成了九合诸侯、一匡天下的伟大功绩,但其人不知廉俭、不遵礼法,这样的人格很难说是理想的、完善的,这样看来,管仲的事例与“理想人格化”说、“自我完善”说也是互相矛盾的。

为解决上述的管仲问题,近有学者尝试将“仁”与“事功”联系起来,主张孔子的“仁”包含多重维度,其中一个重要维度是事功,并认为孔子许管仲以“仁”就是孔子在事功维度下对管仲“相桓公,霸诸侯,一匡天下”(《论语·宪问》)之功绩的评价。如,徐海燕认为,孔子讲的“克己复礼为仁”对治家治国者来说是一种事功,孔子对春秋人物许以“仁”的评价中也包含事功,当礼与家国社稷及万民大利(即事功)冲突时,孔子更优先后者;

---

① 冯友兰:《中国哲学史》,北京:商务印书馆,2016年,第60页。

② 陈战国:《先秦儒学史》,北京:人民出版社,2012年,第49页。

③ 范长平:《孔子论“仁”之真义》,《孔子研究》,1997年第2期。

④ 龚建平:《论孔子的言说方式——以“仁”为例》,《哲学研究》,2016年第5期。

徐海燕还指出，“仁”的事功含义在孔子之前早已存在，具体记载见于《国语·鲁语上》《国语·周语中》《左传》等典籍，孔子思想中的事功之“仁”只是对传统的传承。[①] 游庆括提出，孔子的“仁”具有双重内涵：在内在心性方面，“仁”是个体主观内在的情感体验；在外在事功方面，“仁”是个体实施于客观外在的行为实践，孔子评价管仲为仁者，就是从这种事功性内涵出发的。[②] 白宗让认为，孔子的“仁”有内在修养和外在事功的双重标准，能达到其一就是“仁”，两者都能达到就是“圣”；儒家对事功的追求不是汲汲于功名利禄，而是在乱世中救民于水火，在治世里提升全体福祉。[③]

正如上述既往研究指出的那样，想要就“孔子许管仲以仁”的事例给出合理解释，我们必须正视“仁”的事功内涵。但既往研究在强调“仁”的事功性时，往往在道德性与事功性间做切割，将事功单列为独立在道德之外的一个维度：这些研究普遍主张“仁”有着道德与事功的“双重内涵”“双重标准”，并将道德与事功放在天平的两端，取其重者为“仁”。如此一来，“仁”所包含的道德性与事功性就被人为地分隔开来，变成了两个相对独立甚至互相冲突的迥异性质，而“仁”义的完整性也因之遭到了破坏。作为孔子思想的核心概念，“仁”义应该是完整的而非割裂的，其虽同时包含有道德和事功两方面的色彩，但二者间应是一种相辅相成、合而为一的关系。

此外，由于以事功解“仁”的既往研究倾向于将道德和事功分而别论，故而其在解释“孔子许管仲以仁”的事例时，多将管仲看作一个特殊的、不同于其他仁者（伯夷、叔齐、微子、箕子、比干、尧、舜[④]）的个体：即管仲在政治面上取得的巨大成就足以盖过其道德面上的罅隙，故孔子“特许”管仲以“仁”。此亦有悖于孔子的原意。孔子许人以“仁”是有共性的，无论是管仲的事例还是其他仁者的事例，其中必有一条“一以贯之”的原则，该原则不因管仲功绩巨大或是管仲道德低下而发生任何改变。既如此，那么“仁”的真正内涵，就应该存在于这种仁者之间的共性、这条“一以贯之”的原则之中。

---

① 徐海燕：《孔子仁的概念中的事功含义》，《浙江学刊》，2007 年第 3 期。

② 游庆括：《从仁的事功性看管仲之仁的论争》，《广州大学学报（社会科学版）》，2016 年第 6 期。

③ 白宗让：《原始儒学对事功的重视》，《广西师范大学学报（哲学社会科学版）》，2019 年第 1 期。

④ 孔子并未直接用“仁”字评价尧、舜，而是在子贡问“仁”时回答过“何事于仁，必也圣乎！尧、舜其犹病诸！”（《论语·雍也》），称尧、舜也没达到“圣”的境界。从此句可反推出尧、舜已经到达了“仁”的境界。

综上所述，既往的解“仁”研究已经取得了丰硕的成果，但也存在着一定的问题：以道德解“仁”的研究无法解释仁者管仲“不俭”“不知礼”的问题；以事功解“仁”的研究切断了道德与事功间本来的联系，无法消弭道德与事功间的冲突，故而也只能将管仲视作仁者中的特例。只有找到道德与事功之间的联系，才能究明孔子许人以“仁”之际的原则，而这也是我们在追寻“仁”义的道路上所必须完成的任务。

距今两百多年前，在东海的另一边，一位名为冢田大峰的日本儒者也曾就“仁”义做出过自己的解释，且在解“仁”的过程中详细论述了道德与事功之间的关系，为二者找到了一个较为合理的平衡点。大峰的结论虽然难称完美、仍需进一步推敲，但其解“仁”的逻辑理路，或可用作我们攻“仁”的“他山之石”。

二、“成功不违义”：冢田大峰的“仁”解

冢田大峰（1745—1832），名虎，字叔貔，大峰为其号，日本江户时代中后期儒学者。冢田大峰初从其父冢田旭岭修习朱子学，三十岁后改修古学，他埋头钻研古今之书，注重兼收并蓄，终至独立一家之见。大峰对朱子学及当时在日本思想界备受推崇的徂徕学（古文辞学）、仁斋学（古义学）等古学诸派的学说均有一定的吸取，但又不完全偏向于某派，在大峰的著述里，一方面能看到大峰对各派独到观点的肯定与推崇，一方面也能看到大峰对各派学说之非的驳斥与批判。大峰于1785年在江户开设“雄风馆”讲学，门下有包括石川朝阳在内的众多弟子。

德川幕府自17世纪初开府以来一直奉朱子学为官学，可时至18世纪70年代，朱子学在日本儒林业已式微，而古学诸派则如日中天，大有凌驾于朱子学之上的气势。为改变现状、重振朱子学，德川幕府于1790年颁布了“独尊朱子，排斥异学”的“宽政异学之禁”，要求林家诸子以朱子学为正学，并规定不能在汤岛圣堂传授朱子学以外的学问。[①] 在这场学术禁令中，冢田大峰的学说

① 尾藤正英：《日本文化的历史》，彭曦译，南京：南京大学出版社，2010年，第99—101页；王侃良：《日本近世“素读吟味”汉文训读法标准考——汉文训读视角下对“日本儒学体制化”问题的探究》，《北大史学》，第23辑。

（后世称“冢田学”）因带有一定的反朱子学的性质，遂被打上了“异学”的烙印；而极力反对“异学之禁”的大峰本人也被指为“异学之巨魁”，位列“宽政五鬼”之一，蒙受了污名与打压。[①] 然而也就是在“异学之禁”前后，大峰的三部重要著作《圣道合语》（1788）、《圣道得门》（1792）、《圣道辨物》（1796）先后付梓，三书均为征古训、讲道德之儒学著述，被后世奉为大峰学问之精华。在《圣道》三部曲中，大峰就“仁”做出了独到的阐释。

冢田大峰以“成功不违义”五字释“仁”：“仁也者，成功不违义之谓也。”[②]“仁也者，行事不违义，可以成功之名也。”[③]“成功”即有事功，而“不违义”的“义”字则被大峰解释为：“义也者，行事制其宜之谓也。”[④]“所谓义也者，皆有先王之制，而事事固有其宜也。”[⑤]“夫仁之为道也，王侯大夫士，至于庶民，各随其分，皆宜行之道。”[⑥]在不违背先王所制之“义”的前提下行事成功，此即大峰对“仁”的阐释。为佐证自己的观点，大峰遍寻典籍，找出了大量与“仁”相关的古训以为例证：如，大峰举出《国语·周语中》单襄公所言“畜义丰功，谓之仁”，《国语·鲁语上》柳下惠所言“仁者讲功，而知者处物，无功而祀之，非仁也”，以及《左传·昭公二十年》伍尚所言“度功而行，仁也”，声称以上三条“应见仁者成功之名也”；[⑦]大峰又列举《国语·晋语二》杜原款告申生的“杀身以成志，仁也”，《国语·晋语三》公子絷所言“杀无道而立有道，仁也”，《管子·戒》管仲所言“以德予人者，谓之仁”，以及《论语》中孔子的“志士仁人，无求生以害仁，有杀身以成仁”和“仁者先难而后获，可谓仁矣”两句为参照，并称“古圣贤之典言，可参以知焉”。[⑧]

---

① 井上哲次郎：《日本朱子学派之哲学》，万丽莉译，北京：中国社会科学出版社，2021年，第305—308页。
② 冢田大峰：《圣道辨物》，关仪一郎编：《日本儒林丛书》（第六卷第九编），东京：凤出版，1978年，第30页。
③ 冢田大峰：《圣道得门》，关仪一郎编：《日本儒林丛书》（第十一卷第八编），东京：凤出版，1978年，第6页。
④ 冢田大峰：《圣道辨物》，关仪一郎编：《日本儒林丛书》（第六卷第九编），东京：凤出版，1978年，第33页。
⑤ 冢田大峰：《圣道辨物》，关仪一郎编：《日本儒林丛书》（第六卷第九编），东京：凤出版，1978年，第33页。
⑥ 冢田大峰：《圣道辨物》，关仪一郎编：《日本儒林丛书》（第六卷第九编），东京：凤出版，1978年，第31页。
⑦ 以上参见冢田大峰：《圣道辨物》，关仪一郎编：《日本儒林丛书》（第六卷第九编），东京：凤出版，1978年，第33页。
⑧ 以上参见冢田大峰：《圣道辨物》，关仪一郎编：《日本儒林丛书》（第六卷第九编），东京：凤出版，1978年，第33页。

正如前章引用的多篇既往研究将“仁”分为道德和事功两个维度一般，冢田大峰对“仁”的阐释也同时包含道德（“不违义”）与事功（“成功”）两大要素。但不同于既往研究“二者取其一即为‘仁’”的认识，大峰对“仁”的阐释中的道德要素与事功要素是不可分割的：只有在不违背先王所制之“义”的前提下行事成功，才能称得上是“仁”。换言之，如若见利忘义，即便有事功也无法称为真正的“仁”。对此，大峰强调说：“凡由义以成功，仁也；放利以行私，不仁也。故赵文子谓舅犯曰：‘见利不顾其君，其仁不足称也。’凡见利遗义者，则皆谓之为不仁。如臧文仲不仁者三，不可胜征也。《记》曰：‘仁者，义之本也。’”[①]

古今中外儒者以道德解孔子之“仁”时，往往以《论语》中孔子回答弟子问“仁”时的教诲为依据，如孔子答樊迟的“爱人”（《论语·颜渊》）、“居处恭，执事敬，与人忠。虽之夷狄，不可弃也”（《论语·子路》），答子张的“恭、宽、信、敏、惠”（《论语·阳货》），答司马牛的“仁者，其言也讱”（《论语·颜渊》），答仲弓的“出门如见大宾，使民如承大祭。己所不欲，勿施于人。在邦无怨，在家无怨”（《论语·颜渊》），等等。而在冢田大峰看来，上述教诲并非在讲“仁”本身的含义，而是孔子因材施教传授给诸弟子的“为仁”的具体方法与路径：“圣人所谓仁者爱人者，苟有憎于人，则不可得行仁也。故曰仁者爱人耳，斯非谓爱人即仁也。《论语》所载录，颜渊仲弓以下，问仁者众焉，然孔子之对，各因其人，而异其方，未必以爱为仁。唯对樊迟，以爱人耳。”[②]“为仁之方，则非一也。虽则非一也，不出于爱敬忠恕焉。孔子之答诸子者，在《论语》可观也。《左传》曰：‘出门如宾，承事如祭，仁之则也。’《管子》曰：‘非其所欲，勿施于人，仁也。’此等之言，足以相照于孔子之语矣。”[③]

基于“成功不违义”这一自身对“仁”的诠释，冢田大峰逐一分析了《论语》中孔子之所以许人以“仁”的原因，并对持不同见解的先学进行了驳斥。如，就孔子评价微子、箕子、比干称“殷有三仁焉”（《论语·微子》）的事例，大峰反对何晏《论语注疏》中“仁者爱人，三人行异，而同称仁，以其俱

① 冢田大峰：《圣道辨物》，关仪一郎编：《日本儒林丛书》（第六卷第九编），东京：凤出版，1978年，第33页。
② 冢田大峰：《圣道合语》，关仪一郎编：《日本儒林丛书》（第十一卷第七编），东京：凤出版，1978年，第36页。
③ 冢田大峰：《圣道辨物》，关仪一郎编：《日本儒林丛书》（第六卷第九编），东京：凤出版，1978年，第33页。

在忧乱宁民”的解释，并给出了自己的看法，反对以“爱人”解“仁”：“圣人所谓仁者爱人者，苟有憎于人，则不可得行仁也。故曰仁者爱人耳，斯非谓爱人即仁也。”[①]“且如三子之行，何处见爱人之事，其意则在忧乱宁民，然未成宁民之功。去之为之奴，如何宁民之事哉。”[②]大峰还反对朱熹《论语集注》中“三人之行不同，而同出于至诚恻怛之意，故不咈乎爱之理，而有以全其心之德也”的解释，称孔子从未以忠君忧国或慈爱恻怛之心为“仁”：“如以其忠君忧国为仁，则何唯殷之三仁而已乎。如令尹子文之为焉，圣人谓之，以为忠矣，然未以为仁也。”[③]“他或有问诸贤之仁否，圣人未见其功，而许其仁者，则无焉矣。凡圣人目以为仁，未尝有取于慈爱恻怛之心者也。苟取于其心，以为之仁，乃召忽之死于子纠，可谓出于恻怛之心矣；管仲不死，而相桓公，乃可谓失于恻怛也。而孔子谓管仲之功，以为如仁，谓召忽之死，以为匹夫之谅何也。”[④]驳斥过何晏与朱熹的见解后，大峰提出了自己的主张，认为三子均有“献身于先王之宗庙社稷”的功绩，故而都符合“仁”“成功不违义”的标准：“凡所谓仁者，蓄义以丰功者也，今三子相谋，而去与不去焉，皆蓄义以丰功于宗社者也。夫箕子比干，能使微子去焉，故能为三恪于周，而永世不坠其宗祀矣，岂亦不三子之功乎？故称之曰三仁也。”[⑤]“三子之行迹，咸与义周旋，而献身于宗庙社稷也。凡圣人所谓仁者，皆以义为规矩也。”[⑥]

又如，关于孔子评价伯夷、叔齐“求仁而得仁”（《论语·述而》）的事例，冢田大峰对比过司马迁《史记》对二子“武王伐纣，夷齐扣马而谏，武王灭商，夷齐耻食周粟，去隐于首阳山，遂饿而死”的描述以及何晏《论语集解》中记载孔安国对二子“让国远去，终饿死于首阳”的描述后认为，既然孔门素来以让为贵，则应从孔安国之说。[⑦]大峰进一步提出，孔子之所以许二者以“仁”，就是因为二者以义而相让，遂使民称其德，终至达孝悌于天下、

① 冢田大峰：《圣道合语》，关仪一郎编：《日本儒林丛书》（第十一卷第七编），东京：凤出版，1978年，第36页。

② 冢田大峰：《圣道合语》，关仪一郎编：《日本儒林丛书》（第十一卷第七编），东京：凤出版，1978年，第36页。

③ 冢田大峰：《圣道合语》，关仪一郎编：《日本儒林丛书》（第十一卷第七编），东京：凤出版，1978年，第37页。

④ 冢田大峰：《圣道合语》，关仪一郎编：《日本儒林丛书》（第十一卷第七编），东京：凤出版，1978年，第38页。

⑤ 冢田大峰：《圣道合语》，关仪一郎编：《日本儒林丛书》（第十一卷第七编），东京：凤出版，1978年，第38页。

⑥ 冢田大峰：《圣道合语》，关仪一郎编：《日本儒林丛书》（第十一卷第七编），东京：凤出版，1978年，第39页。

⑦ 详见冢田大峰：《圣道合语》，关仪一郎编：《日本儒林丛书》（第十一卷第七编），东京：凤出版，1978年，第43—45页。

成治民之功："然则其所以为求仁而得仁者何也。曰：'二子之操行，不降其志，不辱其身。'避不善者，斯其求仁也。孔子曰：'恶不仁者，其为仁矣。'而其兄弟相让，以至乎饿死者，斯其得仁也。记曰：'一家让，一国兴让。'有子曰：'君子务本，本立而道生，孝弟也者，其为仁之本与。'纵叔齐受父命，有兄而不让，则是不弟。纵伯夷为兄，有父命而不让，则是不孝。夷齐一相让，而民称其德，民称其德，而能达孝弟于天下，可谓仁莫大焉。且谓其有中子，而国人立之，则亦无坠宗社之忧，而终达其志矣。饿死亦何怨焉。孔子曰：'志士仁人，无求生以害仁，有杀身以成仁。'此谓若二子乎。"①

综上所述，我们可以将冢田大峰解"仁"的逻辑理路整理如下：大峰以"成功不违义"五字释"仁"，这一阐释同时包含道德与事功两大要素，且二者是不可分割的，只有在不违背先王所制之"义"的前提下行事成功，才能称得上是"仁"；大峰基于己说，就孔子许微子、箕子、比干、伯夷、叔齐五人以"仁"的事例重新做出了解释，并对先学解"仁"的方法与结论进行了驳斥。按理说，既然大峰主张孔子许人以"仁"的事例中"一以贯之"的原则就在于"成功不违义"五字，那么这五字应同样适用于孔子称"仁"的尧、舜、管仲三人。然而，大峰对管仲的评价却与其对微子等人的评价完全不同，他坚持认为管仲绝非"仁者"，并坚称孔子从未许管仲以"仁"。

三、"如其仁"抑或"其如仁"：冢田大峰的管仲评价

承前之绪，亘古通今，以事功解"仁"者无不认同孔子曾许管仲以"仁"，因为在事功的维度上探寻"仁"义之所在本身就是一种试图究明孔子缘何许管仲以"仁"的尝试。今日看来，冢田大峰用来解"仁"的"成功不违义"五字同样可以套用在管仲的事例上：管仲能成"相桓公，霸诸侯，一匡天下，民到于今受其赐"（《论语·宪问》）之功，其所应遵循的"行事制其宜"之义自然不同于"匹夫匹妇之为谅"（《论语·宪问》）；既然孔子称管仲"如其仁"，那么在孔子看来，管仲在一匡天下的过程中所行之事定已有所制

---

① 冢田大峰：《圣道合语》，关仪一郎编：《日本儒林丛书》（第十一卷第七编），东京：凤出版，1978年，第44—45页。

宜。然而令人不解的是，大峰对管仲的评价却与以事功解“仁”的诸先学完全相反：大峰反对将管仲加入“仁者”之列，并坚称孔子从未许管仲以“仁”。

翻开《论语》的各类译注书可以看到，虽然当代学界诸注对“如其仁”三字的解释各有不同，[①]但孔子曾以此语称赞管仲的仁德乃是学界公认的事实。然而，冢田大峰却认为，孔子对管仲“如其仁”的评价并非在称赞管仲的仁德，反而是在强调管仲并非“仁者”：“所谓如其仁者，言使桓公能成此功，乃如管仲之仁也。此论其功，则虽以曰如仁，然谓其为人，则未可以为仁者也。”[②]“孔子尝曰：‘仁有三，与仁同功而异情。与仁同功，其仁未可知也。与仁同过，然后其仁可知也。仁者安仁，知者利仁，畏罪者强仁。’因此谓之，则若管仲者，斯利仁之智者，而与仁同功者与。虽与仁同功，而未可曰之仁者也。”[③]

冢田大峰之所以就孔子对管仲的“如其仁”这一评价做出了与先学正相反的解读，其根本原因在于，大峰对“如其仁”这句话句意的理解完全不同于其他诸说。在《论语》的译注问题上，大峰曾驳斥在江户儒学界占绝对主流的朱熹的注解，称“说者以如其仁，作谁如管仲之仁乎之解，皆强文义也。上无谁何字，下无乎哉字，文势亦不可得如此读焉”[④]“但如其仁，正文何处见谁字？集解朱注，与添谁字，恐失语意，读者皆以为谁及其仁乎之意，非也”，[⑤]主张“谁如其仁”是在“如其仁”的基础上凭空添加了一个“谁”字，违背了孔子的原意。大峰提出，“如其仁”三字的正确解法，是将之解为“其如仁”，即管仲达成的功绩虽与“仁”相同，但其终究只是“如仁”的状态，称不上是真正的“仁”。

---

① 如：金良年从朱熹《集注》之说，以“谁如其仁”解之（金良年：《论语译注》，上海：上海古籍出版社，2012年，第151页）；钱穆、杨伯峻均从王引之《经传释词》之说，以“此即其仁”解之（钱穆：《论语新解》，北京：九州出版社，2011年，第340—342页；杨伯峻：《论语译注》（简体字本），北京：中华书局，2017年，第213—214页）；杨逢彬综合诸说，以“合于仁”解之（杨逢彬：《论语新注新译》（简体版），北京：北京大学出版社，2019年，第254—257页）等等，不一而足。

② 冢田大峰：《圣道合语》，关仪一郎编：《日本儒林丛书》（第十一卷第七编），东京：凤出版，1978年，第50页。

③ 冢田大峰：《圣道合语》，关仪一郎编：《日本儒林丛书》（第十一卷第七编），东京：凤出版，1978年，第50—51页。

④ 冢田大峰：《圣道合语》，关仪一郎编：《日本儒林丛书》（第十一卷第七编），东京：凤出版，1978年，第50页。

⑤ 冢田大峰：《论语群疑考（七）》，江户：雄风馆，1822年，第44页。（日本早稻田大学图书馆藏）

以“其如仁”来解《论语》的“如其仁”，已然颠倒了原文的语序，中国历代儒者解“仁”的过程中绝不会出现这种情况；而生活在日本江户时代的冢田大峰颠倒原文语序来解经，背后有其特殊的原因。江户时代的日本儒者多能直接阅读中国典籍，也能用汉文进行写作，然而这并不意味着江户儒者会说汉语。他们阅读中国典籍时，需要在汉语原文中加入日语的假名、返点等训点符号，在日语的语法结构下将汉语的文脉转换为日语的文脉，并最终以日语将之读出来，这一过程被称为“汉文训读”。[①] 如，江户日儒阅读“樊迟问仁。子曰：‘爱人’”（《论语·颜渊》）一句时，需先将其中汉语的动宾结构转换成日语的宾动结构，即“樊迟仁问。子曰：‘人爱。’”然后加上日语的假名使之成为“樊遅、仁を問う。子の曰く、「人を愛す。」”，最后再加上各汉字的日语发音、用日语的读法将句子读成：“はんち、じんをとう。しのいわく、ひとをあいす。”（Hanchi、jinwo tou。Shino iwaku、hitowo aisu。）汉文训读是一种将汉语进行日语化的翻译性读法，即便不会说中文，甚至完全不清楚各汉字在汉语中的发音，只要会说日语、知道各汉字在日语中的发音与意思，且掌握了日语宾动结构与汉语动宾结构的区别，即可将大多数中国典籍用汉文训读的方法转换成日语。而江户儒者用汉文进行写作时，所做的工作是相反的，即先将日语句子中的假名全部去掉，再将日语的宾动结构转换成汉语的动宾结构，即可将日语写成汉文的形式。这种输出同样是一种翻译性转换，而这种转换同样不需要转换者掌握汉语这门语言。本文所引用的大峰《圣道得门》《圣道辨物》《圣道合语》《论语群疑考》等汉文著作，皆是用此种方法写成的。

冢田大峰不会汉语，他在读“如其仁”三字时，要么需要将这三字用汉文训读的方式转换为日语，要么需要参考已经付梓的《论语》日语译注书，方能理解其中的意思。在江户时代，有多名日儒尝试过为《论语》加训点与注释，其中当时最为普及、也最具代表性的三种加训点的方式被后世称为“后藤点”（后藤芝山创立）、“道春点”（林罗山创立）和“嘉点”（山崎暗斋创立），这三种译注都以朱熹《论语集注》为底本。[②] 而大峰在三十六岁时也完成了以何晏《论语集解》为底本的《冢注论语》的编写工作，并于四十岁时付梓，此后其在教学中皆用自己

① 参见子安宣邦：《汉字论——不可回避的他者》，顾春译，北京：生活·读书·新知三联书店，2021 年，第 57—63 页。

② 参见王侃良：《日本近世“汉文直读论”刍议》，《日语学习与研究》，2024 年第 1 期。

译注的版本。让我们来比较一下,这四种译注书对"如其仁"三字是如何翻译的:

后藤点:(誰が)其の仁に如かんや
(だれが)そのじんにしかんや[①]
道春点:(誰が)其の仁に如かんや。
(だれが)そのじんにしかんや[②]
嘉点:(誰が)其の仁の如ならんや。
(だれが)そのじんのごときならんや[③]
冢田点:其の仁の如し。
そのじんのごとし。[④]

后藤点、道春点和嘉点都遵从朱熹《论语集注》,在"如其仁"三字前补一"谁"字,做"谁如其仁"解;而冢田点的"其の仁の如し",将其中语序转换为汉语的语序并去掉假名,则为"其如仁",即"管仲(的功绩)像仁"。也就是说,冢田大峰将"如其仁"三字解作"其如仁",其实是大峰在用汉文训读的方式将《论语》这一汉语典籍转化为日语的过程中,因不会汉语、不能直接理解文义所导致的翻译错误。这一错误引发了一系列连锁反应,大峰误以为孔子所言"如其仁"三字是在强调管仲虽然有与仁者类似的功绩,但终究只是"如仁",并非真正的仁者,故而其在评述管仲的事例时极力突出管仲"不俭、不知礼"及"专用政刑"的一面,以突出管仲的"违义"之处:"未有直称其人,以为仁者也。仁者必以恭俭为德,奢而不知礼,何以称仁者乎?"[⑤]"管仲之所以相桓公,在于专用政刑,而不在于必用德礼,其所以制焉,虽乃首牧民,而以礼义廉耻为四维,然未能使其君有礼义廉耻,亦未能自行礼义廉耻,则四维不为四维,故虽有九合一匡之功,然是

---

① 朱熹:《论语集注》,后藤点第三册,大阪:青木嵩山堂,出版年不明,第20页。(日本早稻田大学图书馆藏)
② 朱熹:《论语集注》,道春点第三册,出版地、出版者、出版年不明,第49页。(日本早稻田大学图书馆藏)
③ 朱熹:《论语集注》,嘉点第三册,出版地、出版者、出版年不明,第20页。(日本早稻田大学图书馆藏)
④ 冢田大峰:《冢注论语》(第四册),江户:小林新兵卫出版,1784年,第15页。(日本长野县立图书馆藏)
⑤ 冢田大峰:《圣道合语》,关仪一郎编:《日本儒林丛书》(第十一卷第七编),东京:凤出版,1978年,第50页。

不出于其德义，而皆出于其才谞，则犹不能没桓公之身，至乎死而不葬焉。”①大峰进一步主张，身为君子的孔子不愿诋毁有功者，故而在子贡与子路问管仲时虽然没有许管仲以“仁”，但仍高度评价了管仲的功绩：“子贡又疑其非仁者，则亦称其盛功以答之，子路又数管仲行事，以疑其非仁者，则亦论其立功名，曰未可非也。皆是称其成功，而不称其为人也。虽不称其为人，然至乎其成功，则春秋二百四十年，未尝有若管仲者也。但君子自无其功，而不可毁有其功者，故抑子路子贡非论之，而称扬其功也已。”②

结语

至此，本文理清了冢田大峰解“仁”的逻辑理路，究明了冢田大峰坚持认为管仲并非“仁者”的原因。大峰以“成功不违义”解“仁”，这一阐释中包含道德要素与事功要素是不可分割的；大峰之所以不认为管仲是“仁者”，根本原因在于其在用汉文训读翻译《论语》的过程中将原文中的“如其仁”错译成了“其如仁”，致使其误以为孔子未曾许管仲以“仁”。虽然大峰的阐释中存在决定性的错误，但其对道德与事功间关系的处理仍能在我们解“仁”的道路上起到一定的参考作用，而大峰在管仲评价的问题上因翻译错误所造成的观点偏离也在提醒我们，在考察近世日本乃至朝鲜、越南等周边诸国儒者的学说与汉儒思想间的不同时，需要对其使用的语言与汉语间可能存在的差异保持足够的关注。

Between Morality and Utilitarian: Tsukada Taiho's Interpretation of Ren and Evaluation of Guan Zhong

Hou Yumeng

Abstract: The Edo period Confucian Tsukada Taiho interpreted ren in *The Analects of Confucius* as “success without violating righteousness”, and claimed that Confucius' ren

① 冢田大峰：《圣道合语》，关仪一郎编：《日本儒林丛书》（第十一卷第七编），东京：凤出版，1978年，第49—50页。

② 冢田大峰：《圣道合语》，关仪一郎编：《日本儒林丛书》（第十一卷第七编），东京：凤出版，1978年，第50页。

refers to the success of doing things without violating the righteousness formulated by the ancient kings. This interpretation by Tsukada Taiho contains two elements, namely, morality and utilitarian, which are integral and inseparable from each other. Tsukada Taiho did not consider Guan Zhong to be a "person of ren", this is because he mistranslated "如其仁" in the original text as "其如仁" in his translation of *The Analects of Confucius*, which led him to believe that Confucius had not used the word "ren" to evaluate Guan Zhong.

Keywords: Tsukada Taiho; ren; Guan Zhong; morality; utilitarian

《白鹿洞书院揭示》对日本近世儒学教育的影响*

刘　金　邓洪波**

［摘　要］《白鹿洞书院揭示》对日本近世教育影响深远，从江户初期引《揭示》确立日本儒学教育理念为开端，日本教育始终以《揭示》为儒学教育的指导方针。《揭示》在日本教育机构的传播，是在符合日本幕府王道的统治基础上加以推广，并由儒学家、儒官以及爱国志士等多群体共同完成。《揭示》在日本教育机构的普及，则以儒学经典的讲释、教育指南的运用和圣学教化的实践三种形式实行。日本学者通过《揭示》认识到中国书院的教育制度，并引之创办官私之学，又在结合本土教育的基础上合理创新与改造《揭示》，从而推动日本近代教育的发展。

* 基金项目：国家社科基金重大项目“东亚国家书院文献整理与研究”(23&ZD265)；湖南科技大学潇湘学院2023年教学改革研究项目：“课程思政背景下书院德育思想融入高校育人工作的实践与探索”(2023HNKJDX15)。

** 刘金(1992—　)，女，湖南涟源人，湖南科技大学人文学院副教授、博士，主要从事中日比较文学与历史文化研究。邓洪波(1961—　)，男，汉族，湖南岳阳人，湖南大学岳麓书院二级教授，博士生导师，中国书院研究中心主任，主要从事书院历史与文化研究。

［关键词］《白鹿洞书院揭示》;近世日本;儒学教育;影响

朱熹于南宋淳熙六年(1179)修复白鹿洞书院后拟定的《白鹿洞书院揭示》(以下简称《揭示》)是我国书院发展史上具有重要标志性意义的学规,涵盖了整个书院以及儒家教育的指导方针和思想灵魂,对我国教育影响深远。随着朱子文献的海外传播以及书院教育的普及推广,《揭示》也随之传播到海外,尤其对同属于东亚文化圈的日韩等国家产生了极大的影响。阿部吉雄曾提及:"朱子的《白鹿洞书院揭示》,在近世日鲜的教育界受到了很大的重视。各个学校、书院、私塾等都将其揭之于楣,并作为讲义讲解。"[①]由此可见《揭示》对日韩教育的深刻影响,也值得我们进一步对其进行深入分析与探究。

目前学界已陆续关注到《揭示》在日韩的传播及其对教育的影响,由于韩国朝鲜时代与中国古代一样,有着科举取士的制度,且在我国书院教育制度的影响下创立了大量的书院。因此,学者一般聚焦于《揭示》对朝鲜书院教育思想的影响。[②] 而日本虽然既无科举制度,也没有建立大量书院,但是丝毫不影响《揭示》在日本的传播及其对日本教育广泛而深远的影响。有学者曾经着眼于日本的藩校,分析了《揭示》在日本藩校的渗透,并进一步探究日本藩校对中国书院制度的接受与变异。[③] 纵观江户时代日本的教育机构,分为官私两种。官学是幕府为培养幕臣,以普及学问为目的而设,包括幕府直辖学校昌平黉及在各藩所设立的藩学。而私学即为地方市民的教育而设,以提升地方文化为目的,包括通过藩的援助或是民间有识之士而设立的乡学、寺子屋及著名学者的私塾等。《揭示》不仅在日本官学中传播,更是在私学中极为盛行,因此,本文将着眼于日本的官私之学,分析《揭示》如何渗透进入各类教育机构,以及以何种形式影响日本教育的发展,从而更加深入了解《揭示》对日本近世教育的深

---

① 阿部吉雄:《日本朱子学と朝鲜》,东京:东京大学出版社,1965年,第282页。

② 参照张品端、张蕾:《李滉对朱熹书院教育思想的继承和发展——以"白鹿洞书院揭示"为例》,《江西教育学院学报(社会科学版)》,2014年第2期;今长泰(音译,금장태):「白鹿洞規圖」와退溪의書院교육론(《〈白鹿洞规图〉与退溪书院教育论》),《退溪学》,2000年第11期;朴钟培:《从学规看朝鲜时代的书院教育》,《湖南大学学报(社会科学版)》,2010年第2期。

③ 参照関山邦宏:《〈白鹿洞書院揭示〉の诸藩校への定着とその实态》,《青山学院大学教育学会纪要》,1977年第21期;苏鹰、高威、周飞帆:《日本藩校对中国书院的受容与变容:以〈白鹿洞书院揭示〉为线索》,《千叶大学国际教养学研究》,2020年第4期。

刻影响。

一、《揭示》在日本教育机构的传播

庆安三年(1650),山崎暗斋所著《白鹿洞学规集注》,是日本对朱子《揭示》诠释著述之开端。自《集注》发行后,《揭示》开始在日本全面盛行,各门各派都投入到《揭示》的讲解与传播中,同时还将其带入日本教育机构,或揭之于楣,或讲释解读,或出版刊行,使《揭示》获得了广泛传播。此后,随着幕府各项文教政策的颁行,尤其是宽政异学之禁,进一步促进朱子学在日本的传播,而作为朱子理学与教育思想的代表之作,《揭示》也在日本获得了更为广泛的认可与关注,并被教育机构采纳与运用,对日本教育产生了深远的影响。即使在幕府末期,面对洋学的冲击,日本爱国志士还在致力于《揭示》的传播和创新运用,使其在"和魂洋才"的教育目标下获得新的传播与发展。

(一)儒家学者施教下的私学传播

17世纪初期,随着德川幕府的成立,在新的政治文化背景下,日本儒学开始脱离佛教得到独立的传播与研究,获得了迅速的发展。江户时代日本的儒学派,在接受朱熹思想的同时,《揭示》也受到了他们的关注,不仅在师门中传播,同时也在地方任教期间将教育理念传授给藩主、学生、庶民等,使《揭示》深入日本各个阶层。

在江户时代的朱子学派中,以山崎暗斋为首的崎门学派占有十分重要的地位。《揭示》之所以在日本如此受推崇,暗斋及其门人的著述与推广起到了重要作用。庆安三年,山崎暗斋于《朱子文集》中将《揭示》表彰而出,著有《白鹿洞学规集注》,在讲学中广泛推广。宽文四年(1664),暗斋应会津藩主保科正之邀请前往藩内讲学,并致力于编著治学教材,著有《玉山讲义附录》《二程治教录》《伊洛三子传心录》,所谓"会津三部曲"。这三部教材的完成,奠定了近世教育的基础。石川谦评价其"作为会津精神的经典,在后世的教科书中占有不可动摇的地位"。[1] 在《玉山讲义附录》中卷,暗斋将《揭示》收入其中。此后,《揭示》便在

① 石川谦:《日本学校史の研究》,东京:小学馆,1960年,第301页。

会津藩传播。在会津藩创设的藩校日新馆[①]杂则中，记载每年的正月十五日，诸生皆着礼服列坐于大成殿堂中，听儒师讲解《揭示》。[②] 将其作为定例纳入学校的讲解活动中。

暗斋除了在担任藩主宾师时讲解《揭示》，撰写教学著作，更注重于师门弟子间的讲解传承。在为《揭示》注解时，暗斋"集先儒之说，注逐条之下，与同志讲习之"。[③] 让师门弟子在理解《揭示》的同时，将其教育思想传承下去。正如暗斋所愿，讲解《揭示》这一传统在门派中得到了很好的传承，师门弟子不仅秉承师意，而且还留下大量讲解、注释、笔记等文献资料。[④] 崎门弟子众多，且大多学识深厚，成为各地有名的藩儒。[⑤] 他们或像暗斋般被聘为藩主宾师，在授课中讲解《揭示》。或为藩校教授，担任学头，以《揭示》为基准制定学则。总之，在暗斋学派的传播和影响下，《揭示》逐渐渗透进日本各类教育机构。

暗斋学派之外，其他日本儒学家也接受了《揭示》，并在乡校、私塾中讲解。使《揭示》渗透到地方各类学校。中村惕斋曾在冈山藩游学时，在当地的乡校闲谷学校讲释《揭示》，在其所著的《学规句解》跋文部分记载："山城乃国惕斋，其学尊信程朱，贞享三年(1686)丙寅乃年与备前国一二同志，秘游闲谷之学校数日，讲堂上开讲朱子之学规。"[⑥]不仅如此，《揭示》还作为该学校月初必讲之儒学篇目，《学规句解》前言部分写明："现闲谷之学馆监司月初于讲堂讲解此规，告示学徒。凡馆中就学之人恪守此规之趣旨，不能混杂其他学术。"[⑦]闲谷学校于宽文十年依光政之名设立，元禄十四年(1701)建成，从建设初期就由儒学家中村惕斋将《揭示》导入，此后，闲谷学校一直将《揭示》视为教学的重要内容。

---

① 会津藩藩校最初于宽永二十年(1643)由肥后的守正在此始布文教，创设稽古堂，后于元禄三年(1690)改称町讲所，又于天明八年(1788)改名为日新馆。

② 神户诚编：《会津藩教育一斑》，福岛：大和田健藏出版，1894年，第16页。

③ 山崎暗斋：《白鹿洞学规集注序》，国文研鹅饲藏，1650年。

④ 据笔者统计，暗斋学派留下《揭示》相关著述有26种，详见刘金、邓洪波：《日本崎门学派对〈白鹿洞书院揭示〉的接受与传承》表1，载《孔子研究》，2020年第4期。

⑤ 据日本学者関山邦宏统计，至宽政元年为止，日本崎门学派学者担任地方藩儒者共49人，涉及的藩地有27个。详见関山邦宏：《〈白鹿洞書院掲示〉の诸藩校への定着とその实态》表2，载《青山学院大学教育学会纪要》，1977年第21期。

⑥ 中村惕斋：《学规句解》，国立公文书馆藏，1794年。

⑦ 中村惕斋：《学规句解》，国立公文书馆藏，1794年。

而阿波藩家老贺岛氏家臣之子岩本赘庵,于文政十二年(1829)给贺岛氏担任侍讲。嘉永六年(1853)富冈村乡校暇修堂新建学舍,邑人请其担任讲师。开讲之际,岩本先生乃取《揭示》作之图解以颁诸生,不仅能使学子更好地掌握《揭示》内容,也有助于《揭示》在学校的推行。

《揭示》作为朱子理学与教育思想的集大成之作,在近世脱佛尊儒的时代背景下获得了日本儒学者的特别青睐。自其传入日本后,最先由儒学家接受,并在师门中相传。由于近世儒学家地位甚高,且受到幕府特别关照。他们或为宾师讲学,或任学塾之长,或在地方任教。阐释《揭示》则作为他们理学与教育思想的重要发挥,从而在其学术思想的不断发扬中得以广泛传播。

(二)宽政异学之禁后的官方传导

江户初期,由于日本实施闭关锁国和禁教政策,其教育皆以儒学为主。进入18世纪后,为适应商品经济的发展,日本政府颁布了“洋书弛禁”等各项政策,使教育氛围逐渐变得宽松,也给江户中期的教育发展提供了机遇。此时,随着幕府和藩对教育控制的加强,日本结束了教育自发发展的阶段。此外,由于经济的发展和西方学术的传播,民间的教育活动也进一步高涨。双重因素促使日本教学组织不断提升,教育机构也逐渐增多,而朱子的《揭示》也在这一背景下得到了快速的传播。

幕府对教育的控制和加强,首先表现在对林家学塾的支持和改革方面。林家学塾是幕府资助下发展起来的日本最重要的教育机构,其起源是江户幕府的第三代将军德川家光于1630年赐地赠款支持朱子学者林罗山在上野忍冈创办林家私塾,经过几代将军的支持和援助,学校也由最初的私人学塾变为幕府控制的官学机构,成了昌平黉(亦称昌平坂学问所),发展日渐兴盛。然而随着日本社会的发展,兰学、国学、徂徕学兴起,曾经盛极一时的朱子学,逐渐走上了衰颓之道。而以朱子学为支撑的幕府权势也在多重因素的影响下日渐衰微,幕府所支持的林家官学逐渐走向衰颓。为复兴朱子学,幕府采取“异学之禁”的措施,并任命老中松平定信以及宽政三博士冈田寒泉、柴野栗山、尾藤二洲进行学制改革,重振朱子学。这一举措首先在昌平黉实行,代表朱子正学的《揭示》也在此背景下开始在昌平黉使用,并得到广泛推广。

昌平黉首次使用《揭示》,是在录用宽政三博士后,由崎门学者冈田寒泉开讲,《揭示》最初在昌平黉出现的形态是“每岁开讲,例止洞规发讲习,间给赐刊刻洞规于听者各一本”。[1] 此后，圣堂讲解《揭示》成为潮流。曾担任过昌平坂儒官的佐藤一斋在其行状记中记载：“昌平学岁首例，开讲《白鹿洞揭示》，坦每讲之，听者数百人，感慨不已。”[2]嘉永三年嘉庆将军来到昌平黉，一斋还特意为其讲解《揭示》，可见当时幕府对《揭示》的重视。

1795 年，幕府又下令各藩禁止任用属于“异学”的学者。由此，不仅幕府的学校专讲朱子学，其他藩校、私塾也深受影响。此外，幕府对昌平黉的直接管辖及其特殊的官学地位，对各藩办学有着鼓励和示范作用，并推动了江户中期日本各类教育机构的建立和发展。供职于幕府及诸藩的儒官也秉承官方授意，在藩校和私塾等教育机构沿用昌平黉的教学政策及内容。前桥藩博喻馆在其条约中更是明确规定：

> 今公申命使专主程朱学，不敢杂用异学。则教者何敢获不遵奉盛意哉？讲堂匾朱子《白鹿洞书院揭示》所以为学则也，凡学于此者必先敬受之，会业传注必依次第中所载，不得杂用异说。[3]

作为儒学教育的学府，昌平黉对后来设立的藩校和私塾有着深远影响，藩校的大量教师也来自昌平黉。据学者统计，自 1630 至 1871 年，在各藩担任教授的 1912 人中，属于朱子学派的有 1388 人，而直接出自林家学塾和昌平坂学问所的就有 541 人。[4] 故此，他们在学校接受有关《揭示》的教育，在其担任地方教授后，也一直延续讲解《揭示》的传统。学者高濑次代郎曾谈到在昌平黉接受教育的儒官“终其业及任地方藩学教授，各自讲解《白鹿洞书院揭示》”[5]。宽政异学之禁后《揭示》盛行于各教育机构，与官方的提倡和传导密不可分。宽政年间幕府当局所采取的文教政策，使得《揭示》以代表学术纯正之正学在昌平黉登场，此后又遍及全国藩校、乡校及私塾，对日本近世教育产生重要影响。

---

① 城户幡太郎：《教育学辞典〈白鹿洞书院〉》，东京：岩波书店，1938 年，第 1890 页。

② 城户幡太郎：《教育学辞典〈白鹿洞书院〉》，东京：岩波书店，1938 年，第 1890 页。

③ 文部省编：《日本教育史资料》卷三，东京：富山房，1903 年，第 573 页。

④ 田村园澄等编：《日本思想史基础知识》，东京：有斐阁，1974 年，第 280 页。

⑤ 高濑次代郎：《宇和岛藩的文教》，载宇野哲人、乙竹岩造等著：《藩学史谈》，东京：文松堂书店，第 234 页。

(三) 洋学开化后爱国志士的宣扬

19 世纪的日本国内动荡不宁,外来侵略逼近的形势,不仅刺激幕府和各藩当局作出反应,也激起了民众种种新思想的产生。特别是 1842 年中国在鸦片战争中的失败,使得更多的日本人不得不重新审视历来奉为“正学”的朱子学说,正视西方的存在及其科学技术的进步。于是大批知识分子转向西学,此时的日本教育也迅速转向,开始西化。而作为此前日本教育十分重视的《揭示》也迎来了命运的转折,日本学者东泽泻曾在其文集中提及:

> 前此藩藩主毛利侯,有兴学之志。而祭酒山县大华先生,以周南之后改家学。一奉程朱,乃首请刻《白鹿学规》以颁封内。于是,人心一新,正学将振焉。而国势一变,西说用事,儒学如仇。五六年前,学务吏问余塾则,乃据学规对之。举局惊愕,不知其为何物也。呜乎! 不出三十年,人心向背,正学显晦。如此,任世道之责者,岂可不虑乎哉。[①]

东泽泻曾在岩国藩的藩校养老馆教学,维新后开设泽泻塾。他身处幕府末期,当时的日本封建制度崩溃,接连面临外国资本主义列强的侵压,因此,他在《书白鹿洞学规后》中,感慨短短数年间西学兴起,儒学面临困境。作为日本的爱国志士和教育学者,认为其有责任与义务传播正学,于是发此感慨之言。面对日本纷纷转向西洋之学的形势,日本学者阪谷朗庐曾写有一篇《揭示上书》,批判盲目崇拜洋学之人,并向藩主提出建议,让民众始终标举《揭示》,文中言:

> 今日之人屡言洋学洋学,一旦开化,洋学俱化日本学之内,此时若无目标,日本之教不及万国。纵观古今万国,其教不过“忠孝”二字。目标太简太繁均失之,以中庸为佳。若干年来,吾用心思之,洋学推进之中,无论何校,都应标举《白鹿洞书院揭示》。[②]

阪谷朗庐将《揭示》视为万世不朽之大道,要求无论是士农工商、还是军人

---

① 泽泻会:《泽泻先生全集》,东京:冈川事务所,1919 年,第 905 页。

② 平坂谦二:《〈白鹿洞学规〉在日本还“活”着》,熊庆年译,《朱子学刊》,1995 年第一辑。

武士都应每天齐颂,使其深入人心,成为一切行动之目标,从而保留日本传统的儒学教育思想,这是洋学冲击下日本爱国志士做出的努力。

日本近代"东洋道德,西洋艺术"的方针,必然要求既要注重加强历来的以儒学伦理为主导的道德教育,又要求积极学习西方自然科学知识。目的是培养兼具"和魂"和"洋才"的人物。它一方面体现出学习西方新知的积极精神,是明治时代大力引进西洋学术的思想基础,同时也埋下了明治后期尊皇教育思想的种子,是近代日本教育发展中长期遵循的思想路线。而《揭示》则作为道德仁义之教被保留下来,并在教育机构使用和传播,在近代的教科书中犹可见其身影。

二、日本官私之学中的《揭示》运用

《揭示》乃朱子取圣贤教人为学之大端而与诸君讲明遵守,其中不仅包含了朱子本人的理学思想和教育理念,也是孔孟以来儒家思想的集成和中国古代伦理教育思想的总结之作。《揭示》自问世后,既有文人士子的传导颂扬,又有统治者诏颁其于各州府县立石,成为中国各朝书院学规的范本,同时被各级各类官学借鉴。而传播日本后,《揭示》也被日本各类教育机构所吸收、接受,并通过多种形式的运用获得了全方位的阐发,从而对日本教育产生了持久而深远的影响。

(一) 作为儒学经典在教育机构的讲释

朱熹是南宋理学思想的集大成者,也是最负盛名的大教育家。他修复白鹿洞书院后为其所做的学规,在中国产生了广泛影响,历朝官私之学不仅视其为教育之大端而揭之四壁,各代儒者也将其看作理学经典之作加以阐释研究。《揭示》曾较早收录于宋明两部理学巨著《性理群书句解》和《性理大全》中,并逐句得以阐释和注解。随着儒学的普及与推广,《揭示》远传海外,得到了朝鲜、日本学者的重视。

朝鲜最早对《揭示》注解的是朴松堂,松堂作为朝鲜时代的理学大家,曾对《大学》和《揭示》做过阐发,《白鹿洞规解》即其对《揭示》之注解,在解后跋语中他曾言:"规内数条皆以诚敬为主,若不以敬为主,固无下手着力处矣。"[①]将其放到朱子哲学思想的"诚敬"功夫上理解。同时,他还引用孔子的"吾道一以贯

① 朴松堂:《白鹿洞规解》,收录于《松堂先生文集》,大邱:大谱社,1986年,第49页。

之"之语，意图说明"能行此规而晓此一贯之妙、达此一贯之道"。[1] 将《揭示》作为理学思想的集大成之作看待。

随着《规解》在朝鲜儒林间的传播，退溪门人黄仲举在读到此解后，向李退溪提出如何理解义利之间关系等问题，退溪通过书信对其进行了详细解答，并提出了自己对朴松堂所作《规解》的看法，主要为两个方面。一是其中包含了《揭示》的"孔门之遗意，先王之教法"；二是其对《揭示》之解，可作为了解朱子哲学方面的讨论对象。[2] 由此可见，《揭示》在海外的传播，一开始便是以理学之作的形式得以流传。日本学者山崎暗斋及其门人在读了退溪著作后，领悟到了《揭示》的价值，并与之产生共鸣，暗斋在《集注》提及"近看李退溪《自省录》，论之详矣。得是论反复之，有以知此规之所以为规者"。[3] 正是因为朝鲜学者对《揭示》所含理学思想的阐释，才使得日本学者认识到其价值，将其作为理学经典文献而加以阐释研究并不断宣扬传播。

庆安三年，山崎暗斋所著之《白鹿洞学规集注》被称为日本《揭示》著述之嚆矢，通过山崎暗斋的表彰与推广，《揭示》不仅在崎门学者中广泛流传，也推广至各个学派。[4] 而各学派学者又将对《揭示》的阐发和研究带入日本各类教育机构，通过儒学者的讲释而在弟子间传导。如中村惕斋在闲谷学校讲释《揭示》，并留下《学规句解》，浅见絅斋之高弟若林强斋于正德元年（1711）创建望楠轩，在此宣扬絅斋学问，同时《揭示》也成为其重要的理学释读经典。佐藤一斋在昌平黉担任学官时，也讲释《揭示》，从而留下《揭示问》《揭示译》等著作。

而日本教育机构对《揭示》的具体运用，主要分为两类。一类是针对初等生的句读、素读训练。另一类则是针对高等生的讲释解读。与《大学》《小学》《近思录》等儒家经典一样，《揭示》也被日本教育机构作为学者入道之门的基础，因此要求初学者句读、素读，即不要求理解，只需识记背诵，从而养成终生记忆，夯实文化根基。如前桥藩校博喻堂与鹤田藩校道学馆曾将《揭示》分别列为句读与素读书目，而馆藩校徽典馆则明确记载了对初等生的要求：

① 朴松堂：《白鹿洞规解》，收录于《松堂先生文集》，大邱：大谱社，1986年，第48—49页。

② 柴田笃：《〈白鹿洞书院揭示〉和李退溪》，简亦精译，《湖南大学学报（社会科学版）》，2010年第2期。

③ 山崎暗斋：《白鹿洞学规集注序》，国文研鹈饲藏，1650年。

④ 详见刘金、邓洪波：《〈白鹿洞书院揭示〉与日本近世儒学流派》，《船山学刊》，2020年第1期。

第一等（素读生）上至寄合席子弟下至低等步兵子弟，年龄为九至十二岁的均需背诵《白鹿洞书院揭示》，其中蕴含着完善人格的方法。[①]

此外，《揭示》在日本教育机构最为常见的使用形式则是在讲释经典环节，由教员解读《揭示》内容，阐释其理解。据统计，日本藩校与乡校中曾明确记载讲释《揭示》的有22所，占据《揭示》在日本教育机构使用形式的近半数。[②] 不少学校甚至将讲释《揭示》作为每月朔旦之恒例，或由教员轮流讲读，或由师生相与阐发，将其作为儒学经典之作研读。

《揭示》是由道德、伦理、济世三者组成的共同体，相较于科举学校之学而言，体现出一种浸透了理学教育理念的书院精神。《揭示》传播海外后，自然也被海外儒学家重视，并对其义理思想进行深入阐发。尤其在不以科举取士的日本，《揭示》更加备受青睐。他们期望通过其所蕴含的理学伦理思想，教化民众，实现传道济斯民的诉求。

（二）作为教育指南在官私之学中的运用

《揭示》作为中国书院发展史上第一部最完整、最具纲领性的学规，自问世以来，便成为了我国古代的教育指导方针。其传播海外后，对日本教育也影响深远。成为日本各个藩校乡学的教育指南。而其在日本各类教育机构中的实际运用，则是以学规、学则的形式体现。

江户时期的日本各类教育机构，大多将《揭示》置于学堂最醒目之处，或悬于讲堂中央之楣或刻于正面与东西两侧，作为大家共同遵行的学之规范。如创建于宽文六年的闲谷学校，在延宝元年（1673）讲堂落成之际将《揭示》揭之于楣。每月朔日，于习艺斋讲解《揭示》，听讲者除师生之外，近村百姓亦可参与。佐贺藩多久邑的鹤山精舍，在元禄十二年学问所落成之际，将《揭示》悬挂讲堂。此外，大阪的怀德书院、一桥家的备中乡学兴让馆、条山藩的振德堂等官私之学

① 文部省编：《日本教育史资料》卷三，东京：富山房，1903年，第728页。

② 据《日本教育史资料》统计，日本藩校中明确记载曾使用《揭示》的共有41所，其中对《揭示》进行讲释、解读的共有19所。乡校中明确记载曾使用《揭示》的共有13所，其中明确记载讲释的有3所。

都将《揭示》揭之四壁。[1] 时至今日，柳川藩传习馆、大阪怀德堂、冈山藩闲谷学校、仁寿山学问所等还存有《揭示》匾额、碑刻等实物遗存，传导出各校所遵循的基本教育理念。日本佐仓藩藩校温故堂将《揭示》悬于讲堂，并于其后阐明学问本旨：

> 夫学问之趣意，第一辨伦理、注躬行、专信义、谨礼让，则君子可成。以《白鹿洞书院揭示》之目为志，谨厚可励之。纵令委经义，涉百家之书，巧诗文，共达其道。是学问之本旨，个心得违不可有之。但子弟者，以父兄之事为重，亲族朋友和睦，其学所以能成。[2]

该校办学之目的为培养君子，并引《揭示》说明如何成为君子，如何达道。明确阐明该校之教育宗旨，诗文经义与人伦教导并行。地方教员还会将自己的教育理念与《揭示》结合，从而制定相关的学则。足立藩求道馆曾明确教育之目标："基于朱子之学广涉从汉魏到明清以来的各路儒家学说，望大家成为宋儒般之忠臣，勿成奸佞之小人。"[3]培养忠君爱国之人是这一时期日本教育机构的普遍目标。不仅如此，以《揭示》为教则，也旨在培养学生希圣希贤。条山藩藩校振德堂学则后有：

> 今揭示朱子白鹿洞之规续先生学规之后，使诸君知为学之本，原由是正心诚意于人伦日用之间，遂以进于圣贤之域。入则为孝子、出则为忠臣，可以至于齐家治国，不亦美乎？[4]

日本的儒家教育吸收了中国古代学为圣贤的人格理想追求以及修身齐家治国平天下的圣贤之道。从儒学家平安福井轨于天明五年(1785)所撰规后文

---

① 根据1903年文部省编的《日本教育史资料》，明确记载日本藩校将《揭示》作为学规揭之于堂的有条山藩的振德堂、新发田藩的道学堂、佐仓藩的温故堂、松山藩的明教馆、森藩的修身舍、佐土原藩的学习馆、加贺藩的明伦堂等。详见文部省编：《日本教育史资料》，东京：富山房，1903年。

② 文部省编：《日本教育史资料》卷二，东京：富山房，1903年，第254页。

③ 文部省编：《日本教育史资料》卷三，东京：富山房，1903年，第653页。

④ 文部省编：《日本教育史资料》卷五，东京：富山房，1890年，第325页。

可了解该校之教育目的:“愿诸君朝夕肄业于此,相与切磋讨论以修其身。培养才德、达之政理、殚竭臣节、补报鸿恩。”[1]即希望生员通过修身、养德、达政,从而尽忠报恩。

日本在对《揭示》的运用中将其作为教育指南,贯彻人伦之道。以《揭示》为基准修养德行,最终实现齐家治国的目标。然而众所周知,近世日本是由武士统治天下,并十分重视武士道的精神,践行在教育上,则是儒家的文教之道与武家的武士之道并行,从而形成日本教育史上独特的“文武之道”。如前所述,日本在文教政策上基本采用儒家的教育指导方针,以《揭示》为指南培养学生,以期达到日用伦常规范的建立。而在武道的培养上,部分学校也将《揭示》作为学则加以运用。日本津山藩修道馆曾明确规定:“生徒训练遵守朱子《白鹿洞揭示》,文学所素读,武术场亦暗诵。”[2]可见文武之道的修炼均以《揭示》为标的。为何如此,日本学者阪谷郎庐曾在《揭示上书》中给出了答案。

> 日日齐诵,不识文字者亦自然铭记,得于日常事务中知晓义理。博学审问固在五伦之外,然诸艺不出其理。若遭战败,士卒知“反求诸己”,败而士气不衰,精心演练,则成就必胜之基础。[3]

阪谷郎庐不仅自己宣扬《揭示》,让学生每日诵读,甚至向统治阶级建议,军队、僧尼等每朝诵读。尤其关于军队的管理,阪谷郎庐特意强调了诵读《揭示》的作用,他认为军队每日诵读《揭示》,能使军纪整肃。书读百遍,其义自现。士兵能在诵读中明白义理,懂得博学审问,从而达到强兵的目的。可见当时日本教育机构结合国情,贴合当时幕府政教合一的考量来推行《揭示》,最终使其在文武之教中得到了运用与发展。

(三)作为圣学教化在学校中的仪礼实践

《揭示》是被朱熹赋予神圣使命的书院学规,其中除了践行个人的道德修养目标外,还包含着经世济民与传道济世的理想追求。日本在接受《揭示》的过程

---

① 文部省编:《日本教育史资料》卷五,东京:富山房,1890年,第325页。

② 文部省编:《日本教育史资料》卷六,东京:富山房,1890年,第573页。

③ 平坂谦二:《〈白鹿洞学规〉在日本还“活”着》,熊庆年译,《朱子学刊》,1995年第一辑。

中,也很好地吸收了这一点。此外,在近世祭政合一时期,日本对《揭示》的接受,也带有明显圣化的色彩,以便更好地达到教化效果。

日本近世的各类教育机构十分重视祭礼,只是依学校规模之大小,祭礼的形式不尽相同。而《揭示》在日本学校的实际运用中,以象征性仪礼出现的形式较多。如学校开学之际举行的开校式、开校祭祀,师生的初见式和年末的谢师仪,甚至政府官员视察学校时,《揭示》也被安排在仪式中,以达到圣学教化的目的。

在日本教育机构中《揭示》的仪式化表现,最为常见的就是在开校式和开校祭祀中。[①] 根据学校祭祀规模的不同,《揭示》在实际仪式化的使用过程中呈现出不同的形式。桑名藩立教馆的开校式记载如下:

> 每年正月二十三日上午八点全体师生教员着麻服,九点开始讲释《白鹿洞书院揭示》(教授讲学),立教馆逐条朗读(学头负责)……有志者皆可听。[②]

正月开学之际,师生职员同着麻服,于上午九点正式开始讲解《揭示》,尔后,师生共同诵读。这是开学仪式中《揭示》最为简单的使用方式,其作用主要是明确学问之趣旨。此外,不同学校的仪式章程各有不同,有些学校仪式规模较大,仪程较为复杂。开校式时与束修礼或祭祀礼一同举行,而《揭示》也在其中发挥着重要作用。如新发田藩道学堂于新岁开讲并中元讲释之祭仪中使用《揭示》情形:

> 新岁开讲圣像、中元朱像。月次讲义纳同上。当日藩主在城之年,上下着麻服临堂。从藩主至贫民,不分贵贱,均许参与。先教授、都讲行拜礼,次藩主、临堂、上段行拜礼,再家老、中老、用人、武头、番头、给人、中小姓依次行拜礼。教授开筵诵读《白鹿洞揭示》。此后,藩主以下退堂,留家老、用人各一人着坐。给人、长子、庶子及中小姓子

---

① 据《日本教育史资料》统计,日本藩校中在开校式或开校祭祀等仪礼环节中使用《揭示》的总共有20所。详见文部省编:《日本教育史资料》,东京:富山房,1903年。

② 文部省编:《日本教育史资料》卷二,东京:富山房,1903年,第95页。

弟、小役人拜礼毕，开圣像之间襖户之门，卒以下平民按顺序着坐。都讲二人圣像之间开襖户，一同拜礼。[①]

据此可知，《揭示》在日本的仪礼实践，参与的民众范围较广，上至一藩之主下至藩内平民，《揭示》则以诵读祭文的形式出现，既表达了怀念先贤朱子之意，也有传承学术思想之旨，更有教化诸生之目的。通过祭祀仪式这种庄严肃穆的过程对人内心的导向性，使得《揭示》的伦理道德渗入人心，并在不自觉中内化为人们的行为规范准则，从而外化于行动中。

三、《揭示》对日本教育的深刻影响

日本近世时期，朱子学以其肯定现存秩序为特征的思辨性精致理论，适合当权者急欲巩固政权的思想需要，因此也顺势成为了日本近世教育的灵魂和基本内容。而朱子晚年在白鹿洞书院任教期间，汇聚其理学与教育思想所创设的《揭示》，因其独特的地位，在东传日本后被日本儒学家与教育机构吸收和运用，从而贯彻于江户教育的各个方面。

（一）确立近世儒学教育理念

在江户时代以前，日本注重五山禅僧文化，其教育思想也因佛禅文化的兴盛而显示出浓郁的宗教色彩。而到了室町战国时期，身处于乱世之中，人们不再依赖于神佛思想，转而关注到个体本身。由此，以建立在信赖人的力量基础上的政治理想，通过暴力的手段而否定了宗教的权威。庆长五年(1600)关原之战后，日本终止了战乱的局面，成立了中央集权的封建体制。德川政权也决心以新的统治理念治理社会，以道德理性为依据的王道理念取代霸道政权而作为德川幕府正当化的伦理思想登场。所谓王道，是以德治主义统治国家的儒家政治哲学。而朱子以道德的实践理性为教育理念的《揭示》，自然成为了近世教育的参考模本。

《揭示》所表明的儒学教育理念，正是针对当时务记览取利禄的学风，回归传统，将“学”定义于五教五伦，并将其落实到了现实的人伦世界，表明理学家对蕴含经世之志的道德践履的高度重视。也正因如此，日本儒学家山崎暗斋将目

---

① 文部省编:《日本教育史资料》卷四，东京:富山房，1890年，第291页。

光聚焦于《揭示》,并关注《揭示》制定的背景,在《集注》序言中提到"时则陆氏顿悟之学,陈氏事功之说竞起,儒佛王霸,混杂为一。夫子力辟之,俾不至惑天下后世于戏"。[①] 暗斋所处时代,正是江户初期,此时日本刚刚结束战乱,武士阶级迎来统一之时。在此背景下,暗斋受朱子制定《揭示》背景之启发,并引用《揭示》内容,在符合统治者追求的基础上,去除霸政,帮助其在教育上实行王道之政,因此其为《揭示》所作的集注以及序言在日本社会和教育机构广泛传播。[②] 这与符合统治者的教育理念,满足其统治的意志不无关联。

此外,《揭示》的内容也对暗斋教育思想的形成产生了重要影响。正保四年(1647),弃佛向儒的山崎暗斋作《辟异》以明志,确立了其作为朱子学者的根本态度。庆安三年,暗斋于 33 岁之际著有《白鹿洞学规集注》,并在序言中明确了自身传道授业的目标,继承朱子的"设此规以开来学",也表明了日本以"五伦"为首的儒学教育理念。日本学者曾指出,山崎暗斋借助朱子之《揭示》,确立了日本近世以道德实践为主体的理性教育思想。[③] 在明确了自己的学问方向以及日本近世的教育理念后,暗斋开始在教育实践中加以运用,并培养了众多门弟。

在教育实践部分,浅见絅斋继承了暗斋的《揭示》理念,并对此进行了更详细的说明和阐述。他在《集注讲义》中提出:"学之一字在于明人伦、立纲常,确立政务之根本,实乃天下治乱盛衰之道。"[④]进一步将其与治教联系起来。此外,絅斋为更好地在教育实践中施行五伦之教,在其师暗斋的治学思想基础上显示出更强烈的道德实践倾向:

先生妄想打破程朱治学所主张的居敬穷理,不如聚焦于日常生活之根本,即居敬,禁心之妄动。然而禁心,不如着眼于子与父,眼前日用人伦之实。敬之穷理,不如聚焦于孝悌忠顺之道,不着眼于眼前日

---

① 山崎暗斋:《白鹿洞学规集注序》,国文研鹈饲藏,1650 年。

② 日本学者池上幸二郎在《暗斋先生著书解说》中提到,庆安三年山崎暗斋的《白鹿洞学规集注》发行以后,各类藩校、乡学、私塾等教育机关都对其出版,其数量达到七十余种。详见池上幸二郎:《暗斋先生著书解说》,收录于《山崎暗斋全集》,东京:日本古典学会,1936 年。

③ 冲田行司:《近世儒学教育理念の形成——山崎暗斎と白鹿洞书院揭示》,《同志社大学文化学会文化学年报》,1977 年第 26 期。

④ 浅见絅斋:《白鹿洞书院揭示集注讲义》,北海道大学图书馆藏,1787 年。

用，不认真思索所谓亲、义之实理，怎会明白此间之理。[①]

絅斋将《揭示》之伦理阐释为实践之理，将目标聚焦于行动之上，并在教育中宣扬，最终由崎门弟子导入日本各类教育机构。同时借宽政异学之禁，由官方统一将《揭示》视为教学指南。除了在正式的教育机构使用外，还由儒官带入藩内，由儒者带入乡村，影响日本整个近世教育。

（二）借鉴书院教育制度办学

中日两国一衣带水，古代日本在各方面学习中国的文化艺术，教育方面也不例外。中国古代的书院制度经由唐朝的初创，宋朝的确立，元明清的发展，从而形成了一套完整的制度和文化。其确立的标志主要包括书院与理学的一体化，书院规制、组织管理、内部职事等设施的日趋完善。[②] 在中国书院的发展过程中，其规章制度的发展代表了书院文化的精髓，其中尤属《白鹿洞书院揭示》最为有名也最具影响力。随着《揭示》在日本的传播，日本开始逐渐关注到白鹿洞书院，并重视中国书院且吸收其各项制度办学。

日本首次对《揭示》关注并加以运用是在中江藤树的《藤树规》中，宽永十六年，32 岁的藤树建学舍，作为讲学与会讲的场所，并仿照朱熹的《揭示》写成《藤树规》，悬挂于其学舍。可见，中江藤树创立书院的构想很明显受到了朱熹的《揭示》启发，同时其办学形式也受到王阳明、王龙溪的书院讲会影响。而随着朱子《揭示》在日本的传播，儒学家在对其讲解与释读中，逐渐关注到中国古代有名的白鹿洞书院。如山崎暗斋高徒浅见絅斋曾留下《揭示考证》。该书是絅斋将与《揭示》相关的资料收集整理而成，其中包括朱子重建白鹿洞书院时留下的相关文书[③]，从其收录的文章可以看出絅斋对《揭示》制定背景的深入了解，同时对白鹿洞书院也有较深的认识。此后，他又于宝永元年开始讲释《揭示》，并留下《揭示集注讲义》。序言部分，他详述了中国古代白鹿洞书院从唐朝初期

---

① 浅见絅斋：《白鹿洞书院揭示集注讲义》，北海道大学图书馆藏，1787 年。

② 详见邓洪波：《中国书院史》，武汉：武汉大学出版社，2013 年，第 162—163 页。

③ 浅见絅斋的《白鹿洞书院揭示考证》中收录的文书包括《申修白鹿洞书院状》《辛丑延和奏劄》《白鹿洞牒》等。还将吕伯恭的记文《白鹿洞书院记》、方希直称颂洞规的《白鹿洞规赞》收录其中。此外朝鲜学者所作与《揭示》相关的文献也尽数收录。详见浅见絅斋：《白鹿洞书院揭示考证》，北海道大学图书馆藏，1731 年。

到宋元明时期的发展沿革，认为白鹿洞书院至元明时已为“天下第一学校也”。[①] 这一观点也被日本儒学者传承，并在此后所创建的教育机构中以《揭示》为教育指南，且参考白鹿洞书院的办学形式。

明历三年(1657)，会津藩藩校日新馆落成，明确标榜系“仿朱子白鹿洞书院所建”。贞享三年，冈山藩闲谷学校建成，从元禄十五年开始向诸教员讲读《揭示》，并在此后每月朔旦作为恒例，由教员轮流讲读。享保十七年(1732)，崎门学者三宅尚斋以朱熹再兴白鹿洞书院为根据，在同志和门人的捐助下，于京都创建了培根・达枝堂。同时他还以“白鹿洞书院亦无大小学分而教之之事”[②]批评了中国书院忽略小学之教。因此，三宅尚斋创建的培根・达枝堂按尊卑、长幼、才德划分生徒，实行了分科教育和等级制。此外，大阪的怀德堂也与白鹿洞书院关联密切。享保十一年，儒者中井甃庵参考白鹿洞书院得到官赐的经历，申请幕府赐银赐币等援助，并最终得到许可建立了怀德堂。在第二代馆主中井竹山担当教务时，怀德堂开始称为怀德书院。而第五代馆主中井履轩任教期间，他直接将朱子《揭示》悬挂于怀德书院堂内，且留存至今。日本学者针对书院与儒学的合一，探究了作为书院的怀德堂对白鹿洞书院教学内容的吸收与借鉴。[③] 而始建于 1805 年的日本著名汉学塾咸宜园，也从教育理念、教育方法和人格塑造等方面对白鹿洞书院加以吸收和借鉴[④]，可见白鹿洞书院对日本私学教育之影响。

私学之外，幕府官学昌平黉，其前身为林家私塾，创办者正是儒官林罗山，林罗山对大明之教育十分关注，曾在回答幕府第一代将军德川家康所问“今大明亦有道耶？卿以为如何?”时回答：“有之，虽目未见之，于书见之。夫道者非窈窈冥冥，而在君臣父子男女长幼交友之间。今大明自闾巷、自郡县、自州府，无处不有学校，皆所以教人伦而以正人心善风俗为要，然则果有道乎?”[⑤]可见其对中国当时的教育了解颇深。此外，林罗山之子林鹅峰在宽文十一年明确

---

① 浅见絅斋：《白鹿洞书院揭示集注讲义》，北海道大学图书馆藏，1787 年。

② 三宅尚斋：《答疑难书堂说》，载稻叶默斋编：《尚斋实记》，写本，日本国会图书馆藏。

③ 参见汤浅邦弘：《怀德堂と白鹿洞书院》，《怀德堂研究》，2012 年第 3 号。

④ 朱玲莉：《试论中国书院文化对日本私学教育的影响——以中国“白鹿洞书院”和日本“咸宜园”为例》，《齐鲁学刊》，2011 年第 5 期。

⑤ 国书刊行会：《近藤正斋全集》第三册，东京：内外印刷株式会社，1906 年，第 73 页。

指出:"应天白鹿岳麓石鼓四书院,显名于赵氏之代,晦庵南轩东莱之手,泽昭昭乎后世,然不过一州之学。"[①]由此可见,当时的日本儒学者已经对中国书院有较深的了解。林家私塾于元禄三年正式变为官办教育机构昌平黉,并在宽政年间开始讲释《揭示》。而昌平黉教官佐藤一斋除了积极推广《揭示》,还曾明确指出,朱熹再兴白鹿洞书院时,"既乞赐敕额,又置书籍,附学田。制度井然而备,于此成不朽之事"。[②] 既借助白鹿洞书院乞赐敕额论证了昌平黉成为官学的合理性,同时也在学校的定例讲释中讲解《揭示》,进而影响日本各类教育机构。

(三)推动近代教育的发展

日本近代教育肇始于明治维新。而在明治初期,朱子《揭示》仍发挥着其教育教化功能。明治二年(1869),爱媛县宇和岛藩士上甲振洋在明伦馆任教头时,以《揭示》为模本著有《藩学揭示》,以其为学则教育学生。该学规从性情之德与明伦、立志、为学之要等十个方面来教导学生,并引用《论语》《孟子》《周易》等经书中古圣贤之为学要语而成。不管其结构形式还是内容,都能反映出此篇《藩学揭示》是模仿朱子《揭示》而成。在文末的跋中,上甲振洋曰:

> 不肖榛乃蒙辟命,受乏学职,因仿《白鹿洞揭示》,取古圣贤所以教人为学之要语,条陈品叙,揭之黉堂,以示学者。欲其致力实学而资于吏务,以有对扬名天子复古之政教云尔。[③]

上甲振洋以《揭示》为模本,将之充分咀嚼后,在接受其理念的基础上以适应现实的教育对其进行再构成,作成了《藩学揭示》。从这可以看出《揭示》不仅在日本各大学校直接被使用,很多学者、教育家还将其作为模本,制定出了适应本国国情与教学发展的规条,用以教化学生,可将其视为《揭示》的日本化。

明治时期,日本宫廷派教育家元田永孚给明治天皇担任侍讲时,在朱子的影响下,对德育思想极力推崇,认为过分欧化导致"品德恶化,风俗紊乱",今后

---

① 林鹅峰著,日野龙夫编集:《鹅峰林学士文集》卷六,收录于相良亨等编:《近世儒家文集集成》第12卷,东京:ぺりかん社,1997年版。

② 佐藤一斋:《白鹿洞书院揭示译》,载《佐藤一斋全集》第一册,东京:明德出版社,1990年,第224页。

③ 上甲振洋:《藩学揭示》,载《爱媛县教育史》,松山:爱媛县教育会,1938年,第73页。

要"根据祖宗之训典,专心致志,阐明仁义忠孝,道德之学以孔子为主"。[①] 因此,他从朱子《揭示》中,吸取了"五教之目"思想,并以此而展开德育的论述。《教育大旨》中提到:"天下达道者五,君臣为第一,父子、兄弟、夫妇、朋友合之为五伦之道,天下臣民共守。"[②]1886 年,担任宫中顾问官的西村茂树写成《日本道德论》,主张"以儒道为本邦道德的基础""兼采二教(儒学与西洋哲学)精华,弃其糟粕"。[③] 于是,1890 年,天皇颁布著名的《教育敕语》,在《日本道德论》的基础上,使用"典雅庄重的王者之言",对国民道德以儒家思想为标准加以明确规定。

《教育敕语》的颁行,是日本明治时代具有重要意义的历史事件,日本学者认为《教育敕语》是"明治维新精神"所包含的"复古"和"日新"这两股思潮进退离合的产物。[④] 可谓西学与儒学在国家至上主义的旗帜下达到了逻辑上的统一与结合。从《揭示》到《教育敕语》的转变,表面上体现了日本教育近代化的变革,而实际上则是日本在推动近代化教育的发展过程中,将西学与儒学进行的完美融合与统一。《教育敕语》的中心原则,仍是教育国民忠君爱国。因此在儒学道德教育的核心理念上,依旧将五伦作为重要内容。"尔臣民孝于父母,友于兄弟,夫妇相和,朋友相信,恭俭持己,博爱及众,修学习业以启发智能,成就德器。"[⑤]由此可见,日本在接受朱子的儒学思想及其教育思想时,《揭示》作为一个特殊的媒介起到了十分重要的作用,其本身不仅在日本的各大学校得以讲解、传播。日本人还将其活用,转化为了适应近代本国发展的教育指导思想。

结语

近世日本教育的发展与儒学的兴学有着密切关联,而其儒学的发展则以注重人伦实学为基础,并在教育上加以贯彻实行。就《揭示》在日本的传播与接受而言,其一开始也是着眼于日本幕府王道的统治加以推广,且在实际吸收和运用中,以伦理教化为目的而施行全国。《揭示》在日本的传播,首先由儒学者在

---

① 海后宗臣:《日本教育先哲业书》第十九卷,东京:文教书院,1942 年,第 120 页。

② 元田永孚:《教育大旨》,载海后宗臣:《日本教育先哲业书》第十九卷,东京:文教书院,1942 年,第 148 页。

③ 陈为民主编:《儒家伦理与现代企业精神的承接》,北京:中国社会出版社,1997 年,第 128 页。

④ 渡边几治郎:《教育敕语の本义と涣发の由来》,东京:藤井书店,1904 年,第 1 页。

⑤ 片山清一编:《资料·教育敕语》,东京:高陵社书店,1974 年,第 6 页。

私学中讲释,其后又由儒官在官方教育机构传导,最后通过爱国志士的宣扬,而使《揭示》遍及日本官私之学。日本教育机构在普及《揭示》的过程中,曾透过以下几种方法:第一,将其作为儒家经典讲释,并进行大量的抄写与出版,在“修身”科目中注释墨化。第二,作为教育指南的运用,以学则或学规的形式揭之四壁,确立办学宗旨和培养目标。第三,在学校各类祝祭仪式中,通过塾长奉读和训示等象征性浓厚的仪式行为,使《揭示》在潜移默化中深入人心。

《揭示》对日本近世教育影响深远,从江户初期引《揭示》确立日本儒学教育理念为开端,日本教育始终以《揭示》为儒学教育的指导方针。通过《揭示》而认知白鹿洞书院与中国书院的教育制度,从而借鉴其办学理念与模式,创建日本的官私教育机构。近代,随着西学的冲击,日本学者对《揭示》进行合理创新与改造,在传统与现代之间寻求平衡,使西学与儒学得到完美融合与统一。

The Influence of “Revelation of Bailudong Academy” on Confucianism Education in Modern Japan

Liu Jin, Deng Hongbo

Abstract: “Revelation of Bailudong Academy” had a profound impact on modern Japanese education. From the beginning of the early Edo period, “Revelation” was cited to establish the Japanese Confucian education concept, and Japanese education has always taken “Revelation” as the guiding principle of Confucian education. The dissemination of “Revelation” in Japanese educational institutions was promoted on the basis of the rule of the Japanese shogunate, and it was jointly completed by Confucianists, educators, patriots and other groups. The popularization of “Revelation” in Japanese educational institutions was carried out in three forms: the explanation of Confucian classics, the application of educational guides, and the practice of holy learning. Japanese scholars deeply understood the education system of Chinese academies through “Revelation”, and introduced it to establish official and private schools, and combined with local education to rationally innovate and transform “Revelation”, thus triggering the birth of the spirit of modern Japanese education.

Keywords: “Revelation of Bailudong Academy”; early modern Japan; Confucian education; Influence

梁启超对于“日本阳明学”的接受*

——兼与章太炎之比较

范根生**

［摘　要］　戊戌变法失败后，梁启超东渡日本，他到达日本的时间正是“日本阳明学”运动的高潮期，他深受“日本阳明学”的影响，接受“阳明学为明治维新原动力”的观点，进而大力称颂阳明学。梁启超对吉田松阴等幕末维新志士极为崇拜，他对幕末维新志士身份的定位经历由“侠者”向“儒者”的转变，对阳明学的推崇经历由依附于宗教到逐步摆脱宗教，在“气”和“力”层面的推崇转向在“理”和“德”层面推崇的过程。章太炎也因“日本阳明学”而关注阳明学，他开始推崇佛学反对阳明学，后来则肯定阳明学在治气定心方面的长处，认为阳明学“正堪为佛教作仆耳”，主张在佛学的主导下吸收阳明学的长处，将佛学与阳明学铸熔为一。

［关键词］　梁启超；章太炎；日本阳明学；近代阳明学

---

* 基金项目：广东省哲学社会科学规划项目“梁启超与近代岭南的心学思潮研究”（项目编号：GD24LN02）。

** 范根生（1992—　），男，江西瑞金人，哲学博士，广东工业大学“青年百人计划”特聘讲师，主要研究方向为阳明学、中国近现代哲学。

引言

日本明治以后的阳明学运动对中国晚清时期的知识分子产生很大的影响。当前我国学界普遍所使用的阳明学术语，实际上是受晚清民初时期经从日本引入的阳明学术语的影响，尽管这一名称和内涵都和我国明清时期学者所使用的阳明学一致，但这并非受到明清时期阳明学术语的影响，因为明清时期虽然有不少人在使用阳明学这一术语，但这一术语在当时并未成为通行的主流术语。从现有的文献来看，当时的学者普遍是使用"阳明之学""王氏之学""王学""陆王学""姚江学"等术语来指称王阳明及其后学的思想学说。[①] 另外，明清之际，"王学狂禅论""王学亡国论"等观点甚嚣尘上，陆王心学遭遇前所未有之危机，沦为社会各界口诛笔伐的对象。清朝中叶，自李绂之后更是陷入长期的沉寂状态。

清政府在甲午战争中遭遇惨败，这在晚清社会各界产生极大的震动，众多知识分子开始将目光转向东邻日本，其中，有一大批仁人志士前往日本寻求富国强民之道。他们中的很多人到达日本的时间正是"日本阳明学"运动如火如荼开展的时候，在"日本阳明学"的影响下，他们开始关注和重新审视阳明学，进而向国内大力宣传和倡导阳明学，这在很大程度上推动了阳明学在晚清社会的强势崛起。梁启超率先接受"阳明学为日本明治维新原动力"的观点，并对阳明学进行了重点阐发和大力称颂。

梁启超的很多思想观点和主张虽然直接受到"日本阳明学"的影响，但他对"日本阳明学"并不是完全被动地吸取和接受，他在不同阶段对阳明学的认识和

---

① 钱明：《东亚世界中的"阳明学"概念》（收入氏著：《近世东亚思想钩沉：钱明学术论集》，贵阳：孔学堂书局，2017年，第14—19页）；吴震：《漫谈阳明学与阳明后学的研究》（收入郭齐勇主编：《阳明学研究》第二辑，北京：中华书局，2016年，第1—12页）；吴震：《关于"东亚阳明学"的若干思考——以"两种阳明学"问题为核心》（《复旦学报（社会科学版）》，2017年第2期，第13—24页）；吴震：《再论"两种阳明学"——近代日本阳明学的问题省思》（《社会科学战线》，2018年第7期，第31—43页）；邓红：《何谓"日本阳明学"》（收入氏著：《日本的阳明学与中国研究》，桂林：广西师范大学出版社，2018年，第3—36页）；陈晓杰：《"阳明学"与"东亚"以及"近代日本"》，（收入郭齐勇主编：《阳明学研究》第六辑，北京：人民出版社，2021年，第177—192页）等文章对"阳明学""日本阳明学"等术语进行了细致的考察辨析，本文所使用的"阳明学""日本阳明学"术语参考了以上文章中的观点。

定位存在着较大的差异，这反映了他在接受"日本阳明学"的过程中具有强烈的问题意识和现实指向。[①] 此外，章太炎与梁启超差不多同时受到"日本阳明学"的影响，但他对待"日本阳明学"的态度和方式与梁启超迥然不同。本文将对梁启超接受"日本阳明学"的思路历程展开论述，并在此基础上与章太炎进行对比，力图以此来展现晚清知识分子在接受"日本阳明学"时的不同态度和方式。

一、戊戌变法前

康有为在万木草堂时期对于日本幕末维新志士的著述以及相关事迹极为关注，其中，他对吉田松阴极为崇拜，"凡入塾者皆授以《幽室文稿》"[②]。康有为接受到"吉田松阴为明治维新原动力"的观点，认为幕末维新志士雷厉风行、慷慨激昂、英勇无畏的豪杰精神在推翻幕府统治的过程中发挥了巨大的作用，这为日本顺利推进变法维新运动提供了根本保证。康有为希望中国也能涌现出像吉田松阴一样慷慨激昂、勇猛刚毅、舍生忘死的英雄豪侠之士来变法维新。"维新之始，宜频有大举动，以震耸之。盖守旧之风尚静，循常蹈故，以无动为大"，"非雷霆发声，蛰虫不出"[③]。他开设万木草堂最为重要的教学宗旨就是鼓舞民气、激励气节、焕发斗志，从而破除守旧尚静、循常蹈故、无动为大的社会风气，让国人从昏睡中觉醒，积极地行动起来，革故鼎新，变法图强。此时康有为还未接受到"阳明学为明治维新原动力"观点的影响，所以他并未强调阳明学在幕末维新志士推翻幕府过程中的作用，在康有为心中，吉田松阴不是一个阳明学者，而是一个充满热力、热血和义愤的侠士。

在戊戌变法之前，梁启超追随康有为进行变法维新运动的准备工作，他的思想观点与康有为基本相同。梁启超也认为数千年来中国社会上形成的喜静厌动、柔静无为之风是导致晚清社会深陷重重危机的根本原因，他说：

① 李亚曾指出梁启超对"幕末维新志士的阳明学"的接受历经了禅宗与阳明学——阳明学与朱子学——阳明学的演变过程，这大体上可以反映梁启超接受"日本阳明学"的思想过程，但她并未对此展开相应的论述。详见李亚：《梁启超与近代中日阳明学》，北京外国语大学博士学位论文，2015年，第54—60页。

② 梁启超：《上品川弥二郎子爵书》，《梁启超全集》第十九集，北京：中国人民大学出版社，2018年，第668页。

③ 康有为：《日本政变考》，《康有为全集》第四集，北京：中国人民大学出版社，2007年，第126页。

卒使数千年来，成乎似忠信、似廉洁、一无刺无非之乡愿天下。言学术则曰宁静，言治术则曰安静，处事不计是非，而首禁更张，躁妄喜事之名立，百端由是废弛矣。……不过力制四万万人之动力，絷其手足，涂塞其耳目，尽驱以入契乎一定不移之乡愿格式，悲夫，彼西人之哀我中国之亡于静也。[①]

在这种社会环境和风气下，梁启超特别关注自然界和人类社会发展前进过程中的动力问题，他在《说动》中认为"无物无动力"，小到自然界中的一滴水、一粒尘，里面都有千万微生物在浮动，"故最要者莫过于动力。有动力必有反动力，有反动力又必有其反动力之反动力。反反相续，动动不已，而大业成焉"[②]。动力是万事万物形成以及生生不已的源泉，重压之下必然会产生相应的动力。然而，晚清中国面临前所未有之内忧外患，压力不可谓不重，但晚清中国却并未因此而产生出相应的动力。梁启超认为这正是因为"柔静无为之毒，已深中人心。于是压力、动力，浸淫至于两无"[③]，以致即便遭受到亡国灭种之危机，大家仍选择苟且偷安。

甲午战败后，中日签订《马关条约》，中华民族遭受到前所未有之侮辱，国内却依然歌舞升平，笑声依旧，官员忙着升官发财，士人忙着科举功名，大家都只关心自己的利害得失，而国家的兴衰存亡、百姓的生死疾苦则视若无睹、置若罔闻，"曾不数月，和议既定，偿币犹未纳，戍卒犹未撤，则已以歌以舞，以遨以嬉，如享太牢，如登春台。其官焉者，依然惟差缺之肥瘠是问；其士焉者，依然惟八股八韵、大卷白折之工窳是讲……究之阴血周作，张脉偾兴，旋动旋止，只视为痛痒无关之事，而其心之热力，久冰消雪释于亡何有之乡，而于国之耻，君父之难，身家之危，其忘之也，抑已久矣"[④]。有鉴于此，梁启超认为当前国势不振的最主要原因是民气不振，国人不关心自己国家的事情，而"天下之理，非剥则不复，非激则不行"[⑤]。因此，梁启超在这一阶段大力称颂这些慷慨激昂、勇猛刚

---

① 梁启超：《说动》，《梁启超全集》第一集，第 422 页。

② 梁启超：《自由书·十九世纪之欧洲与二十世纪之中国》，《梁启超全集》第二集，第 113 页。

③ 梁启超：《说动》，《梁启超全集》第一集，第 424 页。

④ 梁启超：《南学会叙》，《梁启超全集》第一集，第 419 页。

⑤ 梁启超：《〈横滨清议报〉叙例》，《梁启超全集》第一集，第 678 页。

毅、舍生忘死的侠士精神，力图以此来提振民气、激发民志、唤起义愤，“志士之志气劣弱，当激以强健豪侠，以壮其气”①。

梁启超在《意大利兴国侠士传序》一文中考察了众多国家的兴衰历史，他认为俄、美、英、德、法、日本等强国之所以能够崛起，并且成为强国，其根本原因就在于这些国家中出现了侠君和侠士，他们能够在国家危亡之际，义愤而起，革故鼎新。梁启超将俄罗斯的彼得大帝，美国的开国总统华盛顿，统一德国的威廉一世等人皆称为侠君，他认为英、法、日本等国的政党也皆为侠士所开创，“夫俄、美、德，其侠君大彼得、华盛顿、威廉，愤其国之受侮而起之也。英、法、日本，其侠士开新党、革政党、共和党、尊攘党、开化党，愤其国之苶弱而起之也”②。其中，梁启超尤为关注东邻日本，因为日本与中国在很多方面存在相似之处，但日本却能够在短时间内摆脱困境，走上近代化的强国之路，一跃成为东亚霸主。梁启超认为这正是日本一二侠者之力，他们激于国耻，义愤而起，推翻了幕府的统治。“中国、日本，同立国于震旦，画境而治，各成大一统之势，盖为永静之国者，千年于兹矣。日本自劫盟事起，一二侠者，激于国耻，倡大义以号召天下，机捩一动，万弩齐鸣，转圜之间，遂有今日。”③

这一时期梁启超的思想主要受康有为的影响，他也尚未接受到“阳明学为明治维新原动力”的观点。在康有为的影响下，他对吉田松阴也极为仰慕和推崇，但相对于康有为，他并不是特别明显地主张“吉田松阴为明治维新原动力”，而是更加倾向于认为“侠者为明治维新原动力”。梁启超对于侠者可谓推崇备至，他在《湖南时务学堂问答》中说：

> 日本所以能自强者，其始皆由一二藩士慷慨激昂，以义愤号召于天下，天下应之，皆侠者之力也，中国无此等人，奈何！奈何！④

梁启超还曾写过一篇名为《记东侠》的文章，“东侠”即指日本幕末的维新志士。僧月照、西乡隆盛、佐久间、吉田松阴、大久保等在幕末维新过程中发挥重

① 梁启超：《戊戌政变记》，《梁启超全集》第一集，第484页。

② 梁启超：《意大利兴国侠士传序》，《梁启超全集》第一集，第683页。

③ 梁启超：《记东侠》，《梁启超全集》第一集，第260页。

④ 梁启超：《湖南时务学堂问答》，《梁启超全集》第一集，第316页。

要作用的人士，梁启超皆称其为侠士，他在这篇文章中高度肯定了这些侠者在促使日本走向近代化强国过程中的重要性，他说：

> 日本以区区三岛，县琉球，割台湾，胁高丽，逼上国……呜呼！真豪杰之国哉！而其始乃不过起于数藩士之论议。……其一二定大难、立大功，赫赫于域外者不必道，乃至僧而亦侠，医而亦侠，妇女而亦侠，荆、聂肩比，朱、郭斗量，攘彝之刀，纵横于腰间，脱藩之袴，络绎于足下。呜呼！何其盛欤！[①]

在梁启超的心中，侠者不仅合乎勇，同时也统合智与仁，他们是集仁、智、勇三者于一身的完美人格形象。此外，更为重要的是，他们还肩负起雪大耻、复大仇、起毁家、兴亡国等重任，“夫天下之达道，曰智，曰仁，曰勇，侠者合乎勇，而实统智、仁而一之也。是故雪大耻，复大雠，起毁家，兴亡国，非侠者莫属”[②]。梁启超将救国兴国的希望寄托在这些英雄豪侠之士的身上，希望他们以雷霆万钧之霹雳手段快速打破当时无动为大、万马齐喑、暮气沉沉的局面，生发中国社会前进所需要的原动力，从而自上而下实现变法维新，顺利走上近代化的强国之路。

二、东渡日本期间

上文中所提及的梁启超对侠者进行大力称颂和呼唤的文章主要有《记东侠》(1897 年 9 月)，《湖南时务学堂问答》(1897 年冬)，《说动》(1898 年 2 月)，《南学会叙》(1898 年 2 月)，《意大利兴国侠士传序》(1898 年 3 月)等，它们发表的时间都是在戊戌变法之前。在惨痛的现实面前，梁启超深刻地认识到，侠者身上所具有的慷慨激昂、勇猛刚毅、舍生忘死的精神品质固然可以戳破晚清社会柔静无为之毒，振动民气、激发民志、唤起义愤，但是侠者作为游离于现实政治秩序之外的边缘性人物——古人称之为“游侠”，他们代表的仅仅是一种个体性力量。他们无组织、无规范，其行动多是个体在现实社会中遭受不公时自发

---

① 梁启超：《记东侠》，《梁启超全集》第一集，第 258 页。

② 梁启超：《意大利兴国侠士传序》，《梁启超全集》第一集，第 683 页。

而起的抵制和反抗，其行为没有宏大的理想追求和长远的目标规划，更多的是一时激愤而起，或者是路见不平拔刀相助，充满偶然性和随机性。在如此深重的民族危机面前，这种力量显得十分之无力。

而且，梁启超意识到当时帝国主义不同于古代的帝国主义。古代帝国主义的入侵是由一人之雄心而起，当时则是民族帝国主义，其入侵是国民之实力充于内而不得不溢于外，他们以整个民族不得已之势而往外扩张殖民，故无法仅仅依靠一二之英雄来与之相抗。我们必须实行民族主义，发动整合全体国民的力量方能抵挡民族帝国主义的入侵，“彼为一二人之功名心而来者，吾可以恃一二之英雄以相敌；彼以民族不得已之势而来者，非合吾民族全体之能力，必无从抵制也；彼以一时之气焰骤进者，吾可以鼓一时之血勇以相防；彼以久远之政策渐进者，非立百年宏毅之远猷，必无从幸存也”①。

戊戌变法的失败，加之“勤王运动”以及“义和团运动”的相继失败，让梁启超的思想发生重大转变，他开始弱化侠者的作用，将重心转向培养具有近代民族国家意识和素养的新型国民之上。《新民说》集中反映了梁启超改造国民性的新民思想，他在里面对于近代民族国家中的国民所应该具备的精神品质进行了深入的阐发。其中，他特别推崇“尚武”的精神，“尚武者，国民之元气，国家所恃以成立，而文明所赖以维持者也”②，他认为在当前民族国家如此激烈竞争的时代里，柔弱之文明不能抵挡野蛮之武力的侵袭，一个国家如果没有尚武之国民，没有铁血之主义，虽有文明智识，广土众民也无法自立，“屹立地球者，无不恃此尚武之精神。抟抟大地，莽莽万国，盛衰之数，胥视此矣”③。晚清中国之所以沦为帝国主义列强瓜分的对象，正是因为中华民族“尚武”精神的缺失，国民右文怯懦，柔脆无骨。当然，梁启超所说的“尚武”并不是形式层面上的“购舰练兵，置厂制械，整军经武”④，而是精神层面上的武，即国民内心中坚强之武力。因此，梁启超对日本幕末维新志士身份的定位由血气之勇的“侠者”形象转变为日本国民精神的代表人物，他也由此前对侠者个人力量的称颂转变为对侠者背后所代表的“武士道”“大和魂”等精神的称颂，“日本之兴，侠客与有功焉。所谓

① 梁启超：《新民说·论新民为今日中国第一急务》，《梁启超全集》第二集，第531页。

② 梁启超：《新民说·论尚武》，《梁启超全集》第二集，第624页。

③ 梁启超：《新民说·论尚武》，《梁启超全集》第二集，第625页。

④ 梁启超：《新民说·论尚武》，《梁启超全集》第二集，第629页。

武士道，所谓大和魂，皆拔剑击柱一瞑不视之徒也”[①]。据此可见，梁启超此时虽然认为日本之兴侠客起了很大的作用，但他认为侠客之所以能起此作用，是因为其背后有以“尚武”为内核的“武士道”“大和魂”等精神作为支撑。

梁启超也不再主张日本能够短时间兴国维新的关键因素是一二侠者之力，而是由于日本国民推崇以“尚武”为内核的“武士道”“大和魂”等精神，他说：

我东邻之日本，其人数仅当我十分之一耳，然其人剽疾轻死，日取其所谓武士道、大和魂者，发挥而光大之。……彼日本区区三岛，兴立仅三十年耳，顾乃能一战胜我，取威定霸，屹然雄立于东洋之上也。曰：惟尚武故。[②]

有鉴于此，梁启超大力发明中国之“武士道”精神，建构以“尚武”精神为内核的“中国魂”。而且，梁启超认为“武士道”虽然是日本输入的名词，但这不是说中国自古以来就没有“武士道”的精神传统，中华民族并不是不武之民族，中华民族之武，是最初的天性，但是在统一专制主义的社会下，这一精神传统遭受到压制和摧残。梁启超指出春秋战国时期，“武士道”之风盛行，汉初之后，中国之“武士道”消亡，变成“游侠”，中华民族也因此而武德丧失，变成不武之民族。梁启超在发明“中国之武士道”时，将古代的“游侠”与“武士道”进行对比，从中我们可以看出，梁启超虽然在一定程度上认可“游侠”，但他更多是将“游侠”与“武士道”进行区分，并指出“游侠”存在的问题，这反映出梁启超在不断地弱化“侠者”的作用。

梁启超受井上哲次郎的影响对“武士道”十分推崇[③]，但他在推崇“武士道”的相关文章中并未提及阳明学的相关内容，他并不是直接将阳明学与“武士道”进行对接。井上哲次郎将阳明学与“武士道”相结合，并以此来服务于建构以天

---

① 梁启超：《自由书·难乎为民上者》，《梁启超全集》第二集，第124页。

② 梁启超：《新民说·论尚武》，《梁启超全集》第二集，第625页。

③ 日本学者末冈宏围绕梁启超“武士道”与井上哲次郎的关系进行了考察，他认为梁启超对“武士道”的推崇是受到井上哲次郎的影响，本文赞成其观点。参见（日）末冈宏：《梁启超与日本的中国哲学研究》，收录（日）狭间直树：《梁启超·明治日本·西方》（修订版），北京：社会科学文献出版社，2001年，第157—160页。

皇为中心的国家意识形态，这为日本走向军国主义，走上对外侵略扩张道路提供了重要的思想武器，阳明学也因此而饱受指责和攻击。梁启超访问美洲之后，他在政治立场上由卢梭的平民主义转向伯伦知理的国家主义，在政体上由民主共和转向君主立宪制，甚至开明专制。但梁启超并没有以阳明学来服务于其政治上的国家主义思想，可见，梁启超并不是完全被动地袭取“日本阳明学”中的观点，他对于阳明学的关注和推崇始终在修身以及德性的领域。

梁启超在《新民说·论自由》中开始将阳明学与明治维新联系在一起，认为“若有欲求真自由者乎，其必除心中之奴隶始”[①]。梁启超将人心中之奴隶分为古人之奴隶、世俗之奴隶、境遇之奴隶、情欲之奴隶四种，他在阐发勿为情欲之奴隶时说：

> 故夫泰西近数百年，其演出惊天动地之大事业者，往往在有宗教思想之人。夫迷信于宗教而为之奴隶，固非足贵，然其借此以克制情欲，使吾心不为顽躯浊壳之所困，然后有以独往独来，其得力固不可诬也。日本维新之役，其倡之成之者，非有得于王学，即有得于禅宗。[②]

梁启超认为，有过人之才必会有过人之欲，有过人之欲而没有道德心进行自我约束的话，此人将会沦为自身情欲之奴隶。他纵观西方近几百年以来取得惊天动地事业的伟人，发现他们都是具有宗教思想之人，其原因就在于他们能够以此来克制自身中的情欲，使其心不被顽躯浊壳所困扰，从而拥有强大的精神力量。进而，梁启超认为倡导和成就日本明治维新事业的志士们，不是得益于“王学”，就是得益于“禅宗”。梁启超虽然在这里将阳明学与明治维新的事业联系在一起，但是他还未主张“阳明学为明治维新原动力”的观点，他仅是以之作为“养心”，即克制情欲的思想资源。而且，他是站在宗教层面来谈论阳明学的作用，此时阳明学依附于宗教。在东渡日本之前，梁启超即是在“养心”层面认同和吸收陆王心学的思想资源。他认为“王学”和“禅宗”在“养心”层面上具有相同的作用，皆可以用来激发心力，提高主体能动性，这为梁启超到达日本

---

① 梁启超：《新民说·论自由》，《梁启超全集》第二集，第569页。

② 梁启超：《新民说·论自由》，《梁启超全集》第二集，第571页。

后，从正面接受“日本阳明学”准备了条件。[①] 梁启超刚开始接受“日本阳明学”时即是从“养心”层面上来论述阳明学在日本明治维新过程中所发挥的作用。

在《新民说·论自由》中，梁启超将“王学”与“禅宗”放在并列的位置上，而且从他的论述中我们可以看出，他实际上更倾向于禅宗。在《宗教家与哲学家之长短得失》中，梁启超认为历史上能够成就一番惊天动地之事业者，大多都是具有宗教思想之人，而有哲学思想之人极少。不过，他进一步将哲学分为两派：一派是唯物派，一派是唯心派。其中，他将唯心派哲学与宗教同等地看待，基于此，他认为唯心派亦能造出人物。相比于在《论自由》中将“王学”与“禅宗”放在并列的地位，梁启超在此文中将“王学”提升到宗教最上层的位置，并且主张“王学”是明治维新成功的关键性因素，“唯心哲学亦宗教之类也。吾国之王学，唯心派也……本朝二百余年，斯学销沉，而其支流超渡东海，遂成日本维新之治，是心学之为用也。心学者，实宗教之最上乘也”[②]。梁启超在此处所说的“心学”即是指“王学”，可见，他还是从宗教的层面来谈论“王学”，“王学”的地位虽然得到了提升，但是其作用并未独立而出。1903 年，梁启超赴美洲考察后，发表了《论私德》。《论私德》的发表标志着梁启超的思想主张发生重大转变，他在思想道德上，由大力发明西方道德学说建构以“公德”为主导的“新道德”转向“吾祖宗遗传固有之旧道德”，并大力倡导阳明学来建构“私德”。在这一背景下，梁启超对日本幕末维新志士身份的定位也发生重大的改变，由此前的“侠者”转变为“儒者”，他认为吉田松阴和西乡南洲皆为“大儒”，“亦知三十年前日本革命之豪杰为何如人乎？彼吉田松阴、西乡南洲辈皆朱学、王学之大儒也”[③]。梁启超不再强调宗教在幕末维新志士从事维新变革中所起的重要作用，而是特别凸显幕末维新志士身上所具有的道德品质，认为“非有大不忍人之心者，不可以言破坏；非有高尚纯洁之性者，不可以言破坏”[④]。梁启超在“朱学”和“王学”中选择以“王学”来增进道德，日后他专注于阐发阳明学的价值，“专述子王子与其门下之言者，所愿学在是”[⑤]。据此可见，梁启超对于阳明学的推崇

① 笔者另有专文对梁启超流亡日本前的陆王心学思想进行阐发，此处限于篇幅不展开具体论述。

② 梁启超：《宗教家与哲学家之长短得失》，《梁启超全集》第四集，第 29 页。

③ 梁启超：《新民说·论私德》，《梁启超全集》第二集，第 644 页。

④ 梁启超：《新民说·论私德》，《梁启超全集》第二集，第 644 页。

⑤ 梁启超：《新民说·论私德》，《梁启超全集》第二集，第 652—653 页。

已经从依附于宗教中脱离出来,并且他对于阳明学的推崇也由"养心治气"的层面,以之激发心力,提高主体能动精神,转向义理德性层面,以之增进道德,培养伟大人格。

有学者认为"彼吉田松阴、西乡南洲辈皆朱学、王学之大儒也"这句话暴露出了梁启超对"日本阳明学"只是一知半解,以及他在接受"日本阳明学"时的矛盾心理。[①] 其实,这里梁启超的重点并不是要界定吉田松阴和西乡南洲的思想是以朱子学还是阳明学为主,他是要表明吉田松阴和西乡南洲的身份是"大儒",而他们之所以能够取得事业上的巨大成就皆是因为他们拥有崇高的道德品质。从梁启超所列举的人物当中,我们可以看出,他并不是认为只有学习儒家思想才能使人具有良好的道德品质,英国的克林威尔是最纯洁的清教徒,美国的华盛顿是最质直善良的市民,他们都并不是儒者。梁启超虽然大力称颂阳明学,但他对以朱子学为宗旨的曾国藩极为称赞,"吾虽服膺王学,而于朱子万不敢菲薄,盖朱子所言,有益于学者修养之用者,滋多矣"[②],他也十分认可朱子学在培养道德方面的作用,只是他个人倾向于选择阳明学。他认为在当时日益复杂的社会,我们需要从事的事情极多,精力又十分之有限,因此道德修养工夫不能过于繁难琐碎,而要简易直捷,"诚以吾侪生于今日,社会事物,日以复杂,各种科学,皆有为吾侪所万不可不从事者。然则此有限之日力,其能划取之以为学道之用者,校诸古人,抑已寡矣。今若不为简易直切之法门以导之,无论学者厌其难而不肯从事也,即勉而循焉,正恐其太废科学,而阔于世用,反为不学者所藉口。故窃以为惟王学为今日学界独一无二之良药"[③]。

---

① 邓红:《梁启超和"日本阳明学"》,收录氏著:《日本的阳明学与中国研究》,第70—71页。笔者认为这一观点有待商榷,幕府时期日本很多学者的思想实际上是兼取朱子学和阳明学,他们并没有那么强烈的门户之见。"日本阳明学"的鼻祖中江藤树早年完全尊信朱子学,三十三岁之后才开始转向阳明学。佐藤一斋在主张阳明学的同时,也推崇朱子学,井上哲次郎将其既放入朱子学谱系,同时也纳入阳明学谱系。佐藤一斋的弟子佐久间象山,佐久间象山的弟子吉田松阴,他们的思想都不是完全以阳明学为主,吉田松阴自己也曾说:"吾非专修阳明学,但其学真,往往与吾真会耳。"(井上哲次郎:《日本阳明学派之哲学》,北京:中国社会科学出版社,2021年,第407页)西乡南洲与阳明学之间的关系则更加微弱,井上哲次郎将西乡南洲纳入阳明学仅是因为他曾抄录佐藤一斋的训诫以及他听过阳明学者伊东潜龙讲学。梁启超认为吉田松阴、西乡南洲是朱学、王学之大儒反而说明他对于"日本阳明学"有过深入的考察和了解,他并没有一味地沿袭井上哲次郎的观点,而是有自己的思想立场和见解。

② 梁启超:《德育鉴》,《梁启超全集》第五集,第229页。

③ 梁启超:《德育鉴》,《梁启超全集》第五集,第230页。

三、章太炎对于“日本阳明学”之接受

章太炎对阳明学的评价与态度较为复杂，前后阶段存在比较大的变化，学界对此已有诸多研究。① 章太炎对于阳明学的关注实际上是受到“日本阳明学”的影响，章太炎和梁启超分别反映了晚清学者接受“日本阳明学”时的两种不同态度和方式，而这一点学界关注尚少。②

1899 年 6 月，章太炎前往日本，是年 8 月他便返回国，回国不久后，他立即着手编纂出版《訄书》。1900 年，《訄书》初刻本出版，章太炎在其中未论及到任何与王阳明相关的内容。1902 年，章太炎再次东渡日本，在这期间，他不仅结交了众多日本学者，同时，还阅读了诸多日本思想家的著作以及日译西方思想家的著作，他的思想因此而发生了翻天覆地的改变，这些改变很多即反映在他的修订本《訄书》之中。1904 年，重订本《訄书》在日本出版，章太炎在修订本的《訄书》中增加了《王学》篇。章太炎为何要在修订本中增加《王学》篇目？现已有不少学者对此问题进行了探讨。③ 本文认为章太炎之所以在重订本《訄书》中增加

---

① 朱维铮：《章太炎与王阳明》，收录氏著：《求索真文明：晚清学术史论》，北京：中信出版社，2020 年，第 359—389 页；孙万国：《也谈章太炎与王阳明——兼论太炎思想的两个世界》，收录章念驰：《章太炎生平与思想研究文选》，杭州：浙江人民出版社，1986 年，第 298—368 页；彭传华：《“真”“俗”之间：章太炎批评王学的思想历程及真正动因》，《浙江社会科学》，2021 年第 11 期，第 113—122 页；张天杰：《章太炎论宋明理学——以程朱陆王之辨为中心的检视》，《孔学堂》，2020 年第 1 期，第 35—49 页；张天杰：《章太炎晚年对阳明学的评判与辨析》，《湖北大学学报(哲学社会科学版)》，2018 年第 1 期，第 72—79 页；王锐：《清末民初章太炎对王学评析之再检视》，《天津社会科学》，2020 年第 1 期，第 147—154 页；朱浩：《章太炎之“王学”思想演变》，《江南大学学报(人文社会科学版)》，2016 年第 1 期，第 14—22 页。

② 据笔者所见，邓红在《章太炎与“日本阳明学”》中首次论述了章太炎对于王学的评判与日本阳明学有关，他在结语部分略带提及了梁启超与章太炎受日本阳明学影响程度不同的原因，但并未展开论述。参见邓红：《章太炎与“日本阳明学”》，《管子学刊》，2023 年第 2 期，第 71—82 页。

③ 朱维铮认为“《訄书》并非是单纯的‘论学’著作，更非鼓吹古文经学而攻击今文经学的冬烘式作品，而是力图从理论上和历史上清算康有为的改良主义思想体系的著作”，章太炎之所以没有在初刻本中收录批评王学的文字，是因为那个时候他还处于和康梁合作时期，公仇大于私憾，他对于康有为的不满多只限于“私议”，而章太炎在重订本中增加《王学》篇，并对“王学”进行否定，这实际上是公开地对康有为进行批评，以揭露康有为膜拜王阳明学说的谬误，因为此时章太炎已与“康党”决裂，故没有任何忌讳。(转下页)

《王学》篇，并且对“王学”进行猛烈的批判，主要原因是受到“日本阳明学”的影响。

章太炎在写作《王学》之前虽然也对“王学”进行过公开批判，但是他所批判的内容主要是明季王学走向禅学，士人以谈禅为荣之风，而在《王学》中则特别针对“王学”能够取得伟大的事功这一观点进行了批驳。章太炎在《王学》中首先对王阳明所取得的功业与其所建构的学术之间的关系进行了分割，并由此对王阳明的学术思想进行了猛烈的批判，他说：“王守仁南昌、桶冈之功，职其才气过人，而不本于学术。其学术在方策矣，数传而后，用者徒以济诈，其言则只益缦简粗觕。何也？王守仁之立义，至单也。”[①]章太炎认为王阳明所取得的功业与其所主张的学术之间没有关联，王阳明取得事功的关键在于他个人的才气，王阳明的学术简缦粗浅、立义至单，其后学更是利用其学说来作伪行诈，以为权谋之术。

章太炎还指出王阳明的诸多学说，除了“致良知”为其自得之说外，其余皆是采集旧闻，支离无组织系统，并对王阳明“人性无善无恶”“知行合一”等观点进行了批驳。根据章太炎对王阳明学术思想批判的内容，他所针对的明显是“日本阳明学”。“日本阳明学”认为幕末维新志士大多是阳明学者，他们特别注重王阳明在事功方面的作用，主张“阳明学为明治维新的原动力”。而且，“日本

(接上页)具体而言，章太炎在《王学》所直接批评的见解，主要是针对梁启超的《康南海传》，《康南海传》中首次揭露了康有为崇拜王阳明的情况。(参见朱维铮：《章太炎与王阳明》，收录氏著：《求索真文明：晚清学术史论》，第359—389页。)孙万国对朱维铮的观点进行了反驳，他认为章太炎增加《王学》篇目并不是针对康有为，《訄书》是章太炎自1902年以来接受了西方社会学的影响后，企图以新的史学观点来造就一部“中国通史”的部分成绩，从《原学》第一，到《学隐》第十三，从先秦诸子，到两汉、魏晋、宋学、明学、清儒，《王学》是学术史写作中不可脱漏分割的环节，章太炎在修订本《訄书》中增加《王学》完全是出于学术史的考虑，而非为了打击康有为，“驳康与菲薄王学之间并无必然联系”。而且，章太炎在1897年的《变法箴言》中就已经对明季王学谈禅之风进行过公开批判，在1899年的《翼教丛编书后》以及1903年的《驳康有为论革命书》中都曾对康有为进行过批驳，他没有必要拐弯抹角地通过批判王阳明再来批判康有为。(参见孙万国：《也谈章太炎与王阳明——兼论太炎思想的两个世界》，收录章念驰：《章太炎生平与思想研究文选》，杭州：浙江人民出版社，1986年，第298—368页。)笔者赞成孙万国的观点，章太炎增加《王学》篇目并不是为了批驳康有为，但笔者认为章太炎之所以在重订本《訄书》中增加《王学》篇，并且对“王学”进行猛烈的批判，其主要原因是受到“日本阳明学”的影响，而不仅仅只是基于学术史写作完整性的考虑。

① 章太炎：《王学第十·訄书》，《章太炎全集·〈訄书〉初刻本、〈訄书〉重订本、〈检论〉》，上海：上海人民出版社，2014年，第146页。

阳明学"喜欢以"心即理""知行合一"和"致良知"等快餐式的方法来理解王阳明的哲学思想。[①] 另外，1906年，章太炎在《民报》中发表《遣王氏》，进一步对王阳明的功业以及学术进行了否定，他说："途说之士羡王守仁。夫学术与事功不两至，鬼谷明纵横，老聃言南面之术，期于用世，身则退藏于密。何者？人之材力有量，思深则业厌也。守仁之学至浅薄，故得分志于戎事，无足羡者……其学既卑，其功又不足邵。"[②]"途说之士羡王守仁"，此"途说之士"即是指受"日本阳明学"影响而推崇阳明学，主张以阳明学来救国兴国的人士。综上，我们可以推断，章太炎对于"王学"的否定，其背后指向的应该是"日本阳明学"，他反对以阳明学来救国兴国。

梁启超受"日本阳明学"的影响非常明显，尤其是深受井上哲次郎的影响。实际上，章太炎受"日本阳明学"的影响也与井上哲次郎有很大的关系。章太炎1899年前往日本，这段时间他居住在小石川梁启超的寓所，在地理位置上和井上哲次郎是近邻，他与井上哲次郎以及东京哲学圈中学者多有接触。章太炎与井上哲次郎不仅具有高度相似的思想轨迹，"从受到英语世界传入的生物和社会进化学说影响，到融合佛教和德国哲学来解决深层次的形而上学问题"[③]，而且，"井上哲次郎之于太炎，如同一个捕鱼的篾篓。通过井上，章太炎得以框定其周边的重要阅读对象……但是，得鱼而忘筌，在'转俗成真'之后，太炎的认识论和伦理观，与井上哲次郎竟大相径庭"[④]。章太炎不仅在认识论以及伦理观上与井上哲次郎大相径庭，他也极为反对井上哲次郎对阳明学的推崇，在修订本《訄书》中增加《王学》篇目，并对"王学"进行批判，即是受到井上哲次郎对阳明学大加推崇的影响。

章太炎对"日本阳明学"的接受过程与他对佛教的态度密切相关。章太炎早年不仅无意于佛教[⑤]，而且对佛教还多有批评指责，认为佛教是一门空虚无

---

① 参见邓红：《何谓"日本阳明学"》，收入氏著：《日本的阳明学与中国研究》，第3—36页。

② 章太炎：《遣王氏》，《民报》，1906年第9号，第97页。

③ 彭春凌：《章太炎与井上哲次郎的交往及思想地图》，《杭州师范大学学报（社会科学版）》，2020年第4期，第34页。

④ 彭春凌：《章太炎与井上哲次郎的交往及思想地图》，《杭州师范大学学报（社会科学版）》，2020年第4期，第34—48页。

⑤ 据其自述："余少年独治经史通典诸书，旁及当代政书而已。不好宋学，尤无意于释氏。"参见章太炎：《自述学术次第》，《章太炎全集·太炎文录补编》，上海：上海人民出版社，2017年，第494—495页。

用之学，不足以用来维持世道，“空不足持世，惟实乃可以持世……陵夷至于魏、晋，浮屠稍炽，以嘘枯吹生为能事。恨大圜之束缚，而欲摧破去之，共球一撮，则愈不暇留意，终于典章不讲，艺术不考，孅点九能，如含瓦砾，而实学亡矣”[1]。由此，他对晚明王学也进行了批判：

悲夫！昔明之季，尝以谈禅为荣矣。志节虽盛，而其气呰窳，无能济变。其贤者则以王之厨馔嫔御腥蝼膻恶而不可近，而视天下事若尘垢；不贤者则藉巧说琦辞以为名高……渡江而东，不能居一岁，再亡于闽，三亡于缅甸。夫孰任之咎也？[2]

“昔明之季，常以谈禅为荣”，很明显指的就是“王学”。从上文中也可以看出，章太炎主张“王学亡国论”的观点，这也是他在刚开始接触到“日本阳明学”时持批判态度的原因所在。章太炎对今人谈禅之风也进行了猛烈的批判，他说：

今志节远不逮明人，而循其谈禅之轨，则士气愈委靡，民志愈涣散，求再亡三亡而不可得，而暇变法乎哉？[3]

“今志节远不逮明人，而循其谈禅之轨”，章太炎这里指的应该就是康有为。康有为充分利用佛学的思想资源来建构变法维新的理论体系，章太炎则极为反对这种做法，他认为谈禅将会使得整个社会士气萎靡、民志涣散，不利于变法维新的开展实行。

戊戌变法失败后，1899 年章太炎前往日本，在日本，章太炎开始转变对于佛教的态度，他在 1899 年给汪康年的一封信中写道：

鄙意必不欲人大东版籍，凡入日本籍者，多为所鄙弃。而隆琦之故事，犹勉强可以蹑踪。过西都至清水寺，尝拜月照坟，又与诸浮屠往

---

① 章太炎：《〈实学报〉叙》，《章太炎全集·太炎文录补编》，第 27 页。

② 章太炎：《变法箴言》，《章太炎全集·太炎文录补编》，第 17 页。

③ 章太炎：《变法箴言》，《章太炎全集·太炎文录补编》，第 17 页。

来,它日此志,宜可遂也。[①]

章太炎第一次前往日本期间曾去拜访过月照的坟墓,月照是日本幕末维新志士中的代表人物,同时也是一个僧人。与康有为、梁启超等人对于幕末维新志士吉田松阴的推崇不同,章太炎则更加关注月照。在这一时期,虽然章太炎对于佛教的态度并未改变,但是他应该由此注意到佛教在推动明治维新过程中所起到的重要作用,这为章太炎日后转向推崇佛教,并主张以佛教来救国兴国提供了重要的契机。此后章太炎频繁地与僧人以及信仰宗教的人士进行交流往来,他对于宗教的兴趣也逐渐浓厚,其中笃信佛教的黄宗仰对章太炎的思想产生极大的影响。据蒋海怒考察,章太炎对于佛教态度的转变是在1903年到1906年,这一期间章太炎被囚禁在上海,他在监狱中专注于研修佛典,"及因系上海,三岁不觌;专修慈氏世亲之书"[②],阅读了《瑜伽师地论》《因明论》《唯识论》等佛学著作,并开始重新思考佛学与时代的关系。在这期间,章太炎努力从各种佛教历史、佛教典籍中去寻找革命道德资源。[③]

1906年,章太炎刑满释放,他开始大力宣扬以佛教来建立国民道德的主张。章太炎认为"道德衰亡,诚亡国灭种之根极也"[④],戊戌之变以及庚子之役的失败即是由维新党人不道德的行为所导致,故救亡的关键在于建立国民道德。章太炎进一步认为儒家所主张的那套"三纲六纪"的道德规范现已无法维持和增进国民之道德,当前能够用来维系国民道德的在于佛学,"然则三纲六纪,无益于民德秋毫,使震旦齐民之道德不亡,人格尚在,不在老、庄则在释氏"[⑤]。他主张"用宗教发起信心,增进国民的道德"[⑥],认为如果没有宗教,道德则不能增进,欧美各国正是因为信仰基督教,才发展到今天的地位。结合中国的实际情况,他认为:"欲兴民德,舍佛法其谁归?"[⑦]具体而言,他主要是利用佛

---

① 章太炎:《与汪康年》,《章太炎全集·书信集》,上海:上海人民出版社,2017年,第20—21页。

② 章太炎:《菿汉微言》,《章太炎全集·菿汉微言、菿汉昌言、菿汉雅言札记、刘子政左氏说、太史公古文尚书说等》,上海:上海人民出版社,2015年,第69页。

③ 参见蒋海怒:《晚清政治与佛学》,上海:上海古籍出版社,2012年,第216—224页。

④ 章太炎:《道德革命说》,《章太炎全集·太炎文录初编》,上海:上海人民出版社,2014年,第285页。

⑤ 章太炎:《答梦庵》,《章太炎全集·书信集》,第394页。

⑥ 章太炎:《东京留学生欢迎会演说辞》,《章太炎全集·演讲集》,上海:上海人民出版社,2015年,第4页。

⑦ 章太炎:《答梦庵》,《章太炎全集·书信集》,第394页。

教中的法相唯识宗。章太炎以佛教来兴民德、来救国的主张受到当时诸多人士的质疑和反对，其中，铁铮认为："佛家之学，非中国所常习，虽上智之士，犹穷年累月而不得，况于一般国民，处水深火热之中，乃望此迂缓之学以收成效，何异待西江之水以救枯鱼？"[①]梦庵也提出类似的质疑："此缘起说，足以济度恶劣政府乎？足以建设共和乎？佛教之平和思想，死于千载之上，曷得抱亡骸为维持新世界真正平和之具？"[②]章太炎对他们的质疑分别进行了回复，从中我们可以看出，铁铮和梦庵皆深受"日本阳明学"的影响，他们主张以阳明学来救国兴国，章太炎在与他们论辩的过程中对于阳明学的态度有所转变。

针对铁铮质疑佛教为迂缓之学，无力救国的观点，章太炎回应道：

> 顾以为光复诸华，彼我势不相若，而优胜劣败之见，既深中于人心，非不顾利害、蹈死如饴者，则必不能以奋起；就起，亦不能持久。故治气定心之术，当素养也。[③]

章太炎认为当前救国最为关键的就是培养国民"治气定心之术"，使国人养成不顾利害、蹈死如饴的革命道德，佛教在这方面有着极为丰富的思想资源。当然，章太炎对于佛教并非盲目地推崇，他以法相宗为主，净土宗、密宗则不取。同时，章太炎认为"所以维持道德者，纯在依自，不在依他"[④]，在"依自不依他"的原则下，他对于其他的德教资源也保持开放的心态，并积极吸收其中的有益成分，他说：

> 仆于佛学，岂无简择？盖以支那德教，虽各殊途，而根原所在，悉归于一，曰"依自不依他"耳。上自孔子……复有陆、王。……虽虚实不同，拘通异状，而自贵其心，不以鬼神为奥主，一也。……虽然，禅宗诚斩截矣，而末流沿袭，徒事机锋……是不能无缺憾者。是故推见本原，则以法相为其根核。法相、禅宗，本非异趣。……法相或多迂缓，

① 章太炎：《答铁铮》，《章太炎全集・书信集》，第253页。

② 章太炎：《答梦庵》，《章太炎全集・书信集》，第395页。

③ 章太炎：《答铁铮》，《章太炎全集・书信集》，第253页。

④ 章太炎：《答铁铮》，《章太炎全集・书信集》，第259页。

禅宗则自简易。至于自贵其心，不依他力，其术可用于艰难危急之时，则一也。[1]

章太炎早年对禅宗持完全批判和否定的态度，这一时期，他对禅宗末流虽仍有不满，认为佛教的衰微，禅宗末流难辞其咎，但他亦认为禅宗与法相宗本非异趣。他关注到禅宗的积极价值，并且认为禅宗无所依傍、简易直捷，在自贵其心、不依他力方面，其术同样可用于艰难危急之时。基于此，章太炎通过禅宗来沟通阳明学，他认为王阳明的学说实际上剽窃于佛教的禅宗，进而他对阳明学的部分价值进行了肯定，"王学深者，往往涉及大乘，岂特天人诸教而已；及其失也，或不免偏于我见。然所谓我见者，是自信，而非利己，宋儒皆同，不独王学。……排除生死，旁若无人，布衣麻鞋，径行独往，上无政党猥贱之操，下作懦夫奋矜之气，以此揭橥，庶于中国前途有益"[2]。

章太炎在《答铁铮》《答梦庵》两文中转变他之前在《訄书》《王学第十》篇中对阳明学大加批判和否定的态度，开始从正面肯定阳明学的价值，并且接受"日本阳明学"中"阳明学为明治维新原动力"的观点，认为"日本维新，亦由王学为其先导"[3]，"日本资阳明之学以兴，馨香顶礼，有若圣神"[4]。不过我们需要特别注意，章太炎是站在佛教的立场上对阳明学的部分价值进行了肯定，而且章太炎认为阳明学的这部分价值，"王学岂有他长？亦曰自尊、无畏而已"[5]，亦是源自佛教中的禅宗，阳明学只不过是将禅宗改头换面，借禅宗以谈儒术而已，"正堪为佛教作仆耳"[6]。另外，章太炎认为晚明阳明学者在吸收禅宗优势的同时，也有一部分末流在阳明学的幌子下行一己之私欲。他们突破礼教的约束，走向声色货利，而学佛则不仅能够有阳明学的长处，而且佛教中一系列严格的戒律也能规避阳明学中放诞诪张等问题，"在昔阳明辈之支流，亦多栖心禅寂。明季之士，所以蹈死如饴者，幸有禅观摄持其意。而急功近利，不避声色，则阳明学

① 章太炎：《答铁铮》，《章太炎全集·书信集》，第253—254页。
② 章太炎：《答铁铮》，《章太炎全集·书信集》，第260页。
③ 章太炎：《答铁铮》，《章太炎全集·书信集》，第253页。
④ 章太炎：《答梦庵》，《章太炎全集·书信集》，第396页。
⑤ 章太炎：《答铁铮》，《章太炎全集·书信集》，第253页。
⑥ 章太炎：《答梦庵》，《章太炎全集·书信集》，第396页。

为之厉阶。顾宁人欲以礼教改易天下,势有不能。夫礼教不如戒律之安隐,王学不如大乘之精严,固可知矣。人果学佛,蹈汤赴火,必有王学之长,而放诞诪张之病,庶其获免”①。职是之故,章太炎主张在佛教的主导下,将佛学和王学熔铸为一,“要之,仆所奉持,以‘依自不依他’为臬极。佛学、王学虽有殊形,若以楞伽、五乘分教之说约之,自可铸熔为一”②。

结语

梁启超和章太炎都是在 1902 年这个时间点开始受到“日本阳明学”的影响,具体而言都是受到井上哲次郎阳明学思想的影响,且他们刚开始都是从宗教层面去看待阳明学,但他们在接受“日本阳明学”的过程中却呈现出迥然不同的态度和方式。梁启超在《新民说・论自由》中开始将阳明学与明治维新的成功联系在一起,认为明治维新的成功得力于“王学”和“禅宗”。在《宗教家与哲学家之长短得失》中,“王学”的地位提升,他认为明治维新的成功在于“王学”,而“王学”是宗教之最上层。在《新民说・论私德》中,他则将幕末维新志士的身份定位为“儒者”,此时他不再强调宗教在幕末维新志士从事维新变革中的作用,而是大力倡导阳明学,凸显幕末维新志士身上所具有的道德品质。梁启超对明治维新原动力的认识经历由“吉田松阴为明治维新原动力”到“阳明学为明治维新原动力”的转变,对幕末维新志士身份的定位经历由“侠者”向“儒者”的转变,对阳明学的推崇经历由依附于宗教到逐步摆脱宗教,并且由对于“气”和“力”的推崇到义理学说层面对于“理”和“德”的推崇转变的过程。

章太炎开始虽然也从佛教角度关注阳明学,但是他对佛教先是持批判态度,认为佛教是一门空疏无用之学,进而对阳明学进行了批判。他认为晚明阳明学走向了禅学,并且他赞成“王学亡国论”,所以当他刚接触到“日本阳明学”时,极力反对“日本阳明学”所主张的“王学兴国论”,对王阳明学说及其功业进行切割。在日本期间,章太炎受到日本维新志士月照的影响,关注到佛教在明治维新过程中起到十分重要的作用,往后才逐渐增加了对于佛教的兴趣。在大

① 章太炎:《答梦庵》,《章太炎全集・书信集》,第 396—397 页。

② 章太炎:《答铁铮》,《章太炎全集・书信集》,第 260 页。

量阅读和研习佛教典籍后，章太炎主张以佛教来兴民德、来救国。这一主张受到诸多人的质疑和反对，在与主张以阳明学来救国兴国的学者进行辩论的过程中，章太炎开始肯定阳明学在治气定心等方面的作用，并以禅宗来沟通阳明学，认为阳明学"正堪为佛教作仆耳"，主张在佛学的主导下吸收阳明学的长处，将佛学与阳明学铸熔为一。梁启超和章太炎可谓代表了晚清知识分子在接受"日本阳明学"时的两种态度和方式。

Liang Qichao's Acceptance of "Japanese Yangming Studies" — A Comparison with Zhang Taiyan

Fan Gensheng

Abstract: After the failure of the Hundred Days' Reform, Liang Qichao fled to Japan, arriving during the peak of the Japanese Yangming Studies movement. He was deeply influenced by it and accepted the view that Yangming Studies was the driving force behind the Meiji Restoration. Subsequently, he vigorously praised Yangming Studies. Liang held great admiration for Yoshida Shoin and other activists of the late Edo period's restoration, and his positioning of their identity shifted from "chivalrous warriors" to "Confucian scholars." His advocacy of Yangming Studies evolved from being associated with religion to gradually detaching from it, transitioning from promoting it on the level of strength to promoting it on the level of virtue. Zhang Taiyan also turned his attention to Yangming Studies due to Japanese Yangming Studies. Initially, he promoted Buddhism and opposed Yangming Studies, but later he affirmed the strengths of Yangming Studies in regulating Qi and stabilizing the mind, suggesting that Yangming Studies can serve as a servant to Buddhism. He advocated for the absorption of the strengths of Yangming Studies under the guidance of Buddhism, aiming to integrate Buddhism and Yangming Studies into one.
Keywords: Liang Qichao; Zhang Taiyan; Japanese Yangming Studies; Modern Yangming Studies

多元融合：试论西夏宇宙观中的中国认同*

方 璐**

[摘　要] 西夏文《外道意法》中的多种宇宙生成模式使得分散独立于各文献的西夏宇宙观表述之间有了联系，因而综合全面看待西夏的宇宙认知成为可能。其中“因心而起”和“从气而生”的宇宙生成模式的融合，体现了佛教与中国传统哲学合流大趋势在西夏的发生。综合来看，西夏以阴阳五行、天地人三才等思维解释宇宙中的自然、人事、社会三个层面，认为世间万物循环往复、生生不息。各随其时、各行其道的理念贯穿始终，并以此规范人们的行为形成社会从上至下的稳定。西夏宇宙观表现了中华文化内涵，体现了强烈的中国意味，展现出对中国传统哲学的思维模式的认同与践行。

[关键词] 西夏；《外道意法》；宇宙观；中国；认同

---

* 基金项目：国家社科基金青年项目“敦煌研究院藏西夏文文献整理与研究”(24CZS033)；教育部人文社会科学重点研究基地重大项目“辽金夏金时期西北地区民族交往交流交融史研究”(22JJD770047)；教育部人文社会科学重点研究基地重大项目“民族交往交流交融视域下的西夏精神文化研究”(22JJD770049)。

** 方璐(1994—　)，女，安徽芜湖人，法学博士，敦煌研究院敦煌文献研究所和兰州大学历史文化学院联合培养博士后，主要研究方向为西夏、敦煌文献。

关于西夏宇宙[①]起源问题的认识，目前学界有以下几种主要观点：神话论[②]、佛教"四大说"和元气生化论[③]、吐蕃卵生说[④]。西夏文《外道意法》是《贤智集》[⑤]中的一篇。《外道意法》不仅赞颂了佛陀传道、引导众生的故事，同时也综合各方观点描述了宇宙的源起、形成的过程。之前学界关于西夏宇宙观问题的研究更多的是针对一种文献的讨论，由于文献各不相同，各种说法缺乏必要的交流讨论。《外道意法》中有关宇宙的源起、形成过程的描述，让分散的独立的文献有了联系，从而可以利用多种不同性质的资料，从不同角度对西夏的宇宙观进行深入探讨。

一、西夏文《外道意法》

此前国内学界致力于《外道意法》研究的学者有孙伯君、龚溦祎[⑥]等。为便于理解以及相关问题阐述，下文为笔者根据《外道意法》图版[⑦]给出的全文汉译。

---

① 文中宇宙的概念，参考了张岱年《中国古典哲学概念范畴要论》一书中中国古代哲学关于宇宙的相关论述。综合来看，所涉及的范畴包括古往今来的时间和整个空间，以及所涉及的物质（天地万物）、运动的一个有序系统。（具体参见张岱年：《中国古典哲学概念范畴要论》，北京：中华书局，2017年，第70页。）

② 此观点以克恰诺夫为代表。克恰诺夫在《关于西夏文文献〈圣立义海〉研究的几个问题》一文中，论述了西夏神话中世界的创造者白鹤来自于风，天、地和山来源于一块大石，原始烟雾滚滚的混沌的云彩也是万物的根源，世界创造于和太阳有关的嬉戏，也结合佛教"四大说"进行了论述。（具体参见〔俄〕克恰诺夫、李范文、罗矛昆：《圣立义海研究》，银川：宁夏人民出版社，1995年，第1—28页。）也有学者认为天生万物，参见郭恺：《西夏神话研究》，银川：宁夏大学硕士论文，2021年，第7—9页。

③ 袁志伟在《〈圣立义海〉与西夏"佛儒融合"的哲学思想》一文中，认为党项民族和西夏人在宇宙论方面吸收综合了儒家的元气生化论、天道观及佛教的"四大说"。（具体参见袁志伟：《〈圣立义海〉与西夏"佛儒融合"的哲学思想》，《宁夏大学学报（人文社科版）》，2015年第3期，第46页。）

④ 彭向前在《西夏文〈大般若波罗蜜多经函号〉补释》一文中认为其中讲述了西夏卵生神话故事，反映了党项羌族的宇宙观，它与吐蕃卵生神话故事关系密切。（具体参见Yulia Mylnikova，彭向前：《西夏文〈大般若波罗蜜多经函号〉补释》，《西夏学》，第10辑，第90—93页。）

⑤《贤智集》原件目前在俄罗斯科学院东方文献研究所，根据遗存的情况来看，《贤智集》的俄藏编号有Инв. №120，585，593，2538，2567，2836，5708，7016，这些版本在文本内容上并无差别，所存在不同是刊印版本的区别。

⑥ 龚溦祎：《〈贤智集〉研究》，成都：四川师范大学硕士论文，2020年，第10页。

⑦ 文本翻译所依据的图版由俄罗斯科学院东方文献研究所提供。

外道意法

今闻：虚空清净，龙威兴起云雨；真实寂默，无明变现诸相。是以一气初生，强分天地二象，三才兴起，日月圆明已显。欲界色界，天人各各出生；三千大千，山海种种成相。有情初生，不悟吉祸分别；色境骤显，意怯虚实知教。是以如来誓悟，化仙相以引教凡俗，菩萨生慈，变作轮王指示愚类。修善绝恶，发起苦行以勤；因果欲明，设置方便之法。言依二十五谛，死生涅盘有示。六论十句说因，染净因生导引。故求入正，先前邪道应知；去欲因实，虚言悉皆审察。善哉！大觉何巧善也！

法界观察一相无，无明起障万相成。

云多欲散缓缓除，有德见求徐徐教。

后因外道则令显，最初以邪迷言变。

虚事观察已终时，真实已入其法悟。

《外道意法》中，鲜卑宝源综合了有关世界起源的诸种说法。他对古印度其他学派关于世界起源的说法持批判的态度，认为六种之论、十句义、二十五谛属于外道。

二、宇宙生成模式

虽然《外道意法》中并未提及宇宙（世界）二字，但是根据文本中的“虚空清净”等句，可以明确所说为佛教中世界（器世界和有情世界）的缘起。如《首楞严经义海》卷11中所说“是故世界之初，风轮为始，虚空即为世界所依，故不文云迷妄有虚空，依空三世界也”[①]，明确表述世界是从虚空[②]开始的。

（一）由气而生

鲜卑宝源所说“虚空清净，龙威兴起云雨”“欲界色界，天人各各出生；三千大千，山海种种成相。有情初生，不悟吉祸分别；色境骤显，意怯虚实知教”对应

① 延圣院大藏经局：《碛砂大藏经》第1581册，台北：新文丰出版公司，1987年，第452页。

② 关于“虚空”的描述，西夏也有“夫真空绝相，声色匪得以求；妙有不无，庸人不可以测”类似的表述。（该部分图版见《俄藏黑水城文献》第3册，上海：上海古籍出版社，1996年，第76—77页。）

了佛教中成住坏空的“四劫说”[①],为“四劫”中的“成劫”。《起世经》卷9中关于四劫有如下描述:“云何世间坏已复成……起大重云,乃至遍覆梵天世界,既遍覆已,注大洪雨……梵身诸天、世间出生。”[②]鲜卑宝源描述了佛教世界从坏转向复成,世界在覆灭之后因何而出现的过程。

“龙威兴起云雨”一句也掺杂了西夏关于云雨兴起自己的认知。佛教的“四劫说”中,云雨的兴起与龙无关,与业有关。西夏的《文海》中关于龙和雨的关系,有这样一段解释“龙者云中生起主阴晴也,喜游戏使大地降雨也”[③],该句与鲜卑宝源的“龙威兴起云雨”对应。西夏诗文中也有“近起远至,犹如龙云所相助”[④]等的诗句,莫高窟的第310窟,有一幅西夏的团龙藻井,四挂角运用了云纹,喻意着龙腾于云[⑤],也侧面说明西夏概念中龙和云之间的紧密联系。1179年西夏的黑水建桥敕碑[⑥]中记载了西夏祭祀龙神的事实,说明了西夏关于龙的认知保留了自然(动物)崇拜的痕迹,龙在西夏的宇宙观中可能象征了某种推动力,具有生命的力量。

龙在中华民族漫长的发展过程中始终占据着重要地位,并逐步发展成龙文化,中华民族也被称为龙的传人。西夏的《夏圣根赞歌》中说“此后其子额登与龙匹配于某因,从此子孙代代繁衍”[⑦],显示了西夏与龙的姻亲关系。西夏宇宙观中的龙对世界形成的作用,以及西夏的龙神信仰,与龙的姻亲关系,展现了中华民族的共同信仰和一体化特征。

云也是西夏宇宙起源中较为重要的事物。《圣立义海》中说:“西云(生成根本)”[⑧],说的是云生成了根本。所谓的西云生成根本,指的是云气生成根本[⑨]。

---

① 西夏描述“四劫说”的文献大多与佛教相关,如“盖闻五须弥之高峻,劫尽犹平;四大海之滔深,历数潜息”。(图版参见《中国藏西夏文献》第18册,兰州:敦煌文艺出版社,2007年,第253页。)

② 大正新修大藏经刊行会编:《大正新修大藏经》第1册,东京:大藏出版株式会社,1988年,第355—356页。

③ 李范文:《简明夏汉字典》,北京:中国社会科学出版社,2012年,第10页。

④ 梁松涛:《西夏文〈宫廷诗集〉整理与研究》,上海:上海古籍出版社,2018年,第263页。

⑤ 杨东苗、金卫东绘编:《敦煌藻井·下册》,杭州:浙江人民美术出版社,2020年,122—123页。

⑥ 图版见《中国藏西夏文献》第18册,兰州:敦煌文艺出版社,2007年,第97—100页。

⑦ 克恰诺夫著,张海娟、王培培译:《夏圣根赞歌》,《西夏学》,2011年第2期,第171页。

⑧ 克恰诺夫、李范文、罗矛昆:《圣立义海研究》,银川:宁夏人民出版社,1995年,第50页。

⑨ 郭恺在《西夏神话研究》中有“云生天”的观点。(具体参见郭恺:《西夏神话研究》,银川:宁夏大学硕士论文,2021年,第9页。)

克恰诺夫先生描述西云为原始烟雾滚滚的混沌的云彩[①]，西夏在自己编纂的词典中解释：云——烟气[②]。又在《文海》中解释道：气者气腾也，如烟云也。气：气左烟左；气者气腾也，如烟云也。[③] “西云”中的西是区别的方位，如西夏诗歌所说“极西地高蕃人国”[④]，西夏认为自己处西，“大夏开国，奄有西土”[⑤]因此以西[⑥]加以区分。

西夏通过观察总结实际的生产生活经验，认为云(气)能够覆润大地，给万物(包括人)生长带来生机。《宫廷诗集》中也有“空中吉云，以气所以降甘露雨”[⑦]这样的描写。同时对于不能解释原因的天象活动以龙作为主要的推动力，形成了“云(气)——龙——雨——(覆润)大地——万物(生长)”较为朴素的、具象的、直观的思维模式。

思维的发展往往是从具象走向抽象，中国传统哲学中，最早也认为气为云之气。许慎《说文》：“气，云气也。象形。”[⑧]“云，山川气也。”[⑨]后来段玉裁注：“气本云气，引伸为凡气之俗。”[⑩]中国传统哲学对“气”的认知经历了从具象走向抽象的过程，逐步形成了成体系的“气化论”[⑪]思想，诸如儒家与道家、道教都有“气生万物”的思想。中国传统哲学中“气”的概念中包含了诸如自然、社会、人事等诸多方面的内容，构成了中国哲学的基本倾向或特质。同时中国学者们给以“气”为起源的中国古代宇宙观赋予了生命的要素，“气”维持了人事、社会和自然的相互依存以及紧密得不可分割。

---

① 克恰诺夫、李范文、罗矛昆：《圣立义海研究》，第5页。

② 李范文：《简明夏汉字典》，第329页。

③ 李范文：《简明夏汉字典》，第329页。

④ 梁松涛：《西夏文〈宫廷诗集〉整理与研究》，第216页。

⑤ 图版见《中国藏西夏文献》第18册，第85—93页。

⑥ 关于西夏强调自己西的方位，具体可参加聂鸿音：《党项人方位概念的文化内涵》，《宁夏社会科学》，1993年第3期，第83页。

⑦ 梁松涛：《西夏文〈宫廷诗集〉整理与研究》，第114页。

⑧ 许慎：《说文解字》，北京：中华书局，2013年，第54页。

⑨ 许慎：《说文解字》，第67页。

⑩ 段玉裁：《说文解字注》，上海：上海古籍出版社，1981年，第20页。

⑪ 气概念的论述和研究，具体可以参考，冯友兰：《中国哲学史》(下册)，上海：华东师范大学出版社，2009年，第259，242，255，260，262页。张岱年：《张岱年全集》第8卷，石家庄：河北人民出版社，1996年，第30页。以及其他学者的研究。

《后汉书·西羌传》中有一段记载关于西羌起源的说法，认为其“性坚刚猛勇，得西方金行之气焉”[①]，是对西夏族起源认知结合阴阳五行，生成的抽象的“西气”概念。西夏写本《六十四卦图歌》中“别离南北，清气上升，浊气下降，天地闭”[②]“清。所作随顺，万物能成。歌曰：坤卦怀胎”[③]，是气生万物相关的表述，也说明了“气化论”的思想在西夏的广泛传播。

结合“西云”出现的文本《圣立义海》中“气化论”[④]的思想，以及西夏其他文本比如鲜卑宝源“一气说”等西夏宇宙由抽象“气”而生的表述，可以认为，西夏既保留了具象的(云(气)所生)宇宙起源的观念，也受到了中国传统哲学中“气化论”的影响，接收发展融合出具有中国思辨抽象的宇宙起源的认识。同时鲜卑宝源的“是以一气初生，强分天地二象，三才兴起，日月圆明已显”中也展现了气与天地、人之间密不可分的相互依存，“初生”和“兴起”展现了生命的要素。总结来说，西夏关于“气”具象转向抽象的认知，是典型的中国式思维之一。

(二) 因心而起

鲜卑宝源所说“真实寂默，无明变现诸相”，“法界观察一相无，无明起障万相成”对应早期佛教中所说的“十二缘起”，十二缘起以无明为根本，无明让众生产生错误的认知，众生因无明而不悟，有了贪嗔痴，有了执妄，有了业。因此鲜卑宝源说“有情初生，不悟吉祸分别”，无明的特点是执幻境为实有，妄生种种分别。[⑤] 无明又是心之所起，方立天认为“佛教哲学的基本学说缘起论认为，一切存在(‘法’)都是按缘起方式而生的，早期缘起论的‘十二因缘说’阐述构成众生生存的十二个条件，其中的‘无明’和‘识’就属于心的范畴，也就是把心识归结为缘起论的重要因素”[⑥]。《圆觉经大疏释义钞》卷 6 中解释“器界是共业所感。

---

① 范晔：《后汉书》卷 87，北京：中华书局，1973 年，第 2869 页。

② 图版见《俄藏黑水城文献》第 5 册，上海：上海古籍出版社，1998 年，第 41 页。

③ 图版见《俄藏黑水城文献》第 5 册，第 71 页。

④ 这是学者袁志伟关于《圣立义海》中气化论的表述，他称之为“元气生化论”(参见袁志伟：《〈圣立义海〉与西夏“佛儒融合”的哲学思想》，《宁夏大学学报(人文社科版)》，2015 年第 3 期，第 46 页)。对元气一词有明确论述的是王充，“万物之生，皆禀元气”((汉)王充：《论衡》，北京：北京大学出版社，1979 年，第 349 页)。结合中国历代学者关于“气”不同的论述，以及气概念的包容性，称为“气化论”似乎更准确一些。

⑤ 李明权：《佛教缘起学说概论》，《法音》，1986 年第 5 期，第 18 页。

⑥ 方立天：《印度佛教心性思想述评》，《佛学研究》，1995 年第 4 期，第 142 页。

有情是别业所感。既由心造业所感”[①]，点明器世界、三界、世间万物等由心之无明产生的业所生。

众生的轮回流转和成就正果的因果关系都离不开众生的心，都围绕着心的活动而展开[②]，这也是中国佛学的基本思想。学界有这样的论述：“现在即从《起信论》所说，可以了解中国佛学有关心性的基本思想是：‘人心为万有的本源，此即所谓真心。’”[③]有学者认为西夏佛教文献的一个共同思想特点就是将“真如一心”视为世间与出世间的本体[④]，西夏的一些佛教文献都普遍承认真心的本体地位。[⑤] 比如在西夏广泛流行的华严宗中的诸位大师如法藏、澄观、宗密的论疏中都将“真心”作为理论核心。俄藏编号 инв. № 6509 西夏的《达摩大师观心论》卷尾也有以心为“万法之源”的表述，“故心之王，万法之源，诸行之本，性相具足，理事咸臻。一切法门皆宣乎此，一切神圣共证于斯”[⑥]。因此，世界万物由心而起的观点，可以被认为是崇佛的西夏较为普遍的观点。

（三）以气喻心

佛教文献结合中国传统哲学论述世界起源的表述，并非鲜卑宝源的首创。佛教自进入中国后，就一直试图寻找与中国传统哲学共生的方式。佛教与中国思想共有的内求、思辨等[⑦]，融合出了一些中国式佛教。以华严宗为例，华严宗非常重视融合中国哲学思想，比如华严学者李玄通[⑧]，用周易思想解释华严，写了《新华严经论》。再比如华严宗的宗密用《周易》的“四德”解释佛身的“四德”。

---

① 延圣院大藏经局：《碛砂大藏经》第 245 册，台北：新文丰出版公司，1987 年，第 331 页。

② 方立天：《印度佛教心性思想述评》，《佛学研究》，1995 年第 00 期，第 142 页。

③ 吕澂：《试论中国佛学有关心性的基本思想》，《吕澂佛学论著选集》卷三，济南：齐鲁书社，1991 年，第 1417 页。

④ 关于华严宗的一切现象因“真心”随缘显现，可以参看赖永海的《性具与性起——天台、华严二宗佛性思想比较研究》。（赖永海：《儒学与中国佛学》，贵阳：孔学堂书局，2020 年，第 115 页。）

⑤ 袁志伟：《西夏华严禅思想与党项民族的文化个性——西夏文献〈解行照心图〉及〈洪州宗师教仪〉解读》，《青海民族研究》，2017 年第 1 期，第 206 页。

⑥ 该部分翻译引用自聂鸿音先生《西夏佛经序跋译注》。（参见聂鸿音：《西夏佛经序跋译注》，上海：上海古籍出版社，2016 年，第 23 页。）

⑦ 佛教与中国思想的相通之处的论述，具体可参见钱穆的《中国思想史》。（钱穆：《中国思想史》，北京：九州出版社，2017 年，第 149—151 页。）

⑧ 关于李通玄的生平及其思想，具体可参考《李通玄华严学的核心内容及其历史地位》。（魏道儒：《唐宋佛学》，北京：中国社会科学出版社，2017 年，第 45—62 页。）

西夏也出土了表现周易和佛教相结合的文本,如编号 A8《赞佛称赞慈尊》[①]的背面,编号为 A8V。内容是卦名,残存"僧几员谨诣佛",干卦卦象,"四月卦"以及"父母""兄弟""官鬼""财妻""子孙"等字。

宗密在《圆觉经大疏释义钞》卷 1 中说"疏始于一气者。推究此干道之德所从之始。始于一气。一气者道之所宗。阴阳天地之根本也。谓天道未分。阴阳未泮。未有天地人物已前。但是淳元之一气也"[②]与鲜卑宝源的表述相近。宗密也解释了为什么以气喻心,"然此国之俗所宗者。群典极于周易。万物极于干道。(世之万物莫大于天地。就中天统于地。天尊地。干道是天。故取为类)取则在于儒流。故举儒学所知之道。以类至觉之理。令其晓矣。"[③]解释了气、道、阴阳、心之间的联系,贯通了佛教思想与中国传统哲学概念。

中国传统哲学也是注重"自我",直指内心的。如宋朝的邵雍《观易吟》诗云:"一物其来有一身,一身还有一乾坤。能知万物备于我,肯把三才别立根。天向一中分体用,人于心上起经纶。天人焉有两般义,道不虚行只在人。"[④]宋以来,佛教与中国传统哲学的融合愈加明显,两者相互影响。宋代理学家陆九渊《杂说》中的"宇宙便是吾心,吾心便是宇宙"[⑤]的宇宙观与佛教中的世界由心而生的宇宙观相近。朱熹也认为"天地以生物为心者也,而人物之生又各得夫天地之心以为心者也"[⑥]。

中国式的佛学华严在中国广泛流行传播[⑦],西夏佛学作为中国受到华严佛学深刻影响的地区之一,作为佛教徒的鲜卑宝源在宇宙生成模式中的气与心的结合论述,说明西夏也参与到中国佛教徒以气喻心的进程中。进一步来看,西夏宇宙起源观的形成并非处于独立发展的状态,而是始终处于民族交流交往交融的时代背景下,处于佛教思想与中国传统哲学进一步相互融合的大趋势中,并逐渐发展成型。

---

① 《俄藏黑水城文献》第 5 册,第 189 页。

② 延圣院大藏经局:《碛砂大藏经》第 245 册,台北:新文丰出版公司,1987 年,第 206 页。

③ 延圣院大藏经局:《碛砂大藏经》第 245 册,第 460 页。

④ 邵雍:《观易吟》,《伊川击壤集》卷 15,北京:中华书局,2013 年,第 416 页。

⑤ 陆九渊:《杂著》,《陆象山全集》卷二十二,北京:中国书店,1992 年,第 173 页。

⑥ 朱熹:《晦庵先生朱文公文集》卷 67《仁说》,《朱子全书》第 23 册,上海:上海古籍出版社,2002 年,第 3279—3280 页。

⑦ 具体参见牟宗三:《佛性与般若》,台北:台湾学生书局,1977 年。

三、融合的中国式宇宙系统

《外道意法》中的“强分天地二象”中“二象”指的是天地乾坤二象，西夏自己解释为“(天)：天者乾也”[①]，“(乾)：乾者天也”[②]。“(地)：地者土地也，地坤也”[③]，“(坤)：坤者陆地也，大地也，土地也”[④]。“强分天地二象”这与南朝梁陶弘景《周氏冥通记》卷二中的“是故二象虽分，其间犹混”[⑤]相互对应，体现了西夏的中国式思维的宇宙观。中国式思维的宇宙观中，阴阳和八卦是较为典型的存在，“包括两个分别以阴阳五行和八卦为框架而建构的，既有联系亦有区别的宇宙系统”[⑥]。从董仲舒开始，中国传统哲学就已经基本形成了“天地(气)——阴阳——四时——五行——万物”[⑦]的世间万物生成序列。他说：“天地之气，合而为一，分为阴阳，判为四时，列为五行。行者，行也。其行不同，故谓之五行。五行者，五官也，比相生而间相胜也。”[⑧]后来表示时间的干支系统、十二生肖、节气等概念，以及与五行等概念配套的五德、五味等也逐渐并入了万物生成序列[⑨]，形成了一个既有时间也有空间的庞大而复杂的中国式宇宙系统，并影响深远。

较为明显表现中国式宇宙系统的西夏文献是《圣立义海》，其中有“上清有德皆覆利，下浊厚孝广载恩。阳力下晒除寒性，阴气上和暖充盈。年季四时显

---

① 史金波、白滨、黄振华：《文海研究》，北京：中国社会科学出版社，1983 年，第 443 页。

② 史金波、白滨、黄振华：《文海研究》，第 405 页。

③ 史金波、白滨、黄振华：《文海研究》，第 512 页。

④ 史金波、白滨、黄振华：《文海研究》，第 398 页。

⑤ 麦谷邦夫、吉川忠夫：《〈周氏冥通记〉研究》(释注篇)卷二，济南：齐鲁书社，2010 年，第 70 页。

⑥ 崔大华：《儒学引论》，北京：人民出版社，2001 年，第 262—263 页。

⑦ 这个序列的总结受到了刘延刚等学者研究的启发，在刘延刚的表述中，将董仲舒的序列描述为“天地——阴阳——四时——五行”。(具体参见刘延刚、潘昱州：《〈周易〉与中国哲学问题研究》，北京：社会科学文献出版社，2019 年，第 308 页。)

⑧ 董仲舒：《五行相生》，《春秋繁露校释》卷 13，石家庄：河北人民出版社，2005 年，第 833 页。

⑨ 西夏的干支、生肖系统研究，具体参见苏冠文：《西夏天文历法述论》，《宁夏社会科学》，2005 年第 1 期，第 99—103 页。苏红：《黑水城出土占卜文献与当地文化新探》，保定：河北大学硕士论文，2021 年。李婉月：《〈大宋宝祐四年丙辰岁会天万年具注历〉研究》，保定：河北大学硕士论文，2021 年。苗亚婻：《西夏十二生肖文化与创新研究》，银川：宁夏大学硕士论文，2021 年。

异稔，节义宜生盛衰明”，也有“天属阳：一切日星，光净寰宇，阳气下降，阴气和合，尽成诸物”。[①] 阴阳凸显的是动态，在力动的过程之中，广大和谐充满生机的宇宙体系得以实现。《番汉合时掌中珠》中也有“阴阳”[②]一词，与“辰星”“风雨”等词语并列，可见在西夏的认知中阴阳与天象之间的联系。

西夏的时间概念也深受中国式宇宙观中时间认知的影响，如俄藏编号TK322的《六十四卦图歌》(44—10)中说“天地得节，四时所成”[③]，说明了中国四时时间认知在西夏的流传。《新集碎金置掌文》一书开篇称：“天地世界初，日月尔时现。明暗左右转，热冷上下合。诸物能成苗，季节依次列。”[④]不仅描写了冷热阴阳分开混沌的过程，也写出了西夏以季节划分时间的认知方式。《圣立义海》中有“十月属亥，五行属水，牧白鹤季，北方寒降”[⑤]“五行属土，依四季区分，各有时数。十八日属土，故年有四季、十二月、七十二节”[⑥]，既反映了四时、四季，也展现了五行、干支等元素，再比如“神住地八卦测写无妨碍，育德殿四季时节皆相合”[⑦]，是四季与八卦表述的结合。编号为 ИНВ. No. 5722 的西夏占卜文书[⑧]，其中有推卜图三幅，以第一幅图为例，自内而外分列有五行、十二生肖、十二宫、星曜、星座等元素。《番汉合时掌中珠》中有十二星宫和二十八星宿的名称，《月月乐诗》中有月份名称。以上均反映西夏接收了中国式的天文历法，展现了中国式宇宙观的时间认知。[⑨]

作为西夏主体民族的党项羌在隋唐之际，仍然“候草木以记岁时”[⑩]，等到西夏建立初期，“遣阁门祗侯赐冬服及颁《仪天具注历》”[⑪]，宋朝方面也有“赐夏

---

① 克恰诺夫、李范文、罗矛昆：《圣立义海研究》，第46、50页。

② 黄振华、聂鸿音、史金波整理：《番汉合时掌中珠》，银川：宁夏人民出版社，1989年，第18页。

③《俄藏黑水城文献》第5册，第45页。

④ 聂鸿音、史金波：《西夏文本〈碎金〉研究》，《宁夏大学学报（人文社会科学版）》，1995年第2期，第15页。

⑤ 克恰诺夫、李范文、罗矛昆：《圣立义海研究》，第50页。

⑥ 克恰诺夫、李范文、罗矛昆：《圣立义海研究》，第55页。

⑦ 梁松涛：《西夏文〈宫廷诗集〉整理与研究》，第178页。

⑧《俄藏黑水城文献》第10册，上海：上海古籍出版社，1999年，第175—188页

⑨ 西夏天文历法的研究，具体可参见，苏冠文：《西夏天文历法述论》，《宁夏社会科学》，2005年第1期，第99—103页。

⑩ 魏徵等：《党项传》，《隋书》卷八三，北京：中华书局，1973年，第1845页。刘昫等：《旧唐书》卷198《党项羌传》，北京：中华书局，1975年，第5291页。

⑪ 脱脱：《夏国传上》，《宋史》卷四八五，北京：中华书局，1977年，第13992页。

国主……今赐卿元佑五年历日一卷"[①]等记载。现遗存的西夏文献中,也出土了诸多历书,如 TK269 和 TK297[②] 等。说明西夏建国后,接收了中国式的时间观念,并得到了广泛的应用。不能忽视的是,西夏宇宙观中,时间的概念不仅有中国式思维中的四时、干支,也有佛教中的"四劫说",鲜卑宝源的《外道意法》中时间的概念是佛教中的"成劫",西夏出土的文献中也有印度的记月法[③]。总体来看,仍是以中国式的时间体系为主。

西夏在社会发展变迁的过程中,以具象的、原始的(自然崇拜)思维方式,与佛教思想(宗教情感),以及天地、阴阳、五行、干支一类的中国传统哲学合流,包括《圣立义海》《番汉合时掌中珠》《新集碎金置掌文》在内多个文献展现了西夏多方面的吸收,比如《圣立义海》中"昔出异相本根同,后成依形分种名。世有色相多至亿,凡界有情遮无情。上清有德皆覆利,下浊厚孝广载恩。阳力下晒除寒性,阴气上和暖充盈。年季四时显异稔,节义宜生盛衰明。俱壮皆缘福高低,依业众类禄莫等。人同禄异有贵贱,九品才性族种分。智言嗔愚助拨乱,圣愍帝邦定礼正"[④],非常明显地展示了佛教与中国传统哲学的合流。鲜卑宝源的另一篇《劝亲修善辩》中也展示了这种融合吸收,"俗文佛法,犹如心中珠串;巧治阴阳,一似观丸于掌。忽然辞世,龙威犹如云散;不觉寿亡,乃是虚无形相"[⑤]。可以说,西夏用乾坤、阴阳、佛教"四大说""四劫说"、吐蕃"卵生""心""气"等概念关联成为一个调和、交融、和谐的庞大的宇宙系统,充分展现了民族之间的交往交流交融。而在发展过程中的不断融合吸收本身也是中国文化的主要特征之一。

四、西夏宇宙观中的循环往复与生生不息

循环往复与生生不息突出表现在西夏的宇宙观中,具体讨论如下:

---

① 戴锡章:《西夏纪》卷一九,银川:宁夏人民出版社,1988 年,第 440 页。

② 《俄藏黑水城文献》第 4 册,上海:上海古籍出版社,1997 年,第 355—357 页。

③ 西夏出土的印度纪月法,具体可以参看许鹏:《西夏文〈十二缘生祥瑞经〉初释》,《西夏学》,2016 年第 1 期,第 101—118 页。王龙:《印度纪月法的西夏译名》,《宁夏社会科学》,2015 年第 6 期,第 140—142 页。

④ 克恰诺夫、李范文、罗矛昆:《圣立义海研究》,第 50 页。

⑤ 根据俄罗斯东方文献研究所提供的西夏文图版翻译。

一是西夏接收融合的佛教宇宙观认为世界的缘起是和无明、业复杂地交织在一起的，以无明、业为基的世界缘起是无时无刻不在发生的，这个过程中最突出的特点是循环往复、生生不息[①]。如果说“四劫说”说的是世间万物成败兴衰循环往复的过程，指的是时间上的循环往复，那么“十二因缘”则是一个纵向的循环往复的世间成立说法。

二是基于西夏宇宙观中自然[②]的循环与生生不息。气化论的基础《周易》中说“在天成象，在地成行，变化见矣”[③]“日新之谓盛，生生之谓易”[④]，认为没有永恒常驻的事物，一切事物都处于变化无常之中。比如自然层面云的循环，《大诗》中说“缓缓升起高地云”[⑤]“赤面地造云成流”[⑥]，等到万物消散，也有“忽然辞世，龙威犹如云散；不觉寿夭，乃是虚无形相”[⑦]或“水枯云散惟留空，风雹蜻蛤岂有哉”[⑧]的描写。结合上文所说云生成雨的观念。说明西夏有云能覆润大地，大地再升起云的这样一种循环往复的认知。

还有自然层面的时间循环，《圣立义海》中说“天行有信(四季轮回，诸物自成[⑨])”说的是四季的轮回循环，形成了诸物。再比如西夏谚语“青草青黄年复年，幼死丧葬代复代”[⑩]体现的是生命与时间的循环往复与生生不息。“生生”在中国传统哲学中具有本体论地位。唐君毅将儒家定义为“生生的天道论”，并说“儒家之天道论，则初为直对当前之天地万物，而言其生生与变易”[⑪]，与西夏同时代的宋，也有“万物生生而变化无穷焉”的观点。

---

① 佛教中一切事物的生生续续、循环往复的论述，具体可参阅方立天的《佛教哲学》。(方立天：《佛教哲学》，北京：中国人民大学出版社，1986 年，第 75 页。)

② 自然层面，笔者的理解是天地、日月星辰，也可能是动物，时间、空间等，或者是超越的存在(比如神、道、气)。

③ 杨天才、张善文译注：《周易》，北京：中华书局，2011 年，第 561 页。

④ 杨天才、张善文译注：《周易》，第 571 页。

⑤《大诗》转引自《圣立义海研究》。(具体参见〔俄〕克恰诺夫、李范文、罗矛昆：《圣立义海研究》，第 2 页。)

⑥ 该部分西夏文图版见《俄藏黑水城文献》第 10 册，上海：上海古籍出版社，1999 年，第 268 页。

⑦ 该部分西夏文图版由俄罗斯东方文献研究所提供。

⑧ 该部分西夏文的翻译转引自孙伯君的《西夏俗文学“辩”初探》。(参见孙伯君：《西夏俗文学“辩”初探》，《西夏研究》，2010 年第 4 期，第 6 页。)

⑨ 克恰诺夫、李范文、罗矛昆：《圣立义海研究》，第 50 页。

⑩ 陈炳应译：《西夏谚语：新集锦成对谚语》，太原：山西人民出版社，1993 年，第 9 页。

⑪ 唐君毅：《哲学概论》(下)，北京：中国社会科学出版社，2005 年，第 482 页。

西夏的经济生活，可以解释西夏对于中国传统哲学中的“生生”之论、自然循环的强调，以及西夏对自然恒定循环及对自然和谐相处的突出兴趣，“夏国赖以为生者，河南膏腴之地，东则横山，西则天都、马衔山一带，其余多不堪耕牧”[①]。“生生”以及自然恒定循环展现了西夏人民善良诚挚的愿望：他们希望祈求风调雨顺、丰衣足食。

三是西夏宇宙观中哲学、社会层面的循环。突出表现是天地人三才[②]互感互通的双向循环体系。西夏对天地的理解，是一种“人格化”的天和“人伦化”[③]直观思维和抽象思维的结合。西夏概念中的天地作为人格化的神，受到民众的崇拜，《天盛律令》中有关于天神的法令，“一盗毁护神、天神，传御旨时不行臣礼，起轻视心，及御前、制、御旨直接唤人往，无故不来等，一律造意以剑斩，从犯无期徒刑”[④]。《圣立义海》中有“母畏天雷（往昔一人，母在时畏天雷，母亡守陵。夏季，天雷震，孝子抱母坟而哭，天慈雷息。其后帝闻，迎赏赐，天下扬孝名）”[⑤]的记载，天被形容为具有人的仁慈，展现了人格化的特征。《圣立义海》也有“地母白艮（一切谷宝，生产本源）”[⑥]“下浊厚孝广载恩”[⑦]描写地具有厚德载物的人格化特征。西夏关于天地人格化的认知也展现了中华民族自强不息、兼容并收的精神内核[⑧]。

同时，西夏对天地的认知也是人伦化的天地，这一点在天地人三才互感互

---

① 李焘：《续资治通鉴长编》卷 466，元祐六年（1091 年）九月壬辰条，北京：中华书局，1979 年。

② 天地人三才思想的影响，也反映在西夏其他的文献中，比如西夏文《三才杂字》是西夏的一本常用语字书，以天地人分为三品，《番汉合时掌中珠》也以天地人分为三部分。

③ “人格化”和“人伦化”，具体参看赖勇海的《儒学与中国佛学》中的《儒家天论》一篇，贵阳：孔学堂书局，2020 年，第 5—11 页。西夏关于天地“人格性”的论述，可参阅袁志伟：《〈圣立义海〉与西夏“佛儒融合”的哲学思想》，《宁夏大学学报（人文社科版）》，2015 年第 3 期，第 47 页。

④ 史金波、聂鸿音、白滨译注：《天盛改旧新定律令》，北京：法律出版社，2000 年，第 127 页。

⑤ 克恰诺夫、李范文、罗矛昆：《圣立义海研究》，第 73 页。

⑥ 克恰诺夫，李范文、罗矛昆：《圣立义海研究》，第 56 页。

⑦ 克恰诺夫、李范文、罗矛昆：《圣立义海研究》，第 46 页。

⑧ 张岱年认为“中华精神”集中表现于《易传》中的两个命题。《易传》讲“天行健，君子以自强不息”，自强不息就是永远努力向上，永不停止。这句话表现了中华民族奋斗拼搏的精神，表现了一种生命力不向恶劣环境屈服……《易传》中还有一句话：“地势坤，君子以厚德载物。”就是说，要有淳厚的德性，能够包容万物，这是中华民族兼容并包的精神……“自强不息”“厚德载物”这两点可以看作是中华民族精神的主要表现。（《张岱年全集》第 6 卷，石家庄：河北人民出版社，1996 年，第 225 页。）

通的双向循环之中有明确的表现。《德行集》化用扬雄《法言》中"无天不生,无地不成"[①],天地的人格化倾向减弱,天地被认为是存在与价值的根源。天地人的循环具体可以被形容为:超越客观的天地要内在于人,天地有待于人的感应,才能显出其广大的生生之德。《圣立义海》中有这样的表述"依天地德(人者,上荫蔽于天德,下坚依于地藏)"[②]。人需要提升自己、找寻自己的本心、效法天地的境界,才能发挥出天地的生生之德。因此,《圣立义海》中根据效法天地的不同等级划分了人的不同等级,比如,"上中品人(智名智者,世界中与圣近边,乃名上。明性气者,与天性气合也)"[③]。"清明同天(身心清净,性明齐天)"[④]。这些表述,都是根据人的行为达到的效法天地作为的境界去划分人的等级,天地与人相感应,形成了生生而和谐的世界。正如"观乎天地,则见圣人","不然,关乎圣人,则见天地"[⑤]。西夏诗文中也有"仁义士,日月夜星光影所聚皆圆满,贤智人,天地神祇母胎之中德所示"[⑥]"吾帝君,出生之时……天地之间德之本"[⑦]"天地二,博者爱"[⑧]等相关描述,也展示了正是天地具有了人的品格,内在于人心,人通过效法天地才能显示天地的品格,天地人之间具有双向互动的循环。

先秦以前,中国传统哲学就已经发展出"以德配天地"的思想,但是天地此时仍具有神秘色彩。宋以来,中国传统哲学经历了融合与突破,客观上超越了以往,重新构建了本体论等观点,更强调人自身。宋人的观点中,天地是人事的基础,人事是天地的呈现。人事的意义来源于天地,天地作为中国传统哲学中的价值与根本而存在。天地并非虚悬于世间万物之上,而是体现于人身,人的本身。天地本身有其道,有其序,如周濂溪所说,"阳变阴合而生水火金木土,五气顺布,四时行焉"。但人的造化仍在于自身,正如"能循天理动者,造化在我也"[⑨]。

---

① 聂鸿音:《西夏文德行集研究》,兰州:甘肃文化出版社,2002年,第139页。

② 克恰诺夫、李范文、罗矛昆:《圣立义海研究》,第62页。

③ 克恰诺夫、李范文、罗矛昆:《圣立义海研究》,第64页。

④ 克恰诺夫、李范文、罗矛昆:《圣立义海研究》,第64页。

⑤ 朱熹辑:《河南程式外书》第十一,济南:山东人民出版社,2020年,第3页。

⑥ 梁松涛:《西夏文〈宫廷诗集〉整理与研究》,第222页。

⑦ 梁松涛:《西夏文〈宫廷诗集〉整理与研究》,第147页。

⑧ 陈炳应译:《西夏谚语:新集锦成对谚语》,第16页。

⑨ 邵雍:《皇极经世书》,北京:九州出版社,2012年,第529页。

西夏宇宙观中展现的中国传统哲学中的天道观、境界论(效法天地)等观点,反映了西夏一直在中国哲学发展的进程之中。西夏的文人、统治阶层关心国家,关心社会秩序,关心道德礼仪。他们对人事、社会的关心,具有强烈的儒家烙印。需要指出的是,西夏既保留了神秘的天地观念,同时也接受并参与到中国传统哲学的思想发展演绎之中。

五、自然与人事、社会的结合

西夏也如中国式宇宙观一样将自然秩序引用进社会的秩序,将社会的变迁与自然直接关联起来。比如五行基础之上的“五德”,有相当多证据表明,西夏政权信奉五德[①]之说。《大诗》中有“天意云力神金系,德恭引导下人施”[②],这似乎也是西夏受五德影响的佐证之一。受五德思想影响的君权并不再是永恒的,而是处于不断变化的五德的相生相克之中,因此西夏能够通过五德之说,解释其统治的正统性。

佛教与中国传统观念都认为星宿与人事、社会之间有着不可忽视的联系,西夏也继承了这种观点,认为星宿与人事、社会有某种奇特的联系[③]。《宫廷诗集》中有这样的描写,“上福星避宫过,下庶民心分离”[④]。不光在文学描写中,这种观念也出现在历史记载中,《宋史·夏国传》有如下记载:“(大中祥符二年)明年,出侵回鹘,恒星昼见,德明惧而还。”[⑤]“元符元年十二月,泾原折可适掩夏西寿统军嵬名阿埋、监军妹勒都逋,获之。彗星见,乾顺赦国中。”[⑥]“(绍兴)十四年,彗星见坤宫,五十余日而灭,占其分在夏国。”[⑦]

不仅仅是星宿,包括天象、奇异现象,在西夏的观念中也和人事、社会产生

---

① 关于西夏“五德”的研究,具体可参见王炯、彭向前的《“五德终始说”视野下的“大白高国”》。(王炯、彭向前:《“五德终始说”视野下的“大白高国”》,《青海民族学院学报》,2009年第3期,第68—77页。)

② 《大诗》转引自《圣立义海研究》,具体参见克恰诺夫、李范文、罗矛昆著:《圣立义海研究》。

③ 关于西夏的星耀崇拜研究,可参见《12世纪西夏国的星耀崇拜》。(崔红芬:《从星宿神灵崇拜看西夏文化的杂糅性》,《江汉论坛》,2010年第10期,第70—76页。)

④ 梁松涛:《西夏文〈宫廷诗集〉整理与研究》,第208页。

⑤ 脱脱:《宋史》,北京:中华书局,1975年,第13990页。

⑥ 脱脱:《宋史》,第14018页。

⑦ 脱脱:《宋史》,第14024页。

了联系。比如，有这样一段记载："是月，日有食之，越日大风，雨雷电震坏宫殿鸱尾，仁孝以天变肆赦国。"[①]前辈学者研究认为，西夏朝廷专门饲养的神马、祭牛、神牛等死时若有神迹，还要派官巫作仪式祭祀。[②] 西夏宇宙中的自然也和秩序产生了关联，比如"金楼玉殿皇帝坐，天道云道日月行"[③]，强调了皇帝在金楼玉殿。再比如龙作为政治秩序中统治者的象征，表现在服饰、纹样上，《天盛律令》规定："节亲主、诸大小官员、僧人、道士等一律……禁男女穿戴……一团龙身……凤凰、龙样……若违律时，徒二年。"[④]"龙图永霸……帝业长"[⑤]"仁宗皇帝，驾龙轩以游净方"[⑥]，莫高窟、安西榆林窟中有多幅西夏的龙纹藻井[⑦]，体现了皇权思想与佛教艺术、建筑，政治与宗教的结合。以上均可以说明龙的图像和形象直接和皇帝联系起来，强调皇帝的独尊地位。

西夏认为其君权的权威不仅来自于他同祖先的直接联系，而且也在于他是受之于天命[⑧]，这也是自然与人事、政治的联系。这种联系突出表现在西夏皇帝的年号[⑨]中，天与皇的概念形成了关联，如"皇天下，己典己看己国仪"[⑩]"皇天之中兄弟国"[⑪]"皇天下，忠心耿耿皆敬爱"[⑫]等语句中的"皇天"表述。再比如"圣照皇帝天地等寿，皇后父母与日月同光"[⑬]，展现了不仅仅是皇帝本人，连同皇帝的亲属也和自然联系起来，共同塑造了统治者的权威。自然中的奇异天象也和统治者的权威联系起来，比如："天降明君，诞时喷发火焰；国王圣主，生而

---

① 戴锡章：《西夏纪》卷一九，银川：宁夏人民出版社，1988 年，第 28 页。

② 史金波、聂鸿音、白滨译注：《天盛改旧新定律令》，北京：法律出版社，2000 年，第 582—583 页。

③ 陈炳应译：《西夏谚语：新集锦成对谚语》，第 7 页。

④ 史金波、聂鸿音、白滨译注：《天盛改旧新定律令》，第 282 页。

⑤《俄藏黑水城文献》第 1 册，上海：上海古籍出版社，1996 年，第 292 页。

⑥《俄藏黑水城文献》第 2 册，上海：上海古籍出版社，1996 年，第 372—373 页。

⑦ 安西榆林窟第 2 窟的龙纹藻井、莫高窟 207、234、254、310、330 窟中的龙纹藻井。图样具体可参见杨东苗、金卫东绘编：《敦煌藻井・下册》，杭州：浙江人民美术出版社，2021 年，第 108—116，122—123 页。

⑧ 具体可参见陈玮的《西夏天崇拜研究》一文。（陈玮：《西夏天崇拜研究》，《西夏学》，2017 年第 1 期，第 51—60 页。）

⑨ 具体可参见保宏彪《从西夏年号看西夏文化的阶段性》，《西夏学》，2013 年第 1 期，第 82—91 页；张林：《略论西夏年号与改元》，《社会科学论坛》，2021 年第 3 期，第 99—109 页。

⑩ 梁松涛：《西夏文〈宫廷诗集〉整理与研究》，第 216 页。

⑪ 梁松涛：《西夏文〈宫廷诗集〉整理与研究》，第 207 页。

⑫ 梁松涛：《西夏文〈宫廷诗集〉整理与研究》，第 253 页。

⑬ 梁松涛：《西夏文〈宫廷诗集〉整理与研究》，第 164 页。

满室雷霆。婴儿有齿，闻者自然惊奇；始文本武，己方臣民宾伏。神谋睿智，开拓国土家邦；单骑率军，庶民遍满天下。无奈将亡，未知求生何处；寿终至死，今时岂在宫中？风帝即位，四海战战兢兢。番地独尊，八山巍巍荡荡。”①

西夏认为自己是“西羌法王国”②，因此，自然与人事、社会相联系的部分，也包括了佛教中的神佛、菩萨等与社会、人事之间的联系。西夏有“初出生时有二齿，长大后，十种吉祥皆围绕，七乘引导做帝君”③“国君父母佛菩萨，显圣威仪何其多”④“各国帝君不相同，白高国内佛天子，诸处王岂所同？中兴世界菩萨王”⑤等描写。这些描写，或是统治者成为了佛陀的化身，或是以佛陀、菩萨赞誉统治者。再比如西夏《慈悲道场忏法》经文有款题为“天生全能禄番祐圣式法正国皇太后梁氏御译，救德主世增福正民大明皇帝嵬名御译”⑥，称西夏惠宗秉常为“救德主世增福正民大明皇帝”，梁太后为“天生全能禄番祐圣式法正国皇太后”，此间种种给统治者们的形象笼罩了一层神性和佛性结合的光辉，使得其统治具有更进一步的合法性。将佛、菩萨与统治者们联系起来用以解释其合法性，以佛教护国，也是中国佛教发展过程中不可忽视的方面。

西夏的宇宙观以天地为中心，在宇宙不同领域之间建立对应关系。将自然、人事、社会的各种范畴，比如人的身体、行为、道德、社会政治秩序和历史变化，与时间、空间、季节、神、佛、超越存在等联系起来，呈现出一种对应匹配的关系，产生了规律又动态循环的宇宙认知。这种对应，一方面是统治阶层为了“天长地久，国运显现安静，日积月累，宝座更告安宁”⑦而进行的有意塑造，另一方面也展示了西夏在中国传统哲学、佛教思想等影响下的宇宙观中世间万物各行其道、各随其时的思维方式。自然、社会、人事三方贯通，对西夏世间万物

---

① 该部分西夏文的翻译转引自孙伯君的《西夏俗文学“辩”初探》。（参见孙伯君：《西夏俗文学“辩”初探》，《西夏研究》，2010 年第 4 期，第 6 页。）

② 转引自史金波：《论西夏对中国的认同》，《民族研究》，2020 年第 4 期，第 106 页。原文标注出处为俄罗斯圣彼得堡东方学研究所手稿部藏黑水城文献 Инв. No. 292。

③ 梁松涛：《西夏文〈宫廷诗集〉整理与研究》，第 125 页。

④ 梁松涛：《西夏文〈宫廷诗集〉整理与研究》，第 195 页。

⑤ 梁松涛：《西夏文〈宫廷诗集〉整理与研究》，第 171 页。

⑥ 该部分图版见《中国藏西夏文献》第 4 册，第 92—94 页。该部分翻译引用自聂鸿音先生《西夏佛经序跋译注》。（参见聂鸿音：《西夏佛经序跋译注》，第 23 页。）

⑦ 梁松涛：《西夏文〈宫廷诗集〉整理与研究》，第 172 页。

的认知，所对应产生的行为等产生了较为深刻的影响。比如，沙武田认为莫高窟第 400 窟出现的团龙、团凤、龙凤藻井图像紧紧围绕中国传统建筑观念中藻井“以水克火”的核心思想而出现。[①] 再比如婚配上“男女结夫妇者，先古之定仪，依天地、日月、阴阳之和合成就，独力不成”。[②] 可以说，西夏以自然为参照，通过推类比附，得以采取对应的社会行为，并且将这种行为赋予了正当性与道德性。

结语

哲学或宗教是民族文化的核心。在中国文化中，哲学与宗教相比，哲学更占有主导的地位。因此，中国哲学的特点更集中地体现了中华民族的主流价值取向，与中华民族精神有着更密切的关系。[③] 张岱年先生认为，中国哲学所讲的主要内容“可以约略分为宇宙论或天道论，人生论或人道论，致知论或方法论”[④]，张立文也说中国哲学是“对宇宙、社会、人生之道的体贴和名字体系”[⑤]。中国哲学本质上具有融合贯通集大成的特点。西夏宇宙观中所反映的从具象到抽象，从民族的原生观念到中国传统哲学与中国佛教融合的发展演变路径，展现了中国式宇宙观的发展脉络及特点。西夏的宇宙观本质上是中国式宇宙观发展的一个缩影，是西夏在交往交流交融中形成的中国式哲学思维。

西夏宇宙观既展现了中国式哲学思维，也是深切反映了西夏国家的需要，西夏人民的生活实践。其关注点集中于身、家、国、天下，相比较于自然更为关注人事、社会，有强烈的入世情怀，体现了中华民族的主流价值取向，更具有中国文化意味。

---

① 具体参见沙武田：《具有洞窟空间含义的图像——莫高窟第 400 窟西夏藻井凤首龙身图案探微》，《国学学刊》，2022 第 1 期，第 65—79 页。

② 克恰诺夫、李范文、罗矛昆：《圣立义海研究》，第 50 页。

③ 李存山：《中国传统哲学与中华民族精神》，济南：济南出版社，2021 年，第 59 页。

④ 张岱年：《中国哲学大纲》，北京：中国社会科学出版社，1982 年，第 18、19 页

⑤ 张立文：《中国哲学史教程》，北京：中国人民大学出版社，2021 年，第 7 页。

On the Identity about China in the Tangut from the Perspective of Cosmology

Fang Lu

Abstract: The various cosmological generation modes in the Xixia text "The Way of External Ideas" make the scattered and independent expressions of the Xixia cosmology connected, so it is possible to comprehensively view the Xixia cosmological cognition. It integrates the cosmological generation mode of "arising from the mind" and "arising from Qi", which reflects the general trend of the confluence of Buddhism and Chinese traditional philosophy. On the whole, Xixia explained the nature, personnel and society in the universe with the thinking of yin and Yang, five elements, heaven, earth and human beings, and believed that all things in the world were cyclic and endless. The idea of "each according to its time, each in its own way" runs through all the time, and thus regulates people's behavior to form a stable society from top to bottom. It embodies the strong Chinese meaning, shows the traditional Chinese philosophical thinking mode, and is also the concrete expression of the connotation of Chinese culture.

Keywords: Xixia; The Way of External Ideas; cosmology; China; identity

汉字与玛雅文字中“神”属字的对比文化阐释

王佳菲[*]

[摘　要]　“神”的概念几乎存在于每个文明之中，祂泛指虚无缥缈的神灵，承载每个文明的祈福与敬畏，而与“神”有关的字便是承载这些文化内涵的桥梁。通过对古代玛雅文字与汉字中与“神”有关的字进行考释与对比，发现其中蕴含着迥异的地形与农业、人神转化观的分歧、所奉宗教的差别、恐惧与探索的割裂多个截然不同的文化信息，足见“神”名在文化研究中的崇高地位。

[关键词]　神；玛雅文字；汉字；文化阐释

“神”作为人类虚构的产物在各个民族的文明中都广泛存在，祂们相貌各异，能力强大，影响着千千万万普通人的生活。因为神本身的神秘与强大的特性，其背后所蕴含的文化信息不可避免地呈现在字形与字义当中。玛雅文明与中华文明中有着庞大的鬼神体系，通过对它们文字中的神属字进行对比分析，

---

* 王佳菲(1997—　)，女，汉族，语言学及应用语言学硕士，2023年毕业于西安外国语大学中国语言文学学院，研究方向为文化语言学。

可以勾勒出两种异彩纷呈的文化剪影。

一、考字

（一）汉字中的“神”属字考释

在我国古代，“神”与“鬼”概念相同，都是力量强大，脱离肉体存在的两种形态，区别仅在于一个在天，一个在地，正如《礼记·乐记》：“乐者敦和，率神而从天；礼者别宜，居鬼而从地。”[①]因此，考察中国古代与神有关的字应该将“鬼”与“神”两类共列为研究对象。

1. 与自然元素有关

（1）神，天神。《说文解字·示部》：“神，天神，引出万物者也。从示、申。”[②]为会意字。其中“申”是天空中闪电形，古人以为闪电变化莫测，威力无穷，故称之为神，即天地万物的创造者。《周礼·大司乐》对“天神”二字注为：“谓五帝及日月星辰也。”“天至尊，物不可以同其号，亦兼称上帝。上得包下五行，佐成天事，谓之五帝。”[③]“天神”的概念包含了五行和永不更改的天象，体现出天帝的力量之大。

（2）社，土地神。《说文解字·示部》：“社，地主也。从示、土。”[④]为会意字。《春秋传》曰：“共工之子句龙为社神。”《周礼》：“二十五家为社，各树其土所宜之木。”甲骨卜辞为“土”，以“土”为“社”。金文增加“示”，为“社”表示与神有关，指土地之神。段注：“社者土地之主。土地广博，不可遍敬，封五土以为社。”[⑤]“五土”指青、赤、白、黑、黄五色土，为帝王铺填社坛所用之土。“天子大社，以五色土为坛。皇子封为王者，受天子之社土，以所封之方色，东方受青，南方受赤，他如其方色，苴以白茅，授之各以其所封之色，归国以立社，故谓之受茅土。”[⑥]这里的“五色土”是五行观念和五方观念结合的产物，也反映了古人“溥天之下，莫

---

① 胡平生、陈美兰译注：《礼记　孝经》，北京：中华书局，2007 年，第 145 页。

② 许慎：《说文解字》，北京：中华书局，2013 年，第 2 页。

③ 王肃：《孔子家语》，长春：吉林人民出版社，2007 年，第 75 页。

④ 许慎：《说文解字》，第 3 页。

⑤ 段玉裁：《说文解字注》，南京：凤凰出版社，2007 年，第 124 页。

⑥ 蔡邕：《独断》，上海：上海译文出版社，2010 年，第 26 页。

非王土”的国土观念。因此，“社”指的是掌管天下所有土地的神。

(3) 稷，谷物神。《说文解字・禾部》：“，五谷之长。从禾畟声。”[①]为形声字。《说文注》：“首种谓稷。五谷之长。谷众多不可遍敬，故立稷而祭之……稷有播种之功，配稷祀之。”[②]因稷为百谷之长，因此尊为谷物之神加以祭祀。

(4) 离，山泽之神。《说文解字・内部》：“，山神，兽也。从禽头，从厹从屮。”[③]段注：“螭，山神也，兽形。按山神之字本不从虫。从虫者，乃许所谓若龙而黄者也……从禽头。谓凶也。从厹，兽形则头足皆兽矣。从屮。从屮，若巂字之首，像其冠耳。窃谓当从山。从山者，谓其为山神也。”[④]从段玉裁的注解可看出，“离”指的是一种禽头兽足竖耳的兽形山神。

(5) 彪，人面兽身四足，善于迷惑人心的山林精怪。《说文解字・鬼部》：“老精物也。从鬼、彡。彡，鬼毛。”[⑤]段注：“老物精也。各本作精物。周礼以夏日至致地示物彪。注曰：百物之神曰彪。引春秋传：螭彪魍魉。按今左传作魅。服虔注云：魅，怪物。或云魅。人面兽身而四足，好惑人，山林异气所生。从鬼彡。彡，鬼毛，说从彡之意。彡者，毛饰画之文，因以为毛之称。”[⑥]根据段玉裁的注解，可知彪甲骨文字形中的若干点状笔顺为精怪身体上的毛发，指的是人面兽身的山林精怪，也叫作魅。

(6) 魑，形似老虎的兽形山神。《说文解字・鬼部》：“鬼属。从鬼从离，离亦声。”[⑦]“服氏注云：‘螭，山神，兽形。’文十八年注：螭，山神兽形，或曰如虎而啖虎。”[⑧]

(7) 魄，人面兽身，一手一足的山神。《山海经・西山经》：“刚山……是多神光鬼，其状人面兽身，一足一手，其音如钦。”[⑨]

(8) 魈，只有一只脚的山鬼。《抱朴子・登涉》：“山精形如小儿，独足向后，

---

① 许慎：《说文解字》，第 141 页。

② 段玉裁：《说文解字注》，第 128 页。

③ 许慎：《说文解字》，第 71 页。

④ 段玉裁：《说文解字注》，第 275 页。

⑤ 许慎：《说文解字》，第 186 页。

⑥ 段玉裁：《说文解字注》，第 759 页。

⑦ 许慎：《说文解字》，第 186 页。

⑧ 李学勤：《周礼注疏》，北京：北京大学出版社，1999 年，第 740 页。

⑨ 方韬译注：《山海经》，北京：中华书局，2011 年，第 97 页。

夜喜犯人,名曰魈。"[①]

(9) 魌,山鬼。《集韵·模韵卷二》:"魌,山鬼。"[②]

2. 与能力有关

汉字中有一部分神属字与神的能力有关,这类字又可以分为两部分:一是与正面或中性能力有关的神属字,包括"姓、娲、魁、[illegible]、魑"。一是与负面能力有关的神属字,包括"魖、魃、魌、魈、[illegible]、魍、魔、魅、魍"。

(10) 姓,诞下天子的圣母。《说文解字·女部》:"人所生也。古之神圣母,感天而生子,故称天子。从女从生,生亦声。"[③]甲骨文"姓"字为[illegible],从女从生,生亦声。用为女性的名字。金文的"姓"字写作[illegible],春秋时期加"人"旁分化出[illegible]字,当作"姓氏"义,属于形声兼会意。段注:"姓者,生也。人所禀天气所以生者也……古之神圣人,母感天而生子。故姓从女生会意。其子孙复析为众姓。如黄帝子二十五宗十二姓、则皆因生以为姓也。"[④]说明了"姓"最初指的是受到上天感召无父而诞下天子的女性,即圣母。

(11) 娲,创造万物的圣女女娲。《说文解字·女部》:"[illegible],古之神圣女,化万物者也。从女咼声。"[⑤]段注:"古之神圣女化万物者也。娲、化叠韵……从女冎声。"[⑥]指古代神话中创造万物的女娲。

(12) 魁,神通广大的鬼。《说文解字·鬼部》:"[illegible],神也。从鬼申声。"[⑦]段注:"神也。当作神鬼也。神鬼者、鬼之神者也。故字从鬼申。封禅书曰:'秦中冣小鬼之神者。'"[⑧](故周右将军)是阴界小鬼中最具神通的,因此许慎在这里所说的"神也"指的是神通广大之鬼,而非常人所认为是神鬼的统称。

(13) [illegible],精于变化的鬼。《说文解字·鬼部》:"鬼变也。从鬼化声。"[⑨]

---

① 葛洪:《抱朴子内篇》,北京:中华书局,2011 年,第 553 页。
② 丁度等:《集韵》,上海:上海古籍出版社,2017 年,第 1b 页。
③ 许慎:《说文解字》,第 259 页。
④ 段玉裁:《说文解字注》,第 224 页。
⑤ 许慎:《说文解字》,第 260 页。
⑥ 段玉裁:《说文解字注》,第 225 页。
⑦ 许慎:《说文解字》,第 186 页。
⑧ 段玉裁:《说文解字注》,第 760 页。
⑨ 许慎:《说文解字》,第 186 页。

(14) 魆，迅疾快速的鬼。疾貌。《重修玉篇・鬼部》："剽轻为害之鬼也。"[1]

(15) 魖，损耗财物之神。《说文解字・鬼部》："魖，耗神也。从鬼虚声。"[2]段注："秏鬼也。秏旧作耗。今正。秏者、乏无之言。东京赋曰：'残夔魖与罔象。'夔、木石之怪也。罔象、水之怪也。与魖为三物。"[3]《汉语大字典》："所至之处令人损耗财物，库藏空竭。名为耗鬼，其形不一，怪物也。"[4]从注解可发现，此时鬼与神存在混用，后来作为承载死者精神的鬼和作为神祇精神的神二者之间的区别还没有明确。许慎称魖为"神"，实际上它的负面影响更接近于今天所理解的"鬼"的概念，意为使人损耗财物的鬼。

(16) 魃，引起旱灾之鬼。《说文解字・鬼部》："旱鬼也。从鬼犮声。"[5]段注："旱鬼也。大雅云：'旱魃为虐。'山海经曰：'大荒之中，有山名曰不句，有黄帝女妭，本天女也。黄帝下之杀蚩尤，不得复上，所居不雨，妭即魃也。'"[6]根据段玉裁的注解天女妭所居住的地方不再降雨，故被称为魃，即引起旱灾的鬼。

(17) 魑，带来疫病的鬼。《重修玉篇・鬼部》："疫疠之鬼也。"[7]《周礼》载："四时皆有疠疾"，疫疠之鬼显然非常恐怖，一旦患上疫疠就代表着死亡。因此古人会采取各种迷信手段以达到驱除疫疠之鬼的目的。如《周礼・夏官司马・方相氏》卷二十八中提到："蒙熊皮，黄金四目，元衣朱裳，执戈扬盾，帅百隶而时难，以索室驱疫。郑元曰：蒙，冒也。冒熊皮者，以惊驱疫疠之鬼。"[8]

(18) 魈，以虫为形，咬人致死的蛊鬼。《集韵・宵韵》："魈，蛊鬼。"[9]明朝朱橚的《普济方》卷二百五十二提到："取百虫瓮中盛，经年间开之，必有一虫尽食诸虫，即皆名为蛊。能隐形，似鬼神，与人作祸，然中是蛊鬼咬人至死者。"因此，魈指的是食尽百虫的蛊鬼。

---

① 顾野王：《重修玉篇》，北京：中华书局，1977年，第39页。
② 许慎：《说文解字》，第186页。
③ 段玉裁：《说文解字注》，第761页。
④ 汉语大字典编辑委员会：《汉语大字典》，成都：四川辞书出版社，1986年，第375页。
⑤ 许慎：《说文解字》，第186页。
⑥ 段玉裁：《说文解字注》，第761页。
⑦ 顾野王：《重修玉篇》，第40页。
⑧ 李学勤：《周礼注疏》，第751页。
⑨ 丁度等：《集韵》，第174页。

(19) 䰨,眼睛闭着,可能会令人嗜酒之鬼。《说文解字·鬼部》:“鬼貌。从鬼宾声。此盖与覾之义相近。”[①]《改并四声篇海》:“䰨,鬼名。”[②]《说文解字·见部》:“暂见”,形容醉眼迷糊而睁不开的样子。《中国神怪大辞典》:“见散发袒襟,颓然而来者,自称酒鬼。”[③]也描写了“酒鬼”的外貌较为不羁随意,从侧面印证了“覾”的样子出现的可能性极大,因此合理推测此字指的是双目闭着的鬼,它可能会令人嗜酒成性。

(20) 魌,偷窃鬼。《篇海类编·人物类·鬼部》:“魌,窃鬼。”[④]此处的窃鬼类似“虚耗”,也即会使人损失财物的“耗神”。

(21) 魔,鬼也,后借用此字对译佛教观念中的食人魔。《说文解字·鬼部》:“鬼也。从鬼麻声”[⑤]此字始见于篆文,从鬼,以表为鬼怪;麻声,以示音读,而不兼义。后成为梵文“魔罗”的略称。藏传佛教中的魔罗(belu)能够变换不同的形态,长着笔直的尖牙,是食人魔。

(22) 魅,虐厉之鬼。《说文解字·鬼部》:“厉鬼也。从鬼失声。”[⑥]段注:“厉鬼也。厉之言烈也。厉鬼谓虐厉之鬼。厉或作疠……月令注曰:‘昴有大陵积尸之气。气佚则厉鬼随而出行。虚危有坟墓四司之气。为厉鬼,将随强阴出害人。’”[⑦]说明魅是因陵墓周围所堆积的阴气产生的暴虐厉鬼,会伤人。

(23) 魌,邪恶的猛鬼。《改并四声篇海·鬼部》引《川篇》:“魌,恶鬼也。”[⑧]

3. 与外貌特征有关

(24) 魃,形似小儿的鬼。《说文解字·鬼部》:“鬼服也。一曰小儿鬼。从鬼支声。”[⑨]段注:“颛顼氏有三子……一居人宫室区隅善惊人为小儿鬼……薛解云:魃,小儿鬼也。毕方,父老神也。从鬼支声。”[⑩]《本草纲目·禽部·伯劳》:

---

① 许慎:《说文解字》,第 186 页。

② 韩孝彦:《改并四声篇海》,京都大学图书馆,2000 年影印本,第 58 页。

③ 栾保群:《中国神怪大辞典》,北京:人民出版社,2009 年,第 242 页。

④ 宋濂:《篇海类编》,上海:上海古籍出版社,1995 年影印本,第 229 页。

⑤ 许慎:《说文解字》,第 186 页。

⑥ 许慎:《说文解字》,第 186 页。

⑦ 段玉裁:《说文解字注》,第 761 页。

⑧ 韩孝彦:《改并四声篇海》,第 59 页。

⑨ 许慎:《说文解字》,第 186 页。

⑩ 段玉裁:《说文解字注》,第 761 页。

"继病亦作魃病。魃乃小鬼之名。谓儿羸瘦如魃鬼也。"[①]说明魃字指的是羸瘦如小孩子的鬼,常常躲在房间角落吓人。

(25) �,黑红色皮肤,状如三岁孩童的小鬼。《龙龛手鉴·鬼部》:"魍,状如三岁小儿,黑赤色也。"[②]

(26) 魈,体格魁梧的大型鬼。《篇海类编·人物类·鬼部》:"鬼大。"[③]

4. 与诞生或所在地有关

(27) 魄,阴司之神。《说文解字·鬼部》:"魄,阴神也。从鬼白声。"[④]段注:"阴神也。阴当作侌。阳言气、阴言神者、阴中有阳也。"[⑤]"阴神"指阴阳相伴的神明,阳气中掺杂有晦暗的部分。这种阴阳相互依存、相互转化的理论正是道教文化中的核心观点,其中如土地、山神、城隍、夜游神等未受封而淫祀的神明都具有阴阳相伴的特点。结合段玉裁的注解,此处的"魄"指的是道教文化中不入正统的阴司之神。

(28) 祆,胡天神。《说文解字·示部》:"祆,胡神也。从示天声。"[⑥]为形声字。祆神即为胡天神,为波斯人琐罗亚斯特所创立,崇拜火、水、土壤,遵循天葬习俗,在唐代繁华地区胡人中小范围传播,今印度、伊朗还有信徒。

(29) 虤,被老虎咬死变成的伥鬼。《说文解字·鬼部》:"鬼皃。从鬼虎声。"[⑦]《正字通·鬼部》:"虎伥也。"此字金文𩴭和小篆𩴭字形均为左右结构,由一鬼与一虎组成,指的是古人认为被老虎咬死的人会变成鬼帮助虎害人,这种鬼称之为虤。

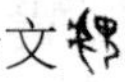

(30) �,江中之鬼。《北梦琐言·李戴仁》逸文卷三:"江河边多魅鬼,往往呼人姓名,应之必溺死。"[⑧]回应它们的呼唤会被拖入江中溺死,为恶鬼。

(31) 魑,无头鬼。《重修玉篇·鬼部》称:"无头鬼"[⑨],为失去头颅的一种

① 李时珍:《本草纲目》,北京:北京联合出版公司,2015年,第42页。

② 行均:《龙龛手镜》,北京:中华书局,1985年,第97页。

③ 宋濂:《篇海类编》,第230页。

④ 许慎:《说文解字》,第186页。

⑤ 段玉裁:《说文解字注》,第760页。

⑥ 许慎:《说文解字》,第24页。

⑦ 许慎:《说文解字》,第186页。

⑧ 孙光宪:《北梦琐言》,北京:中华书局,2002年,第379页。

⑨ 顾野王:《重修玉篇》,第40页。

恶鬼。

(32) 䨻,雷鬼。《太平广记》:“西垣下睹一鬼极异,身尽青,伛而庳,有金斧木楔,以麻缕结其体焉。瞬而喘,若甚困状。于是具告寺僧观之,或曰,此雷鬼也,盖上帝之使耳。”[①]从文献记载与古代传说可知,雷鬼全身呈青色,长得头似猿猴,头顶长角,常常伴着雷声出没于空中,引导雷电伤害人,故称“雷鬼”。

(二) 古玛雅文字中的“神”属字考释

古玛雅文字诞生于5世纪中叶,它的文字记录了“人名符、地名符、邦国的徽章及君王的名号”[②],其中涉及了大量玛雅的神灵名字。这些“神”属字多以人象形为主,线条圆润,具有极高的艺术性与研究价值。在考释这些字时,本文采取了六书的分类方法,原因在于六书具有普遍适用性,“不仅能说明汉字的造字和用字原理,同样能说明其他类型相同或相近的文字的造字和用字原理……世界各地的古今文字不是一盘散沙,而是一个有共同规律的人类文字系统”[③]。因此选择六书来比较汉字与玛雅文字,更能认清这两种文字在人类文字史中的地位。本节语料取自文字信息丰富的约翰·蒙哥马利的《玛雅象形文字词典》[④]。

1. 与自然元素有关

a.  b. 

AJAW/CHAN,太阳神。“玛雅文人们在原有的抽象符之外,又发明出两种新的字体:头形符和全身符。前者以人或动物的头(侧面像)作为基本字形,后者则取形于动物或者神灵的全身像。”[⑤]两种新字体繁复的字形相较抽象符更能够体现出内容的重要。头形符a表现为人像头部正视图,头形符b为侧视图,二字均为太阳神面部特征抽象后形成的文字,属于六书中的象形字。其中a字为脸上有盾牌的头象形字,象征着战争之神。b字为太阳神,也称鲨

① 李昉等:《太平广记》,北京:中华书局,1986年,第3147页。

② 王霄冰:《玛雅文字之谜》,上海:上海古籍出版社,2006年,第83页。

③ 周有光:《比较文字学初探》,北京:语文出版社,1998年,第166页。

④ John Montgomery. Dictionary of Maya Hieroglyphs(2007) http://www.famsi.org/index.html.

⑤ 王霄冰:《玛雅文字之谜》,第88页。

鱼神。文字中的侧面部长着螺旋瞳孔，张嘴露出三角形鲨鱼齿，“罗马鼻”，脸颊刻有太阳的四叶标志。另一个含义是玛雅卓尔金历法的第二十天或最后一天。

CH’UL CHAAN/ITZ’AM ye-ji，创世神、天神伊察姆纳。他是玛雅文化中的至高神，不仅创造了天空大地，还带给玛雅人文字、历法和医药等知识，被认为是玛雅人的文明之父，常以老人形象出现。头形符 a 为形声字，是天神伊察姆纳的头像，头戴半圆形帽子，呈 U 形曲线。字左边遍布点状的椭圆形符号为声符 CH’UL，意为“神圣的”。抽象符 b 为“天神”的另一种写法，为形声字，形符为和两部分，意为“神圣的”“天空”，声符在字的左下部，发音为 NA。头形符 c 为形声字，文字左边部分为满布皱纹、牙齿落尽、下巴低垂、长着方形瞳孔和大鼻子的老人，象征文字书籍的发明者——伊察姆纳，也被称为 D 神。文字右半部分为音符。

KAB’－la K’U，大地之神伊什切尔，为形声字。抽象符 a 和抽象符 b 的下半部分中的为声符，读作 la，其余部分为意符，代表着大地之神的前额。大地之神为天神 CH’UL CHAAN 的妻子，祂亦是头戴半圆形帽子，与“天神”一字不同的是，头形符 c 的意符右下部呈螺旋形眼状曲线。

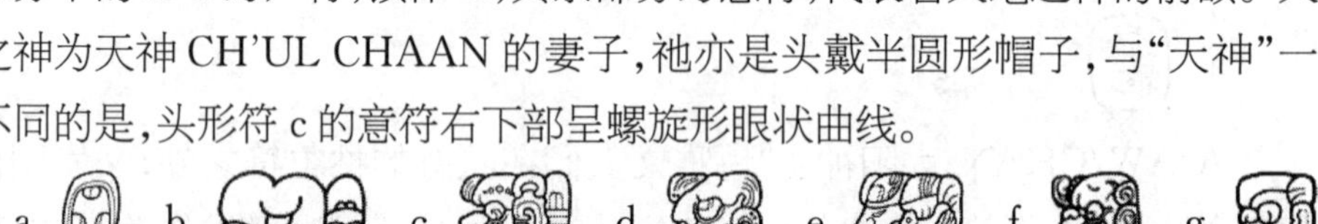

CHA-KI/CHAAK，雨神。目前已知的象征雨神的字共有七个，其中抽象符 a 和抽象符 b 由示音部件组成，上下部分和左右部分为两个声符“CH”和“KI”，该名称可能源于“闪电”的古体 chajuk。头形符 c 为形声字，左边的人头像为 CHAAK 形符，右边的为声符“KI”。头形符 d—g 则为象形字，均为雨神恰克头像的侧视图，祂的鼻子长而下垂，耳部夸张，脸颊上有呈卷曲状的蛇纹，是闪电的广泛象征。

CHAAN-na K’AWIL，闪电之神，又称 K 神。为形声字，声符读音为 na，

左上部分为形符，意为“天空”，右半部分形符为闪电神卡维尔的侧视图：脸布蛇纹，长着蛇形的鼻子，额头上呈四分之三状的环形曲线是嵌进头部的圆形镜子。一方面，蛇纹在玛雅文字中是闪电之力的象征，卡维尔能够利用闪电迸发与超自然交流的神秘力量，进而在致幻状态下与祖先和神灵交流，化身为神话中的诸神，成为新的统治者。另一方面，在玛雅人的观念中镜子是超自然力量穿越不同世界的通道，连接着人的过去与未来，因此可以认为闪电神卡维尔是掌控着神秘力量的神，两部分形符与人的出生、统治者继位和召唤祖先等转换过程相关。

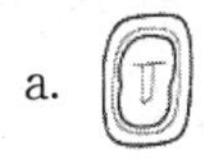 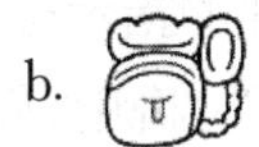 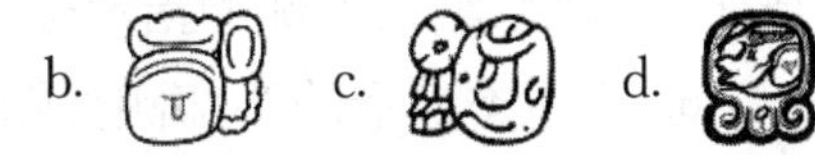 

IK’，风神。抽象符 a 与抽象符 b 中的 T 字形为玛雅文化中风神的象征。《玛雅文字之谜》提到：“有时为了提高文字的表义效率，玛雅人通过约定俗成的办法让一些具体的事物和抽象的概念之间形成指定式的对应关系，或者有时直接使用抽象符号来表达抽象的意义。”[①]因此相当于六书中的指示字，抽象符 c 为纯声符，字 d 为头形符会意字，外围为风具象化之后的样子，下端类似于卷曲的气流，内部为风神头像部分的侧视图：嘴部张开，耳部夸大，头戴装饰物的形象。此字也可指玛雅哲尔金历法的第二天。

ya-AJAW K’AK’，火精，也是某位领主的名字。此字为抽象符形声字，声符为(ya)，形符为表示火的(K’AK’)和表示领主的(AJAW)组成。

2. 与动植物有关

ITZAMNAJ，鸟神，也被称为 D 神，头形符象形字。玛雅文图像为鸟的头部侧视图。

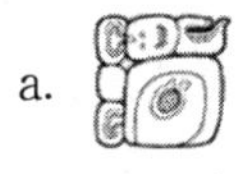 

JUN NAL YE/WAXAK，玉米之神，抽象符 a 为形声字。声符为字右下部

---

① 王宵冰：《玛雅文字之谜》，第 123 页。

的(YE)，意符为字上部的(NAL)，意为“玉米”，与表示第一的(JUN)。头形符 b 为象形字，字形为年轻时玉米神的头部。因为玉米是中美洲最重要的农作物，也是玛雅人的主食，它的生长周期生生不息，其形象代表着活力、死亡和重生的不断轮回，也因此常以年轻男子形象出现，玛雅的统治者常以玉米神自居。

WAXAKLAJUN U B'A，十八蛇之像，为征服战争的战蛇，也指科潘第十三位统治者的名字。该头形符为形声兼指示字，最左侧的指示符号表示数字“十八”，声符为(B'A)和(U)，形符为类人形的头部侧视图，头后部蜷曲的曲线表现与蛇有关。

a.  b.  c. 

ya-AJAW-wa TE'，树精，也是某位领主的名字。此字为形声字，三种字形中均有声符(ya)和(wa)，头形符 a 的形符为表示领主的(AJAW)和字体最右侧表示树木的(TE)。抽象符 b 和抽象符 c 的形符为表示领主的(AJAW)与表示树木的(TE)。

SAK TE' AJAW-wa，白树精，也是某位领主的名字。此字为抽象符形声字，由一个声符，三个形符组成。声符为(wa)，形符为表示领主的(AJAW)，表示白色的(SAK)与表示树木的(TE)。

k'u-yu NIK-ki AJAW，鸟花精，也是某位领主的名字。此字为抽象符形声字，声符包括(k'u)，(ki)和(yu)，形符包括表示鸟花的(NIK)和表示领主的(AJAW)组成。

3. 与神的能力有关

a.  b.  c. d. e. 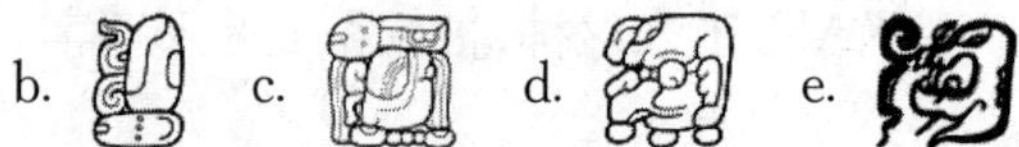

k'a-K'AWIL，世代之神卡维尔，具有王室血统，是帕伦克三神中的 GII 神，五字均为象形字。以字 a 为例进行分析，从全身符 a 可以发现祂躺卧的姿势和脐带般的手持物品可能表示神是“新生儿”，因此有着世代相传之意。在每个人像头部都可看到插入前额的半圆形镜子或手柄为烟雾形状的斧子，这是卡维尔神的两大特征。

a.  b. 

TAB’-[yi]，喜悦之神，也称为 N 神，为头形符形声字。声符为字右下部的 (yi)，形符为喜神的侧视图像：嘴角微张，头戴网状头饰，可能是帕瓦顿神的一种表现形式，祂的作用是为人们带来欢乐与喜悦。

4. 与神的外貌特征有关

a. 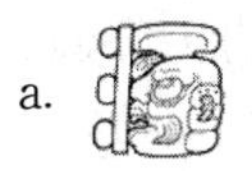 b. 

OX B’OLON CHAAK，帕伦克三神中第一神，被称为“八首查克”，也叫作 GI。二字均为头形符会意字。其中 OX 为意符 ，B’OLON 也是意符 ，意思均为“许多”，象征着此神灵数量众多的头。CHAAK 为神灵侧视图。

CH’UL IXIK-ki，圣女，是贵族的一种头衔，为头形符形声字。其中声符为右下部的 (ki)，形符由表示“神圣”义的 (CH’UL)和表示女性头像的 (IXIK)两部分组成。

5. 与神的所在时空有关

TE’，Pax 月的神，是统管玛雅历第十六个月的神灵，为头形符象形字。Pax 神的头后与头上均有装饰物，脸颊有纹饰，嘴部微张，露出鲨鱼形状的牙齿。

WAK CHAAN-wa AJAW，六天神。此字为抽象符形声字，形符包括表示数字六的 (WAK)，表示天空的 (CHAAN)与表示领主的 (AJAW)，声符为 (wa)。

二、汉字与玛雅文字中“神”属字的形音义对比

(一) 字形

第一,形式复杂程度不同。玛雅文字中的各类神名与汉字中神名的组合方式很接近,以形声字或象形字为主,但汉字构形较玛雅字更为繁复。从汉字构形学的角度来看,由三个构件一次性组合而成的平面结构神属字较少。多数神属字都是由若干层次逐步累加构成的层次组合。如损耗财物之神——“魖”第一层分为“鬼”与“虚”,第二层“虚”又分为“虍”与“业”。而玛雅神字构形以平面结构为主,多为一次性组合而成的形符与声符的相加。如 WAXAKLAJUN U B’A(十八蛇之像)声符为(B’A)和(U),形符为类人形的头部侧视图。又如 CH’UL IXIK-ki(圣女)声符为右下部的(ki),形符由表示“神圣”义的(CH’UL)和表示女性头像的(IXIK)两部分一次性组合而成。

第二,构件位置固定与否不同。玛雅神字的结构是不固定的,不同构件的位置可以发生变化,甚至角度也可以变化旋转。如 CHA-KI(雨神)中的声符“KI”,在中位于字的正下方,在中位于字的右方且逆时针旋转了九十度。有时为了整体更具美观性,会对一些部件进行修改。而在汉字中的神名以左右结构和上下结构为主,各个构件位置相对固定,表现与神有关的构件“示”大多位于字体左侧或下侧,不常翻转、旋转或颠倒来使用。

第三,组合线条不同。玛雅神字大多为头形符或抽象符,外线条轮廓近似圆形或椭圆,内里使用平面的色块或图案构成,包括斜格纹状、棋盘格状、玉米粒状等,字符的线条依随图形起伏变化、圆通流畅。原因在于玛雅文字是古玛雅的艺术家使用简化、抽象、夸张等形式的艺术表现,具有很高的审美价值。如(雨神)、(树精)。而汉字笔画组合更加精妙灵动,原因在于它经历了漫长历史时期的演变。从甲骨文、金文到鸟虫书,从大篆、小篆到楷书、隶书,再到繁体字和简体字的演化。汉字有纷繁的形式和丰富的内涵,其书法是享誉世界的文化遗产,源远流长,融入了汉民族美学。

(二) 字音

一是形声字的声符数量不同。汉字神字的形声字中,声符为一个,如,从鬼化声。但玛雅神字中的声符则可以由两到三个声符共同组成,成为整体发音

的一部分。且声符模块在整字中的位置是可以随时变换的。如 k'u-yu NIK-ki AJAW(鸟花精),声符包括(k'u),(ki)和(yu)三个。

二是声调不同。汉字神名的声调分布均匀。而玛雅神字无声调,以类似拼音文字的重音加以区别,如 ya-AJAW K'AK'(火精)就有两个重音符号。

(三) 字义

一是鬼神观不同。中国古代的鬼神分为作为祀典对象的神鬼和文学作品中的神鬼两类。其中文学作品中的鬼神感情充沛,具有人的种种情态,更接近于“仙”,如《聊斋志异》《幽明录》中愚弄人类取乐的大狸、狐仙,《西游记》中有喜怒哀乐,亦懂人情世故的神魔,等等。而作为古代祀典对象的神鬼则较少有感情的刻画,汉字中的神属字正是如此。原因在于在中国古代原始信仰中,人们崇拜自然界中的事物或是人死后所化成的超自然力量,汉字神属字所概括的天神、带来疫病或旱灾的鬼神等都需要人类的敬畏和供养,达到借用这些力量保佑人类的目的。

而玛雅文字中的神字不仅指超自然力量,还指一些力量强大的活着的领主。如不仅指树精,同时还是某位领主的名字。这种神与人界限模糊的现象出现,实则是因为玛雅神是王权与宗教的混合体。基于此,玛雅神的人神界限并不分明,有生有死,会变化,甚至有弱点。

二是鬼神力量范围不同。玛雅文字中的神概念明确,认可度高,力量较大,如代表着活力、死亡和重生的玉米神、掌握自然元素的风神、掌管书写的创世神伊察姆纳等。而汉字神属字中鬼神的力量有强有弱,既包括土地神“社”和谷物神“稷”这类掌握自然收获的神明,又有很多力量较弱的鬼神,如某座山的山神或是河中恶鬼,祂们相貌大多凶恶,能力较弱,诞生环境有所限制,如诞生在山、江等地域内的小鬼。这些力量有所限制的鬼神,诞生的原因在于原始人类的思维活动以好奇为基因,“把外界的一切东西都看作是和自己相同的有生命,有意志的活物。在物我之间更有一种看不见的东西联结着自己和群体”[①]。人们在山中或水中遭遇的凶险与不测便被当作是环境中的鬼神对人所施加的影响。

三是崇拜和恐惧对象不同。在崇拜对象上,汉字“神”属字中所崇拜的神为掌握一方自然界力量的神,如“神”——天神、“社”——土地神等,玛雅神字中崇

① 袁珂:《中国神话史》,北京:北京联合出版公司,2015 年,第 9 页。

拜的神除了掌握自然力量的类型外，还有动物类神灵，如 WAXAKLAJUN U B'A(十八蛇之像)，ITZAMNAJ(鸟神)。在恐惧对象上，玛雅神属字与汉字神属字中均有表达负面影响，令人畏惧的神，但恐惧的具体对象却有所区别。玛雅神属字中的“十八蛇之像”指的是战争中的战蛇，“玉米之神”更是死亡的象征。考古资料显示，在公元 600 至 900 年的古典时期，为了抢夺资源，常年的战争成为萦绕在玛雅人生活中的阴影，死亡与战争是玛雅人心中畏惧的两大事物。而汉字神属字中畏惧的对象更加复杂，除了间接带来死亡的疾病、干旱的鬼神外，还表现出了对损耗财物等的厌恶，多集中在对人生理以及物质上带来的伤害，观念中认为有“神”作祟。

四是命名侧重点不同。汉字“神”属字命名集中在自然元素、神的能力所带来的影响、外貌特征、神的诞生或所在地四个方面。在神的能力命名上，正面能力描写集中在对生育力量的描写上，如诞下天子的“姓”。此外，还有相当数量的以负面影响命名的神字，多表现了对人带来的大大小小的损害，大到带来疫病的神，食人的鬼，小到使人醉酒的神，使人损耗财物的神，等等；在神的诞生或所在地方面，罗列了江河、雷雨、天空、南北方各种空间尺度内存在或诞生的鬼神，刻画详尽。

古玛雅“神”属字命名集中在自然元素、神的能力、外貌特征、神所在的时空、动植物五个方面。在与自然元素有关的神字中，所涉及元素比起汉字更加多样，有太阳、风、雨、闪电；在神的能力方面，增加了对情绪、传承等非物质的把控，如喜悦之神，世代之神；此外还增加了与时空相关的神，如 Pax 月的神，六天神，增加了一类与动植物有关的神字，动物包含了鸟类和蛇类，植物为不同颜色的树类，花类和玉米作物。

三、汉字与玛雅文字中“神”属字的文化内涵对比

(一) 物质文化上：迥异的地形、气候与农业

在地形上，汉字中与自然元素有关的神字中数量最多的为山神，有“离、鬽、魑、𩴰、𩲔、魈、䰰”六个字。正如清纪昀《阅微草堂笔记 · 乐阳消夏录(一)》：“生深山中，如人有一足，俗谓之独角仙。”[①]正是连绵的深山才使得人们想象出“山

① 纪昀：《阅微草堂笔记》，武汉：长江文艺出版社，2019 年，第 96 页。

神”的存在。其次涉及到地形的还有土地之神——“社”。段注:“社者土地之主。封五土以为社。”“五土”为青、赤、白、黑、黄五色土,包含了天下间各种不同地形地貌中产出的土质,说明了古代中国地质的多样性。最后,“鬾”一字勾勒出奔涌莫测吞噬生命的江河,是它使人们创造出江中之鬼的存在,从侧面表现了多山多川的地貌特征。汉字中的这些与自然元素有关的神字正是古人认为人与自然和谐共生的朴素观念的体现。

而玛雅神字中较少提及地形地貌相关的字,其实说明了这里地形地貌足够平坦,适宜生存,因而不受古玛雅人的过分关注。

在气候上,中国古代“神”属字中没有正面反映气候的神字,只有全面涵盖日月星辰雷电的天神“神”和一个带来旱灾的“魃”字,表现古人对“天”的敬畏与对干旱少雨的恐惧。而古玛雅字中的雨神有七个异体字,还有四个意为风神的字等,众多的异体字反映了古玛雅所在的中美洲地域潮湿多雨的气候,相较于古中国大部分地区因僻处内陆所具有的西风带内陆干旱气候,对雨水的反映会更加频繁。

在农业领域,中国古代的谷物神“稷”,《说文注》:“首种谓稷。五谷之长。谷众多不可遍敬,故立稷而祭之……稷有播种之功,配稷祀之。”[①]稷因早熟而被立为谷神,说明古中国的主要农作物远不止稷一种,五谷为“稻、黍、稷、麦、菽”,种类多样,农作物丰富。而从与植物有关的神名 JUN NAL YE/WAXAK(玉米之神)来看,古玛雅的农作物主食为玉米,来源单一,这与当地热带雨林气候,适宜玉米生长的气候有关。

(二)制度文化上:人神转化观的分歧

中国古代与古玛雅文化中都存在“人神转化”的现象,即神将某些能力寄托于某人(在中国这个人通常为天子,在古玛雅,这个人通常为某位领主)以达到某种目的。古中国神字中的人神转化分为两类,一类是古代伟大帝王与神名的结合(通常这类神指的是善神),如“神”,《周礼·大司乐》对“天神”二字注为:“谓五帝及日月星辰也。”另一类是人或善神转化为恶神。如“魃”段注:“有黄帝女妭,本天女也。黄帝下之杀蚩尤,不得复上,所居不雨,妭即魃也。”妭所居住的地方不再降雨,化为魃。再如“魈”,被虎杀死后的人化为伥鬼,也体现了这种转化。

---

① 段玉裁:《说文解字注》,第73页。

古玛雅神字中的“人神转化”更类似于“人神并存”。即活着的某个领主同时也被当作某个神明。如(十八蛇之像),为征服战争的战蛇,也指科潘第十三位统治者的名字。再如(白树精),也是某位领主的名字。

“人神转化”与“人神并存”的区别反映了中国古代与古玛雅对待神的态度是截然不同的。在中国古代,人与神的状态无法共存,通常是由人转化为神,或枉死后转化为鬼。而在古玛雅社会中,人与神的状态是可以共存的,神与人结合更加紧密。究其原因在于祭祀对象的不同。古中国“鬼”来源于人,正所谓“人所归为鬼”,出于祭祖的目的,人鬼结合也就更加频繁。而古玛雅祭祀的对象为神,为了使神灵的某方面力量降临到自己的部落,往往会将领主的名字与神灵名字结合在一起用于祈福,因此玛雅神字常为领主名。

(三)精神文化上:所奉宗教的差别、恐惧与探索的割裂

1. 不同的宗教内核

汉字中的部分神属字受到了佛教与道教文化的浸染。一个明显特征是神属字所表述的鬼神名称与能力都与道教或佛教神仙体系重合。如指阴司之神的“魄”就来自道教文化,再如具备某种神通的“鬼”也都来自道教,“魔”则被用来借指藏传佛教的“魔罗”一词。这些存在说明了中国古代神字已经浸染了两个宗教的文化内涵,并开始在古代鬼神体系中融合。而古玛雅所信奉的宗教为“多神教”一种,认为世界共有十三重天与九层地,对神的建立是成体系的,从玛雅神字中也可以看到各个神字有着不同的功能体系,涵盖了农业、气候、地形、时空各个方面。

2. 恐惧与探索精神的割裂

中国古代神字中多数包含恐惧感,主要分为对死亡的恐惧与对未知的恐惧两类。对死亡的恐惧,如魑,带来疫病的鬼;魆,江中之鬼;魋,以虫为形,咬人致死的蛊鬼。这些字体现了古代医疗手段落后,自然环境恶劣的情况下古人对死亡的恐惧。此外还有对未知的恐惧。如常隐没于空中,伴随雷电伤害人的魐,使人损耗钱财的“魖”,眼睛闭着,可能会令人嗜酒的“覻”。这些字的出现说明了古人对无法理解的事物的畏惧心理,进而将其扭曲为有鬼神作祟以迎合世界观。

古玛雅神字中几乎没有恐惧感,取而代之的是这些神字字义所隐含的积极进取的探索精神。如(喜悦之神)中体现出了玛雅人对于正面情感的重视,是文明高敏感性的一种体现。此外,将神名与时间结合起来,也体现了玛雅人

独特精准的时间观念与对神具体分类定义的探索精神。

总体来说，中国神字体现了古人对未知与死亡的恐惧情感，而玛雅则倾向于祈福、喜悦的积极索要，他们对神的态度是谦卑的祈求。

结语

“神”在各个文明的进程中都是一个无法绕过的话题，本文通过对古玛雅文字与汉字中的“神”属字的形、音、义进行考据分析，发现了古玛雅相较于中国古代神灵名称背后蕴含的不同的文化信息共有三点：物质文化上体现了迥异的地形、气候与农业；制度文化上展现了人神转化观的分歧；精神文化上勾勒出所奉宗教的差别、恐惧与探索的割裂。从这些结论中不难发现不同地区的古人对神灵本身的思考与探索，同时这些字也是一面镜子，透过它们折射出古玛雅与古中国人截然不同的物质、精神剪影，这种区别铭刻在不同文明的石碑上，只等人们揭开文字背后的那层面纱。

A Comparative Cultural Analysis of Chinese Characters and Mayan Characters Meaning God

Wang Jiafei

Abstract: The concept of “god” exists in almost every civilization, referring to an ethereal deity that carries the blessings and reverence of each civilization, and the characters associated with “god” are the bridge that carries these cultural connotations. Through the interpretation and comparison of the characters related to “God” in the ancient Mayan script and Chinese characters, we find that they contain many different cultural messages about the topography and agriculture, the divergence of the concepts of the transformation of humans and gods, the differences in the religions practiced, and the separation of fear and exploration, which shows that the name “God” is a key element in the cultural study. This shows the high status of the name “God” in cultural studies.

Keywords: God; Mayan script; Chinese characters; cultural interpretation

儒学与基层治理

国家意识与地方认同:略论清代四川基层的儒学教化体系及其实践*

张梦雪　杨世文**

[摘　要]　清代四川地区在“大一统”国家意识下,建构了系统的基层儒学教化体系,将伦理思想“濡化”至民间人伦日用,使“天下一统”的观念深入民心。基层教化在推动区域整合与族群融合,形塑共同的文化记忆和信仰,建构共同的区域文化的进程中发挥着重要的促进作用,为“你中有我,我中有你”的中华民族共同体意识的形成奠定了基础。研究旨在为我国当前强化基层文化的向心力,铸牢中华民族共同体意识提供历史镜鉴和学理支撑。

[关键词]　清代;儒学教化;“大一统”观;中华民族共同体意识

---

* 基金项目:2017年国家社科重大招标项目“中国道统思想研究”(17ZDA010)子项目“道统文献整理研究”。

** 张梦雪(1989—　),女,湖北荆州人,四川大学历史文化学院古籍所博士,主要研究领域为中国儒学史、巴蜀文化。杨世文(1965—　),重庆潼南人,四川大学历史文化学院古籍所研究员、博士生导师,主要研究领域为中国儒学史、儒学文献整理、巴蜀文化。

儒学教化在传统中国的基层治理上发挥了重要的作用,直接关乎地方教育、社会风俗、秩序稳定,相关研究颇受学界重视。近年来,随着区域史和文化史的发展,成果不断涌现,总体来看,在区域上多重视华北、华南等较早整合入"大一统"范围的地区,鲜见西南等"边缘"地区的研究;时间上多集中在先秦、汉、宋、明等时段,于清代仅有少量成果①;内容上多关注宏观层面的研究,鲜见对基层教化的具体研究和个案研究。②

有鉴于此,本文在既存研究的基础上,秉承社会史之总体史的观念,以"新史学"的研究方法,借用"礼俗互动"③"非正式治理"④等概念和研究框架,对清代四川"大一统"国家意识下基层教化体系及其实践做一论述。

关于基层教化体系的研究,涉及面极广。为避免泛泛而谈,增强研究的实证性,本文以四川双流⑤为主要考察对象。由于学力有限,本文只是一些粗浅想法,在此抛砖引玉,求教于方家。

一、学校教化:培养"大一统"意识的地方人才

学校教化是基层教化最重要的途径之一,被认为是"教化之本",清代地方州县官大多非常重视地方学校的建设,一方面是基于培养地方人才的需要,另一方面也是由于地方文教能起到移风易俗的作用。清代四川基层的学

---

① 参见丁坤丽:《清代教化研究述评》,《中国史研究动态》,2021 年第 1 期,第 36—43 页。

② 近年来,也有零星"眼光向下"的代表作,如罗志田:《地方的近世史:"郡县空虚"时代的礼下庶人与乡里社会》,《近代史研究》,2015 年第 5 期,第 6—27 页。

③ "礼"指制度化的国家礼仪,"俗"指民众生成的生活习惯,在传统社会语境中,礼俗相交、以礼节俗,两者互动互补。相关研究参见赵世瑜、张士闪主编:《礼俗互动:中国社会与文化整合》,济南:齐鲁书社,2019 年;刘志伟:《在国家与社会之间:明清广东地区里甲赋役制度与乡村社会(增订本)》,北京:北京师范大学出版社,2020 年;刘永华:《礼仪下乡:明代以降闽西四保的礼仪变革与社会转型》,北京:生活·读书·新知三联书店,2019 年。

④ "非正式治理"主要指学界对清代基层社会中宗族组织、乡里制度、基层组织等"非正式治理资源"的研究。相关领域老一辈学人有傅衣凌、杨国桢、萧公权、张仲礼、瞿同祖、费孝通、吴晗、杜赞奇、施坚雅等。近年来,卜正民、罗威廉、科大卫、郑振满、黄宗智、杨念群、赵世瑜、王日根、张研等中外学者也都有相关论述,罗志田、王笛、何一民、朱汉民、吴佩林等学者关于巴蜀地区也有相关研究。兹不赘述。

⑤ 双流县(今成都市双流区)地处成都平原腹地,古为省会成都的廓城,交通便利、土壤肥沃、文风昌盛,是清代川省移民的主要聚集地和南北商贾往来的重地。

校大致可归为官学（又称“县学”）和社学（又称“义学”）两类，其中，官学主要设置在县城，社学主要设置在乡镇、边疆和少数民族地区。[1] 地方学校作为基层社会系统的重要组成部分，培养了大量基层教化人才，为化育民风、维护基层社会稳定作出了贡献，也为“大一统”的国家意识深入民间和边疆奠定了基础。

（一）地方学校：育良才、化民风

关于“教化”的含义，《说文》释“教”：“教，上所施下所效也。”段注：“上施故从攴，下效故从。”[2]《说文》释“化”：“教行也。”段注：“教行于上，则化成于下。贾生曰：‘此五学者既成于上，则百姓黎民化辑于下矣。’老子曰：‘我无为而民自化。’”[3]“教”为上所施行，“化”为上之所教使被施行者受到的影响。地方教化的实施，自然离不开“榜样”的表率作用，而在基层社会，儒士作为“四民之首”，既是地方教化的重要的传播者，也是民众的道德楷模。

地方儒士主要由基层学校培养。自清初始，清廷便十分重视人才培养，以稳固地方社会伦理秩序。康熙四十一年（1702）清廷颁行直省各学的御制《训饬士子文》中就提到：“从来学者先立品行，次及文学、学术、事功……文章归于醇雅，毋事浮华；轨度式于规绳，最防荡轶。子衿佻达，自昔所讥。苟行止有亏，虽读书何益？”[4]《训饬士子文》是清廷对地方培养士子的纲领性要求，它着重言明“品行”“立志”乃是治学之先，认为教育的首要目的是培养品格端正、利国爱民的忠臣良才。

由于地域特殊性，清廷在四川除广设官学外，还在场镇、边隅、山区、偏远地区和少数民族地区设置了大量的社学，以教化童蒙、开化乡野夷民。在对边疆地区，尤其是“夷汉错处”之地的教化实践中，格外重视对儒家伦理秩序的教导，以培养认同“大一统”秩序的少数民族儒士。雍正年间，四川建昌府熟番、生番

---

① 由于涉及改建、增修、更名等情况，清代四川基层学校名称不统一、不规范，为避免混淆，本文将清代地方学校（方志中多称“书院”）按地点和教学目的归为官学和社学两类。具体设置和名称参见胡昭曦：《四川书院史》，成都：四川大学出版社，2006年，第217—220页。

② 段玉裁：《说文解字注》，杭州：浙江古籍出版社，1998年，第127页。

③ 段玉裁：《说文解字注》，第384页。

④ 素尔讷等纂修，霍有明、郭海文校注：《钦定学政全书校注》卷二，《学校规条》，武汉：武汉大学出版社，2009年，第8页。

错杂相处,语言不通,清政府遂建立义学,让附近熟番子弟与汉族子弟同学,并规定使蒙童们先学圣谕《广训》,再诵诗书,使晓人伦、明顺逆[①]。同时,积极在少数民族地区推行科举,培养符合"大一统"王朝要求的少数民族基层官吏。如雍正年间,清廷认为四川茂州的羌民经过多年治理,"久列版图,载粮入册,与齐民无异。应准其与汉民一体应试,卷面不必分别汉、羌"[②],并于雍正九年"准其与汉民一体应试"[③]。

以双流县为例。地方州县官为着治理和教化的需要,也非常看重对本地学子学风、士风的培养,希冀本地儒士能为良臣正士,为教化乡里起到带头作用。雍正年间双流知县在《重修双流县学记》中提出:"学之设,则圣天子菁莪乐育之化也。……学者,学为忠与孝也。诸生既置身学校,则当重彝伦,明理道,处则礼让端悫,出则廉洁循良,无惭于士,斯无惭于学矣。"[④]乾隆年间双流知县黄锷更明确指出:"凡为士的人,不可以不学问。然学问非徒记诵辞章之谓!要知圣贤说话,都是切人身心日用的道理。……士为四民之首,物望系焉。士习之端,民风所由正也。"[⑤]

(二) 地方儒士:"国家"与"地方"的桥梁

通过儒家正统教育,地方学校培养了大批儒士,儒家的伦理规范通过地方儒士引领示范、躬身实践,深入到民间社会,促进了基层社会民风的改善。

在国家统治不能完全触及的基层社会,地方儒士是不可忽视的社会力量。于地方政府而言,他们广泛参与基层社会的各项公共事务和公益事务,是国家权力的延伸;于百姓而言,他们拥有"长老权力"[⑥],是乡民与基层政府连接的桥梁。

---

① 素尔讷等纂修,霍有明、郭海文校注:《钦定学政全书校注》卷七十三,《义学事例》,武汉:武汉大学出版社,2009年,第288页。

② 素尔讷等纂修,霍有明、郭海文校注:《钦定学政全书校注》卷六十九,《土苗事例》,武汉:武汉大学出版社,2009年,第268页。

③ 素尔讷等纂修,霍有明、郭海文校注:《钦定学政全书校注》卷五十七,《四川学额》,武汉:武汉大学出版社,2009年,第215页。

④ 庄大椿:《重修双流县学记》,乾隆《双流县志》卷6,清乾隆八年刻本。(原书无页码)

⑤ 黄锷:《劝戒条约》,乾隆《双流县志》卷7。

⑥ 此处的"长老权力",主要指地方绅士(长老)在基层社会中的教化权。参见胡庆钧:《论绅权》,载费孝通、吴晗等著:《皇权与绅权》,上海:华东师范大学出版社,2015年,第92—93页。

秦汉以降，儒家的天伦秩序、人伦孝道、三纲五常的伦理力量，一直是传统社会维系基层统治的基本力量之一。在乡土社会的“礼治”秩序中，地方儒士被赋予教化之权，他们除通过在地方学校教学、担任乡约等官方途径实施教化外，还往往通过解释法律制度、调解地方纠纷等民间途径行使教化之责。

在乾隆《双流县志》中，保留了其时县令黄锷所作的《劝戒条约》，择要如下：

> 尝闻五方风气不齐，惟有学问人能不囿于风气，亦可以挽回风气。……人虽至愚，但不能自见其非，未尝不共知其是，有读书明理的人，秉礼蹈义，为之观法，为之劝导，则耳濡目染，久之亦化焉而不自觉。夫君子信而后劳其民，而官之与民相处，久暂不一，倘不相信，则明明一件好事，或以为苦我，而貌从心违，其变之也恒难。惟诸生日与里族中人比屋而居，若果修身立行，翘翘特出于一里一族之中，必人无不敬信之，言之而听，率之而从者。[①]

与其他地方不同的是，由于四川盆地是明末清初时遭受破坏最严重的地区之一，在清初各州县的重建中，地方宗族和绅士深度参与地方社会重建，获得了大量的隐形权力(如威望权)。因此，双流县县令在地方教化的实施中，对地方儒士颇多依赖，认为在“五方杂处”“风气不齐”的基层移民社会，要重建和维持文化秩序，必须依靠更得民众信任的地方绅士的力量。

学校教化培养了一批自觉维护儒家文化和“大一统”政治的绅士群体，由于大部分的基层儒士并不能成为“上层绅士”，这批“下层绅士”[②]终将参与到基层社会的家族教化、礼仪教化和文艺教化等教化实践中去，作为国家与地方之间的桥梁，他们在将国家意识“在地化”传播的同时，也助力百姓声音的“上达”。从这个意义上而言，学校教化是基层教化最重要、最基础的教化手段。

① 黄锷：《劝戒条约》，乾隆《双流县志》卷7。

② 本文关于“上层绅士”与“下层绅士”的划分，参见张仲礼：《中国绅士研究》，上海：上海人民出版社，2019年，第6—8页。一般而言，“下层绅士”包括本地生员、增生、监生等低功名的儒士，以及无功名或学衔但有一定地域名望的乡耆、邑绅、士民。

二、家族教化：促进儒家伦理深入伦常日用

在“家国一体”的传统社会结构中，地方官为控制基层，减轻地方政府行政负担，赋予了地方宗族一定的“自治权”，并在制度上将民间的族正制与官方的乡约制、保甲制、里甲制等有机结合，使族权与政权紧密结合，清政府通过这套严密的体系，对基层社会实现层层渗透。

家族教化作为地方教化的重要部分，通过制定以国法为准绳的家族内道德规范，强化了族内约束、互助、教育机制，不仅起到培养家族成员的人伦道德，增强家族的凝聚力，形成崇德向善、守望互助、敦族睦邻的社会风尚的作用，还实现了将国家意识形态深入到最基本的社会单位(家族)，以“忠孝传家”从而“移孝作忠”，使“伦理本位的社会”[1]家族和睦、亲邻友善、社会和谐。

(一) 家法:“圣谕之注解”

清代四川的家族教化，包括家法教化、家学教化、家政教化、家礼教化、家谱教化、家祠教化等形式。其中，家法(又称族法、家规等)教化的主要目的是，以国法为准绳，建立维护天伦秩序、人伦孝道、道德纲常的族内“道德共同体”。

家族是乡土社会的基本单位，在熟人社会，国法赋予了家法极大的“自治权”，但此种家族“自治”实则是在政府控制下的有限自治。[2] 作为“族权”的主要表现形式之一，族法权威由国法赋予，而各家族之族法也往往根据国法而制定。

清代的族规，除遵循国法外，大多根据儒家伦理而制定。从现存的清代四川地区的家谱来看，大多是以《圣谕十六条》《圣谕广训》等为蓝本而设立，这种现象在全国普遍存在。它们作为教化庶民，规范百姓日常行为准则的最高思想纲领，被清政府层层下发至城镇乡村，并严令全国遍设讲约所，普及乡约制度以推广圣谕，确保朝廷教化渗透基层乡里。

在具体实践中，川省各地家法或直接收录《圣谕》，或对《圣谕》进行诠释。以双流县为例，本地刘氏家族《豫诚堂家训》的主要内容，便是对《圣谕》的诠释：

---

① 关于“伦理本位社会”的叙述，参见梁漱溟:《中国文化要义》，上海:上海人民出版社，2018 年，第 92—111 页。

② 参见瞿同祖:《中国法律与中国社会》，北京:中华书局，2003 年，第 27 页。

“天理良心，人之所以为人；宽仁厚德，覆载所以长久……孝在修德，德在修心。移孝可以作忠，只为不欺不肆……保养作善，即守身诚身之义；知非改过，为希贤希圣之门。”[①]

清代的族规家训是传统“礼法”文化的体现，由于族法将《圣谕》体现的儒家伦理观念，以及百姓日常易犯之法律条文纳入家法族规中，并具体化为家族内部的日常思想和行为规范，因此可以说，族法是一种脱胎于国家法的民间的“礼俗习惯法”[②]。民间代代相传的族法、家规，通过对国法的积极响应，使国法也传播到了社会最基层，并一代代内化为民众的道德自觉。

（二）家学：蒙以养正、培养君子

家学教化是家族教化的主要形式，在清代四川基层社会，以家族为主体设置的私塾遍及基层城乡场镇。家族学堂“凡近支子弟均可入堂肄业”[③]，教育内容主要包括以孝、悌、忠、信、礼、义、廉、耻等为主的儒家道德伦理教育、日常礼仪和生活习惯的教育，启蒙教材一般是《三字经》《百家姓》《千字文》《增广》《幼仪》《幼学琼林》等，年岁稍高，则习字临帖、读“四书”“五经”、做八股文章。

家学教化的主要目的，是将儒家伦理道德，细化为浅显易懂的日常行为规范和生活常识，内化为蒙童的生活习惯和处事原则，化育君子人格。如双流县刘氏家族《蒙训》对族内子弟的要求为：“仁义礼智信，为人当体贴，慎之在一心，言行要修饬。大者在五伦，君臣尊卑别，父母即是天，兄弟如手足。夫妇要谐和，朋友忠信切，五伦果然敦，天地一气接。……束发受诗书，便把志向立，多见与多闻，是怕当择别。”[④]

此外，家族教化不仅倡导家族内同居共财、和睦共处、尊崇孝道，也劝导百姓在家族外交际时以儒家思想为指导，明义利、守忠信、知廉耻、以和为贵。《汉州张氏祠族谱》就描述了这样一幅在小农经济的乡土社会中，乡邻们樵牧相共、烟火相望、守望互助，彼此之间和睦共处、其乐融融的画面：“夫乡邻之中烟火相望，谊虽稍疏，情实相亲。……吾愿族人待乡邻亦如待宗族，尊高年、慈孤弱、情联意洽……有美事则奖劝以成之，有争竞则排解以释之，遇有水火盗贼之事则

---

① 刘沅：《槐轩全书（增补本）》卷十，成都：巴蜀书社，2006年，第4017页。

② 参见俞荣根：《古代中国的“礼法”与“礼法之治”》，《孔子文化》，2020年第2期。

③ 《四川官报》光绪三十四年（1908）第8册“新闻”，第2页。

④ 刘沅：《槐轩全书（增补本）》卷十，成都：巴蜀书社，2006年，第4021页、4030—4031页。

出力以救护之，鳏寡废疾之人则设法以周济之……则一乡之中情谊蔼然为仁厚之俗，岂不美哉！”[①]

总之，在小农经济的乡土社会中，家族教化将儒家文化内化成强大的民间文化惯性，增强了农耕聚居形态家庭的凝聚力，体现了在儒家伦理教化下，民间社会维持秩序之“自发性”的一面。传统家族作为宗法伦理从上到下“濡化”“德化”普通人伦日用的主要载体，将强调人伦秩序、隆礼睦族的儒学教化与基层乡土文化紧密结合在一起，实现了帝国从中央到地方、从朝廷到基层的文化统一。

三、礼仪教化：礼治秩序的象征与文化融合的手段

儒家认为礼是治国安民之要，诸礼之中，祭祀礼仪是儒家“礼教”的重要组成部分。《礼记·祭统》曰：“凡治人之道，莫急于礼；礼有五经，莫重于祭”[②]，“夫祭有十伦焉：见事鬼神之道焉，见君臣之义焉，见父子之伦焉，见贵贱之等焉，见亲疏之杀焉，见爵赏之施焉，见夫妇之别焉，见政事之均焉，见长幼之序焉，见上下之际焉。此之谓十伦。”[③]在儒家文化中，祭祀活动不只是礼仪形式或信仰活动，也是“大一统”礼治秩序的象征，起到了维护社会秩序的作用。

（一）官方祭祀：“大一统”礼治秩序的象征

官方祭祀是指朝廷礼制规定的祭祀活动，分为大祀、中祀和群祀。大祀十三种，主要祭昊天上帝、社稷、先师等。中祀十三种，主要祭太岁、先农、历代帝王、关圣、文昌等。群祀五十多种，包括火神、龙神、城隍诸神以及贤良、旌勇诸祭。

在四川各州县的具体设置中，官方祭祀活动可分为自然崇拜和人物崇拜两类。自然崇拜主要包括社稷坛、先农坛、山川坛、城隍庙等，人物崇拜包括文庙、乡贤祠、忠义祠，以及具有地方特色的关帝庙、文昌宫、武侯祠等。这些祠庙既是文化景观，也是祭祀活动和实施教化的场所。

---

① 《汉州张氏祠族谱》（清宣统元年刻本）卷首《家规十条》，金生杨、王强主编：《四川家谱》第十四册，成都：巴蜀书社，2017年，第83—84页。

② 孙希旦撰；沈啸寰、王星贤点校：《礼记集解》，北京：中华书局，1989年，第1236页。

③ 孙希旦撰；沈啸寰，王星贤点校：《礼记集解》，第1243页。

各地地方官上任后，首先要祭拜文庙、山川、社稷各坛，在日常工作中，也需按照祀典的规定，定期组织及举行各种祭祀活动。这是由于，祭祀活动本质是“大一统”的国家文化治理政策的一部分，起着整肃礼制、振兴教化、整饬道德秩序的作用，某种程度上代表中央对地方的文化控制。

儒家认为“国之大事，在祀与戎”，“非其所祭而祭之，名曰淫祀，淫祀无福”①。因此，能够进入官方正祀系统的人物崇拜之“神灵”应符合固定的标准，所谓“法施于民则祀之，能御大灾捍大患则祀之，以死勤事、以劳定国则祀之，非是族不在祀典。是明以黜邪崇正之义昭示天下以崇报之文故，兢兢于厘定之间不敢渎也”。② 在此标准下，官方祭祀的诸神也均为历代符合儒家忠孝节义等价值观，有益于“治化”的人物。

清初双流县是在一片废墟中重建。明末清初的兵燹，给双流人民带来了深重的灾难，史载“明季张献忠之乱，村市为墟”③，以至于康熙六年，双流因“土旷人稀”被并入新津县，直到雍正八年复置，仍隶成都府。彼时，双流县地方政府面临人口凋零、经济凋敝、社会解体、城镇残破、文化消逝等复杂局面。

在双流县重建的过程中，大量祠庙被重建，这些祠庙作为官方礼治秩序的象征，代表清政府在地方统治的正式重建。根据笔者统计，双流县在雍正八年复置后，首先被重建的官方设施为衙署（雍正十一年）、儒学（雍正十一年），紧随其后建设的为城隍祠（康熙初）、先农坛（乾隆初）、城墙（乾隆三年）、关岳庙（乾隆六年）、商子祠（乾隆二十年）、文庙（乾隆四十四年）、崇圣祠（乾隆四十八年）、乡贤祠（乾隆四十九年）等，文昌祠（嘉庆六年）、蚕丛祠（嘉庆十八年）、川主庙（嘉庆元年）等则要等到嘉庆时才修建。④

其中，城隍祠是双流祠庙中最先被修葺的，由于在官方和民间信仰中，城隍神是阳间地方行政长官的阴间补充，是“天子”（皇帝）在阴间的官员，因此，城隍庙的重建，代表着地方秩序的正式确立。关于这一点，民国《双流县志》中，论述如下：

按城隍祀典，某说特详，云天下之吏治，其与民最切者，莫如郡县

① 阮元校刻：《十三经注疏》，北京：中华书局，1980 年，第 1590 页。

② 康熙《筠连县志》卷 4《艺文》，清康熙二十五年修钞本。（原书无页码）

③ 民国《双流县志》卷 1《风俗》，民国二十六年铅印本，第 8 页 a。

④ 笔者根据民国《双流县志》整理。见民国《双流县志》卷 1《寺观》《古迹》等部分。

之守令；而郡县之神，载在祀典者多矣。其与民最切者，亦莫如城隍之神……新官莅在，必先谒神，与之约誓，务阴阳表里以安生民。社稷虽尊，只以令式从祀，而一切祈禳报赛，独城隍焉是诣；而民间乞食诉枉，设誓结盟，亦罔不奔走呼吁，凛凛焉而不敢违。①

双流之城隍神是蜀汉名臣、曾任职广都长的蒋琬，由于城隍神与世俗官员“阴阳表里以安生民”，地方对城隍祭祀的祀礼尤为隆重（“与山川同坛”），在某种程度上，城隍祭祀是中央集权在地方彰显“大一统”皇权的文化象征，也是官方正统秩序在地方正式确立的标志之一。

（二）民俗节庆：移民融合与文化趋同

民间的节庆活动（尤其是岁时节庆），来源于官方祭祀礼仪。民间通过将官方祭祀本土化、生活化、娱乐化，创造了极富地域特色、丰富多彩的民间祭祀活动，并演化为民俗节庆。

清代川省各地的民俗节庆活动，大多在会馆（民间祠庙）进行。清初来自湖广、江西、陕西、福建、两广等地的移民来到新家园后，在川省各地建立了本籍人的会馆，“岁以各神寿辰庆祝、赛会演戏，以答神庥、会乡里”②。清初移民入川，各省移民各从其俗，岁时节庆差异明显，但随着历史进程的发展，各省特色的民俗节庆在活动内容和方式上渐趋融合、无分轸域。

早期的各省会馆往往界限分明，各从其籍贯而祀。据民国《新繁县志》载：“外有五省会馆，各从其籍而祀之：湖广籍祀禹王，福建籍祀天后，江西籍祀许真君，广东籍祀六祖，陕西籍祀三元。”③至清中后期，随着土客融合、移民融合的历史进程，狭隘乡土观的藩篱被打破，会馆由独建成为共建（如山陕会馆、五省会馆），祭祀由专祀改为合祀，以川主、关帝、武侯、桓侯等为代表的“天下四川人”之共同的“乡神”信仰形成。④

---

① 民国《双流县志》卷4《杂识》，第74页。

② 嘉庆《金堂县志》卷1《建置》，清嘉庆十六年刻本，第42页a。

③ 民国《新繁县志》卷4《庙坛》，民国三十六年铅印本，第14页b。

④ 参见陈世松：《天下四川人》，成都：四川人民出版社，2008年；王东杰：《“乡神”的建构与重构：方志所见清代四川地区移民会馆崇祀中的地域认同》，《历史研究》，2008年第2期；林移刚：《民间信仰与清代四川移民社会整合》，《云南民族大学学报（哲学社会科学版）》，2014年第2期；等等。

“五方杂处”的各省移民在几百年的文化融合中创造的“新民俗”，既保留有原乡特色，又是各地文化整合的产物，在具体日期和活动内容上，也多求同存异。如中元节，“楚省人祀三天，粤省人祀一餐。其他各省人，有祀一日、二日不等者。而似非礼之正，然俱有祭如在之心，亦听其从俗可也”[①]。

此外，由于四川为多民族省份，藏、彝、羌、苗、蒙古、回等民族与汉族在长久相处的互相混居、互通有无的过程中，整合为一方四川人。生活于共同地域的汉夷民众，相处日久，文化习俗互相渗透，汉民的习俗渗入少数民族中，于是藏民祭关帝，彝民也过端午节，而受到汉地风俗影响较大的北川一代的藏羌民众，日常风俗渐与汉民同：“番夷归州日久，饮食、服、物、冠、婚、丧、祭，渐与汉民等矣。”[②]

文化交流产生文化认同，在各地、各族民众的相互交流中，社会得到整合，共同的“四川人”的地域认同和文化认同也就存在其间了。

笔者根据清至民国各版《双流县志》以及民间文献，对清代双流县的民俗节庆（尤其是岁时节庆）进行了一个统计。清代双流县移民以湖北、陕西、江西籍为主，祭祀场所除川主庙、文昌祠、药王庙、蚕丛祠，还有万寿宫（江西会馆）、帝主宫（湖北黄州会馆）、天后宫（福建会馆）、崇宁宫（陕西会馆）、南华宫（广东会馆）、禹王宫（湖广会馆）等。[③] 清代双流县的岁时节庆，除春节、清明节、端阳节、中秋节等岁时节日外，双流县还应有以下富有地方特色的民俗节日：

每年正月十四，湖广会馆举办禹王会，祭拜禹王；二月初八，广东会馆举办六祖会，祭祀六祖慧能；三月十五，黄州会馆纪念帝主诞辰，赛会演戏；三月二十三日，福建会馆举办天后会，祭祀妈祖；四月初一，江西会馆举办迎萧公之会，祀水神萧公；四月二十八日，陕西会馆举办药王会，祭拜药王孙思邈；六月二十三日，川主庙举办川主会，四民同庆；八月初一，江西会馆祀许真君诞辰，演戏酬神。

其他习俗，还包括四川本地的文昌会、土地会、牛王会、观音会、秧苗会、财神会、灶王会等民俗集会，以及富有双流行业特色的“镇江王爷会”（船运业）、“祭蚕”（蚕桑业）等。

以下两张图，为笔者根据《双流县志》等文献以及实地考察所绘制。分别是《清至民初双流主要场镇时空分布示意图》《清至民初双流县城厢内外主要人文

① 民国《安县志》卷55《礼俗》，民国二十七年石印本，第3页a。

② 道光《茂州志》卷1《风俗》，道光十一年刻本，第20页。

③ 见民国《双流县志》卷1《寺观》，第26—32页。

景观时空分布图》[①]。从图中我们可以看到，清初双流县重建时，最先修建的设施（人文景观）为城隍庙、文庙等，这象征着“大一统”礼治下地方秩序的确立（见本文第三节之论述）。随着人口增殖、经济发展，来自湖北、陕西、江西、福建等地迁居双流的移民，到光绪时，后裔已落地生根形成本地大家族，此时，若干场镇渐次兴起（图 1），各省会馆也得到集中修建（图 2）。在各省移民“本土化”的历史进程中，来自全国各地的各省移民后裔，在“大一统”的秩序下，通过二百余年的互相融合，风俗趋同，基于共同的文化记忆和历史记忆的“天下四川人”之地方认同形成。

图 1　清至民初双流主要场镇时空分布示意图

① 图件说明：此两图基于乾隆《双流县志》（清乾隆八年刻本），嘉庆《双流县志》（清嘉庆十九年刻本），光绪《双流县志》（清光绪三年刻本），民国《双流县志》（民国二十六年刻本）等文献之相关记载绘制。在技术处理上，底图数据来源于国家地理信息公共服务平台（“天地图”）中“双流县”卫星图，并辅以 Open Cycle Map 电子地图进行数据校正。双流县县界以复旦大学、哈佛大学共同创建之中国历史地理信息系统（CHGIS）中 1911 年县界数据（第六版）为基础，并利用 ArcChina 系统内 1990 年全国省市县三级政区边界，再辅以民国九年《双流全县地形图》、民国三十一年《双流县城图》、民国二十九年《双流县详细地图》等图进行细微修正而成。由于多数场镇和人文景观今已不存，或已更名，图件中场镇和人文景观位置为笔者根据县志记载以及实地考察后，标出的大概位置，仅为示意。（绘图得到了四川大学历史地理所王小红研究员、潘逸君硕士研究生的帮助。）

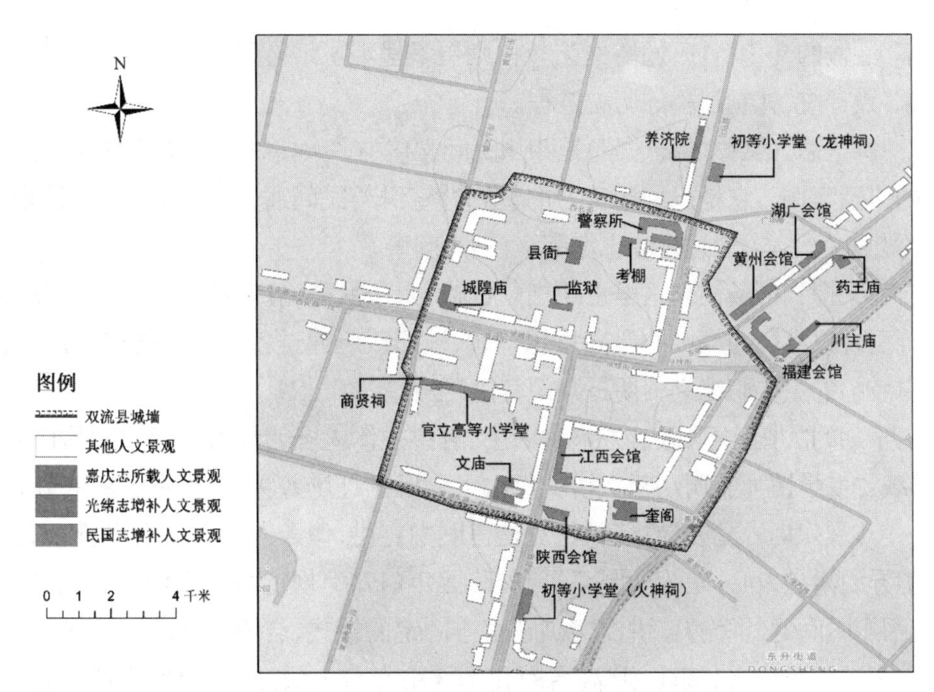

图2 清至民初双流县城厢内外主要人文景观时空分布图

四、文艺教化:“大传统”与“小传统”的融合

通俗文艺(“俗文化”)教化是基层儒学教化的主要形式之一,也是儒学“世俗化”的重要表现。清中叶以后,由于通俗文化的发展,民间文化与上层文化之间的互动、交融更为明显和频繁。通俗文艺的创作者们,或寓教于乐、或恳切劝勉,将忠孝节义等儒家伦理道德的核心观念运用生动活泼、浅显易懂的艺术形式(诸如小说、戏曲、劝善书、节庆活动等)予以呈现,使农工商贾、贩夫走卒、妇人童稚在日常生活和娱乐中,体验世态人情,潜移默化接受教化。

与其他教化方式不同的是,在通俗文艺教化中,普通民众既被“大传统”(上层文化,即“礼”)教化,也参与到“小传统”(下层文化,即“俗”)的创作中,他们既是教化的客体,也是教化的主体。在基层民众的教化实践中,“大传统”被创造性地内化为地方民俗和地域文化的一部分,雅与俗、“大传统”与“小传统”实现了联通、融合与统一。

如果说学校教化、家族教化、礼仪教化等形式,主要展现出儒家教化“自上而下”灌输的文化特征，通俗文艺教化则更多呈现了地方民众“自下而上”参与国家“大一统”礼制建构的历史进程。

“讲圣谕”（又称“讲善书”）是四川民间文化中，“大传统”与“小传统”融合统一的典型案例。它是一种把官方的《圣谕》宣讲与民间通俗演艺融合起来的民间文艺教化形式，通过讲唱忠孝节义，劝人向善。

前文提到，《圣谕》（这里主要指《圣谕十六条》《圣谕广训》）作为教化庶民，规范百姓日常行为准则的最高思想纲领，被清政府通过各种方式推广，各州县地方乡约的主要职能之一便是朔望宣讲《圣谕》。

早期的“讲圣谕”，以官方宣讲为主，宣讲主体大多为地方官吏，据《资阳县志》载：“乡学馆师兼司朔望宣讲。每次务于巳刻赶场人集之时，在公所高处设案……以《广训》文提纲或继以先贤格言明白宣讲，俾人人领会勉为良善，切勿旁引异说淆乱人心，是为切要。”[①]自乾隆元年（1736）规定可选用普通里民宣讲后，四川民间的《圣谕》宣讲便突破了官方固定的模式，与说唱、曲艺、戏剧等通俗文艺进行了结合，演化为“高台教化”。《跻春台·假先生》中提到：“时有讲生，是四川人，乃胡炳奎徒弟，在文县宣讲。学儒即去拜门，学讲圣谕，每到台上把案讲完，即将自己过错做成歌词，说与众听。”[②]

清末时，四川地区大量读书未成的士人以及落魄文人，也登上了“讲圣谕”的宣讲台，并以此为业，他们的“圣谕宣讲”更具民间特色，也更通俗化、平民化。郭沫若在《我的童年》中，这样描述清末四川民间“讲圣谕”的情形：“我们乡下每每有‘讲圣谕’的先生来讲些忠孝节义的善书。这些善书大抵都是我们民间的传说。叙述的体裁是由说白和唱口合成，很像弹词，但又不十分像弹词……这种很单纯的说书在乡下人是很喜欢听的一种娱乐，他们立在圣谕台前要听过三两个钟头。讲得好的可以把人的眼泪讲得出来。”[③]

郭氏提到的善书（又称劝善书）是一种民间宗教性的道德劝化书籍，以因果报应的说教劝人从善去恶，也是川省民间“讲圣谕”的本子。早期编纂、宣讲善书的以地方官员或绅士为主，被尊称为“川西夫子”的双流县刘沅所作《感应篇

---

① 咸丰《资阳县志》卷8《学校考》，清咸丰十年刻本，第27页a。

② 刘省三著；钟力生校注：《跻春台（校注本）》，成都：四川科学技术出版社，2017年，第256页。

③ 郭沫若著作编辑出版委员会：《郭沫若全集·文学编》（第十一卷），北京：人民文学出版社，1992年，第35—36页。

注释》，便是川省民间善书的代表，它融合儒释道思想，用通俗明晓的语言，将“大传统”的忠孝仁义，阐释为升斗小民易知易行的日常行为准则：“忠孝可以登天，仁义可以致富，诚信可以事鬼，退让可以免祸，慈良可以获福。崇德修慝即是天堂，乖伦叛纪便是地狱”；“忠以事上，孝以事亲，兴利除害，明冤雪枉，排难恤灾，济其事不必明其惠，救其患不必居其功，导人之善，而我不有，成人之美，而人不知，口出劝善之言，身存忠厚之道。”[1]

嘉庆、道光之后，大量民间艺人纷纷登上宣讲台，加之当时川剧高腔在全川广为流行，不少艺人投听众所好，借鉴川剧的表演模式，逐渐形成了具有川剧韵味的唱腔。在四川流传的近二百多部善书书目中，不少与川剧传统剧目同出一源，至今川剧剧目中仍保留了一些由善书改编的痕迹。[2]

五、基层实施：“正式组织”与“非正式组织”的协作

近年来学界已基本形成共识，在清代基层（州县及以下政区），朝廷不仅设有正印官（知县），还配有若干佐贰官作为辅助，除职官外，各地政府还在基层设置若干“正式组织”与“非正式组织”，以维护基层秩序，实现有效治理。

基层“正式组织”，指的是包括乡约、保甲、里甲（里排）、社仓、团练等由官方颁布政令所建立的“职役组织”（即“在民之役”）。基层“非正式组织”，指的是以乡绅为主导的、民众广泛参与的团体组织，包括家族组织、商业组织、文化组织、宗教组织、互助合作组织等实体和非实体组织。四川民间的商会、帮会、义仓及善堂、善会、迎神赛会等民间自发组织即为“非正式组织”。

在基层教化中，官方的正式组织和民间的非正式组织之间通过协作，确保政教下达于民。这些组织不仅在催征钱粮、摊派差徭、稽查协捕、命盗词讼、解纷息讼等方面综合发挥作用，也直接或间接地参与到基层道德教化的行政管理中。

乡约是清政府在基层推广教化最主要的官方组织，其主要职责是宣讲《圣

---

① 参见李冀：《刘沅〈感应篇注释〉的成书与思想特点》，《老子学刊》，2022年第1期。

② 如川剧灯戏《芦花记》中的《圣谕腔》便是根据善书《四下河南》改编而来。相关论述参见蒋守文著，成都市群众艺术馆编：《半方斋曲艺论稿》，成都：四川大学出版社，2006年，第147页。

谕》和调解民间纠纷、协助社会治安,"使人人共知伦常大义""共知向善"[①]。早在顺治九年(1652),清廷便颁布《圣谕六条》卧碑文于八旗、直隶及各省,令乡约每月朔望宣诵,至顺治十六年(1659),清廷正式规定基层行乡约之法,此后,基层乡约制一直延续到清末。

在四川基层教化的实践中,基层各组织(乡约、保甲、里甲、社仓等)之间实为互相合作、互相渗透之关系。在实际生活中,保甲、里甲、社仓等组织偶尔也会暂代乡约之职,组织宣讲《圣谕》等教化事务。据《双流县志》载:

> 仓以社名,原为社设。邑分五乡,乡各四五支,每支不过五六里。就其适中处所寺庙置仓,每仓置一斛一斗社长……待借谷收齐取具,各社长完呈,必赴仓盘量。仍于是日集附近士民,在该寺庙宣讲《圣谕》,查点保甲事毕,将应劝戒事宜亲为解说,岁以为常。[②]

日常事务中,各组织也间接承担了若干教化之责。如保甲作为"弭盗安民之良规",除稽查治安、清查匪患、止奸诘暴外,还需担负保障宣讲《圣谕》秩序[③]、排解纷扰、讲解法律、协办祭祀、协助办学等事务。如"寓兵于民"的团练除翻修堡寨、统率防守、镇压叛军外,承平之时还需承担赈济灾荒、兴办学校、调解纠纷等事务。[④]

清代基层治理中,官方往往赋予非正式组织一些权力(如赋予家规、民间契约、乡规民约、团体惯例一定的法律效力),使非正式组织与正式组织一起,共同参与到基层秩序维护中。四川由于其为移民社会之地域特殊性,还存在部分组织,具备"半官方"的性质,它们作为民间自发组织,被纳入官方管理体制中。其中代表即是客长、会馆,它们也是清代四川基层教化中,非正式组织与正式组织

---

① 素尔讷等纂修,霍有明、郭海文校注:《钦定学政全书校注》卷七十四,《讲约事例》,武汉:武汉大学出版社,2009年,第292页。

② 乾隆《双流县志》卷2。

③ 南部县《计开总保正章程六条》规定:"四乡向有申明亭,为里老申明教令,警恶归善之地,该总保等务饬各耆老及读书明理之人,遵照功令,随时宣讲圣谕,令父兄子弟互相告诫,勉作良民,毋得作奸犯科,致罹法纲。"见[清]袁用宾:《南部县舆图考》,清光绪二十二年刻本,四川大学图书馆藏本。

④ 参见苟德仪:《清代基层组织与乡村社会管理——以四川南部县为个案的考察》,北京:中华书局,2020年,第541—542页。

结合的典型代表，且直接或间接参与了地方教化工作。

客长是四川基层特色组织之一，主要负责约束各省移民(客民)。清中前期的四川，移民流动频繁、五方杂处，又由于山多林盘多，居民聚落呈现星罗棋布的分散型特征，除场镇外并无大型聚落，因此，作为保甲和乡约的本地化补充，客长多设置在人口众多、商业繁荣的场镇，既承担各基层公务(经济仲裁、防患匪患、慈善救助、场镇治安等)，还要承担民众之间(尤其各省移民之间及移民与土著之间)的矛盾调解，以敦风化俗、安定秩序，“实为官民上下间之枢纽”①。

清代四川会馆始于雍、乾，盛于嘉、道，并一直延续到近代，其设置遍及川省城镇乡野。作为商业组织，会馆在调处民间商业纠纷上，除遵循法律法规、契约票据外，还依法循礼，以儒家利义观、道德观、公平正义观指导，尽力使双方纠纷解决不要“有违道宪体恤之意”②。作为互助组织，自清初始，会馆除参与各地的租税征收、消防、赈济、公共设施建设等社会事务，还是民间祀神、迎神赛会以及慈善诸活动的重要力量。

结语

本文基于“国家”与“地方”互动的视角，通过以清代四川双流为中心的考察，论述了一个比较宏大的主题，即清代四川基层的儒学教化及其实践。在“大一统”国家秩序下，四川地区于清中后期大致形成了以学校教化、家族教化、礼仪教化、文艺教化等为主要方式③，以正式组织和非正式组织保障施行的基层儒学教化体系，儒学教化在四川基层治理上发挥了重要的作用。

根据清代四川儒学发展历程，四川基层儒学教化大致可分为衰微期(顺、康、雍)、恢复期(乾、嘉)、兴盛期(道、咸、同、光、宣)。与前代相比，教化手段更通俗、教化组织更严密、教化“网络”更深入基层；与其他地区相比，虽起步较晚，且僻处西部、远离中心，但更多表现出移民地区和多民族地区注重促进家族和

---

① 民国《犍为县志》卷3《居民志·地方团体》，民国二十六年铅印本，第159页。

② 周琳：《城市商人团体与商业秩序——以清代重庆八省客长调处纠纷活动为中心》，《南京大学学报(哲学·人文科学·社会科学版)》，2011年第2期。

③ 儒学教化涉及社会各领域方方面面，本文仅论及清代四川基层教化体系的几个主要方面，其他方面如法律、经济等内容，待另撰文研究。

睦、移民融合、民族团结等若干特点①。某种程度上，基层教化作为社会文化整合的工具，塑造了地方社会对国家意识的认同，这种认同不仅包括四川人对自身文化特性的自我认同，还包括对国家"大一统"意识的接受与融入。

笔者相信，四川基层教化及其实践的历史经验和逻辑，不只是在巴蜀文化领域具有个案研究价值，对于理解"大一统"观下"国家意识"与"地方认同"之间的互动关系，移民社会中的地方认同和身份认同，以及"地方"与"国家"、"大传统"与"小传统"、"雅文化"与"俗文化"的关系，也有一定的普遍意义。

历史表明，在传统"家国天下"的格局中，地方社会的"国家意识"和"地方认同"是统一的，地域文化的形成与塑造和"大一统"的"礼治"秩序息息相关。地方风俗并非纯粹"地域化"的产物，而是在"王教"的引导下形塑，并统一于国家话语的整体系统中。

清代四川地区两百余年的儒学教化过程，不仅是清政府将教化逐渐从中央到边缘、从国家到基层渗透的过程，也是土著与移民、汉人与少数民族建构共同的文化记忆，实现从"五方杂处"到"天下四川人"的文化认同的过程。今天我们要强化基层文化的向心力、维护民族团结，可充分借鉴历史经验，因地制宜地通过多样化的途径和方式，构筑中华民族共有精神家园，巩固和提升对中华文化的认同，为实现民族复兴伟业凝聚力量。

National consciousness and local identity: The Confucian Edification System in Sichuan grass-root society during the Qing Dynasty

Zhang Mengxue，Yang Shiwen

Abstract: In the Qing Dynasty, under the guidance of the theory of "Grand Unification", Sichuan region constructed a systematic grassroots Confucian edification system, which is characterized by diversification, the content of daily life,

① 关于清代四川儒学相关问题的具体论述，参见杨世文：《蜀儒杂俎》，北京：中国社会科学出版社，2021 年，第 266—298 页，以及本文作者其他相关研究。

popularization and so on. Confucian culture edification promoted public's recognition and practice of Confucian Values, encouraged regional integration and ethnic integration, strengthened the culture connections between the western region and the mainland. The purpose of this research is to provide an academic support and a historical mirror for forging a strong sense of community of the Chinese nation.

Keyword: Qing dynasty; Confucian edification; Grand Unification; a sense of community for Chinese nation

“礼下庶人”:明清之际理学士人的基层教化思想*

韩　雪**

［摘　要］　明清时期,社会形势复杂,不仅出现了政治等多方面的矛盾,还兼具地区上的混乱和伦理秩序的崩坏,其中尤以江南地区最为明显。为了应对这一问题,理学士人重视农业生产和民众教化,以“道治合一”为根本,展现出兼顾“恒产”与“礼教”的独特维度。他们以“稼穑为本”与“以礼抗俗”的治生观为基础,不但整顿和重塑崩溃的社会秩序,更积极关注农桑治生的各类方法,以确保教化基层成为可能。此外,受乡村文化习俗和儒家伦理观念的长期影响,晚明至清初还出现了大量地方自治组织,不仅反映出明清之际整顿地方社会、重建礼俗秩序的时代要求,更体现出这一时期“礼下庶人”的独特风尚。

---

* 基金项目:江苏省社科基金基地项目“清初江南地区士人‘乡村自治’行为对当代基层工作启示研究”(22JD013)、河海大学中央业务费人文社科专项经费青年项目“晚明清初江南士人的下层教化思想研究”(B230207073)。

** 韩雪(1993—　),女,辽宁本溪人,哲学博士,河海大学马克思主义学院讲师,兼任华东师范大学哲学系文明互鉴研究中心青年研究员,主要从事宋明理学、明清思想文化、马克思主义中国化等研究。

[关键词] 明清之际；江南理学；道治合一；基层教化；礼下庶人

明末清初时期正逢社会动荡、政权交叠，大量学人遗士都在国破家亡的伤痛中对此巨变加以反思，他们悲愤于山河易主、败乱横生，面对“吾党伏处草矛，不能执干戈以卫社稷”的现实，感叹“独怪京师之大，天下人之众，其间更无一人为人主杀贼，使其猖獗至此”[①]，从而萌生了“欲于海滨僻壤，挈妻子而居”的设想。但是，这些遗民的不仕清朝并非仅隐居于山野之间，而是“躬耕负薪，修身力学”[②]，不仅做到了终身恪守勤谨之功，更是提出了大量有关治生之术和基层教化的内容。

晚明清初之时又有攀比斗富之风与日俱增，社会陋俗泛滥成灾，传统的伦理道德标准被猛烈地动摇，与圣学无关甚至相斥的社会习俗泛滥流行。不仅如此，随着以西方传教士为代表的多元文明与传统儒学不断碰撞，以及三教合流趋势的越发突出，地方社会出现了大量士人[③]眼中有悖礼治的现象乃至风气，这些都让当时的理学士人极为不满和痛心[④]。

在理学家看来，此中“世道之祸”的根源就在于“人心不正”，而“人心不正”的根本则是由于“学术不明”；所以，必须先要使得学术“明”，才能端正人心，以使得百姓天下明辨是非、以得教化，最终解决祸端、肃清寰宇。又因受当时“经世致用”实学风潮的影响，明清之际的理学家不再喜谈心性，而是强调“以实补虚”，力求从践履笃实处入手来解决社会问题。因此，其所行“教化”也不只局限于心性之学内，而是出现了“恒产”与“礼教”并重的局面。

此外，中国古代又素以“皇权不下县”为传统，强调士绅阶层的直接统治，重视对乡约习俗的遵守，维护“长老”和“儒士”在伦理道德方面的权威，呈现出一

---

① 张履祥：《答吴又韩》，《杨园先生全集》，北京：中华书局，2002年，第363—364页。

② 张履祥：《答吴文生》，《杨园先生全集》，第263—264页。

③ 对“士人”的界定，笔者采用吴晗《论士大夫》一文中的概念，即包括官僚、士大夫、绅士与知识分子为一体（载自费孝通、吴晗等：《皇权与绅权》，长沙：岳麓书社，2012年，第60页），本文主要是指明代时期的儒家学者，后不再说明。

④ 张显清：《明代后期社会转型研究》，北京：中国社会科学出版社，2008年，第285—350页。

套以“礼治教化”与“安稳治生”为核心的地方治理体系[①]，这也在一定程度上为理学士人的教化行为提供了合理凭据。

可以说，正是在多种因素交织下，本就书院林立、讲学盛行的江南地区[②]，于明清之际就成为了当时社会改造和思想变革的重镇，处处可见对治生之术和风俗教化的探讨和实践，出现了大量“礼下庶人”的情形[③]。

其中，明清的朱子学者张履祥最具代表性。盖其著作中不仅有《桐乡灾异记》这样翔实说明明清之际社会现象的文字，更有《补农书》《保聚事宜》《训子语》《丧葬杂说》等专篇论及“制民之产”与“礼俗教化”，对农事、秩序、教化、风俗等方面均有涉及；此外，他更是在其家乡亲耕亲历，将其治生理论很好地践行到实际中，是理学士人奉行基层教化的典范。基于此，文章拟以张履祥为中心，辅之以其他材料，以更好说明明清之际理学家“礼下庶人”的实际成果。

一、乡约民规的自治传统与恒产礼教的兼顾依据

长久以来，中国乡村社会就有通过乡约民规来有效规范管理民众和解决社

① 费孝通在其《乡土中国》一书中提到了这一现象，指出中国乡土社会的基层结构是一种以亲缘和地缘为主的“差序格局”，呈现出“礼治”和“无讼”为代表的秩序特点。其中，横暴权力、同意权利、长老（教化）权力和时势权力则是传统中国乡土社会形态中最为重要的四种权力秩序。概括来说，横暴权力是国家机器和士绅阶层专横统治的集中体现；同意权利表现为对“礼”的普遍认同和内在服膺，具体则指向的是儒家所强调的礼仪秩序，以及维护整个乡村社会秩序稳定的“乡约”；长老权力与家族和宗族相关，是一种长幼有序为代表的教化权力；最后的时势权力则发生在激烈的社会变迁之中，是“领袖人物”在新旧交替之际通过各种手段来领导和支配民众，以避免因社会变迁所造成的混乱。（载自费孝通：《乡土中国》，北京：生活·读书·新知三联书店，2013年）可以看到，明清之际江南士人强调的类似制定乡约、强调复礼、重视宗族等乡村自治手段，称得上完美契合了以上四种秩序的表现；事实上，这也是笔者为何以“明清之际”和“江南士人”的自治行为作为范例的原因。

② 对“江南地区”的界定，这里笔者采用明代的表述，即“苏、松、常、嘉、湖五府”（出自谷应泰：《治水江南》，《明史纪事本末》，北京：中华书局，1977年，第383页），也就是现代意义上的苏南和浙西地区。

③ 从现存研究成果上看，有相当一部分学者着重强调了明清之际江浙一带的遗民士人在隐蔽乡野时的乡村治理的行为：如王楠森先生在《晚明清初思想十论》和《权力的毛细管作用》中论述了清初时期地方士人的“礼治运动”“乡约实践”等社会道德实践传统；张天杰教授也多就《补农书》等著作，对张履祥、陆陇其等清初朱子学者的治生观有所探析。此外，当今学者也对乡村教化和礼俗流变等方面多有关注和思考，如杨念群教授就提到了木铎制与明清乡里的社会政教实践，朱承教授也对阳明学中的礼乐教化精神多有研究。

会矛盾的传统,如春秋名篇《逸周书》中就用"饮食相约,兴弹相庸,耦耕俱耘"来描述乡间社会人们的关系,意在说明乡民相互劝勉、同保稼穑的习俗。到了汉唐之时,家训兴起,像马援的《诫兄子严敦书》和郑玄的《诫子书》等意在规劝子侄后辈修身循礼的著作中,也多有涉及村规民约的内容;宋代时期,更是出现了被誉为后世乡约范本的《吕氏乡约》一书,其中所含"德业相劝、过失相规、礼俗相交、患难相恤"[①]之精神,则是以儒家价值观为指导,不仅对乡民各类社会性活动及相应行为做出了具体规范,更说明民间自发救助行为的重要性。可以说,《吕氏乡约》的形成和推广,奠定了以乡民自发互助、共同订立并遵守相应盟约为核心的乡村社会共同体的地位,明确了乡民共同承担经济、军事、治安、教育等方面的事务,对中国传统乡村社会秩序的稳定起到了极为重要的作用[②]。

以《吕氏乡约》为基础,以朱熹、王阳明、湛若水等为代表的地方知识精英更是不断推进乡村治理工作,他们不仅积极从事讲学、修祠等服务,主张以德性和教化来规范基层人民的行为,从而推进乡村社会风气的良性改变;同时还多有参与义仓、赈济等救助工作,劝励农桑、改进技术,体现出对经济民生的重视,并对保甲制等组织体系进行完善,以确保底层民众的人身安全和社会稳定。总之,作为正统的卫道之人,儒家学者在乡村治理上秉持"知行合一"的立场,将其伦理政治理想和乡村治理实践有机结合起来,最终成为一个兼顾道德教化和日用庶物的完整体系。

到了明清之际,乡约之制已经成为基层治理的一项普遍形式,这一点在江南地区尤甚[③];此外,儒家学者(尤指明代遗民)更借此实现其教化地方和政治抱负的目标,如陆世仪的《治乡三约》、张履祥的《训子语》、丁雄飞的《古人居家居乡法》、朱用纯的《治家格言》以及陈瑚的《蔚村三约》等文都是针对社会急剧变迁时如何治理日常事务、稳定地方秩序的名篇代表。

事实上,作为基层社会的道德典范,乡贤和宗老自古以来就在制定乡约以

---

① 吕大临等著,陈俊民辑校:《蓝田吕氏遗著辑校》,北京:中华书局,1993年。

② 著名学者萧公权就对此予以极高的评价,认为"吕氏乡约于君政官治之外别立乡人自治之团体,尤为空前之创制"。(载自萧公权:《中国政治思想史》(下册),台北:联经出版有限公司,1982年,第570—571页)

③ 据《清世宗实录》的记载,为了抑制故明缙绅士人,清初年间朝廷不仅大力打压江南士绅,还下令将前代相关的乡官监生名色等全部革除,使得士人遗民丧失了本来拥有的免赋免役特权与生活来源保障,出现了普遍贫困化的情况。同时,江南本就为明代书院讲学和士人遗民的重镇,不仅有乡约民规的传统,更有大量不仕新朝、躬耕田野的遗民群体,这些都造成了江南地区乡村自治行为的广泛出现。

及教化管理等权力上占有极为重要的地位，其言其行在调解邻里纠纷、凝聚全村力量、制定规章制度和引领道德风尚等方面都极具权威，对朝廷各类政策的宣解推行也不无成效。受此影响，清初政府亦看重“乡贤治乡”的传统[①]，如曾任江苏巡抚的汤斌，就多次提出鼓励乡贤宣讲乡约的必要之处，并将之视为能“知君臣大义，孝亲敬长，忠信勤俭”的根本[②]；再如蓝鼎元也对乡贤长期宣讲教化前后的当地风俗情况有所比较，认为其中“恶俗洗涤日进于尽，人心风俗日进于善”[③]的变化极为明显。

出于上述原因，明清之际的江南乡村地区中，要求实行士人自治的呼声和优势都极为明显[④]。在当时，无论是在经济文化的影响力上，还是国家财政赋税的负担中，江南地区都占据着较高的位置；前者关联着地方的人文教化的培育与兴盛，后者则需要依靠丰富的生产技术和农业资源，这些都要求民众能以“务孝养、勤本业”为传统。同时，“民情风俗，万有不齐”的实际情况，又要求不同乡县必要有符合其独特风俗的制度和措施。因此，如何更有效更合理地对地方社会的民众和土地资源进行管理，以及如何更有效地加强治安防范和风俗教化，就成为士人治理基层时需要面临和解决的重点[⑤]，体现出时人践实安民的治世情怀。

在实际治理的过程中，理学士人的着力点主要集中在对“恒产”和“礼教”的

---

① 从秦汉时期的“三老制度”，到明太祖朱元璋颁布的“高皇帝六条”，都主张以民众推选出来的兼具德行和声望之人来担任管理地方基层社会的领袖，强调并重视这些有德行的乡贤宗老们在协商和处理乡村事务中所起到的独特作用。

② 汤斌：《临行晓谕士民》，《汤子遗书》卷九，北京：人民出版社，2016 年，第 606 页。

③ 蓝鼎元：《潮州风俗考》，《鹿洲初集》卷十四，《四库全书》第 1327 册，上海：上海古籍出版社，1987 年，第 812 页。

④ 陈江教授曾指出，晚明以来的江南社会就已经有抗拒王朝统治的各种情状，尤其在对地方利益和个性发展的维护上，有着比较清晰的地方意识和分权思想；而王朝更替带来的政治环境的变化与生存困境的窘迫，也不断迫使江南士人去寻找新的出路。（载自陈江：《晚明江南人士的地方意识与分权思想》，《史林》，2004 年第 2 期；陈江：《退隐与抗愤：晚明江南士人的生存困境及其应对》，《史林》，2007 年第 4 期）

⑤ 实际上，以官绅士人为主导、以儒家礼治为核心的基层治理，在明清之际的思想史料与士人传记中大量出现。有关这一情况，王汎森先生也提到，针对传统政治制度中缺乏对县以下社会经营的问题，清初部分士人的对治之方是提倡一种在“乡”的层次，以儒生自发性的组织担负起下层社会工作的路线，而另一个路线则是透过宗族。（王汎森：《权力的毛细管作用》，北京：北京大学出版社，2022 年，第 58 页）这就体现出明清之士人群体，主张建立一套以乡约民规和乡贤宗老互补为核心的地方基层社会自治体系，以应对晚明的社会失序，是对传统政治结构中无力处理地方社会问题之弊的一种补充。

兼顾上，这种做法同样有其充分的理论和现实依据。一方面，在孟子哲学中，“有恒产者有恒心”早已深切著明民众教化和制民之产的关系[①]，即只有经济养民之说能够充分保障，民众教化之心才得以实现完成。有关“恒产”一词，赵岐注曰：“恒者，常也。产，生也”，“恒产”即为“民常可以生之业”[②]，也就是百姓能够赖以为生的职业和产业；至于“恒心”，赵岐注曰：“人常有善心也”[③]，也就是人之求仁向善之心。联系上下文，这一求仁向善之心明显是有条件的，即必须要依靠对恒产的保护以及后天的积极修养，“善心”才得以生发和保持。在《四书章句集注》中，朱熹也对这句话有所关注，他将“恒产”解释为“可常生之业”，把“恒心”理解为“人所常有之善心”[④]，同样说明一种能够长久维持生计的行当对“求仁复礼”的必要性。另一方面，据《清世宗实录》的记载，为了抑制故明缙绅士人，清初年间朝廷不仅大力打压江南士绅，还下令将前代相关的乡官监生名色等全部革除，使得士人遗民丧失了本来拥有的免赋免役特权与生活来源保障，出现了普遍贫困化的情况。

这样一来，无论是出于供己之虑，还是出于忧民之心，兼之当时泛滥于士人群体的“不仕清廷，实地践履”的为学旨趣，有关“恒产”“治生”的问题就成为理学家广泛探讨的话题，引发了大量的争论与思考。其中，以张履祥为代表的一部分士人就从实际情况出发，对之前儒者讳言治生之术的行为有所反省，肯定了“有恒产”对“兴礼教”的必要性，提出“人须有恒业，无恒业之人，始于丧其本心，终至丧其身”[⑤]的基调。

与此同时，明清时期还存在大量由地方知识精英建立的各类社团和善会组织，譬如陈确的“省过会”、张履祥的“葬亲社”、陈瑚的“莲社”等，或在提倡惩恶

---

① 孟子在《梁惠王上》提出的原句是：“无恒产而有恒心者，惟士为能。若民则无恒产，因无恒心。苟无恒心，放辟邪侈，无不为已。及陷于罪，然后从而刑之，是罔民也。”这里面虽提到“士”能在没有“恒产”的情况下“克己复礼”，但士人与庶民的社会地位和职业分工之不同就注定二者对物质财富的追求和依赖有所区别，因此不能混为一谈。事实上，孙奭也有“士穷则独善其身，不求苟得，故能有常心也。若民则迫于穷困，不能守其常善，苟无常生之业，遂因之而无常善之心”的解释，以分清二者差别。（载自李学勤主编：《十三经注疏》（整理本），《孟子注疏》，北京：北京大学出版社，2000年，第34页）

② 李学勤主编：《孟子注疏》，第28页。

③ 李学勤主编：《孟子注疏》，第29页。

④ 朱熹：《四书章句集注》，北京：中华书局，1983年，第211页。

⑤ 张履祥：《训子语上》，《杨园先生全集》，第1352页。

劝善、变革风俗教化层面，或在教人经济治生等恒产方面，做出了诸多详细规定，都对当时世人起到示范、影响作用。

此外，明清之际的地方士人在讲乡约、释圣谕[①]的实践中也颇为积极，他们不仅十分重视家谱中的各项礼仪活动，并以之为乡民日常生活中落实礼教的基础；还提倡乡民多修建宗族谱系，以之为和睦宗族、稳定秩序的重要举措。究其实质，这些具体方法的共同点都是通过共举乡约、革除弊政，来达到还礼于俗以至教化风气的目的。

二、力穑贵俭的治生理论与保甲谨约的秩序整顿

在各种乡村自治手段中，以“稼穑”和“保聚”为核心的治生理论，是儒家精英分子救治世道人心的重点。在他们看来，治生之重亘古有之，只因“近世以耕为耻，只缘制科文艺取士，故竞趋浮末，遂至耻非所耻耳”[②]；然而“耕则无游惰之患，无饥寒之忧，无外慕失足之虞，无骄奢黠诈之习”，实乃“保世承家之本”[③]。不仅如此，晚明时期士绅多陷溺于富贵利达、佛老流俗之学，文人雅士常趋于奢逸之风，这种“习骄吝、浸淫靡、强凌弱、众暴寡”的世况[④]令关心社会现实的理学家极为焦虑，他们一方面企图通过重拾农本和勤俭之重来戒除骄漫奢黠之病，以救治世道人心，另一方面则重言保聚之法，以应对天灾人祸、维系社会安稳。

（一）稼穑为本，务求实效

在对务本力穑之事的推崇上最有代表性的是桐乡朱子学者张履祥。他主张“稼穑为先，俭朴以律”，提倡勤俭质朴之法，认为农业在百姓生活乃至社会、国家的存亡兴衰上都具有重要意义。

---

① “圣谕”这里指明初颁布的“高皇帝六条”和清初康熙帝颁布的“圣谕十六条”以及由此演绎出来的雍正“圣谕广训”。如张履祥认为要按照“高皇帝六条”和《吕氏乡约》来推行，对良人善事加以公开表彰，方能最大限度激发乡民的道德心，形成良好的社会风气；陆陇其、陆世仪和陈瑚则主要对后两者积极阐扬，并以各类方式(如陆陇其以县令身份加以推行，陈瑚以因果报应说来强化乡村遵行的效果)予以梓行。

② 张履祥：《训子语上》，《杨园先生全集》，第 1353 页。

③ 张履祥：《训子语上》，《杨园先生全集》，第 1353 页。

④ 伍袁萃：《林居漫录畸集》卷一，明万历间刻本，《续收四库全书》子部杂家类第 1172 册，上海：上海古籍出版社，2002 年影印版，第 204 页。

夫能稼穑则可无求于人，可无求于人则能立廉耻。知稼穑之艰则不妄求于人，不妄求于人则能兴礼让。廉耻立，礼让兴，而人心可正，世道可隆矣。古之士，出则事君，处则躬耕，故能守难进易退之节，立光明俊伟之勋。[①]

在张履祥看来，稼穑之道不仅有利于在个人修养上达到“正人心”的目的，更关系到“隆世道”这一社会国家层面的追求。一方面，“躬耕稼穑”能使人“劳有所食”“劳知其艰”，从而达到“知廉耻，兴礼让”的道德目标，由此则“人心可正，世道可隆”；另一方面，“躬耕田亩”作为“恒业”有使人修身养性、回复本心之用。他将“既耕且读，耕读并重”视为正心养身的关键功夫，指出农耕是解决生计、填饱肚子的基础，读书是爱身知礼、正心养德的保证，因此“除耕读二事，无一可为者”[②]。此外，张履祥亦推勤崇俭，强调切实尽力之功，以为“治生无它道，只‘务本而节用’一语尽之”[③]，若“心侈则非分以入，旋非分以出，贫固不足，富亦不足”[④]，说明节俭的重要意义。

在具体治生方法上，张履祥以多年的躬耕生活为基础，在吸取了他人丰富成果的前提下，结合所处地区的气候、水文、土壤、地势等现实情况，对相关的农业知识加以总结和升华，最终形成了具有一定可靠性和普及性的农业理论，并集中体现在以《补农书》为代表的相关作品中，可谓是为江南地区的农业技术普及和经营管理模式提供了系统的规范。

张履祥的农业理论大致可分为两个部分，一方面是对农业技术和经营方式的选择上的强调，另一方面则是对农业灾害的防治措施。前者的目的在通过技术方法的创新和种植方式的规划，减少不必要的种植种类，避免错误的种植手段，以便于增加作物产量和提高民生收入；后者则主要是对病虫害、水患等自然灾害的具体防治和兵匪流民等人为祸乱的问题上提出相应的预备方法。

① 张履祥：《初学备忘上》，《杨园先生全集》，第 994 页。

② 张履祥：《训子语上》，《杨园先生全集》，第 1352 页。

③ 张履祥：《备忘二》，《杨园先生全集》，第 1109 页。

④ 张履祥：《训子语上》，《杨园先生全集》，第 1356 页。

"农事大纲有三,道惟在豫"[1]。只有在农事上做好提前规划,统筹全局、突出重点,才能既"知戒人之思",又"知备天之患"[2]。想要做好稼穑之事,首要就是备好农器、访求良农良种,做好划定疆界、水渠清理等基础工作,在力田时方能不出差错。又因"地气百里之内即有不同"[3],所以必须要根据土性和农物之性,因地、因时制宜来发展农业。历史上的桐乡乌镇杨园村,不仅地势低平、水网密布,还有丰沛的季风降水,因此更有利于种植水稻和发展桑蚕业,这一点在《补农书》中就多有提及。不仅如此,多山低乡和小湖水泽的特点,在减壅蓄鱼和养鹅育鸡上又有天然优势,若能以此替代鸭与牛羊,就能减少成本、增加利润。可以看到,在具体的农业实践上,清初学者既强调了对地性和时性的尊重,又带有"务求实效"的主动性和创造性。

当然,张履祥还推出了多种经营模式,既有对经济作物的补充性生产,又有对农副业食品的加工,最终形成了较为完备的江南治生循环系统[4]。苏嘉湖地区物产丰富,江南人民也围绕自己的日常需要,摸索出了一整套农业产品的加工方式。《补农书》中就专门有"家常日用"一节,记载和整理了腌渍梅子、酱瓜、酱茄子、蒜瓜、糟蒜苗、腌盐菜和做豆豉等家常食品如何加工的具体程序。这些乡土食品经过加工后,不仅能够延长食用时间,还增加了更多的风味,为整个江南饮食的文化体系提供了条件,更代表了地方独有的特色;此外,这种农副业食品加工方法的普及,一方面能够丰富农民的餐桌,另一方面也可用以补贴家用,同样具有现实方面的意义。

此外,太仓学者陆世仪也是善于治生、躬行农事的杰出代表。在明亡之后,他除了亲耕薄田"以验农田水利之学"[5],还向当地百姓介绍推广了诸如"耘苗

---

① 张履祥:《训子语上》,《杨园先生全集》,第 1356 页。

② 张履祥:《补农书下》,《杨园先生全集》,第 1413 页。

③ 张履祥:《补农书下》,《杨园先生全集》,第 1415 页。

④ 张履祥就曾通过"桐乡田地相匹,蚕桑利厚"的例子,给出了他在经济方面的建议。在他看来,无论是从客观条件还是从经济效益的方面来考虑,在桐乡实施农桑并重的举措都要更加合适:一方面,水田不适合牛耕,对肥力的要求也比旱地多,且受旱涝的影响也更深,这样就增加了人力成本和肥料成本;另一方面,桑蚕的收购价格较之稻谷要更甚,称得上"一劳永逸"的手段,这些都是发展蚕桑业的客观可行条件。(载自张履祥:《补农书下》,《杨园先生全集》,第 1411—1412 页)

⑤ 陆世仪:《修齐类》,《思辨录辑要》卷十一,《四库全书》第 724 册,上海:上海古籍出版社,1987 年,第 91—99 页。

法”“代田法”等农作经验和各种新型农业工具；不仅如此，他还积极参与好友陈瑚在昆山蔚村践行的基层社会治理，并取得了良好成效。

自晚明始，江南地区的水利工程就多有荒废。清初嘉兴籍学者朱彝尊就曾作诗感叹“杭州水利不治者累百年矣”[1]，著名水利专家王凤生也说明了江南水利不治对当地农业生产和乡民生活环境的危害[2]；与之相似的材料甚多，足可见兴修水利在当时的迫切之要。张履祥和陆世仪也极为重视水利在农业生产和国家运行中的作用：前者以为正因“农政废弛，水利不讲，濬治失时，侵占沮塞以至浅涸”[3]，才导致旱虐之日的出现；后者则主张开河蓄泄之法，强调三吴之地的沃壤之称实出于三江之水与太湖、大海之间的有效平衡，然而明末却因未有效管理三江水利，出现了“四境之水皆逆流倒注”[4]的现象，导致地方病蛊之人的大量出现。基于此，在对地势、水域实际考察之后，他们都提出了一系列有针对性的、切实有用的水利工程建议[5]；并且或多方奔走，将兴修水利的优势详细解说给乡民贤达，或向地方官吏上书陈言建议，以期实现修沟渠、开通塞、简荒政的目的。从整体上看，这些分析在当时兼顾了各方利害得失，对实现水利工程建设具有积极的推动作用。

总之，以张履祥和陆世仪为代表的清初理学家以“乡村治生”为己任，提出了一系列的农业生产方法和经营管理手段，在增加民生收入上具有丰富的指导意义。这种“农本”思想并非狭义上的种植业，而是一套兼带有桑蚕业、畜牧业和农产品加工交易的完整农业循环系统；既考虑了村民的实际生活，又创新了旧有农业理论，这在当代同样具有借鉴作用。另外，他们对水利工程的建议，以及由此而来的“以工代赈”思想和对各阶层利益得失的兼顾，也仍不失其现实意义。

（二）严守保聚，醇和风俗

从整个中国史来看，明清之际恰逢第二次“小冰河期”，这一异常气候造成

---

① 朱彝尊：《杭州水利不治者累百年矣，巡抚赵公考城河故道，悉浚治之，乡人来述，喜而作诗，凡二十四韵》，《曝书亭集》卷十四，四部丛刊本。

② 王凤生纂修：《浙西水利备考》，光绪四年重刊本。

③ 张履祥：《与曹射侯》，《杨园先生全集》，第168页。

④ 陆世仪：《治平类》，《思辨录辑要》卷十五，《四库全书》第724册，第125—126页。

⑤ 例如康熙年间做过布政使的柯耸采纳了张履祥在《与曹射侯》中“分区治水、分批疏浚”的方法，在三吴实行分区治水，并取得了很好的成效。

了自然灾害的频发，不仅给当时的百姓带来了沉重的负担，更在一定程度上加剧了国朝动荡和社会混乱。竺可桢就在其《中国历史上的旱灾》一书中指出，除了晋时和南北朝之外，雨量特别少的就当属明朝，当时旱灾的总数可达各世纪之冠；据《明史》记载，明末除了夏季旱涝交替，冬季更是严寒无比，甚至本属亚热带气候的广东都屡下大雪，这些极端恶劣天气使得饥荒和各种祸乱不断发生。

由于天灾人祸的影响，江南地区的城乡社会都呈现出一派令人不安之景。按照姚廷遴《历年记》中的记载，清初康熙年间因季候反常，出现了地荒米涨、疫病多传的情况，导致民间"献神化纸并送鬼神者满路"[①]，且有大量不符合儒家礼制的火葬、不葬现象发生。与之相似，《桐乡灾异记》中也记载了万历四十六年至康熙三年间，桐乡所受自然灾害和人祸匪乱的翔实记录，较为清晰地展现了当时江南乡村社会面临的旱涝、飞蝗、吏匪等不同灾难，以及由之而来的社会问题。文中不仅有旱涝蝗灾下"饥人望屋而丐，掇草木可食者……死人棺敛者，不得至中野，用器、材木瓦石盈街，鬻人弗顾"[②]的惨状，更有"强者为盗，弱者流亡"但"县官檄民盛张灯火，饮酒为乐，至二十日乃罢"[③]的鲜明对比。

然而，就自然地理环境来看，江南地区本不应有旱涝之患；哪怕气候反常多变，但毕竟土壤肥沃，人口稠密，男子耕桑，女子养蚕纺织，相对来说仍较易生活。之所以旱涝频发，原因一方面是不重视水利、河道拥堵；另一方面是吏治腐败、官匪勾结，以致各种弊政、殃民之方出现。质言之，官长、绅士和胥隶不关注民生民情，反而在天灾频发时"以火肉稻饭喂犬，檄民为生祠"[④]，这才是出现这一现象的根本原因[⑤]。

有鉴于此，明清之际的地方知识分子将目光放在了民间武装力量上，主张施行"保聚之法"来"免兵灾，过乱世"，从而加强乡村治安，达到防备流寇匪患、维持社会稳定的目的。

---

① 姚廷遴:《历年记》,《清代日记汇抄》,上海:上海人民出版社,1982年,第84—85页。

② 张履祥:《桐乡灾异记》,《杨园先生全集》,第517页。

③ 张履祥:《桐乡灾异记》,《杨园先生全集》,第518页。

④ 张履祥:《桐乡灾异记》,《杨园先生全集》,第518页。

⑤ 张履祥在《赁耕末议》和《书改田碑后》两篇文章中,进一步提到了贫富差距悬殊和赋役过重的问题。在他看来,所谓"下民"才是王孙贵族得以生存的供养者,并建议改良赋税之法,以期解决贫民的困境,这在如今也依旧具有深刻的思想内涵。(张履祥:《杨园先生全集》,第573、592页)

清人有云:"自古治道,必使风俗淳和,地方宁谧,无不以乡约保甲为急务者。一主于劝善,以化导为先;一主于惩恶,以禁诘为重。"[1]自古以来,若要达到大善之治,对善行的奖励和对恶行的惩戒都必不可少,即从正反两方面用力,才能达到"醇风俗,宁地方"的效果。落实在实际政治制度中,与传统乡村治理中"乡约民规"的劝善效果相辅相成的重要手段,则是用以发挥惩恶职能的"保甲法"。陆陇其在担任灵寿县令时所颁行的《乡约保甲示》中就明确指出了二者的关系,认为"为申明乡约保甲,以挽颓风,以靖地方事。照得乡约以劝善,保甲以惩恶,即古比闾族党之遗法。……其乡约保长等,务须实心任职,倡导乡民,稽查匪类"[2]。可以看到,"保甲法"主要强调乡民户籍身份的编集落实,通过门户之间的递相稽查来防备可疑之人,且间有相互救应的作用。究其实质,保甲的根本目的是帮助官府更便捷有效地管理基层民众,从而治理好乡村社会。

与"保甲法"稍有不同,民间理学家倡议的"保聚之法",其实质是"家相保,人相聚"[3],即在乱世之中将乡民都集中起来共同管理,以最大可能团结所有力量,从而免于离散之患和土寇之害。总的来说,前者重视"管理",后者则相对更强调"保护"。

譬如张履祥对"保聚之法"的设想,是以"严保甲"为选举制度,以"谨约法"为奖惩措施,以"养壮佼"为具体力量来源,三者合一作为乡村治安的主要措施,做到"每十户为一甲,甲有长,十甲为一保,保有长。有约副一人,皆以众推。……凡一户有警,一甲群起救,一甲有警,一保群起救,一保有警,一乡群起救,一乡有警,一聚群起救。无事甲守其甲,保守其保,乡守其乡,聚守其聚"[4]。

对比来看,这种"保聚之法"与"保甲法"相比有极大的优势。一方面,他的保甲选举制度主张"皆以众推",即由乡民自己选举出领袖长官,而不是由官府委派,这种类似"民主推举"的方式,在当时可谓难能可贵。要注意的是,真正做

---

① 张伯行:《申饬乡约保甲示》,《正谊堂集》卷五下,《三贤政书》五,台北:台湾学生书局,1976年,第2401页。

② 陆陇其:《乡约保甲示》,《三鱼堂外集》卷五,《四库全书》第1325册,上海:上海古籍出版社,1987年,第269页。

③ 张履祥:《保聚事宜》,《杨园先生全集》,第577页。

④ 张履祥:《保聚事宜》,《杨园先生全集》,第577页。

好乡村治理工作，光靠官吏稽查督责是远远不够的[1]，归根结底还是要依赖乡民自治的力量。这一"保聚之法"不仅能够填补因"政令不下乡"出现的缺漏，在无官吏关注时，可以实际处理乡村诸事；更能最大限度确保选出的"长官"是实心实意为乡民做事，不至于仅沦为官府差役的协助。

另一方面，他将"保甲法"与"谨约法"相关联，提出对"斗殴、酗酒、赌博、纷讹、游手盗贼、倚势害人"等败类之属的惩罚方法，通过各级惩办的方式将村民之间的矛盾化解在基层，既加强了各类治安管理、解决了村民诉求；又不必事事都"告之官司"，一定程度上也缓解了县及以上的司法压力。至于防土寇的民兵力量，则"募附近之强力者而分处之"，并"待之以忠信，厚之以衣食，要尽得其心，尽其力而已"，从而"不独吾势既壮，人人有可恃之心，亦所以解土寇之党，在在无穷发之志也"。[2] 这样处理既能增加乡村的保卫力量，又能使得那些勇武好斗之人能够发挥其长，从而避免其落草为寇，可谓是一举多得。

在明清之际独特的历史条件下，相对于官府为主导的"保甲法"，这种以"保聚"为核心、以"民选"为基石的基层自治系统，的确能在保障乡民安全、化解日常矛盾和维持社会稳定上，起到更大的积极作用，这也在一定程度上为学者的"保民教化"之愿提供了土壤。事实上，正是在"治生"与"保甲"的基础上，江南士人"礼下庶人"的教化运动才得以进一步践行。

三、以礼抗俗的文教运动与伦理体系的道德重建

晚明以降，社会伦理道德领域一直处于混乱局面，呈现出"礼义廉耻之大闲，多荡而不可问"[3]的情况，以至于理学大儒不仅多有"目击心伤，多有痛哭"[4]之悲，更有大量诸如《人谱》之类的宣扬礼仪的小册子，以劝勉世人维持道德气节。事实上，风俗颓败、社会秩序动摇可谓是中晚明士人的一种普遍感知，这种

① 保甲法在实施过程中经常出现效果不佳的情况，一方面是由于地方有司并不对此严格执行，或置若罔闻，或屈打成招；一方面也有保甲法自身存在的积弊，反会导致民累滋甚。（汤斌：《再严保甲之法以安民生以靖地方事》，《汤子遗书》卷七，北京：人民出版社，2016年，第391页；彭鹏：《保甲示》，《清朝经世文正续编》卷74，扬州：广陵书社，2011年，第173页）

② 张履祥：《保聚事宜》，《杨园先生全集》，第579页。

③ 李颙：《南行述》，《二曲集》，北京：中华书局，1996年，第76页。

④ 孙奇逢：《与杜君异》，《夏峰先生集》，北京：中华书局，2004年，第85页。

衰败使得理学家普遍产生了前所未有的紧张;针对世俗失序的情状,他们企图用严格的道德准则和礼容规矩来规范和校正人们的行为。

等到明清之际,面对乱象横生、伦理崩坏的社会现实,江南士人除了关注乡民治生、参与基层自治之外,还倡导以礼抗俗、崇礼革陋的文教运动,寄希望于通过培养崇礼向化之心,来革除乡村风俗的弊陋之处,以期起到教化民心、移风易俗的作用,进而重塑伦理道德秩序。

概括地说,地方知识分子重建伦理道德体系的努力,主要体现在敦行教化、兴办教育和移风易俗等方面。

(一) 敦行教化、兴办教育

民间理学士人极为注重家庭教化的作用,认为这是能达到“礼治社会”的关键。其中,对宗族的肯定和改造是家庭教化中最为根本的一环。顾炎武和张履祥都强调宗族对重整地方秩序的重要意义,不仅提出“修祠堂、聚宗族”以重掌教化之权[①],还十分重视家谱中的各项礼仪活动,并倡导乡民多修建宗族谱系,解释这不仅是和睦宗族、稳定秩序的重要举措,更是促使乡民能在日常生活中落实礼教的基础。陈确也极为重视宗族,并提出以族葬、族祭和合祭之礼来代替当时的丧葬习俗;一方面,他意图通过遵循宗族礼仪来对抗当时的“违礼风俗”,另一方面,他认为宗族组织具有济助贫困族人的慈善功能。[②]

对女子行为的规范和教导也是家庭教化中的重要部分。中国社会历来就有重视女教的传统,如《周易》中的“男女正,天地之大义也”[③],就对男女地位进行了规定,之后又出现了一系列诸如《礼记·内则篇》《列女传》《女诫》等教化妇女的“女教书”,都是以儒家伦理道德为基础,对女子行为做出的相应规定。明清之际的江南士人也高度重视日常实践中的“女教”,如陈确和张履祥的文集中就不仅多有赞扬节妇的碑文,更有《补新妇谱》等阐明女子应守之礼的规章。

在兴办教育问题上,江南地区历来就有创办家学、社学和书院的传统,明清之际虽不倡讲学,但政府官僚亦积极创办各类义学、社学等学校,民间理学家同样注重人才培养,各地也出现了大量讲经会等民间组织。但需要指出的是,学

---

① 顾炎武:《华阴王氏宗祠记》,《顾亭林诗文集》,香港:中华书局 1976 年,第 114—115 页。

② 陈确:《道俗论》,《陈确集》,北京:中华书局,1979 年,第 169—170 页。

③ 王弼、韩康伯注,孔颖达正义:《周易正义》,《十三经注疏》,北京:中华书局,1980 年,第 50 页。

校和书院的服务对象主要还是集中在当地有一定基础的秀异者，普通百姓和乡村孩童还是很难获得受教育的机会。

（二）敦本厚俗，崇礼除陋

面对失序悖礼的社会现实，“移风易俗”是知识分子关注的重点，他们致力于以礼抗俗、崇礼革陋，以期重建乡村社会的良善风气；其中最具代表性的就是乡民生活中流行的停棺不葬、阻葬、火葬等丧葬风习。

据各地地方志和学者著作等记载，在江南地区，尤其是嘉兴府和湖州府等地，乡民治丧多迷信佛老浮屠，有“三吴习气，重僧，重堪舆，重养生家。重僧，为其广福田也；重堪舆，为其荫后无穷也；重养生家，为其长生可得也”[①]的风俗习惯。人去世之后多不依古礼，反由僧尼等念往生咒、度人经等所谓“法门”，更有乡民延请僧道火化逝者，不仅使官置义冢成为虚设，也因寄棺不葬导致亲人尸身难有埋葬之所。更有甚者，一些迷信风水之说的人家，或迁延数十年不葬，而后不得不付之一炬；或葬无定期，捡拾腐烂尸骨于瓮中；或只停棺而历久不葬，使祖先魂魄不安；等等。此外，兼有“偷葬”之风、“火葬”之习、“丧家做佛事”之俗等众多违礼举措，都在当时引起了有识之士的议论和批评。

譬如张履祥就在分析了所处地区乡民违背礼制要求的丧葬行为之后，对历代“火葬恶俗”屡禁不止的原因进行了全面概括，指出：

> 火葬一事，历代所禁。然而不止者，一惑于桑门之教，一惑于风水之说，一诿于贫而无财。夫贫而无财，有棺无椁可也。甚者敛手足形而葬之中野，不犹愈于以父母之身投诸烈焰乎？况今俗之失，实不为此。方其焚亲之日，多其僧道，会其亲友，厚其酒食，其费不数倍于封树之需乎？若乃桑门之教，风水之说，其为悖谬，自古哲人言之备矣。[②]

在他看来，火葬之所以在历朝历代屡禁不止，有三个重要原因：一是囿于佛禅所惑，二是迷信风水之说，三则是因贫困所致。前两者自古圣贤之人已经说明了其“悖谬”的原因，故而无须再去追溯；最后一点，张履祥认为如果是家贫无

---

① 张履祥：《近鉴》，《杨园先生全集》，第1037页。

② 张履祥：《丧葬杂说》，《杨园先生全集》，第528页。

余财，那么“有棺无椁”也是可以的，但是有些人却忍心将父母亲人的尸身投到烈焰中去焚烧，不仅不符合情感，而且在火葬之时又多请僧道超度，还以酒食宴请亲友，这样的耗费实际上已经是倍于常礼了，所以于情于理都不应如此去做。

可以看到，张履祥的看法并非空谈于儒家的道德伦理，反而是从情感和经济两方面实地考察说明，来劝解乡民不应迷信火葬恶俗，而是应该符合礼制，否则就会出现“已不能葬其亲，复禁人之葬其亲，推此志也，必尽人而不得葬也”[①]的不良后果。因此，他对那些推动民间丧葬违背礼节的“葬师”们进行了猛烈的抨击，认为这些人的做法不只违背了伦理道德，更会因其邪说而遭到恶报。

同时，他更是积极推行葬亲社约活动，通过实际行动来帮助贫困社员安葬亲祖，以解决家贫之人的葬亲之困，从而达到劝诫乡民、教化风气的目的。其中，《跋清风里葬亲社约》一文的撰写，以及由之而来在桐乡清风里所实际施行的地方实践可谓是极具代表。

从具体来看，张履祥的葬亲社大概以下面三条实践措施为约定：

一、原约同会，始终两会而已。窃恐日月浸久，相见太疏，不免怠忘之患，宜于每岁之首，特加一会。其已葬者，于会期申再拜稽颡之礼，以致谢。既省登拜之烦，亦使未葬者有所观感，而于一岁之中，矢心积力，以期必葬，则是岁举事者必众矣。其会以已葬者司其事，而不任费。

一、同会之人，不逾桑梓，非其亲党，则通家邻旧也。聚会之日，不妨率其子弟以至，世好既敦，亦明礼让。其有佻达不敬父兄，游浪不务本业者，同会教戒之。

一、蓝田《吕氏乡约》，敦本厚俗，莫此为甚。今日之集，特从流俗之极敝，人心之最溺者，先为之导，宜于会日讲明其义，使相辅而行。庶乎仁厚之风久而浸盛，异时即不立社可也。[②]

---

① 张履祥：《丧葬杂说》，《杨园先生全集》，第530页。

② 张履祥：《跋清风里葬亲社约·补例三条》，《杨园先生全集》，第597—598页。

一方面,张履祥在原《社约》基础上,增加了葬亲社集会的时间。他认为,如果按照原本的约定,每年只集会两次,就有可能因时间过久而难以亲密起来,这就会不免有懈怠遗忘之患。同时,对待已葬之人,他主张应在集会期间“再拜稽颡之礼”以表达谢意,在节省平时登拜时间的同时,使尚未葬者得以感悟,从而在一年之中尽心尽力“以期必葬”。这样一来,不仅能够使得举事者得以增加,同时也因各司其职而避免太大的抛费。在第二条中,张履祥规定了同会之人的身份,以便每次集会都能带家中子弟共聚,从而使得家中子弟不仅能够明礼,还能得到教戒。最后一条则是对《吕氏乡约》“敦本厚俗”的推崇,说明他组织葬亲社集会也是要从“流俗之极敝,人心之最溺者”处引导,不仅在理论中讲明其中之意,更要在实践中加以施为,使得乡间之风重归仁厚。换句话说,张履祥是将教化乡间不正风俗、使之重归仁厚守礼作为其立社的根本目的,因此不仅与有共同旨趣的地方士人“联盟”,竭力排拒乡村丧葬中的“恶俗”,更是期待将这一做法推广到整个乡间社会之中,以期重构社会秩序。

陈确也同样有感于乡间丧葬之风不良,痛切乡民惑于风水、暴棺不葬的行为,著有《葬书》《丧实论》等篇,以期教化乡民,重构社会礼乐秩序。不仅如此,他还提出了“族葬”和“俭葬”等方法,以应对乡间社会因无钱、惜地而停棺不葬的行为。[①] 从总体上看,其论说同样不仅从道德伦理观层面展开,说明送死与养生之同等重要性,为“土葬”提供了理论依据;更没有忽略乡民所重视的经济利益层面,以实际耗损点出丧葬活动依据传统礼仪的必要性,这就为恢复丧葬礼仪秩序提供了现实的可能。

另外,更有许多善堂善会都反复强调土葬的重要性,并为当时民众提供了众多诸如集资、搜集砖瓦等与尸骸掩埋相关的义葬善举,确实从经费上解决了乡村中普遍存在的贫不能葬的问题,并从道德教化的层面,很好地蹈行了儒家的正统思想,缓解了当地较重的“火葬”“缓葬”甚至“不葬”的风气。

事实上,对土地的珍惜是火葬和停葬难以遏制的根本原因:一部分乡民将祖宗骸骨挖出,将坟地卖出以换取钱财生存,一部分乡民则通过或火葬或停尸不葬等做法,以减少对耕地的占用。这样一来,尽管各地类似葬亲会的助葬组织不断出现,地方士人也一直强调按礼制土葬的伦理意义,甚至政府官员亦对

---

① 陈确:《俭葬说》,《陈确集》,第496—497页。

此鼓励劝诫,但乡间丧葬风气仍无显著的改善效果。与此同时,从葬亲社活动本身来看,助葬行为实际上多围绕在士人群体之中,并无多少对社会底层群体利益的真正改善,这也是风气难以一时扭转的原因之一。

总之,明清之际江南士人提倡并实践的各类礼治运动,是在乡间以较为通俗的方式对儒家提倡的伦理道德加以宣扬,以期对当时混乱败坏的社会风气加以改善,从而达至"礼下庶人"的治理效果。可以说,这些有关乡村教化和革除积弊的思考,虽然带有因时代和身份所限而难以避免的局限性,但仍不失为理学家基层教化行为的一种典型尝试,代表其重构理想社会秩序的一种努力。

最后,明清之际的江南理学家对乡村教化和秩序重构的思考在现今依旧没有过时,在当代仍然具有重要的启示意义。这样一来,如何对传统道德进行转换和发展,以使之与今天的乡村治理要求适应,则是现在需要关注和解决的重点,也是当代乡村文明建设不能绕过的基石。

Ceremonial Rites Extend to Commom People: Moralization Political of Grass-roots Proposed by Neo-Confucianism in the Ming and Qing Dynasties

Han Xue

Abstract: Jiangnan literati in the Ming and Qing Dynasties tended to drawing attention to the complexity situation, which represented problems in not only contradictions of politic and civilization but also collapse of local rules and ethics. In order to sovle these problems, Neo-Confucianism who guided by "Unification in Tao and rule" paid more attention to rural agricultural production and public moralization, which shows the unique balance of "Property Possession" and "Confucian Code Of Ethics". Based on the concept of "Taking Agriculture as Foundation" and "Resisting custom with Propriety", these Neo-Confucianism rectified and reshaped the collapsed ritual order as well as described various methods of agriculture and mulberry governance, that all ensured moralization political of grass-roots sucess. What's more, Long term influence from rural cutural customs and Confucian ethical concepts made a large number of local autonomous organizations emerged this time, not only did it reflected the requirements for rectifying local society and rebuilding the order of etiquette and customs, but more

importantly reflected the unique trend of "Ceremonial Rites Extend to Commom People" during this period.
Keywords: Ming and Qing Dynasties; Jiangnan Neo-Confucianism; Unification in Tao and rule; Moralization Political of Grass-roots; Ceremonial Rites Extend to Commom People

《福惠全书》治民治人之术*

——兼论黄六鸿待上之法与清代州县官生存之道

温珍金　孙劲松**

［摘　要］《福惠全书》是清代科举过关的儒生精英们首次担任知县时作为重要参考的官箴书。"修己治人"是古代诸儒普遍关注的问题。作为发展非常成熟的官箴书,《福惠全书》有着古代官员的道德规范,也有州县实务的行政参考,更有人际关系处理方面的指南。除了完成知县任务,他们要与围绕在周围的种种利益集团博弈,还要与上司、同僚保持良好关系。《福惠全书》主要讲州县的政事治理之事,治政即是治民、治人,同时还关涉如何待上的问题。在《福惠全书》中,反映了清代州县官的现实环境、施政理念和行为准则,也折射出清代年轻知县为酬所学,在种种矛盾关系中践行着身为儒生精英们修齐治平的使命。

* 基金项目:教育部人文社会科学重点研究基地重大项目"传统中国的民本理论与实践"(22JJD720024);武汉大学"《民藏》编纂与研究"项目(1101-250000117)。

** 温珍金(1989—　),男,江西赣州人,武汉大学哲学学院博士研究生,研究方向为儒家哲学、明清哲学。孙劲松(1973—　),男,安徽怀远人,哲学博士,武汉大学国学院、哲学学院教授、博士生导师,主要从事中国佛学、儒家哲学研究。

[关键词] 《福惠全书》;治民治人;州县官;生存之道;官箴书

"古之儒者,立身行己,诵法先王,务以通经适用而已"[①],明清之际的诸儒同样提出"经世致用"的学术思想。通过科举走上仕途的儒生精英们对"国家化民成俗之意,学者修己治人之方"[②]则尤为关注,官箴书是他们的重要参考和指南。瞿同祖认为州县官是"一人政府",其构成人群有两类:一是书吏、衙役、长随、师爷等作为州县官的四类助员,二是半官半民的地方精英群体,对地方政府或政治的非正式或私人性参与的士绅。[③] 这两类人对州县官有着不可忽视的作用,特别是士绅,对州县行政带来的极大影响。郭成伟和关志国认为,清代官箴书的作者们必须小心翼翼应对的群体有两类:一是来自衙门内部的幕友、书吏、衙役、长随等;二是来自衙门外部的讼师、官亲(官僚的亲戚)、代书、绅士、佐杂官等。[④] 第二类群体往往为了自身利益经常妨碍州县行政工作。走上仕途的儒生精英们欲实现"修己治人",除了进行基本的治民理政,还要与赴任地的各种关系、势力周旋。

一般认为,官箴书是以从政者为对象,从"为政之道"和"为政之术"两个方面箴诫从政者如何为政。"为政之道"是指从政者应具备的官德修养与为官理念,具有抽象性和说教性;"为政之术"是指从政者治理政事的经验方法与技能诀窍,侧重具体性和操作性。山本英史认为:"16 世纪以后的官箴书与其说是所谓官僚道德规范,实际上更接近于实务行政或是人际关系建构方面的指南书。"[⑤]《福惠全书》载:"夫是书也,政治之事也。"[⑥]政治之事,即政事治理之事。而治理政事是为民,事以人成,故治政即是治民、治人。《福惠全书》是清代非常有代表性的官箴书之一,其代表性不只在于它具备一般官箴书的基本元素,更在于它有着丰富的州县官人际关系方面处理和运用的史料。透过这些史料,我

---

① 永瑢撰:《四库全书总目提要》卷九十一子部一儒家类一,上海:商务印书馆,1931 年,第 2 页。

② 朱熹撰,陈戍国标点:《大学章句·序》,《四书集注》,长沙:岳麓书社,2004 年,第 4 页。

③ 瞿同祖著,范忠信、晏锋译,何鹏校:《清代地方政府》,北京:新星出版社,2022 年,第 29 页。

④ 郭成伟、关志国:《清代官箴理念对州县司法的影响》,北京:中国人民大学出版社,2009 年,第 127—181 页。

⑤ 山本英史著,魏郁欣译:《新官上任:清代地方官及其政治生态》,北京:北京师范大学出版社,2023 年,第 5 页。

⑥ 黄六鸿著,周保明点校:《福惠全书》,《自序》,扬州:广陵书社,2018 年,第 1 页。

们可以看到黄六鸿为了实现“施惠于民”的理想与抱负，在人际关系处理上投入了极大心力。

一、《福惠全书》治民之术

《钦颁州县事宜》载：“牧令为亲民之官。”[①]《图民录》载：“州县非他，父母也。”[②]知县、州县官是直接与民众有所接触的官，故称为“亲民之官”“父母官”。在清代的官箴书中，尤其是针对州县官的官箴书，治民理民是绕不开的话题。也有学者认为，清代官箴书关于民众部分始终为抽象性和观念性的描述，在“待人法”中毫无与民众相关的内容。[③] 这或许是由于看到清代官箴书的具体条目中并没有把“民”列为单独条目。

中国古代社会将民分为士农工商四类。《管子》载：“士农工商四民者，国之石（柱石）民也。不可使杂处，杂处则其言哤，其事乱。”[④]《淮南子》载：“是以人不兼官，官不兼事。士农工商，乡别州异。是故农与农言力，士与士言行，工与工言巧，商与商言数。是以士无遗行，农无废功，工无苦事，商无折货。各安其性，不得相干。”[⑤]由此可知，中国古代将民分为士农工商四类是出于方便治理的考虑。

在《福惠全书》中对于民的治理方法，自然也是根据士农工商这四类而有所不同，只是在具体名称上不尽相同。以“士”为例，在《福惠全书》中称为“绅衿”“绅士”，其中“禁私谒”“待绅士”等条目即是对“士”的治理方法。以“商”为例，在《福惠全书》中则是以各自行业指称，“定买办”“论铺行”等条目即是对“商”的

---

① 田文镜：《钦颁州县事宜》，清同治七年（1868）江苏书局刻本，第2页。

② 袁守定：《图民录》，清同治十二年（1873）刻本，第3页。

③ 如：“针对待人法设立了特别的篇目且进行相关议论的清代官箴书，其多数重点在于与执政现场的人民的应对方法上面，但是这些自始至终都是围绕着上司、同僚、下属、胥吏衙役、长随、幕友、乡绅、生员打转，毫无与民众相关的内容。唯一例外的是《图民录》，其中可见与民应对的条目。不过，这个记载仅仅引用了圣人言论的官僚道德规范而已，并未脱离观念性描述的领域。至于《福惠全书》则是完全没有设立与民众相关的条目。”详见：山本英史著，魏郁欣译：《新官上任：清代地方官及其政治生态》，北京：北京师范大学出版社，2023年，第66页。

④ 《管子》卷八《小匡第二十》，《诸子集成》第五册，北京：中华书局，1954年，第121页。

⑤ 《淮南子》卷十一《齐俗训》，《诸子集成》第七册，北京：中华书局，1954年，第182页。

治理方法。此外,在《福惠全书》中“民”也有泛称和特称的区别。泛称是针对整个或所有的民众,如“为民”“利民”“富民”“保民”等[①]。特称是出于专项治理层面来说,如需要更加体恤照顾的,即称为“贫民”“穷民”等;如需要花更多心力治理的,即称为“奸民”“厉民”等[②]。现以士农工商的传统分类为基础,结合《福惠全书》治理民众的专项特称(出现频次较多的)进行分析。

(一)对贫民(穷民)应多照顾体恤

贫民(或称为穷民)是《福惠全书》中出现频率较高的民众群体。他们或是因“无恒产”,或是因“鳏寡孤独”,或是因懒致贫(《福惠全书》中称之为“懒民”)。贫民在士农工商四民中均有存在。“恤民之意”是对于整个民众而言,但具体来说,则更多是针对贫民。这类群体是州县官需要更加照顾和体恤的。在《福惠全书》中如《教养部》《荒政部》等部中的惠民政策是对于整个民众来说,但这些政策的效用更多是惠及贫民。“教养”“荒政”等在《福惠全书》中属于宏观的利民惠民政事,但其中也有很多具体的惠及民众的条目,特别是针对贫民(穷民)。

《莅任部》“待绅士”一项中,黄六鸿资助贫寒的读书人。“贫寒不给者,或分廉俸,资之膏火。”[③]黄六鸿认为,资助贫寒的读书人,不仅是作为父母官应该做的,也可以让“贤者闻风知劝,益加自爱”[④]。黄六鸿拿出自己的俸禄资助贫寒读书人,也可看出他对读书人的偏爱。

《钱谷部》中对于“解给”的支放缓急,有按月支放和按季支放。黄六鸿认为,“则铺、司兵,皆系贫民”[⑤],体恤到他们昼夜传送公文比较辛苦,应该按月支给,不能影响他们的正常生活。此外,对于养济院中孤儿的口粮,也认为应逐名按月先支给。

《杂课部》中列举了各种杂税,这些杂税数额小而名目多,其征税对象多系

① 注:“为民”“利民”“富民”“保民”等泛称民众时,主要是从“以民为本”思想出发。详见:孙劲松、温珍金:《〈福惠全书〉民本思想探析》,《海南大学学报(人文社会科学版)》,2023年第5期,第11—18页。

② 汪辉祖将需要严厉治理的民众称之为“莠民”:“剽悍之徒,生事害人,此莠民也。不治则已,治则必宜使之畏法,可以破其胆,可以铩其翼。若不严治不如且不治。盖不遽治,若辈犹惧有治之者。治与不治等,将法可玩,而气愈横,不至殃民罹辟不止。”(汪辉祖:《学治续说》卷一《治莠民宜严》,上海:商务印书馆,1939第15页。)

③ 黄六鸿:《福惠全书》卷四《莅任部·待绅士》,第72页。

④ 黄六鸿:《福惠全书》卷四《莅任部·待绅士》,第72页。

⑤ 黄六鸿:《福惠全书》卷七《钱谷部·解给》,第141页。

贫民。如“当税”一项,“如乡曲贫民,以农具器用押贷米谷粮食者,不在此例”[①],贫民典当自家农具器具,本属生计所迫,对这一类不应征收当税。在“门摊税”中,对于在城市临街铺面前的空隙之地摆摊设点卖杂货的,“此皆穷民小本,藉之为糊口计”[②],已收取他们的地租,不应再向他们征收门摊税,“宜除之以示慈惠”。黄六鸿认为,像“牛驴等项”,是小民日用之需,属于“毫末之征,惟厘太甚,不必过求”,并且贴出告示晓谕民众,“城乡市集,牙行经纪,除经本县投认领帖外,其余念系穷民,未忍苛察。如该胥私行吓诈,毋得概与分文,以辜本县德意。”[③]黄六鸿免除穷民的部分杂税,“留有余不尽于穷民”,体现了他对贫穷之民更多的体恤。

《保甲部》中“守御救援”一条强调了防御和协力擒捕盗贼的职责。黄六鸿认为,四民之中无论富贫都须出力,一体均派,不能让富贵之家贪图安逸而“独累贫户小民”;各庄头要会集均派,不得徇私富户,“偏累贫民”[④]。

《荒政部》是为防灾备荒而设。如果连年丰收,仓储充满,可以“于春时多粜,以利贫农。存其赢金,以备凶灾赈给贫民,为牛力种子、缮完屋宇之资”[⑤]。黄六鸿认为,连年丰收之后,必有荒年,一定要提前筹划。在赈济之时,有“给米银、设粥厂”两种方式,“本境饥民,皆有室家,得其米银,即可免其转徙。流来之饥民,原属饿殍,得其粥食,即可救其死亡。但专给银,可就其家散之,免令穷民奔走;专给米,必须逐户到仓亲领。”[⑥]给贫民发米,发银,还是施粥,根据贫民的情况来定,主要以方便贫民为原则。

《邮政部》中“船夫车驴”一项,行军打仗时凡水路经过地方,会向民间征集船夫、纤夫、车驴等。黄六鸿认为,船夫、纤夫等,都属于贫民,相关费用要及时支付给他们,“毋得短少,致累贫民”[⑦]。

《庶政部》中有“育养婴儿”一项,专为贫民遗弃小儿而设立慈幼局。“乃有

---

① 黄六鸿:《福惠全书》卷八《杂课部·当税》,第153页。

② 黄六鸿:《福惠全书》卷八《杂课部·门摊税》,第154页。

③ 黄六鸿:《福惠全书》卷八《杂课部·杂征余论》,第161页。

④ 黄六鸿:《福惠全书》卷二十二《保甲部·守御救援》,第416页。

⑤ 黄六鸿:《福惠全书》卷二十七《荒政部·积贮》,第509页。

⑥ 黄六鸿:《福惠全书》卷二十七《荒政部·赈济》,第510页。

⑦ 黄六鸿:《福惠全书》卷二十九《邮政部·船夫车驴》,第551页。

贫民,生子力不能赡,因而弃置者多矣。”[①]黄六鸿认为,仁人要以恻隐为心,珍惜民命。于是效仿宋代,设立慈幼局,专门收养贫民遗弃的婴儿。此外,州县设定的河夫管河巡查,责任大且事务多,“且类皆穷民,所赖资生者,止此数金之工食而已”[②],州县不应克扣他们的费用。另外,河道每年的整修和养护工作,只要能多用几年,能省则省,尽量减少差役向他们索贿的次数。

从以上各部的记载中可以看出,贫民这一类群体多涉及贫农、孤儿、小摊贩、船夫、纤夫、河夫等,他们有的是没有生活能力,有的是只能靠体力讨生活。黄六鸿对这些贫民无论是在政策上,政事程序的优待上,以及经济的支持上,都有更多的照顾和体恤。陋规在清代是公开的秘密,不仅存在于州县以上的官场,也存在于州县衙役和底层民众之间。[③] 州县衙役出差办事,对涉事民众收取一定的餐费茶水费也是州县官默认的事实。对此,黄六鸿无法改变,只能在清楚这些陋规的情况下,出于恤民的考虑,尽量减少衙役直接对民众执法的频率,以期望能减少他们向贫民索贿的次数。

(二)对富民要劝其多出资出力

富民,是指富裕之民。富民一般都家境殷实,故在《福惠全书》中也常用“富户”代称。富民在士农工商四类民众中均有存在。黄六鸿对富民的治理方法有别于贫民,有更多依靠、引导、劝导的倾向。

在治理富民问题上,牵涉面更大,更为复杂。贫民的治理,更多为衣食问题。相对贫民来说,富民的问题更为多样。从外部来看,富民因家境殷实,更容易被胥吏、衙役索贿,也更容易被盗贼窥伺。这也是州县官爱民护民需要为富民维护的。从富民自身来说,正因他们财力充足,能牵动更多关系,给州县治理带来了更大的难题。“富贵之家,以放逸而生邪欲。”[④]有财力和放逸是导致富民出现各种治理问题的主要原因。以子女教育为例,“今者富贵子弟,有力而多不学”[⑤],相比于贫民子女是因为没有余力而不能学,富民子女多因放逸而疏于学业。有些富民常与州县执法人员勾结,或贿赂胥吏,扰乱司法;或与衙役分

---

① 黄六鸿:《福惠全书》卷三十一《庶政部·育养婴儿》,第 578 页。

② 黄六鸿:《福惠全书》卷三十一《庶政部·河堤岁修》,第 569 页。

③ 陋规:相沿成习的不合理规定。这里特指官吏私受人钱财。

④ 黄六鸿:《福惠全书》卷十九《刑名部·奸情·总论》,第 353 页。

⑤ 黄六鸿:《福惠全书》卷二十五《教养部·立义学》,第 472 页。

肥,欺压良民。这些都给州县官进行政事治理带来更大难度。

在州县政事治理中对富民也有一定依赖性。《刑名部·监禁》载:"如资用不敷,广为劝助。绅衿富庶,谅亦乐输。总之,念属救人,不必过为拘谨。若能独力勉行,七级便成已造,不更快乎?"①面对囚粮不足问题时,黄六鸿为体恤狱囚,常以大义劝富民捐助。黄六鸿希望富民在平时多为州县出钱出力,特别是在州县公益事业上。如州县要设立义仓,希望富民进行捐助,"宜与绅士富民商酌,于各乡照社仓自立义仓,广为乐助"②。如州县欲筹建育婴堂,也希望富民进行捐助,"延请绅衿好义者董其事,父母官捐俸倡首,而僚佐绅衿富民乐助之"③。设立义仓,建育婴堂,是黄六鸿恤民之意(多是为贫民考虑),但限于州县财力,他希望能得到富民的资助。

特殊情况下劝导富民要有所贡献和牺牲。州县风调雨顺,百姓安居乐业,是州县官希望的景象。但也常会出现特殊情况和突发状况,如时逢灾年,出现盗贼等。在灾荒之年,州县开仓放粮,救济灾民,是州县官应做之事。如果出现仓廪粮食不足的情况,黄六鸿"则捐己俸,以倡励其僚佐、绅衿、富庶以输助之"④,希望通过自己带头倡导富民一起捐助。荒年有时会出现灾民抢粮的问题,黄六鸿认为,"欲禁抢粮,必先劝其富室,以恤里救灾为重,权其食指之所需,余则尽粜之民,或酌其多寡而贷之"⑤,希望富民不要囤积居奇,能够量力卖出一些粮食给灾民。偷盗是州县常有的案件,"凡盗贼窥伺,多系绅衿富厚之家"⑥,富民之家是盗贼光顾的主要对象。黄六鸿认为,富民更须严防自卫,更应为城乡防卫出资出力。

"优以仪文"和"罄其赀财"是黄六鸿对富民的奖惩之法。对贫民的体恤和帮助多为物质层面,而富民本身有一定财力,物质层面的奖励起不到很好的激励作用。黄六鸿对富民的奖励之法多为精神层面,如前文劝其行义。针对富民子女"有力而多不学"的普遍状况,如有少数富民严格督促子女用功学业,"其善

---

① 黄六鸿:《福惠全书》卷十三《刑名部·监禁》,第 243 页。

② 黄六鸿:《福惠全书》卷二十七《荒政部·积贮》,第 510 页。

③ 黄六鸿:《福惠全书》卷三十一《庶政部·育养婴儿》,第 578 页。

④ 黄六鸿:《福惠全书》卷二十七《荒政部·除盗》,第 516 页。

⑤ 黄六鸿:《福惠全书》卷二十七《荒政部·除盗》,第 516 页。

⑥ 黄六鸿:《福惠全书》卷二十三《保甲部·严禁骚扰》,第 431 页。

文而有品者，宜特加奖异，富者优以仪文”[①]，则通过表彰的形式，在富民中树立榜样作用，进而引导其他富民督促子女用功学业。对于少数不良富民，勾结胥吏、衙役，贪赃枉法，欺压良民的，视情况惩治。如果罪不可赦，“以法治之”；如果罪责稍轻，则网开一面，令其族属公保；如果罪责较重的，则“重责枷示”。对于所诈之赃款，一方面，归还原主；另一方面，“仍视公用所需，如监仓、养济、赈贫等项，罚其修葺捐助，以罄乃赀财，使不得有所恃而复思狂骋”[②]。“罄其赀财”，用于义仓开销和赈救贫穷等公益事业，让他们失去兴风作浪的资本。这是黄六鸿惩治无良富民的方法。

（三）对绅衿要待之以礼，不能太较真

绅衿，指地方上有功名而未仕的人。绅衿在地方上有一定权势，属于四民中“士”一类。绅衿与知县都属于知识分子，他们虽然不是官，但对州县的政治发挥着潜在的影响。且他们不论好坏，对州县行政都有影响。对于不良绅衿，《福惠全书》中常称之为“劣衿”“豪强”。清代官箴书中对绅衿的治理方式都非常重视，经常有专门条目介绍如何与他们处理关系。《福惠全书》对此也进行了非常详细、具体的介绍。

“以礼相待”和“以法治之”是清代官箴书对待绅衿的主要方法。“官与民疏，士与民近。民之信官，不若信士。”[③]不可否认，获得士的协助，对州县治理有很大的帮助。这一点是清代官箴书的共识。孙鋐《为政》认为，“士为四民之首，原应刮目相看”，应“平时隆重，门色咸知”，“一旦有抗粮玩法，及把持官府，起灭讼词等一切不肖劣行，尽法申究，绝不容情，以向来之雨露为此际之雷霆”[④]。《钦颁州县事宜》认为，“绅为一邑之望，士为四民之首”，“然其中优劣不等”，“待之之道无他，曰绳之以法而已”，“使顽绅劣士，知所敛迹，不敢妄为”[⑤]。礼和法是对待绅衿的主要方法，一方面，是对绅衿的重视，以礼相待；另一方面，对妨碍地方行政的绅衿进行严厉打击，以法治之。可以看出，清代官箴书对待绅衿的方法和态度还是较为审慎和严厉的。

---

① 黄六鸿：《福惠全书》卷二十五《教养部·生童课试》，第474页。

② 黄六鸿：《福惠全书》卷三十《庶政部·访拿蠹棍》，第558页。

③ 汪辉祖：《学治臆说》卷上《礼士》，上海：商务印书馆，1939年，第13页。

④ 孙鋐：《为政第一编》卷二《时宜上·立政·重斯文》，清康熙年间刻本。

⑤ 田文镜：《钦颁州县事宜》，第22页。

与之相比,《福惠全书》对待绅衿在态度上更为温和。黄六鸿同样认识到绅衿的特殊地位,“本地乡绅,有任京外者,有告假在籍者,有闲废家居者。其交际之间,宜待之以礼,用刺相觌,悉照旧规”[①],以礼相待也是黄六鸿对待绅衿的基本态度。在此之上,黄六鸿在具体对待细节上做得更加到位,如“其有切己事,或兄弟子侄横罹意外,亦必周全体面”,“至于学校中有文章品行之士,特加优遇”,“贫寒不给者,或分廉俸,资之膏火”[②]。黄六鸿希望这样做能让贤良的士人闻风知劝,更加自爱自强;让不肖者返思自愧,更加有志于学。黄六鸿对年轻的士人给予了更多的尊重、帮助以及改过自新的机会,希望通过道德感化的方式让其反省,并认为这样做对风俗教化有潜移默化的作用。如果实在有情节严重的,则“法难轻纵,责亦必加”。

面对绅衿与乡邻之间的争端,不能“任事太真,疾恶太甚”,要“忍性气”,平心静气处理。黄六鸿认为,处理绅衿与乡邻之间的争端要放平心态,如不耐烦,就会增加矛盾,甚至伤及自身。他举例自己在郯城处理一个“劣衿”包揽民粮的问题,“鸿闻之,不胜眦裂发指,立命补牍公举,与诸欠户对簿。彼愤众遽敢撄锋,乃起而批举首之颊。鸿遂大怒,立请教官褫其衣,杖之于庭,而通申各宪”[③]。其后,这个“劣衿”的父亲(也是绅衿)便到刚上任的抚军那里诬告黄六鸿。幸好抚军严查,加上其他上司对黄六鸿的考核评价都为“循良”,黄六鸿才免于被诬陷。最后,黄六鸿反思自己,认为“此皆由于任事太真,疾恶太甚”[④]。

经郯城一事后,黄六鸿在处理绅衿争端问题时就变得平和了。后来黄六鸿担任东光县令,同样处理一位劣衿“把持衙门,包揽赋税”的问题时,虽然怒意填胸,却没有“掀案挞之”,只是“好言慰之”。最后,结果也是较为圆满,并如额补完余粮。黄六鸿反思认为,处理地方争端问题,“但当就地方斟酌了之,何必以己之喜怒置乎其间,而反滋扰攘”[⑤],让矛盾双方意气平顺下来,而自己不能有所偏倚,然后欣然听处。“驭大奸大恶,如上天之生狼虎,不必雷霆下击,辄思殄

① 黄六鸿:《福惠全书》卷四《莅任部·待绅士》,第72页。
② 黄六鸿:《福惠全书》卷四《莅任部·待绅士》,第72页。
③ 黄六鸿:《福惠全书》卷四《莅任部·忍性气》,第68页。
④ 黄六鸿:《福惠全书》卷四《莅任部·忍性气》,第68页。
⑤ 黄六鸿:《福惠全书》卷四《莅任部·忍性气》,第69页。

绝，但使咆哮跳梁之气无逞施，彼将敛足戢尾而退，则善矣。”[①]对于地方豪强，甚至大奸大恶之徒，黄六鸿也认为要用超然的心态来对待。这是黄六鸿在实践中得出的治理经验。

绅衿出仕、担任过地方官的乡绅被称为“缙绅”。缙绅的地位比一般绅衿更高，享有赋税、司法等各种优待，对地方行政也有一定的话语权。在《福惠全书》中，缙绅一般是出现于重大祭祀、讲学等场合，通常都是被礼请出席的。“缙绅贤者，言论丰采，均有裨益，亲近之。”[②]“恳乞当道大人、缙绅先生维持风教，共彰公瘅。”[③]由此可见，黄六鸿对缙绅的态度更为尊崇，认为对缙绅要多亲近请教。

（四）对贱民也要有恻隐之心

在古代社会，除士农工商四民外，还存在一个特殊的社会阶层，称之为“贱民”。“清代以奴婢为代表的贱民等级乃是被剥夺了王朝百姓基本权利的、没有独立人格的、处于封建王朝等级金字塔最底层的群体。”[④]贱民是等级社会中最底层的人，其社会地位远低于士农工商四民，一般不能和普通民众通婚，不能参加科举，也不能通过捐纳当官。

贱民往往和特殊的职业有关，如奴仆、娼优、隶卒等。[⑤] 经君健认为，清代贱民等级有三个特点：一是贱民等级流动的不可逆性；二是贱民等级里有人属于“统治阶级”；三是贱民等级里有地主。[⑥] 贱民，或为继承父祖身份，或由其他等级降转而来，但无法向上成为士农工商。如有些家丁、衙役、庄头等即属于此类。他们当中有的打着长官和衙门的旗号欺压良民，中饱私囊，充当着“统治阶级”。他们当中有的用敲诈勒索得到的财富购买土地，坐食地租，成为剥削者，称之为“贱民地主”。但第二、第三特点当中的贱民是属于比较特殊的。也就是说，围绕在知县身边的家丁，以及州县衙门的衙役就是属于比较特殊的贱民群体。对于家丁、衙役的治理方法，后文有专门论述，此不赘述。

娼妓是《福惠全书》中出现频次较多的，并辟有专门条目，将其作为考察黄

---

① 黄六鸿：《福惠全书》卷四《莅任部·忍性气》，第69页。
② 黄六鸿：《福惠全书》卷一《筮仕部·谒选》，第2页。
③ 黄六鸿：《福惠全书》卷三十二《升迁部·禀启附》，第616页。
④ 经君健：《清代社会的贱民等级》，杭州：浙江人民出版社，1993年，第260—261页。
⑤ 另有堕民、丐户、九姓渔户、疍户等特定地区的贱民。
⑥ 经君健：《清代社会的贱民等级》，第253—258页。

六鸿对普通贱民的治理方法比较具有代表性。如《保甲部》“驱逐娼妓”条目中认为，“娼妓者，亦盗贼之窝家也”，娼妓之所是窝藏盗贼和赃物的地方。“宜于镇集通衢、商贾往来之处，凡有娼妓，着该保甲严行驱逐，只影不留。”①对于娼妓，要利用保甲系统严行驱逐。如果再次被抓，严惩并命令她们不许再来。在《邮政部》“逐娼妓”条目中对待娼妓也是如此。“宜即严行驱逐，务须扫叶以无遗。倘仍暗地潜藏，定必连株而重究。但可保全駷牝，宁教怨恨琵琶。”②黄六鸿对娼妓并没有一经抓到就严惩，而是以严行驱逐为主。如有再犯，才进行惩治。黄六鸿认为，只要能保全娼妓的人身，就算让她们怨恨也在所不惜。同时，也寄希望于她们能在此路不通时选择其他正当行业。这也体现了黄六鸿对娼妓的恻隐之心。

此外，《福惠全书》中偶尔出现的奸民、厉民、黠民、愚民、良懦之民等，基本上都是对犯事之民或临事之民的暂时性称谓，不具备以上明显的身份特征。对犯事之民，也是以严行禁饬为主。

二、“围绕在州县官身边的人”的应对方法

在清代州县衙门，知县是主要官员，称为“正印官”。《清史稿》载：“知县掌一县治理，决讼断辟，劝农赈贫，讨猾除奸，兴养立教。凡贡士、读法、养老、祀神，靡不所踪。”③在知县之下，有县丞、主簿、典史等僚属官员，被称为“佐贰官”或“佐杂官”。他们和知县一样，都是朝廷命官。“僚佐朝夕共事，凡印官举动，无不周知。”④黄六鸿认为，欲让下属恪尽职守，州县官自己持身要正。下属有功则记功，有急则示恩，就算有些地方不称职，也要和颜开导，不能苛责他们。

“在清代各级地方政府逐渐形成了一个轮廓较清晰的官僚、幕友、胥吏既相互依赖，又相互牵制的三维体系。”⑤清代州县事务繁重，州县官要想治理政事，离不开幕友、胥吏的协助。除此之外，还有知县的家丁和负责外围工作的衙役。

① 黄六鸿：《福惠全书》卷二十三《保甲部·驱逐娼妓》，第432页。
② 黄六鸿：《福惠全书》卷二十九《邮政部·逐娼妓》，第549页。
③ 赵尔巽等：《清史稿》卷一百十六《志九十一·职官三》，北京：中华书局，2021年，第2406页。
④ 黄六鸿：《福惠全书》卷四《莅任部·交接寅僚》，第73页。
⑤ 陆平舟：《官僚、幕友、胥吏：清代地方政府的三维体系》，《南开学报(哲学社会科学版)》，2005年第5期。

这些人是离州县官最近的人，对州县政治的运作发挥着重要作用。“宅门内外，俱是瞒官之人。钱谷、刑名，无非作弊之事。”[①]可见，这些人对州县的行政运作发挥着重要作用，但也是州县官特别要留心应对的人。

（一）幕友：端于品行，忙时代劳，忌事权旁落

幕友，俗称“师爷”，在《福惠全书》中常称“兵书”。幕友主要负责协助州县官办理文书、刑名、钱谷等事务。幕友无官职，非官方任命，是知县私人聘请的佐助人员。“州邑事繁，钱谷、刑名、书启，自须助理之人。若地当冲剧，钱粮比较，词讼审理，与夫往来迎送，非才长肆应，势难兼顾。”[②]一个知县通常会延请多名幕友，如负责征税的“钱谷师爷”和负责审判的“刑名师爷”等。知县在处理生疏的政事之际经常向幕友寻求意见，同时，也通过幕友来监督胥吏和衙役，防止他们徇私舞弊。

州县官一般会以上宾之礼对待幕友，对幕友的选拔也格外重视。黄六鸿认为，对幕友的选拔要看重“才、识、品”三个方面。“优于才，则擘画裕如，无冗阘之患；敏于识，则仓卒能应，无疑缓之误；端于品，则腹心与共，无叵测之嫌。”[③]在幕友的“才、识、品”三个方面，认为“品”最为重要。因为幕友是离州县官最近的人，州县各项事宜都要与其商榷，如果品行不端，黄六鸿担心要是“宾主少有失意，辄操其短长，恐吓诈骗，往往有之”[④]。州县官延请幕友之时，可以通过让他起草谕单书信，借此了解其处理文案的能力；通过与他交谈所学，借机观察其言谈举止，了解其才致心术。如果“才、识、品”俱佳，则加重礼数，重金延请。如果三个方面有欠缺，则“品”放第一位，“识”次之，“才”又次之。

对幕友的使用，不能过度依赖，不能导致事权旁落。黄六鸿认为，“相延幕友，不过忙时代劳”[⑤]，只要稍微闲暇了，任何事情都要亲自检点。在处理政事有疑难之处，可与幕友商榷。借助幕友的才与识，既能把政事处理得更加周密，也能起到预防的作用。如在《莅任部·酬答书札》中说：“有关钱粮户土，须照会

① 黄六鸿：《福惠全书》卷三《莅任部·谨关防》，第 52 页。

② 黄六鸿：《福惠全书》卷一《筮仕部·延幕友》，第 12 页。

③ 黄六鸿：《福惠全书》卷一《筮仕部·延幕友》，第 12 页。

④ 黄六鸿：《福惠全书》卷一《筮仕部·延幕友》，第 12 页。

⑤ 黄六鸿：《福惠全书》卷一《筮仕部·延幕友》，第 12 页。

管理幕友，以便留意。毋使回书既允，及其发落矛盾，大招怨尤。”[1]一旦拿定主意，须州县官亲自裁决。如果过度依赖幕友，导致事权旁落，则弊病丛生。如在《邮政部》中说：“本官宜示以莫测，不时猝临其局，察其兵书、马牌夫等有无擅离。”[2]为防止幕友伙同马牌一起舞弊，黄六鸿经常对幕友的工作进行突击检查。

（二）家丁：谨慎防备，谢绝送投之人，以免后患

家丁，也称“长随”，有门上（负责传话）、司仓（负责仓库管理）、签押（负责保管官印）、办差（负责征发劳力）等职。家丁是州县官私人招募的心腹佣人，用于充当州县官与胥吏、衙役的桥梁，同时也是为了牵制胥役。

别人送投的家丁多数是见利起意之人，不能疏于防范。黄六鸿在《筮仕部·募家丁》中提到，选官之后，经常有人送投家丁，这类家丁经常“串通管家、衙役，作弊取钱，并分常例、小包，甚有外饰忠勤，内怀奸诈，希图信任，藉以行私”[3]，州县官经常因为没有察知，被其所骗。即使投送来的人，有精明聪察的，“彼又安肯以区区工食、离乡井、弃妻子以供使令乎”[4]。因此，黄六鸿建议，凡是送投的家丁，最好一概谢却，以免日后之患。

黄六鸿对家丁的防备也是极其谨慎的。黄六鸿认为，这些人愿意做家丁，不过是“藉以肥身”，只要“官府稍不精明，或疏防范，未有不通同攫利者”[5]。负责传话的家丁经常会有一些非正规收入，如名为门包的陋规。为了杜绝家丁从中牟利，官署大门会加封一道钥匙，不许家丁出入。就连投放诉讼状的箱子也不能让家丁看管，而是让胆小不敢作弊的“老实童子”看管；或者让亲信看管，并定时或不定时更换。这样做是为了让家丁看不透，就无法作弊。同时，也不许家丁靠近投放诉讼状子的箱子，不许他们与外人说话，“以杜交通”。此外，还规定“衙役有紧事回话传入，止令阶下跪禀，毋得近案”；在审案时不许家丁在大门守候，恐“本官对幕客商榷公事，窃听口气，透漏消息”[6]。可以说，黄六鸿对家丁的防备是具体到了各个细节。

---

① 黄六鸿：《福惠全书》卷四《莅任部·酬答书札》，第 75 页。

② 黄六鸿：《福惠全书》卷二十九《邮政部·勤亲察》，第 550 页。

③ 黄六鸿：《福惠全书》卷一《筮仕部·募家丁》，第 13 页。

④ 黄六鸿：《福惠全书》卷一《筮仕部·募家丁》，第 13 页。

⑤ 黄六鸿：《福惠全书》卷三《莅任部·谨关防》，第 52 页。

⑥ 黄六鸿：《福惠全书》卷三《莅任部·谨关防》，第 52 页。

（三）胥吏：保持猜疑，政事亲为，忌过度依赖

胥吏，在《福惠全书》中也常称为“书吏”。胥吏多由当地居民担任，主要负责文书的起草与保管、令状的发行、征税记录的制作等，是县衙里文字工作的主力。胥吏在州县行政管理和司法实务中发挥着非常重要的作用，在清代甚至出现“官”离不了“吏”的状况。这也是科举制度的必然。州县官是朝廷任命的，胥吏是州县政府雇用的执法人员。理论上讲，胥吏没有决策权力，不但地位低，属于贱籍，俸禄也低，主要靠陋规和贿赂度日。但实际上，因州县官是由科举获得“官”的身份，并没有政事治理和司法实务的操作能力和经验，而胥吏在这方面更专业，经验也非常丰富，所以胥吏这一群体在州县中“位卑而言高，禄薄而谋大”，成了上通下达的关键，甚至影响州县官的决策。如果离开胥吏，有时州县官的信息和命令都无法通畅。因此，晚清郭嵩焘评论说“明与宰相、太监共天下，本朝与胥吏共天下”[①]。在《福惠全书》中，黄六鸿常称私自科敛、侵蚀百姓的胥吏为“胥蠹”“奸胥”。

黄六鸿对胥吏始终抱有猜疑的态度。胥吏在州县文书实务中发挥着举足轻重的作用，但也是最容易营私舞弊的群体。田文镜《钦颁州县事宜》载：“官有胥吏，原以供书写而备差遣。其中虽不乏勤慎之人，然衙门习气，营私舞弊者居多。”[②]州县官如果不能驾驭他们，奸胥猾吏就会肆无忌惮。黄六鸿认为：“此辈最善窥瞷本官意旨。”[③]最善于察言观色，是黄六鸿对胥吏的基本评价。黄六鸿是不相信胥吏能做到清廉的，如在《钱谷部》“拆贮”一项中提到：“近来胥吏，非复古之士流，保无侵蚀？”[④]又如在《杂课部》“积谷”一项中提到：“然胥吏其中，保无收多报少之弊？”[⑤]在《编审部》中提到，每次到了户籍编审的时候，对胥吏来说“是其一场大生意”，胥吏会事先勾通户长，“田粮则以多作少，人丁则卖富栽贫”[⑥]，他们经常借此受贿分肥。因此，一旦户籍编审将至，黄六鸿就会传集所有工作人员，讲明自己恤累百姓之意，三令五申不能徇私舞弊，如果仍然有人

---

① 徐珂：《清稗类钞．胥役类》，北京：中华书局，1986年，第5250页。

② 田文镜：《钦颁州县事宜》，第19页。

③ 黄六鸿：《福惠全书》卷三《莅任部·谨关防》，第52页。

④ 黄六鸿：《福惠全书》卷七《钱谷部·拆贮》，第140页。

⑤ 黄六鸿：《福惠全书》卷八《杂课部·积谷》，第161页。

⑥ 黄六鸿：《福惠全书》卷九《编审部·严饬里胥》，第165页。

“阳奉阴违，仍前作弊，查出立时处死，决不姑贷”[①]。类似这样的严谕，在《福惠全书》中是经常出现的，并且一般都涉及到民的利益。

黄六鸿在州县具体行政和司法实务中基本上是亲力亲为，借此减少对胥吏的过度依赖。如在词讼有疑难之处和公事有未决之时，“止宜留心暗访，不可轻问胥役”[②]，如果让胥吏知道州县官想宽恕犯人时，胥吏就会说是自己向上打点了，进而从中索贿。因此，黄六鸿认为对待胥吏要特别谨慎，“一有不察，堕其术中，将来不止害民，而并害官矣”[③]。对于州县文书处理的态度也是如此，如在《筮仕部》“投供验到”一项中提到：“以下谕单、文移、供结诸式具载者，欲初仕者虽琐屑亦所当知也，非敢以胥吏可办之事，烦芜简牍云。”[④]在《福惠全书》中，黄六鸿附录了大量自己使用过的文书，以作新官参考的范本，也借此希望后来新官也能够在文书处理上减少对胥吏的依赖。但是在清代的体制下，一个州县的行政运作始终是离不开胥吏的，只能说黄六鸿是在尽量减少胥吏徇私舞弊、侵蚀百姓的机会。

（四）衙役：辨才结心，信赏必罚，忌疏于惩治

衙役，是清代地方州县等衙门内“供奔走驱使，勾摄公事”的差役，负责衙门的站堂、缉捕、拘提、催差、征粮、解押等事务。在清代州县衙门中，衙役一般分为四班，即皂、捕、快、壮班（也称分为三班衙役，不包括捕班，或捕快合一），在《福惠全书》中常称为“皂、快、民壮三班”。和胥吏相比，衙役的人数更多，但地位更低，多数属于贱籍。《福惠全书》有时将胥吏和衙役合称为“胥役”。清代各种衙役有微薄薪水，但主要收入来自陋规。州县官也默认衙役办差时向当事人收取一些茶水钱饭钱等，只是不准借机勒索敲诈百姓。衙役大多来自市井，往往倚仗官衙之势，经常与劣幕、恶吏沆瀣一气，敲诈勒索，侵害百姓。在《福惠全书》中称这一类人为“衙蠹”“猾役”。

州县官的昏庸无能是导致衙蠹敢于作奸犯科的主要原因。“县务殷繁之处，过汰则不足供役，滥用则匪类滋奸。”[⑤]州县事繁，离不开衙役奔走勾事。黄

① 黄六鸿：《福惠全书》卷九《编审部·严饬里胥》，第165页。

② 黄六鸿：《福惠全书》卷三《莅任部·谨关防》，第52页。

③ 黄六鸿：《福惠全书》卷三《莅任部·谨关防》，第53页。

④ 黄六鸿：《福惠全书》卷一《筮仕部·投供验到》，第3页。

⑤ 黄六鸿：《福惠全书》卷三《莅任部·驭衙役》，第47页。

六鸿认为，衙蠹并没有士人的信仰和操守，“卖访勾窝，陷害无罪”，“侵蚀钱粮，凌虐良懦”，无所不为。甚至连州县官也会受其牵连，黄六鸿的前一任县令冯可参便是因衙役问题被参而卸事的。一方面，衙蠹欺压良民、鱼肉百姓在清代是比较普遍的现象。“衙蠹仓胥恣意侵蚀，奸棍包揽，势豪勾通旗甲，需索留难，欺压乡贱，则是处皆然也。”[①]另一方面，衙蠹之所以能够贪赃，是因为有了一定执法权，并以官府为庇佑。“衙蠹所以犯赃者，于豪雄得势之时，恃宠专权，作威作福，借官府为庇荫，剥百姓如鱼肉。”[②]在《福惠全书》中能看到很多“访拿衙蠹”的记载，也由此可见衙蠹犯事频率之高。黄六鸿认为，衙蠹敢于作奸犯科的主要原因与州县官的昏庸无能脱不了关系。“夫衙蠹、地棍之敢于作奸而猖獗者，必其官长庸懦而不能执法以惩也。”[③]州县官的昏聩、懦弱，加上对州县的行政和司法不熟悉，衙蠹就容易肆无忌惮地作奸犯科。

“辨才结心，信赏必罚”是黄六鸿驾驭衙役的基本方法。“惟在上者精明以烛之，法制以防之，必罚以惩之，信赏以劝之，矜恤以体之，至诚以动之。而大要尤在秉心公正，一尘不染，才识超敏，处事裕如。”[④]这是黄六鸿总结的驾驭衙役的主要方法。同时，制定了“三日点卯”制度，专为惩处积蠹问题。在各种衙役的驾驭方法上，也都有具体的方法。以捕役为例，“盖必先有以辨其才，平日有以结其心，临事有以信其赏罚，而后驭之道善焉矣！”[⑤]先是分辨衙役的才能，了解他能在什么事情上派上用场；平时多与衙役交心谈话，拉拢他们与自己站在一条线上；遇有衙役犯事，或有功或有罪，信赏必罚。传统识人、用人的方法，都是从“德”与“才”两个方面进行，而黄六鸿在识别衙役的时候却并没有涉及“德”的层面。黄六鸿认为，“此辈类皆奸诡不法之徒，未可与言德”[⑥]，没有对衙役讲“德”的必要。黄六鸿认为，可以从担任衙役多年的老成之人当中选择一些精壮有识的人，另成一班，特殊对待，非大案要贼不轻易派遣；对衙蠹则“抑而置之”，他们就算想要自我炫耀，也“奋发无由”了。除捕役外，黄六鸿对其他衙役的驾

---

① 黄六鸿：《福惠全书》卷八《钱谷部・漕项收兑》，第 148 页。

② 黄六鸿：《福惠全书》卷二十《刑名部・款犯》，第 365 页。

③ 黄六鸿：《福惠全书》卷三十《庶政部・访拿蠹棍》，第 557 页。

④ 黄六鸿：《福惠全书》卷三《莅任部・驭衙役》，第 47 页。

⑤ 黄六鸿：《福惠全书》卷十七《刑名部・遴捕役》，第 309 页。

⑥ 黄六鸿：《福惠全书》卷十七《刑名部・遴捕役》，第 309 页。

驭方法也是如此,“其善驭之方,总不外鸿遴捕役之一条:所谓辨其才、结其心、信其赏罚而已矣”[①]。赏罚必严,是清代官箴书驾驭衙役的普遍方法。如汪辉祖认为:“宽以待百姓,严以驭吏役,治体之大凡也。然严非刑责而已,赏之以道,亦严也。”[②]而且要功过分开,赏罚分明,有功必赏,不能抵过;有过必罚,不准议功。让衙役明白赏罚皆是自取的,州县官并没有成心偏袒。如此,衙役就会畏法急公,州县政事就能顺利有序进行。

三、余论:黄六鸿待上之法与清代州县官生存之道

清代地方行政区划是从省到县进行设置的,其长官配置是从中央派驻的大员起,到知县为止。每个省的最高行政部门有“承宣布政使司”(又称“藩司”)和“提刑按察使司”(又称“臬司”),分别负责钱粮民政和司法审判,其长官为“布政使”和“按察使”。此外,总督和巡抚是中央派驻各省的监察官员,级别高于两使,时间一长也就成了地方最高行政长官。同时,各省也设立“道”作为派出机构,负责监察和处理专门事务。省下设府,长官称知府。府下设县,长官称知县(另有散州散厅,为同一级别)。州县是地方最小的行政单位,知县是最小的地方行政长官。对知县而言,从知府以上到督抚为止的上司,包括道台、学台等上司,都是非常重要的存在。

知县经常要接受来自上司的考成,这些考核结果对知县的仕途有着重要的影响。因此,如何对待上司是清代州县官箴书尤其重视的问题。《学治臆说》载:“获上是治民第一义,非奉承诡随之谓也。”[③]汪辉祖认为,获得上司的认可并不是阿谀奉承的事情。甚至认为,这是治民理政的前提。州县官只有得到上司的认可,才能更好治民理政。由此可见州县官员待上的重要性。在应对方法上,大体是以恭敬和谨慎为主。如潘月山《未信编》载:“其举止应对,务必舒徐周到,敬慎大雅,傲谄俱非所宜。”[④]潘月山提出向上司汇报工作时的注意事项,他建议随身带一小帖,记录钱粮刑狱以及紧要事,以便从容回答。

---

① 黄六鸿:《福惠全书》卷十七《刑名部・缉捕》,第314页。

② 汪辉祖:《学治臆说》卷下《用人》,上海:商务印书馆,1939年,第11页。

③ 汪辉祖:《学治臆说》卷上《事上》,第7页。

④ 潘月山:《未信编》卷五《几务上》,《官箴书集成》第3册,合肥:黄山书社,1997年,第25页。

恭敬与勤勉是黄六鸿应对上司的基本方法。“属吏之所以事上官,惟在敬与勤而已。”[①]黄六鸿认为,要用恭敬的态度和勤勉的作风去承事上司。与上司见面时态度恭敬,自然傲慢不生,礼节也会周到;平时做事勤勉,就不会怠慢疏忽,回应也能及时。在具体的会见礼节上,黄六鸿也表现得特别谨慎。“惟相见之仪,询之礼房,访之寮寀,揣之时势,毋过諂,毋不中度。”[②]特别强调与上司见面时,不能出现过于谄媚和举止失宜的行为,并且希望能在上司那里获得好评。“凡有启事,书之袖褶,临时省览,免致遗忘。”[③]对于向上司汇报政事,也是提出写在袖褶上以备忘的方法。此外,对于上司来文、上司经过、上司告示、上司差使等与上司相关的事情,《福惠全书》都进行了详细的描述。这些都是在承事上司时以示恭敬的具体细节。

要之,黄六鸿对民众始终葆有体恤之心,力行施惠之事。为了打造一个自在自如的施政环境,黄六鸿对身边的辅助人员时刻保持高度的自律和警觉,对上司始终恭敬勤勉、克谨克慎。黄六鸿是较为典型的以诗书为志业的读书人,有着修齐治平的政治理想,一旦科举出仕,则思“上报君恩,下酬所学”[④]。他认为州县虽小,也要以造福存心、施惠为政;知县虽微,也可以民生社稷为己任,也“希观太平盛事”。

Fu Hui Quan Shu: The methodology of Ruling the People — An Essay on Huang Liuhong's Law of Treating the Superior and the Survival of the State and County Officials in the Qing Dynasty

Wen Zhenjin, Sun Jinsong

Abstract: Fu Hui Quan Shu is the important reference book of the official motto for the Qing dynasty Confucian elites who passed the imperial examination for the first time to serve as a governor. "Cultivating oneself and governing others" was a common concern

① 黄六鸿:《福惠全书》卷四《莅任部・承事上司》,第 70 页。

② 黄六鸿:《福惠全书》卷四《莅任部・承事上司》,第 71 页。

③ 黄六鸿:《福惠全书》卷四《莅任部・承事上司》,第 71 页。

④ 黄六鸿:《福惠全书》,《自序》,第 3 页。

of ancient Confucian scholars. As a well-developed book of official aphorisms, Fu Hui Quan Shu has moral code for ancient officials, administrative reference for state and county practices, and guide to interpersonal relationships. In addition to accomplishing the tasks of the governor, they had to play with the various interest groups surrounding them, and to maintain good relations with their superiors and peers. The Fu Hui Quan Shu focuses on the governance of state and county affairs, which means governing the people, governing the people, and at the same time dealing with how to treat their superiors. In Fu Hui Quan Shu, it reflects the realistic environment, philosophy of governance and code of conduct of the state and county officials in the Qing Dynasty, and also reflects that the young magistrate in the Qing Dynasty practiced the mission of cultivating one's moral character, aligning one's family, ruling the country, and pacifying the world in various contradictory relationships in order to paid for what he had learned.

Keywords: Fu Hui Quan Shu; Rule of the people; State and County Officials; Way of Survival; Official Proverbs

西学新探

论无可逃避的责任

——以海德格尔与纳粹的问题为例

郝长墀*

［摘　要］ 在海德格尔问题上有两种根本相反的态度：有人认为，海德格尔 1933 年的错误并不影响他的伟大的哲学思想，有人则认为海德格尔的著作和生活都与纳粹有紧密关系。这两种态度都是从一种旁观者的角度进行探讨的，没有涉及海德格尔问题的实质。在文章中，我首先根据海德格尔的"共在"概念的内涵，分析了海德格尔与纳粹具有内在的关系，并指出，我们作为批判者同时对海德格尔和纳粹具有一种"有罪和无罪"的矛盾结构。进而根据克尔凯郭尔的观点，对于《存在与时间》中关于此在的"有罪责"的概念进行分析，揭示海德格尔的本真性和非本真性选择仍然不是真正意义上的选择，是偶然性的选择，而真正的选择是伦理意义上的选择，无论是选择善与恶，都定义了人的自我是什么。在文章的第三部分，通过解读列维纳斯的"替代"概念，即自我（无论是海

* 郝长墀（1964—　），男，河南新乡人，哲学博士，武汉大学哲学学院教授、博士生导师，主要从事现象学、当代法国哲学、政治哲学、比较哲学研究。

德格尔还是我们自己)对于他者的责任,特别是对他者的自由的负责,为了他人而赎罪和忏悔,在海德格尔问题上,我们需要特别警惕法利赛人的态度。海德格尔事件就是一面镜子,我们看到的应该首先是镜子中的自己,而不是喋喋不休讨论镜子本身。

[关键词] 海德格尔问题;共在;选择;替代;忏悔;法利赛人

海德格尔与纳粹的问题一直都是海德格尔哲学中饱受争议的热点问题。反对海德格尔的人,试图用海德格尔参与纳粹组织的行为从根本上否定海德格尔的人格和思想,而拥护海德格尔的人则认为哲学家的思想与他个人的具体行为应该分开,思想的伟大不会因为个人的失误而被贬低。海德格尔的拥护者认为,"1933年的政治错误为时很短……为了贬损海德格尔而抓住这一点不放是很肤浅的"[①]。萨特就把海德格尔的政治经历"归因于恐惧、野心和遵从"[②],个人的政治行为与哲学思想没有直接关系。但是,哈贝马斯和德里达等人认为"海德格尔的话语和纳粹主义的话语之间的结构性关联"[③]是存在的,德里达说,"我相信有必要曝光海德格尔的文本(著作和行为)对全部纳粹主义的现实性和可能性的深刻的遵循关系。如果可能的话,这个任务是无限的"[④]。德里达认为,海德格尔的文本和个人生活都与纳粹主义有某种关系。德里达的目的不仅要谴责各种形式的纳粹主义,更是要通过解构海德格尔的文本从而进一步彻底颠覆西方形而上学的思想根基。对于德里达来说,由于"海德格尔的'思想'破坏了哲学和人类科学的深层根据的稳定性"[⑤],对于海德格尔文本的解读就成了"一个思想的任务,一个历史的任务和一个政治任务"[⑥]。

2015年海德格尔遗作手稿《黑皮书》一出版,在学术界又一次引起的激烈

---

① 杰夫·科林斯著:《海德格尔与纳粹》,赵成文译,北京:北京大学出版社,2005年,第30页。

②《海德格尔与纳粹》,第35页。

③《海德格尔与纳粹》,第71页。

④ Jacques Derrida, "Heidegger, the Philosophers' Hell," in *Points ... Interviews, 1974 - 1994*, Elisabeth Weber(ed.), Stanford: Stanford University Press, 1995, p. 186.

⑤ Jacques Derrida, "Heidegger, the Philosophers' Hell," in *Points ... Interviews, 1974 - 1994*, p. 184.

⑥ Jacques Derrida, "Heidegger, the Philosophers' Hell," in *Points ... Interviews, 1974 - 1994*, p. 184.

争议,无非还是主要围绕着上面两种态度展开的。对于同情者来说,一个有力的论证就是海德格尔的文本的意义(无论在什么意义上进行解读)是独立于产生它们的作者和社会时代背景的。但是,同情者也承认,无论是出于自愿还是被迫,海德格尔参与了纳粹组织的事实是不可否认的。这样一个事实,虽然可以被思想史忽略,但是,其含义不仅对海德格尔,对于其他人也都有深刻的意义。海德格尔的批评者则试图证明海德格尔在个人政治信念和哲学思想上都与纳粹主义有某种关系。我们的疑问是,即使否定海德格尔的人格和思想,或者在否定之中试图达到另外一种思想途径的目的(比如德里达),难道这就是反思海德格尔与纳粹主义的关系的出发点和终点吗?事实上,无论是肯定海德格尔的哲学和个人生活与纳粹有密切关系还是否定它们之间的内在联系,都是从一个纯粹的第三者的角度(客观性的角度)来看待这个问题,争论的双方都可以利用已有的文献来为自己的观点辩护,所有的结论都仅仅是一种猜测或可能性,无法达到一种真正的内在的本质性的联系。这种第三者的视角预设了一个根本立场,海德格尔与纳粹的问题仅仅是关于海德格尔自己的问题,至多是关于他生活的那个时代的问题,与研究者本人没有任何直接的内在联系;如果有任何联系的话,比如在德里达那里,反思这个问题成了他的解构主义哲学活动的一个延伸而已,这实际上是把道德问题演变为理论问题,从而取消了这个问题的真正意义。

本文将从另外一个角度来探讨这个问题:在讨论海德格尔与纳粹问题之前,我们需要思考一个更为根本的问题,作为讨论者,仅仅从旁观者或批判者的角度能够真正理解这个问题吗?我们每个人需要问自己,纳粹的行为虽然是一种历史现象,一种早已经过去的历史现象,我们对于纳粹的研究仅仅是出于一种学术兴趣吗?我们是不是只能停留在谴责纳粹的罪恶的行为上,似乎在谴责纳粹的时候,我们自己是站在道德的高地,对于他人的行为进行评判呢?从纯学术的角度看,把海德格尔与纳粹的关系作为一种哲学思想和历史现象来对待,这都是一种外在的立场观点,其结论无论是什么样的,都仅仅是一种近似性的判断,永远无法达到完全的肯定,永远无法达到本质上的直观。我将利用海德格尔、列维纳斯、克尔凯郭尔的思想来探讨两个根本性关系:(1)海德格尔与纳粹的内在关系;(2)要理解这个关系的深刻含义,我们需要把研究者自己与这个关系本身联系起来,这个问题实际上关系到每个人的内在性,它首先不是一个理论性问题,也不是一个对于罪恶谴责的问题。

一、海德格尔:与纳粹的共在关系

实际上,海德格尔在《存在与时间》中提出的关于此在的共在结构理论,不仅为我们理解海德格尔与纳粹之间的内在的本质联系提供了新的思路,而且,通过讨论海德格尔与纳粹之间的关系,可以在更深刻的层次上理解“共在”概念的普遍性意义,一种超出海德格尔哲学的可能性。

在《存在与时间》中,海德格尔揭示此在的结构(此在的世界性)的时候,他说,此在从来不是“光秃秃的存在”,不是一个没有其他人的孤立的“我”[1],也就是说,此在不是原子式的存在,其内在结构中已经包含了与其他此在的关系。“世界总是我与其他人共有的世界。此在的世界是一个共世界[Mitwelt]。在其中就是与其他人共在。他们在世界之中的其自身的存在是与此在共在的存在[Mitdasein]”(BT, 155)。此在的世界已经包含了其他人的存在,同样,其他人自身的存在之中也包含了与此在的内在关系。其他人的存在,作为与此在共在的存在,其含义是指“他人的存在在世界之中被解放了。其他人的与此在的共在,在世界中,为了此在而被揭示出来了”(BT, 156)。换言之,他人作为他人,只有在与此在的关系之中,才使得其自身被揭示或解放出来。“此在在其自身本质上是共在”(BT, 156)的意思就是,正是因为此在的世界性包含了共在的维度,其他人才得以以其自身的方式显现出来。此在的“关心”(solicitude)作为此在的一种存在状态,可以帮助其他人关心自己的存在和为了自己的自由而能够透明地面对自己,因此,此在与其他此在之间“成为本真地联系在一起,这使得正确的事情本身成为可能,在其中,他人为了自身的自由从而被解放了出来”(BT, 159)。“关心”(solicitude)作为此在的内在的存在状态,在本质关系上就是要使得其他人在自己的自由之中解放自己,成为自己。正是在这个意义上,海德格尔在《形而上学的基本概念》中认为,“移情”(empathy)概念是多余的,这是因为人们把此在首先理解为单子式的存在而制造的概念;移情是指,我们

---

① Martin Heidegger, *Being and Time*, trans. John Macquarrie & Edward Robinson, New York: HarperOne, 1962, p. 152, hereafter BT followed by page numbers.

要理解其他人，我们必须首先从自己出发感受到其他人。“‘移情’这个词，在关于人与其他人以及与其他的一般存在物的关系上，为一整套根本上就是错误的理论提供了指导线索。”[①]他认为，正是互相的共在关系，人与人之间才能够一起认知事物，一起和其他事物打交道，“这是人的自己的直接的存在的体验的一个基本特征”(FCM, 205)。在《存在与时间》中，他首先强调了此在的“属己性”(mineness)(BT, 68)，同时，此在的“情感—情绪”(state-of-mind)和“理解”(understanding)同时具有“共有的情感—情绪”(co-state-of-mind)和“共有的理解”(co-understanding)。情感和理解不仅仅是属于此在自身独有的，还有共同的情感和理解。这是此在的存在论结构，根本无需用“移情”概念作为桥梁来搭建人与人之间的关系。因此，关于人能否真正理解或感受他人，这个问题“是无意义的，实际上是一个不通的问题，因为它在根本上是多余的”(FCM, 205)。

海德格尔说，“只要人存在的话，即使在相近的地方实际上没有其他人，他们已经发现自己把自己转移到其他人的存在之中了”(FCM, 205)。“因为，此在的在那里就是指与其他人共在”(FCM, 205)。与他人共在，无论事实上是否有其他人在身边或附近，或者说，无论是否当时有其他人在身边，都没有关系。此在只要存在，人只要存在，哪怕事实上仅仅是一个人，他本质上就是与人共在，他的情感和理解也同时是与其他人一起的情感和理解。换言之，就此在的世界性(worldhood)而言，此在的任何思想、情感、行为、决定等都具有共在的特征。正是在这个意义上，我们可以理解萨特《存在主义是人道主义》一文中说的，我的选择是对于整个人类的选择[②]。

可是，当海德格尔在《存在与时间》中分析死亡作为“任何存在都不可能的可能性”和“死亡，作为可能性，没有给予此在任何东西去实现”(BT, 307)的时候，他似乎又回到了他所批判的原子式存在论观点：“死亡作为此在最本己的可能性”(BT, 307)，它是“非关系性的”(BT, 308)。这种非关系性使得此在个体

---

① Martin Heidegger, *The Fundamental Concepts of Metaphysics: World, Finitude, Solitude*, trans. William McNeill and Nicholas Walker, Bloomington and Indianapolis: Indiana University Press, 1995, p. 203, hereafter FCM.

② 萨特说：“a man who commits himself, who realizes that he is not the only individual that he chooses to be, but also a legislator choosing at the same time what a humanity as a whole should be”(Jean-Paul Sartre, *Existentialism is Humanism*, trans. Carol Macomber, New Haven and London: Yale University Press, 2007, p. 25)。

化了,无论是与物打交道还是与其他人共在,都无法使得此在认识到最本己的存在的潜在性。“此在,只有在把这种可能性(死亡)作为最本己的时候,才能够本真地成为自己”(BT, 308)。死亡,作为最本己的和非关系性的,对于此在而言,是不可剥夺的(BT, 308)。“死亡仅仅是个人的事情”,这比任何确定性都确定,牢牢把握死亡是真的这一点,“要求此在自身在完全意义上本真地存在”(BT, 309-310)。此在在感受到正在走向死亡的个体化存在的状态之中,处于“焦虑”(anxiety)状态。这里,我们注意,海德格尔在《存在与时间》第一篇第五章分析此在的构成要素的时候,注重的是情感、理解和话语。这里,当此在面对自己的死亡,或预想自己的死亡的时候,其情感是焦虑(anxiety)。正是在这种无可替代的个体死亡命运之中,此在使得自己从非本真的“众人”之中回到自身。本真存在和非本真存在的区别究竟是在什么地方呢?海德格尔认为,在非本真状态中,此在的“选择”被悄悄地剥夺了(BT, 312),而在本真状态下,在面对自己的死亡的存在状态下,此在选择自己选择,而不是让别人替代自己选择。海德格尔在这里的论述实际上包含了这个意思,即对于此在而言,本真和非本真的区别就在于是自己选择自己做选择呢还是选择让别人替自己选择,选择(自由)是先于本真和非本质的区别的,因为放弃选择也是一种选择。所以,焦虑是自由的表现。海德格尔似乎认为,在向死而在之中,此在不再让其他人或众人替自己做选择,而是自己选择,或者说,回到选择之中,选择了选择。直面死亡,向死而在,是对于自由或选择的揭示,而不是因为有了死亡的焦虑或意识才有可能作出真正的选择。

这里,有一个问题,当此在在预想或预期自己的死亡的情绪之中时,在死亡的焦虑之中,他一定会选择自己做选择吗?面对着个体的无可替代的死亡,此在很可能会有第三种选择,选择彻底放弃选择,对于任何选择都失去兴趣或热情。比如,当有人被告知飞机在坠落之前写一份遗嘱,他很可能脑子一片空白,无法做出任何选择。此在不会如海德格尔所说的“选择去做出选择”,也不会因此“第一次和首要的,在选择这个选择的时候,此在使得它的对于存在的潜在性成为可能”(BT, 313)。

海德格尔的逻辑是,当此在在孤独的和焦虑的死亡意识之中本真地选择自身的时候,进而使得其他人在此在的共在结构中成为了他们自己(BT, 344)。根据上面所看到的,既然对于海德格尔来说,此在在自身的存在论结构之中已经包含了与其他此在的共在,无论事实上是否面对其他的此在,此在在对于死亡的意识改变的是整个此在的完全的存在状态,当然也包含此在的共在状态,这种改变不应该有时间上的先后。从海德格尔的分析中,我们可以得出的肯定结论是,无论是本真还是非本真状态,此在的存在都以自由选择为前提,此在在死亡意识中体验到的焦虑不仅是面对虚无的焦虑,更是面对虚无的选择的焦虑,或者说,是自由的焦虑。死亡意识揭示的不是面对个体的死亡此在意识到自身的个体性,而是比死亡意识更原初的自由意识。这种选择的焦虑,或死亡揭示出来的选择的焦虑,已经超越了此在的有限性结构。

正是因为海德格尔误解了选择与死亡之间的关系,他的此在在本真状态下,他的决心所做的选择仅仅是决心可以给出的:"它依据什么去决心做选择?只有决心自身可以给出回答","只有在一个决心之中决心可以肯定自身"(BT,345)。这是同语反复。缺乏选择的任何标准和内容,形式上符合普遍的法则,实质上,取消了本真选择的意义。一个人在死亡意识之中,他在做演员和牧师之间进行选择,与在跟随希特勒和参加抵抗法西斯运动之间进行选择,都是本真的吗?在决心之中决定决心的内容,这种空洞的形式不仅误解了自由,而且表明海德格尔在考虑自由的时候完全忘记了此在的内在结构之中的共在维度:此在的选择在根本上与使得他人意识到自己的自由有本质和本真的关系。而海德格尔所描述的此在在死亡意识之中体验到的是一种非关系性的单子存在状态,回到了胡塞尔的先验自我概念。

按照海德格尔的理论,一个人可以在向死而在之中,完全陷入绝望,选择自杀或杀害其他人这样一种决心。但是,这种决心一定是真正的选择吗?在什么意义上是本真的或真正的选择呢?海德格尔无法给出答案。选择分为本质的选择和偶然的选择。如果真的如萨特所说,海德格尔加入纳粹是因为"恐惧、野心或遵从"的话,海德格尔要么在恐惧死亡的时候,逃避本真的选择,或者选择跟随纳粹就是他的本真选择,或者他即使在死亡的威胁下,仍然跟随他所批判的"众人"(das Man)的选择。有的人不愿意面对死亡或者没有意识到死亡的来临不可避免,但是,海德格尔对于向死而在是具有非常清晰的认识的。因此,我们可以说,在面对真正的死亡威胁的时候,海德格尔选择了逃避死亡、与恶同行、随波逐流。

这里需要指出的是,从海德格尔的"共在"作为此在的一个内在的维度的观点出发,我们可以说,海德格尔与希特勒纳粹之间,即使没有直接的组织上的关系,海德格尔与纳粹也具有一种内在的共在存在关系。海德格尔不是一个原子式的存在,德国法西斯的所作所为与海德格尔不是外在的偶然关系,他们之间不单单是在个人生活或思想上是否互相认同的问题;即使海德格尔反对纳粹,纳粹的行为也构成了海德格尔个人存在的一部分内容。换言之,不是因为海德格尔加入了纳粹组织或在思想上与纳粹主义享有共同的意识形态,而是因为纳粹的恶与罪不仅毁坏了纳粹分子自己灵魂或存在,而且也影响了每个德国人,或者说,每个欧洲人,甚至可以说,影响了整个人类。德国民众至今背负着二战纳粹罪行的十字架,为过去或历史的纳粹此在感到羞耻和忏悔,这也是因为共在关系。在二次世界大战之后,海德格尔对自己与纳粹的关系保持沉默或自我辩护,这说明他没有从此在的结构之中的共在维度来理解他与纳粹的关系。

此在的共在维度不仅具有某种同时性的"空间"性,即与自己相邻的和同时代的人具有共在内容,而且,还在时间上指向未来和过去的维度:此在的行为或选择不仅影响到同时代的人,还影响到未来的人(比如,纳粹与今天的德国年轻人之间的关系,澳大利亚人羞于谈论自己的先人是如何从英国作为罪犯被放逐到这个国家的),也会影响过去。道德上的善与恶是超越了时间性的。

在克尔凯郭尔的假名著作《非此即彼》中的"古代戏剧中的悲剧"一文中,作者A批评道,我们现代人把人理解为互不相干,对于古人,"我们把他整个人生作为他的所作所为放到他的肩膀上,使得他对于一切负责"①。在索福克勒斯悲剧中,安提戈涅是俄狄浦斯女儿。作者A认为,安提戈涅知道他父亲过去的罪恶的秘密,她在孤独中感到痛苦,为她的父亲和家庭感到痛苦,而又无法表达出来。她所经历的悲剧性的罪不能被看作是一种主观感受,而是一种继承性的罪(hereditary),这种继承性的罪"包含了有罪和无罪的矛盾"(EO I, 150)。作者A认为,安提戈涅的痛苦与对父亲的孝道有关,在她身上体现了她父亲的悲剧和她哥哥的悲剧,她的行为和内心的痛苦应该围绕着她与她父亲的关系来解释。作者A说,"人不会如此孤立,如此非自然,以至于人不把整个家庭作为一个整体。当一个家庭成员痛苦的时候,他们都痛苦。人是很自发地这样做的,

---

① Soren Kierkegaard, *Either/Or, Part I*, trans. Howard V. Hong and Edna H. Hong, Princeton University Press, 1987, p.144.

否则的话,有什么理由,某个人害怕另外一个家庭成员给家庭带来羞耻,除非他感到因为羞耻而招致的痛苦。显然,个人必须忍受这种痛苦,无论他是否愿意”(EO I, 160)。因此,在精神的世界里,个体是以这种方式参与了罪责(EO I, 160)。人的这种处于无罪和有罪的矛盾关系是基于人作为个体同时也是人类整体的本质特征之中的。在克尔凯郭尔的《焦虑的概念》一书中,他认为,“在每一个时刻,个体既是他自己也是人类”①,“每一个人在本质上对于所有其他个体的历史感兴趣,就如在本质上对于他自己的历史感兴趣一样。自身的完满,因此,是在整体之中的完美的参与。没有个人对于人类历史冷漠,同样,人类也不会对个人的历史冷漠”②。人们对于海德格尔问题进行探讨是有深层原因的。海德格尔的“共在”概念因为海德格尔问题而具有了具体的深刻内涵:个体与整个人类在精神上是互相联系的,个体不是孤立的存在者。

二、克尔凯郭尔:本质选择与偶然性选择

德里达认为,反思海德格尔问题是一种思想任务,是一个历史任务和一个政治任务。在这三个“任务”之中,德里达注重的是思想,但是,“任务”是一个伦理的词汇:思想上的反思,历史的反思,政治的反思,都是基于伦理责任。我们选择反思海德格尔问题,要么出于一种学术兴趣,要么出于一种道德或伦理责任。出于学术兴趣,你可以反思,也可以不反思,与反思者是一种偶然性关系。但是,出于伦理责任,你就必须反思,因为海德格尔问题与反思者是一种内在的共在关系,具有本质上的联系。

海德格尔认为,此在总是以可能性来理解自己,他要么是这种可能性,要么是其他可能性,他不断地不是其他可能性,他放弃了其他可能性。自由的含义就是在于选择一种可能性,从而容忍自己放弃不选择其他的可能性和不能够选择它们(BT, 331)。这里,海德格尔把自由等同于选择某种可能性,同时放弃很多其他可能性,而且他强调此在总是用可能性来理解自身。我们可以直接推

---

① Soren Kierkegaard, *The Concept of Anxiety: A Simple Psychologically Orienting Deliberation on the Dogmatic Issue of Hereditary Sin*, trans. Howard V. Hong and Edna H. Hong, Princeton University Press, 1980, p.28.

② *The Concept of Anxiety*, p.29.

论：第一，海德格尔没有注重或看到，自由作为选择虽然有理解力参与，但是这是意志的行为，自由体现在选择之中或放弃选择之中，没有无选择的自由；第二，海德格尔强调的是在多种选择的可能性下，选择一种可能性的同时必然会放弃很多其他的可能性。他对于选择的理解是克尔凯郭尔所形容的“审美性”(esthetic)选择，而不是伦理的选择。但是，从克尔凯郭尔的观点看，真正的选择不是“审美性”的，而是伦理的选择，海德格尔的所谓的本真性选择仍然在本质上不是选择。

当海德格尔说，只有在决心之中决心可以肯定自身，他忽视了一个很关键的词汇：跳跃。此在做决心的确涉及“决心正是对于在当时的实际的可能性给予揭示性的筹划和确定”(BT, 345)，但是，任何一个筹划和确定，都不是具体的选择，选择是跳跃的。正是在这种跳跃之中，此在体验到了焦虑，体验到了未来，体验到了不确定性，体验到了选择需要勇气。的确，在任何一个具体的情境下，此在面临的选择是不同的，千变万化，没有人可以预先提供任何可能的选择项或选择内容。我们是不是可以这么说，只要是选择去选择，无论你选择什么，都无关紧要，都是本真的选择呢？海德格尔认为，向死而在使得此在意识到了自己的本己性，但是这种本己性不是一个现成的不变的东西或事物或属性，而是进行具体的选择，选择什么，如何选择，这是与本己性密切相关的问题。尽管具体的选择不同，但是，我们仍然可以说，有些选择是偶然的，因为它们与此在的本己没有直接关系，有些选择却是关系到此在成为什么的问题。

海德格尔认为道德上的选择是根植于存在论上的选择。他的主要论证是把“有罪责”(Being-guilty)首先解释为存在论上的意义：他认为，“有罪责”包含了“不”(not)的含义，而且罪作为“对什么负责”(having responsibility for)被理解为“作为……的根据”(BT, 329)。他通过把道德词汇的中性化(用存在论词汇来替换伦理上的意义)，使得“有罪责”的含义洗去了道德意义：“有罪责不首先来自于一种欠债，而是相反，欠债只有在一种原初的有罪责‘根基’上才会可能”(BT, 329)。原初意义上的“有罪”在海德格尔那里成了一种否定，一种本来可以选择某种可能性而没有选择那种可能性的“否定”(not)。自由就在于选择了一种可能性，从而否定了很多可能性。这种否定性，这种不选择，根植于自由。由于此在总是否定这个否定那个，他充满了否定性，“此在本身是有罪责的”(BT, 331)。对于海德格尔来说,道德上的有罪责是基于这种存在论上的有罪责。为什么海德格尔要借助于伦理词汇来论述存在论上的意义呢?如果不引进伦理上的词汇,恐怕他无法在非本真和本真之间做区分,在迷失在非本真的存在状态和本真状态之间无法引出“应该”(ought to, shall)的意义,从而“沉沦”(falling)、良心(conscience)、召唤(summon)等词汇将会显得荒谬。海德格尔的观点是,存在论的原初意义上的有罪责是道德上的有罪责的可能性前提,存在论上的选择的范围要比道德上选择的范围广。表面上看好像很有道理。实则不然,因为,存在论意义上的选择不是真正的选择,在本真和非本真之间的区分也是没有真正意义的。关于这一点,克尔凯郭尔在他的假名著作《非此即彼》的第二卷中威廉姆法官的第二封信中谈到了这一点。

克尔凯郭尔的威廉姆法官说,“只有在我选择我自己是有罪的时候,我才绝对地选择了自己”,“只要人不选择自己,似乎总有以这种或那种方式成为其他不同的东西的可能性”[①]。这句话听起来像海德格尔的语言,但是,威廉姆法官对于选择有非常明确的定义。选择自己只能是伦理意义上的,因为,审美性的选择不是真正的选择。“审美性的选择或者是直接的,因此,不是选择,或者它在巨大的多数性中失去了自己。比如,当一个年轻女孩子听从自己的内心的选择,这个选择,无论在其他方面多么美好,在更严格的意义上,不是选择,因为它是直接的。如果一个男人从审美的角度思考一大堆人生的任务,那么他……不真正有一个非此即彼的,而是巨大的多数,因为选择的自身决定的方面仍然没有在伦理的意义上被强调,而且因为,如果人不绝对地选择,人仅仅为一个时刻选择,正因为这个原因,他可以在下一个时刻选择其他事物”(EO Ⅱ, 167)。女孩子选择自己的恋爱对象,一个人选择业余爱好,这些都是基于直接的天性,严格而言,不是选择,而是基于某种必然性。这是一种审美意义上的选择。另外一种就是思考人生方面的任务。威廉姆法官给出的例子是这样的:在某个阶段,一个人或许遇到这样的难题,比如,是成为牧师呢还是成为演员,两者不可得兼,这是一个难题。假如说,在认真地思考之后,这个人用他的百倍的激情和努力,选择成为一名牧师,他与世隔绝,一心一意要学习和训练如何成为牧师,

① Soren Kierkegaard, Either/Or, Part II, trans. Howard V Hong and Edna H Hong, Princeton University Press, 1987, pp.216—217, p.217.

当他准备了半年之后,他发现,自己的口才胜过多年的牧师。可是,他最终没有选择成为牧师,而又想成为艺术家。由于他的多才多艺和才智出众,他不断地变换兴趣,究竟成为理发师还是银行职员,这又是一个难题。他的超人的才能分散在无数的可能性之中,他变得没有耐心,情绪化起来,他看不起众人,因为他能够胜任无数的工作,而且好像看透了一切。他讽刺和批评世间的一切,感到一切都很可笑。"现在你感到你自己是自由的,对于世界说'再见'"(EO Ⅱ, 165 - 167)。这个人绝对不是海德格尔所说的迷失在众人之中的非本真的人。他具有绝世的才华和无比的激情,看不起平庸的众人,可是,他又意识到没有任何选择是有意义的。不是他没有认真去选择,不是因为他没有激情去做,而是因为:"你没有真正做选择,或者说,你是在比喻的意义上进行选择的。你的选择是一种审美性的选择,但是,一个审美意义上的选择不是选择。整体上来看,做选择是对于伦理而言一种内在的和严格词语","唯一绝对的非此即彼是在善和恶之间选择,而且,这也是绝对的伦理的"(EO Ⅱ, 166 - 165)。根据威廉姆法官的观点,海德格尔所说的本真性选择也是审美意义上的,在无数的选择之中,选择一种可能性同时放弃其他无数可能性。这样的选择,最终导致的是绝望,因为在严格的意义上不是选择,或者说,是偶然性选择,所有的选择都与他自身没有本质关系。选择自己就是在善与恶之间进行选择,无论是善还是恶,两者之间的选择都是真正的选择。

真正的本质意义上的选择是非常简单的。"伦理的选择在一定的意义上是非常容易的,非常简单的,但是,在另外的意义上,它是无限的困难。对于想从伦理的意义上来决定自己的人生的人来说,他没有一般意义上的宽广的选择范围;然而,选择的行为却对他更加有意义"(EO Ⅱ, 167)。无论是选择善还是恶,都关系到一个人的本质问题。选择成为牧师或演员,任何一种选择都不影响一个人的本质或灵魂,但是,选择善或恶将是关系到人的灵魂的问题。关于善恶的选择,与"思想的活动"无关,"而是与精神的迫切性有关"(EO Ⅱ, 168)。一个人可以取得惊人的成就,但是,如果没有关于善与恶的选择,他将会"赢得整个世界,但是失去了他自己"(EO Ⅱ, 168)。我们或许会认为,所有的选择都在一个水平上,但是,正是"伦理的""在本质上使得选择成为选择"(EO Ⅱ, 168),"伦理的东西构成了选择"(EO Ⅱ, 169)。当海德格尔在 1966 年《明镜周刊》(*Der Spiegel*)采访中自我辩解说,他的有些话是当时迫于压力而说的,他当时坚信德国迎来了新的黎明的荣耀和伟大时刻，而且无论是在当校长期间还是之后，一直暗地里与纳粹对抗[①]。根据他自己解释，他当校长不是自愿的，他当校长的所作所为是为了改造大学和解决科学研究中分化带来的危机[②]，是与他的哲学中的思想一致的，不是因为遵循纳粹的意识形态。假如说我们相信海德格尔的自我辩解，相信他是为了迎接新的黎明和改造大学，假如说他按照自己的理念取得了很大成功(而不是仅仅担任10个月的校长)，假如他"通过他的热情和教诲改变了一个时代"[③]，从伦理的角度看，海德格尔当时的选择仍然是审美性的，是偶然性的选择，与他的自我是没有本质关系的。审美性的选择是前伦理的选择，这是不是说，海德格尔躲避了关于善与恶的选择，因此他与纳粹之间没有直接关系呢？当他躲避了或逃避了伦理的选择(有多少人在现实生活中是这样的！)的时候，他成了抽象的存在，失去了自我，从而在选择自我和非自我之间，放弃了关于自我的责任。逃避或躲避伦理上的选择，这在伦理的意义上仍然是一种伦理过错。还有，根据前面关于此在的共在性的含义，即使一个人做出非伦理的选择，这并不能够使得他成为无罪责的。克尔凯郭尔在《为了自我审视》一书中提到在圣经中一个被强盗掠走财物并被打得半死的人躺在路上的故事，一个祭司和利未人路过后都视而不见。克尔凯郭尔评论道：即使他们没有参与打那个人，"但是他们是那些强盗的从犯"[④]。在纳粹的德国，海德格尔(以及无数的德国人)即使没有参与纳粹的罪行，他们也不能免于罪责：对于恶的沉默或逃避就是一种恶行。克尔凯郭尔讨论那个故事的语境是与这么一个问题联系在一起的：书对你来说是一面镜子，你主要的不是看到镜子而是镜子中的自己，我们每个人都会成为那个故事中的祭司或利未人。在我们的人生的路上，有多少次我们如那位祭司或利未人，对于需要帮助的人视而不见。

① 参看"Only a God Can Save Us," in *The Heidegger Controversy: A Critical Reader*, ed. Richard Wolin, MIT Press, 1998。他承认说过"元首自己而且只有他是现在和将来德国的实在和法则"，他把这看作是一种"妥协"(p. 96)。他认为他在1936年的尼采研讨班上已经包含了"与国家社会主义的对抗(a confrontation with National Socialism)"(p. 101)。

② The Heidegger Controversy, p.94.

③ Soren Kierkegaard, *Concluding Unscientific Postscript to Philosophical Fragments*, trans. Howard Hong and Edna Hong, Princeton University Press, p.137.

④ Soren Kierkegaard, *For Self-examination; Judge for Yourself!* edited and translated by Howard V Hong and Edna H. Hong, Princeton University Press, 1990, p.42.

这里,一方面,海德格尔可以理解为“我们”的一员,同样,海德格尔也可以理解为如那位祭司或利未人,我们看到海德格尔的时候,首先要想到的是自己。关于海德格尔的问题,不是一个学术的问题,不是首先要弄清楚海德格尔事件的具体细节,而是首先要想到的是,海德格尔的问题是关于“我”或“我们”的问题。这才是讨论海德格尔与纳粹问题的真正意义所在。

因此,我们可以看到,海德格尔的拥护者认为海德格尔1933年的行动是个人的偶然失误,这不影响他的思想的伟大性,但是,对于威廉姆法官来说,海德格尔的思想体系却是偶然性的,海德格尔可以通过他的思想影响世界,但是,他失去的是他自己。对于海德格尔的批评者(比如德里达)而言,揭示海德格尔的著作和行动与纳粹的关系非常重要,不仅是为了谴责,更是我们需要在思想上颠覆形而上学思想的根据。在威廉姆法官看来,批评海德格尔的思想固然重要,但是更重要的是通过海德格尔来思考我们自己的选择,我们在思想和日常生活中,关注的是偶然性选择呢还是本质性选择?还有,对于海德格尔的批判,是出于学术兴趣或爱好呢还是伦理的责任?一个审美性的选择经过伦理意义上的转换会具有永恒性的意义。威廉姆法官说,“很多思想家是代表他人来思想的,而不是为了他们自己”(EO Ⅱ, 169)。我们思考海德格尔问题,重要的不是思考海德格尔,而是海德格尔问题作为一个伦理的问题与我们的直接关系。从纯粹的客观性角度来探讨这个问题(比如,依据新发现的文献进行文本解读等),不可能看到海格尔问题的本质,因为现象学的一个原则就是不同的事物具有不同的显现方式,或者说,“相似的只能被相似所知”(like is recognized only by like)[①]。当海德格尔问题不再仅仅是关于海德格尔本人的时候,当你思考海德格尔问题的时候,似乎看到海德格尔对你说:“如果你是我,你会如何做呢?”这才是思考海德格尔问题的真正现象学的方式。海德格尔事件就是一面镜子,我们看到的应该首先是镜子中的自己,而不是喋喋不休讨论镜子本身。

三、列维纳斯:替代(substitution)与他人之罪

在《存在与时间》中,“世界性”就是指此在本身的结构,是一种先天(a

① Soren Kierkegaard, Either/Or, Part I, p.37。克尔凯郭尔在不同的著作中都强调这个现象学原则。

priori)结构,因为在某个用具性的存在者被遇到之前世界已经在先被揭示了。用具性的存在是在世界之中被构成的,在世界之中被解放出来。因此,用具性的存在具有"指向或指派"(reference or assignment)的结构,因为用具性的存在其自身具有一种"已经被指派或指向了"(BT, 115)的意义。所有的存在者在此在的存在论结构或世界性中,因它们参与进来而获得了意义(significance)。"此在指派给自己的那个结构就构成了世界的世界性"(BT, 119)。一切意义以此在为中心,都指向的是此在,在此在的世界性中参与进来,获得自由和意义。这里的"指向或指派"是意义生成的结构。对于海德格尔来说,共在的结构之中,此在与其他此在的存在具有面向同样的用具性存在的结构,如同在胡塞尔中不同的先验自我一起朝向共同的对象,不同的此在朝向的是共同的世界中的用具性存在物,这是一种肩并肩(side by side)的关系。可是在法国现象学家列维纳斯(Levinas)看来,在此在与其他的此在的关系中,"指派"(assignment)或意义(signification)不是以此在为中心,比此在更"早",是来源于其他此在的"指派"任务。

列维纳斯认同海德格尔关于此在的共在结构是此在的内在的一个组成部分,但是,他认为,此在与他人不是平等的关系,此在的根本结构是"为了他者的存在"(the one-for-the-other):"为了他者的存在"不是一种直观,而是"责任的剩余"[①]。我对于他者的责任就是这种关系之中的"为了"(OBBE, 100):他者不需要一个中介(无论是概念还是世界性),他者直接在我面前出现,但是,这种切近性(proximity)是与另外一个单一个体的关系,他者不在直观或概念或世界之中呈现出来,对于任何中介,他者是不可见的。为了他者的存在的关系就是与邻居的关系,"意义就是与他者的关系,为了他者的存在"(OBBE, 100)。意义不是来自于此在指派给自己的东西,"它是另外一个人给我的指派,一种对我们甚至都不认识的人的责任"(OBBE, 100)。海德格尔强调,即使事实上没有任何人在身边,也不影响此在的共在结构,同样地,列维纳斯认为,对于他者的责任先于我的意向性或世界性,是他者首先发出的,我被动地接受,无须经过我的同意,这种为了他者的责任,就是与邻居的关系,而这个邻居不一定是在身边

---

① Emmanuel Levinas, *Otherwise Than Being or Beyond Essence*, trans. Alphonxo Lingis, Duquesne University Press, 1998, p.100.

的，甚至不一定是在同一个社会环境的，甚至不是在同一个时代的。为了强调这种意义的原初性，列维纳斯用过去的概念来形容，我不能够在我的时间性结构之中使得这个意义作为对象显现出来，它是一个"痕迹"，留在了我的意识之中。这种来自他者或邻居的"指派"就是"义务，年代错误地(anachronously)先于任何承诺。"这种在先性(anteriority)比先天的东西要'老'"(OBBE, 101)。用海德格尔的语言来说，当此在还没有意识到自己的世界性或存在的含义的时候，一种被指派的义务已经给予了，无论你是承诺还是拒绝。之所以用"老于"或者"年代错误"词汇，那是因为，这种被指派的责任或义务是不在时间之中的，从时间上来看，它总是比任何时间都早，而此在又不得不在时间中来理解。这实际上论述的就是精神的永恒关系和时间性问题。列维纳斯把他者称为"无限者"。

这种"在先性"既不是时间上的，也不是先验意义上的，而是指伦理意义上的："这样一种没有任何预先的承诺可以给予其合理性的责任"(OBBE, 102)。也就是说，在我进行任何辩护之前，我已经被"起诉"(persecution)了(OBBE, 101)。"这就好比被另外一个人起诉是与另外一个人相互支持的根基"(OBBE, 102)。这种被动性决定了我在责任之中是不可替代的，是唯一那个责任承担者(OBBE, 103)。在我做出任何承诺之前，我已经亏欠他人，用海德格尔的语言来说，我对于他人而言，首先是有罪责的。对于他者的责任，当然是指任何人，邻居的概念就是指任何直接有关系的人，任何一个相邻(不是空间上的)的人，因此，当然包含纳粹。这种毫无理由的责任，无法进行探究根源的责任，被列维纳斯称为"先于自由"(prior to freedom)(OBBE, 116)。在我考虑自己之前，我已经被指派了一个位置，一个任务，我必须"用自己来替代他人"(OBBE, 117)。我为他人的一切负责，我好像是被绑架了一样，我为"他者的不幸和破产负责"，在这种关系中，我成了我自己，"一个人质的状态，总是越来越负责任，为他者的责任而负责任"(OBBE, 117)。我不仅为别人的贫穷和不幸负责，我甚至要为别人的责任和罪责负责，为自己没有的罪责而负责任。我替别人背负了一个十字架。

当列维纳斯说，责任先于自由的时候，责任的无限性和优先性。但是，责任作为善尽管是无限的，它是在自由之中被选择的：我不是必须选择责任，在责任或善的面前，我可以背对或闭上眼睛；正是在选择之中，我成为我自己或者我放弃了自己。即使我们面对着唯一的善，我们也不是没有选择，而是在选择之中，善才对我有意义,我仍然有选择不选择善的可能性。不过,对于列维纳斯而言,当他说责任先于自由的时候,有这么一层含义:在我选择善之前,善已经在先地选择了我。

面对他者,我被控告,被起诉,我甚至要替他人站在被告席上为自己没有犯的罪行担责。这种看似非理性的关系是超越了这个世界上的任何意义的关系的。我为邻居负责,而这个邻居可以是任何人,当然包括纳粹。从这个角度看,无论海德格尔是否如他所说抵抗纳粹,他都要为纳粹负责,这是"替代,把自己放在他者的位置上的可能性"(OBBE, 117),"我为他人的过错赎罪"(OBBE, 118)。可能会有人说,海德格尔的行为与我有什么关系?纳粹的行为与我有什么关系?我为何要替他们担责和受罚(道德上的惩罚)?列维纳斯回答是这样的:"为何他人与我有关?""我是我的兄弟的监护人吗?""这些问题有意义,仅仅当人们已经假设自我仅仅关心自己,仅仅为了自己而关心"(OBBE, 117)。对于持有这个假设的人而言,自我的"前历史"已经是为他者负责是不可理解的,自我从一开始就是一个"人质"(OBBE, 117)。这已经是对于海德格尔关于此在的共在维度的引申,或者说,颠覆,当我能够思考自己的时候,我已经被与他者的关系所决定。

我如何为他者抵罪或赎罪呢?列维纳斯认为,赎罪是"自身同一性和他在性的统一体"(OBBE, 118),用克尔凯郭尔的语言来说,就是一种无罪和有罪的矛盾。可是,在这个矛盾之中,我内心具有一种痛苦,这种痛苦并不会真正抵消或消除他人的过错或罪恶。这样的赎罪只能是一种无法逃避的责任,一种精神的负担,它要求我们进行忏悔。忏悔是与过去不可改变的事件的关系,忏悔虽然改变不了过去,但是,它希望过去被抹去或没有发生。因此,在列维纳斯的哲学中,对于海德格尔问题我们唯一可以做的就是忏悔,替海德格尔忏悔,也是为我们自己忏悔。但是,真正的赎罪是不可能的,这已经超越了列维纳斯的哲学的范围。

从列维纳斯的哲学看,海德格尔与纳粹的问题既是海德格尔的问题,也是我们每个人的问题。用德里达的语言说,对于这个问题的反思,作为思想的、历史的和政治的任务,是被指派的任务,是伦理的责任,在其中,(与德里达相反),首先既不是谴责也不是思想,而是忏悔,为不认识的人的罪责忏悔。这样的忏悔和赎罪,如果要真正有意义的话,这样的替代行为,已经超出了列维纳斯哲学的视域。

结语

德里达在《关于精神:海德格尔与那个问题》一书中说,海德格尔喜欢用“避免、逃避、躲开”等词语,德里达追问:海德格尔逃避了有关“精神”的词语了吗?[①]在本文中,我们的问题是,涉及海德格尔与纳粹的问题,谁在逃避责任?能够逃避吗?在我们批判海德格尔的时候,我们是否应该想到,我们一直在指责别人是法利赛人,而我们自己恰恰就是法利赛人。当法利赛人被追问,“你们中间谁是没有罪的,谁就可以先拿石头打她”(约翰福音 8:8)的时候,他们立刻意识到自己对于那个犯通奸罪的女人没有资格进行审判和评判。当我们批判海德格尔问题的时候,思考一下,我们用来评判海德格尔的标准是否首先应该用于我们自身?“你们不要论断人,免得你们被论断。因为你们怎样论断人,也必怎样被论断,你们用于衡量别人的尺度,也会被用于你们自己。”(马太福音 7:2)海德格尔说,“此在本身是有罪责的”(BT, 331)。批评者首先要思考自己的罪责,然后才有可能理解海德格尔的罪责问题。我们能够从一个旁观的角度来看待这个问题吗?克尔凯郭尔说,“你必须不看镜子,不观察镜子,而必须在镜子中看你自己”[②]。列维纳斯告诉我们,我不仅对自己的自由负责,我还要对别人的自由负责,这就是替代。海德格尔问题之所以重要,因为他首先关系到的是我们自己的选择或自由。从上面的分析来看,海德格尔问题的确是一个真正的哲学问题,而且是涉及人自身的问题。

---

① Jacques Derrida, *Of Spirit*: *Heidegger and the Question*, trans. Geoffrey Bennington and Rachel Bowlby, University of Chicago Press, 1989, p. 1.

② Soren Kierkegaard, *For Self-examination; Judge for Yourself!* p. 25.

On the Unavoidable Responsibilities: The Case of the Heidegger Affair

Hao Changchi

Abstract: In this essay I take the Heidegger affair as an example to argue that in facing the guilt of the other, one who reflects on the issue also bears unavoidable responsibility for the guilt that the other has committed. I offer an alternative perspective on the contradictory viewpoints on the Heidegger affair, that is, either the 1933 event is irrelevant to Heidegger's philosophy or there is an internal connection between Heidegger's thinking and his 1933 episode. In the first part, based on Heidegger's concept of the Being-with, I argue that there is an internal relation between Heidegger and Nazi organization and point to the tension one faces between being guilty and being without guilty. In the second part, based on Kierkegaard's Either /Or I argue that in Heidegger's authentic existence there is no ethical choice, no true choice, and further point out that Heidegger's defense is not relevant to his own true self. In the third part, based upon Levinas' noton of substitution, both Heidegger and the one who does reflection on the Heidegger affair, bear un avoidable responsibility for the guilt of the other. In our critique of Heidegger, we should avoid acting like the Pharisees.

Keywords: The Heidegger Affair; Being-with; Choice; Substitution; Repentance; the Pharisees

知识摆渡者*

——为哲学与科学连续性辩护

黄家光**

[摘　要]　近年来,陈波、苏德超、王文方等学者围绕“哲学与科学连续性问题”展开了一场有趣的争论。根据对此问题的不同回答,可以划分出连续论(还原式的、扩展式的)和断裂论(极端的、温和的),通过指出断裂论及还原式连续论各自或共同存在的理论困境,辩护经过修正的扩展式连续论:摆渡式连续论。最后,指出对“哲学与科学连续性问题”的反思是延续百年的中国哲学自觉意识发展的表现。

[关键词]　哲学与科学;连续论;断裂论;思想实验

* 基金项目:国家社会科学基金一般项目“概念的规范性问题研究”(23BZX071)。

** 黄家光(1991—　),男,浙江遂昌人,哲学博士,温州大学人文学院讲师,主要研究新实用主义哲学、汉语新诗。

近年来,在汉语学界,陈波[①]、苏德超[②]、王文方[③]等学者就哲学是否是一项认知事业展开了一场有趣的争论。[④] 这一论争的核心议题之一是科学(知识)与哲学(知识),或谓知识与智慧的关系。它背后是对科学时代"哲学何谓""哲学何为"等元哲学问题的反思。[⑤] 所以很多并未声明介入论战的学者,实质上也参与了论战。这一论题历史悠长,如所周知,亚里士多德区分理论智慧、实践智慧与制作智慧,就已涉及此论题,19 世纪末以来的人文主义与科学主义、精神科学与自然科学之争,是其更晚近的版本。本文聚焦此论题在当下汉语语境中的进展,并做评议。对于此一议题,论战各方或者认为哲学知识与科学知识是断裂的,或者认为两者是连续的,前者称为断裂论,后者称为连续论。但在如何诠释断裂或连续上,不同学者立场与论证各异,需加以辨析(第一节),在拒斥断裂论以及连续论中的科学主义进路之后(第二节),我将辩护一种经过修正的扩展式连续论:摆渡式连续论(第三节)。最后我将简要讨论从有无"中国哲学"和"科玄论战"到"汉语哲学"和"科学与哲学连续性之争"转变,是"哲学在中国"的自觉意识的两种形态(余论)。

一、断裂论与连续论之辨

陈波在《哲学作为一项认知事业》一文中,明确提出"哲学与科学是连续的"这一论题,并加以辩护。他认为哲学在研究对象与目标、方法论上,与科学都无本质差异。另一些学者,如王文方针锋相对地从主题(主题与对象的特性)、方

---

① 陈波:《哲学作为一项认知事业》,《哲学分析》,2020 年第 1 期;《哲学:知识还是智慧?》,《中国社会科学》,2023 年第 8 期;《哲学的目标——追求真理》,《社会科学战线》,2023 年第 9 期。

② 苏德超:《哲学为什么不能是一门科学?》,《哲学分析》,2022 年第 3 期;《哲学主要不是一项认知事业》,《中州学刊》,2023 年第 7 期;《认知连续、世界分裂与人生境界——哲学是如何例外的?》,《社会科学战线》,2024 年第 5 期。

③ 王文方:《哲学虚无主义——对当代分析哲学的元哲学探索》,《哲学分析》,2023 年第 3 期;《对哲学的与逻辑的反例外论的质疑》,《哲学与文化》,2023 年第 2 期。

④ 我们看到陈波、王文方等人广泛借用 T. 威廉姆森(T. Williamson)、H. 毕比(H. Beebee)等西方当代哲学家的论证,并加以发挥。我将此次论战诠释为中国哲学自觉的一个表征(理由见余论),所以主要讨论中国学者近年来的著述。

⑤ 郁振华:《论哲学修养》,《哲学分析》,2021 年第 5 期,第 58 页脚注①;苏德超《哲学为什么不能是一门科学?》导言部分,从不同角度梳理了近年来的研究文献,此处不再赘述。

法(概念性工具)上论证两者本质的不同。此二者可视为连续论和断裂论的典型立场。不过连续论、断裂论内部也并非铁板一块,内部分歧甚而不小于与对立立场的差异,需要详加分析。在本节,我将分别考察具有代表性的一些立场。

(1) 让我们从断裂论入手。断裂论者的基本立场是认为哲学与科学具有性质上的差异,不可混淆。具体而言,断裂论者认为,科学是一项认知事业,通过科学我们可以获得关于世界的事实性知识,这种知识是对实在的描述;对于争议,原则上可以通过观察或实验的证实或证伪,给出明确答案。而哲学或者根本就不是一项认知事业,或者(如今)主要不是一项认知事业。我们把前者称为激进的断裂论,把后者称为温和的断裂论。

(1a) 激进的断裂论,以王文方为代表,认为哲学与科学在方法论和"主题与对象特性"上,都有质的区别。首先,王文方区分世界的客观部分和主观部分,他认为,当代(分析)哲学讨论的主要对象是"属于依赖于心灵才存在的(或是由心灵建构起来的)'主观'部分,或者缺乏科学对象所具有的'客观可测性蕴涵'"[①],科学则相反,指向世界的客观部分,具有客观可测性蕴涵。就算哲学有时似乎研究客观事物,但实际上研究的也是客观事物的概念。这一点在语言转向语境中能获得很强的可信性。其次,哲学所使用的概念工具模糊、纷乱、彼此抵触,无法如科学一样获得公认、确定的知识。两者共同支持这样一种观念:关于哲学问题,我们不能获得任何客观、确定的知识。

王文方通过论证哲学与科学之间的断裂性,指出哲学不是一种实质性知识(substantive philosophical knowledge);而是非实质性知识。[②] 实质性知识与非实质性知识这一组概念借自毕比,实质性知识是对实在本性的认识,具有确定性和可验证性,而非实质性知识是与常识或其他观念兼容的意见,是一种反思平衡,不具有确定性和经验上的可验证性。辅之以王文方对于世界客观方面和主观方面的区分,实在本性主要指世界客观方面的本性。王文方在此拒绝关于实在论与反实在论之争,而认定实在论立场,对此我们暂且不论。但其关于客观对象与主观对象的区分失之过简,在理论上仍有不少困难,例如制度实在、观念实在等,都非客观方面、主观方面的区分所能穷竭。而且,王文方虽然承认哲

---

① 王文方:《哲学虚无主义——对当代分析哲学的元哲学探索》,《哲学分析》,2023年第3期,第64页。

② 实质性知识与非实质性知识,这一对概念借自毕比:参见 H. Beebee, "Philosophical Scepticism and the Aims of Philosophy," *Proceedings of the Aristotelian Society*, Vol. 118, No. 1(2007), pp. 1—24。

学自有价值，但对其价值为何所论极简，仅论及其作为思维体操所具有的工具作用[①]，此论显然不能令人满意。

(1b) 温和的断裂论，以苏德超为代表，认为哲学介于人文（文学、宗教）与科学（自然科学、数学）之间，它们都处在人类观念活动的光谱上，但相互间有着不可忽视的性质差异。他从两大方面论证“哲学主要不是一种认识事业”。首先，哲学在古希腊时期确曾承担起认知的重任，但在近代以来，“哲学已无力也无须担负起认知使命”[②]，认知的重任交给了自然科学。其次，哲学的旨趣具有复杂性和多样性，“在当代，哲学活动具有谋生、改造、认知和信仰四种维度”[③]，非认知一维所能含纳。具体到连续性话题上，苏德超认为，从研究对象上看，哲学所面对的世界与科学所面对的世界，虽有叠合，但并不同一；从方法论看，两者也有实质差异，哲学方法无法对哲学核心问题给出可证实或证伪的回答；从连续性概念本身看，哲学处于人文体验与科学认知之间，是一个连续光谱的不同部分，但构成连续性基础的，不是科学认知，也不是人文体验，它们都属于更广泛的人类观念活动。我们看到，苏德超从研究对象和方法论角度，否认科学与哲学之间具有连续性，又承认两者作为人类观念活动的连续性，就此而言，我们将之视为温和的断裂论。其以光谱比喻[④]自证，亦颇有意味，黑不是白，白不是黑，它们分布在光谱两端，但都是波段而归在光谱之上。苏德超承认哲学依然部分保留认知功能，在研究对象上有部分重叠，哲学与科学仍有交集，如同波段是程度差异一样，不论何处都不能截然二分。但对于此处连续性与断裂性的关系，苏德超论述过简，两者的统一是如何可能的，没有得到辩护。

因此番论战，集中在分析哲学阵营，分析哲学与科学具有亲缘性，对“科学是认知的典范甚至唯一形态”这样一种过于科学主义的立场，似乎少有反思。这一点在王文方的文章中表现得非常明显，他的科学或认知事业，甚至不包括逻辑学，只包括经验性的自然科学。这使得另一种理论可能性并未得到充分展开，即站在人文或文学立场，将科学视为一种“意识形态”，否认其为客观真理，强调哲学应该站在文学艺术这一边，抵制科学的异化。海德格尔、哈贝马斯等

① 王文方：《哲学虚无主义——对当代分析哲学的元哲学探索》，《哲学分析》，2023 年第 3 期，第 73 页。

② 苏德超：《哲学主要不是一项认知事业》，《中州学刊》，2023 年第 7 期，第 121 页。

③ 苏德超：《哲学为什么不能是一门科学？》，《哲学分析》，2022 年第 3 期，第 166 页。

④ 苏德超：《哲学为什么不能是一门科学？》，《哲学分析》，2022 年第 3 期，第 178 页。

欧陆哲学家，皆可为这方面的资源。这种立场也强调哲学与科学的断裂性，认为哲学等学科应该通过抵抗科学或技术，获得自身的自主性。不过，借由解构主义或建构主义而实施的这种思想活动，更像是在科学巨大成就前人文学者的自怨自艾。[①]

(2) 接下来我们考察连续论。由于对连续性依据的不同理解，可以将连续论大致分为还原式的和扩展式的。

(2a) 还原式的，以陈波为代表。他将常识、哲学与科学视作是连续的。认为哲学研究对象是我们生活于其中的世界，哲学的使命是"帮助人们更好地认知这个世界"[②]，这一点上哲学与科学只有分工不同，没有本质差别。在方法论上，两者也共享着相近的方法，"它们只不过是相应科学方法的延伸与扩展"[③]。在方法论上，陈波提到三类主要研究方法：溯因—最佳解释推理；想象、思想实验与模型建构；认知分歧、哲学论战与反思均衡。王文方在《对哲学的与逻辑的反例外论的质疑》中反驳了哲学中的最佳解释推理与科学中的最佳解释推理的类同，指出两者只具有表面的相似性，而反思均衡，在王文方看来，只能获得非实质性知识。笔者认同王氏以上的批评，并且认为哲学中大部分思想实验与小说更近，与科学实验更远(详见第三节)。

陈波在《哲学：知识还是智慧》中，明确论及知识与智慧的关系，采取"转识成智"的立场，认为"尽管知识并不必然导致智慧，但智慧必定基于知识……通过追求知识来追求智慧"[④]。虽然如此，他实际上还是以知识来规范智慧，即智慧只不过是有更多限制的知识。他实际上和王文方共享一个前提，即认为认知事业以经验性的自然科学为典范，哲学只有在靠近它时才是知识。[⑤] 虽然陈波也承认哲学具有独特性。概言之，他以科学知识或科学真理为标准，认为哲学

---

① 相关评述，可参见陈嘉映《哲学·科学·常识》"导论"中对科学主义与建构主义的讨论。陈嘉映：《哲学·科学·常识》，北京：中信出版集团，2018 年。

② 陈波：《哲学作为一项认知事业》，《哲学分析》，2020 年第 1 期，第 6 页。

③ 陈波：《哲学作为一项认知事业》，《哲学分析》，2020 年第 1 期，第 11 页。

④ 陈波：《哲学：知识还是智慧？》，《中国社会科学》，2023 年第 8 期，第 142 页。

⑤ 陈波虽然试图放宽科学的概念，但其实质未变："哲学最好是科学，如果不是，也应该以科学为榜样。""英语世界的学者多持此观点。国内学者的代表是陈波。"见苏德超：《哲学主要不是一项认知事业》，第 121、128 页。在《哲学的目标——追求真理》中，陈波对真理的界定，"符合是真理的基本义和核心义……无论科学真理和人文真理都概莫能外"，这种说法最典型地表现了其以知识规范智慧的倾向。

是一种与科学同质的认知事业，又辩护哲学的独特位置，故不得不说“哲学是一门不是自然科学的科学”，智慧“超越知识，给知识导航，通过转识成智，沉淀为生活方式，落实为理想人格，升华至人生境界”①。

(2b) 扩展式的，以黄远帆《捍卫哲学知识》②为代表。此文的论证对着王文方《哲学虚无主义》而发，主要包含两个方面，一方面，从研究对象上看，他认为哲学研究对象具有多样性，并非单纯主观对象，特别是社会类概念(如国家、动物园、女性等)，它依赖于心灵，但并非与客观事实无干。另一方面，他辩护“知识”概念的丰饶性，通过引入 knowing-how(能力之知)概念，说明哲学能够产生作为实质性知识的哲学能力之知。这种观点一方面在能力之知的视域下安置科学和哲学，蕴涵了科学与哲学的连续性，论证存在一种实质性的哲学知识。一方面认为哲学能力之知与科学能力之知并不直接等同，前者是核心领域的概念能力之知，后者是特定领域的概念能力之知。③ 但在此处，哲学与科学中的连续性与断裂性关系如何，仍未得到清晰刻画。对此，可经由郁振华《论理论智慧》④《论哲学修养》⑤中的观点略作引申。郁振华认为哲学修养包含三大部分：义理学说、穷理能力和哲学境界。义理学说是哲学命题性知识，穷理能力是哲学能力之知，都属于哲学的理论之维；哲学还有实存之维，即哲学境界。此论延续冯契“化理论为德性”的思路，认为科学与哲学之间的连续性是转识成智的过程，最后指向良好生活。⑥ 据此，科学与哲学的连续性不是直接静态的结构，而是需要一个转化的过程，可称为动态扩展论。如果说，直接将哲学与科学安置在一个上位概念之下，例如“能力之知”，可能会面对这样一种指责：这么做不过是将哲学与科学的断裂以另一种形式表述出来，并未就哲学与科学的连续性给出实质的说明，如此论题就沦为了语词游戏。苏德超意识到这一点，他的温和断裂论承认哲学与科学都是人类观念活动，但是否认两者是同质的，实际上还是认为两者是断裂的。郁振华论证科学与哲学之间动态转化过程时，给出了一

---

① 陈波：《哲学：知识还是智慧？》，《中国社会科学》，2023 年第 8 期，第 142 页。

② 黄远帆：《捍卫哲学知识》，《哲学分析》，待排刊。

③ 黄远帆：《理论智慧的能力之维——从金岳霖到布兰顿》，《哲学分析》，2021 年第 4 期。

④ 参见郁振华：《论理论智慧》，《学术月刊》，2020 年第 10 期。

⑤ 参见郁振华：《论哲学修养》，《哲学分析》，2021 年第 5 期。

⑥ 郁振华：《论理论智慧》，《学术月刊》，2020 年第 10 期。

个哲学与科学连续性的强证明。此论与还原式的核心区别在于,是否以自然科学知识为典范和基础,讨论科学与哲学、知识与智慧的连续性,虽然它们都承认知识可能提升、转化为智慧。

二、科学主义的幽灵与连续论的图景

上一节我们批判地考察了在"科学与哲学连续性"问题上的四种主要观点。诸观点似乎都有其现象或直觉上的证据,一方面,哲学与科学至少从历史上看密切相关,在古希腊时代,两者几为一体,虽然近代以来,科学日益独立,乃至于完全从哲学中剥离出去,然时至今日,两者仍藕断丝连,难处在说这"藕断丝连"到底是什么?另一方面,在现代学科观念和体制中,两者并不相类,虽有科学哲学,仍不能使之成为第一哲学或者唯一的哲学,两者的差异不容抹杀,这个"差异"如何诠释,众说纷纭。对此,我们虽然无法给出决定性的论证,但作出如下区分有助于推进我们的理解。

我们首先要区分哲学的历史形态和当下形态。虽然我们在讲述哲学时,习惯性地诉诸历史,但这是辅助手段,我们无法通过诉诸历史上曾经的哲学形态说明当代哲学应当如何,历史上的形态,至多为参考,无法成为尺度。王文方明确表示他谈论的是"当代(分析)哲学",苏德超通过梳理哲学的历史形态,也是为了说明当代哲学已非希腊哲学等的形态。我们应当从哲学的当代形态出发进行考察,对此,参与论战的学者并无太大争议。但对何谓"当代哲学",如前所述,目前讨论多局限于分析哲学进路中。因此对哲学的想象,多以科学为参照,即以与科学的关系来设想自身的形象。如此设想的哲学形象难免于科学主义色彩。"科学主义"概念极其暧昧、复杂,在中国有百余年的接受史[①],在此我借用陈嘉映比较通俗的一种界定:"科学主义笼统地指这种观念:科学是真理的代表,甚至科学就等同于真理……(这)是一种认识论上的结论,而不是态度。"[②]这种把真与科学等同起来,认为科学给我们提供了世界真相的观念,在近代以来,成为一种潜在的共识,中西皆然。我们看到不论是极端的或温和的断裂论,

---

① 参考杨国荣:《科学的形上之维:中国近代科学主义的形成与衍化》,上海:华东师范大学出版社,2021 年。

② 陈嘉映:《哲学·科学·常识》,第 3 页。

还是还原式连续论，都预设了这一立场。虽然像苏德超等学者认为，科学自有其不足之处，哲学指向良好生活，这是科学所不能直接断言，而有赖于哲学、人文学科，哲学活动具有建构意义、捍卫自由的任务。但在把真归给科学这一点上，以上立场并无实质差别。

王文方观点具有典型性，在论及知识概念时，他说："'实质性的哲学知识'是指对重要哲学问题的答案的知识，而非实质性的哲学知识则指对于一个哲学看法的逻辑结果的知识。"[①]这一观念究其实际，可以视为休谟—康德式综合命题与分析命题的重新表述。只有建立在观察、实验基础上的经验知识才是实质性知识（综合命题），而哲学作为从特定立场出发的推演，是非实质性知识，它未能就世界是什么提供新知（分析命题）。借助于诸如理性思辨、反思平衡之类的理智活动，哲学只能帮助我们获得一些"意见"，这无关于世界之真。科学是以分别的方式认识和把握世界，对于作为整体的世界，始终是一种推论或想象的结果。对于世界的整体把握，始终处于科学的边界上，是哲学—科学的事业。金岳霖在此问题上讲得很清楚。知识经验的领域作为名言之域，可以用命题清晰描述之，"名言之所能达，就是用命题分别地断定和用语言分别地陈述"[②]，"名言世界是分开来说的世界，命题是分开来说的思想"[③]。在科学中，我们总是把整体性的世界进行抽象后，再做片面的研究，比如物理维度、化学维度等。对于大全式的统一科学的畅想，是过分的科学乐观主义。不论经验命题或科学命题，它们都对作为整体的自然界有所言说。就经验知识而言，科学关注的是普遍维度，"在自然界，普遍的……就是共相底关联"[④]。"就经验说，普遍有两种。有普遍的对象，有普遍的内容。普遍的对象就是在自然界底普遍的。普遍的内容是意念、概念、意思、命题等等，这些是在思议中的显现所代表的。"[⑤]世界（自然界）的逻辑结构（意念）通过命题和语言呈现出来。这里关键的是科学对象的普遍性，科学关注的不是具体对象，而是规律，在规律与具体现象之间，隔着理论建构。而在王文方等人的描述中，我们好像能够直接从事实之中获得

① 王文方：《哲学虚无主义——对当代分析哲学的元哲学探索》，《哲学分析》，2023年第3期，第63页。

② 冯契：《智慧的探索》，上海：华东师范大学出版社，2015年，第505页。

③ 金岳霖：《势至原则》，《金岳霖学术论文选》，北京：中国社会科学出版社，1990年，第350页。

④ 金岳霖：《知识论（下）》，北京：商务印书馆，2011年，第522页。

⑤ 金岳霖：《知识论（下）》，第522—523页。

真理,这简化了认知活动。

在此,我并非想要否定科学真理的实在性,而是想要说明,科学真理(规律)只是我们认知世界的一种方式,它并没有独占真理。科学真理,比如 $E = mc^2$,和我们依据常识说,桌上有一本书,都依托一套观念,前者不比后者更接近实在。就像胡塞尔等人所辩护的一样,科学世界是生活世界的延伸,而非一个揭示了本质,一个只是表象。放大真的概念,不是一个语言游戏,而是调整我们对世界的理解。世界的深度需要不同的认知方式合力去抵达,狭隘化了真的范围,使我们放弃了以其他方式认知世界的可能性。科学并没有证明自身对世界的认知在原则上是绝对真理。科学要证明自己在认识论上的独特地位,这个问题本身就是哲学问题,而非科学问题。

这里还涉及"常识"的问题,即生活世界中的"常识"与科学、哲学的关系,人类的形而上学冲动使哲学常有悖逆常识之处,但"与科学一样,哲学所面对的唯一世界只能是常识世界"。[①] 就此而言,常识是哲学与科学的共同根基。一方面,如戴维森在其他语境下所言,我们必须假定大部分常识信念为真,否则我们早就为自然选择所淘汰。另一方面,哲学与科学本是同根生,但是相煎何太急。在现代自然科学的进展中,哲学不断调整对自我的认知,特别是在实证主义观念兴起之后,哲学不断在科学与人文之间确认自身的位置。哲学对良好生活应当如何的理解,内在的包含世界事实上如何,以及可能如何的认知,即对良好生活的认知,包含对世界的事实性知识,后者包含常识和科学知识。这是哲学与科学的连续性维度。而且,当某种自然科学处于常规科学阶段时,实际承诺了所持有范式中预设的世界图景(哲学),这是科学与哲学连续性的另一维度。

另一方面,如海德格尔所揭示的,以科学作为根本现象之一的现代世界,在其中科学"乃是对作为图像的世界的征服过程……人施行其对一切事物的计算、计划和培育的无限制的暴力"[②],即现代科学并不直接带来良好生活,反而可能带来异化,这已经是老生常谈。"唯有在创造性的追问和那种出自真正的沉思的力量的构形之中,人才会知道那种不可计算之物,亦即才会把它保存于其真理之中。"[③]"不可计算之物"即存在,是世界的基础与真理,哲学是我们获

---

① 陈亚军:《站在常识的大地上——哲学与常识关系刍议》,《哲学分析》,2020 年第 3 期,第 88 页。

② 海德格尔:《林中路》,孙周兴译,上海:上海译文出版社,2004 年,第 96 页。

③ 海德格尔:《林中路》,第 97—98 页。

得这种真理的途径。这提示我们真理是良好生活的保证，但这种真理显然不是自然科学所揭示的真理。这是哲学与科学的断裂维度：科学和哲学同根而异枝，它们的目的不同，科学旨在说明世界是什么，哲学还试图说明作为在世存在的我们如何良好生活。我们不必如海德格尔那样去贬低科学，但把真理与良好生活联系起来，而不是局限于科学之中，却是富有启示的。结合上文所述"世界的深度需要不同的认知方式合力去抵达"，我认为科学和哲学都只是我们认知方式之一，不同方式揭示世界的不同侧面。就此而言，文学艺术也是我们认识世界的方式。我们通过阿Q认识国民性，通过翠翠认识湘西世界，这些都构成了我们认识中国的一部分。狭义的认识活动、实践活动与文学艺术活动所揭示的世界中，主体与客体、认识世界和改造世界是交织在一起的，所以无法以传统科学第三人称的方式对之加以彻底的研究（这种方式设定了主客二分的世界图景），而是应当以第一人称与第三人称交织的方式展开研究活动。但我们并不能因为主体、心灵的介入，就认为在人类认知、实践活动中展开的世界不是客观对象，不是我们的认知对象。它们只是更加复杂的认知对象。哲学既有近于科学的一面，也有近于文学艺术的一面，共同构成了我们认识世界的方式。

三、摆渡式连续论

基于上文，笔者部分认同将哲学置于科学与人文之间的看法（苏德超），但拒斥苏德超将它们都放在观念活动之下的做法。这样的刻画，对两者关系所说甚少。科学与人文都是认知活动，认知活动与观念活动之别在于，认知活动总是对外部世界保持开放，并且总是处于互动之中。这种连续论并不否认两者之间的差异，只不过认为对这种差异不应该持有一种静态的观念，而应该动态地看待哲学和科学（及其与常识、文学艺术）之间的关系，而光谱隐喻就是典型的静态形象。就此而言，此处观点接近郁振华的动态扩展式的连续论。不同之处在于，本文不把良好生活看作是更高的价值追求，也不把论证看作哲学的基础。在郁振华那里，从科学知识向良好生活的提升过程，即转识（知识）成智（智慧），良好生活需要科学知识，但良好生活是最终指向。虽然智慧培养，需要"时时常拂拭"，否则就可能退转，但还是预设了一个上升的结构。笔者认为哲学是在人文与科学之间来回穿梭的摆渡船，对于终将归于寂灭的人类（这是一个令人绝望，但似乎不可避免的科学事实）而言，哲学不能提供更高的价值，而是在文学与科学之间来回摆渡，以求尽可能有意义，或者有意思地生活下去。河流会改道，渡口也会随时间和季节变化，更有日夜变化的天气，所以摆渡船无法只走一条唯一的道路，而需与时俱化。但摆渡船的意义或价值，就在于沟通两岸，它可以居家于南岸，也可以居家于北岸，甚而可以居家于船上，但其职责在穿行于两岸之间，这也是我理解的哲学的处境。

关于论证。哲学当然需要论证，但有时候哲学更近于文学，是在进行概念创造，如德勒兹《什么是哲学?》、罗蒂《偶然、反讽与团结》等书中所示，论证服务于概念创造，而不是相反。在这两段叙述中，我通过描绘一种"摆渡式连续论"，实际上就是希望通过修辞的方式，说明另一种认识科学与哲学关系的方式是可能的。最后，通过比较哲学中的思想实验[①]同科学实验、小说之间的关系，进一步阐明这一点。

关于思想实验：

> 在分析哲学传统中，思想实验（thought experiments）起到类似寓言的功能。思想实验是想象力的装置：我们通过想象力构造一个可视化的场景，让相应要素在其中运行，看它可能会产生何种结果。作为一个思想实验，它是可错的、可再思的、可批评的、可塑的。借助于想象力，思想实验可以成为某些无法真实展开实验的问题的论证方式。比如普特南的"钵中之脑""孪生地球"，塞尔的"中文屋"或者福特的"电车难题"等。……思想实验背后更多事关"真"，即使是伦理学的电车难题，也指向伦理的真，而不是某种伦理规范。……思想实验是某个可能问题的探究方式。[②]

绳之以杜威对实验探究的分析，可见出科学实验与思想实验的异同。杜威认为实验探究主要有如下三大特征：(1)实验包含外在行动；(2)受观念指导；

---

① 关于思想实验的一般看法，参见 https://plato.stanford.edu/entries/thought-experiment/。

② 黄家光：《哲学风格论——对〈蚱蜢：游戏、生命与乌托邦〉的一个解读》，《中国图书评论》，2023 年第 6 期，第 66—67 页。

(3)实验结果是认识对象。[①] 在受观念指导这一点上，科学实验与思想实验并无本质不同，但思想实验不包含可观察的外在行动，而且对于思想实验，实验的过程远比实验结果重要。对于科学，实验结果可以直接成为下一个科学活动的起点。但对于思想实验，我们必须一再回到过程中，去考察相关问题，以便能推进对它的理解。科学家也经常使用思想实验，但他们最终必须指向可能的外在行动，即使目前的实验设备尚无法实现，它在原则上总是可能的。在有些时候科学家也做一些无法验证的思想实验，那是科学家在做哲学的事，而不是在做科学的事，就像牛顿沉迷炼金术一样。哲学的思想实验，在原则上往往是不可证实、不可证伪的。因此科学实验不同于思想实验。思想实验的一些特性，如可错的、可再思的、可批评的、可塑的，是科学实验所具有的。但这同样是文学作品（尤其是小说）所具有的。小说以想象的方式展示可能的生活，与思想实验类同，在过程大于结果这一点上，两者也高度相契。以侦探小说为例，结局是案件的侦破，但若直接翻看结局，对于小说而言，不仅趣味全无，而且毫无意义，我们不会认为一个只知道故事结局的人，对这个故事有很好的认知。

进一步看道德哲学的研究，努斯鲍姆（如《善的脆弱性》《诗性正义》）、罗蒂（《偶然、反讽与团结》）等哲学家广泛使用小说、戏剧，展开对道德伦理问题的探究，小说在他们手上所起到的功能，可以替代思想实验所起到的功能，甚至做得更好。现实伦理问题的复杂性是高度抽象的思想实验所无法匹配的。小说所提供的具体情境及具体解决，不能理解为对伦理困境的客观描写与具体解决方案。一方面，每一个伦理困境都有其特定情境，小说无法古今中外面面俱到，实际也不必面面俱到。另一方面，小说或文学如亚里士多德所述，它关心的是普遍性："诗人的职责不在于描述已经发生的事，而在于描述可能发生的事，即根据可然或必然的原则可能发生的事……诗倾向于表现带普遍性的事。"[②]所以文学需要作出某种抽象，以一当多。但它不同于抽象规则与具体事物之间的关

① 参考郁振华《沉思传统与实践转向——以〈确定性的追求〉为中心的探索》，《哲学研究》，2017 年第 7 期，第 108 页。

② 亚里士多德：《诗学》，陈中梅译注，北京：商务印书馆，2016 年，第 81 页。在古希腊语境中，"诗"相当于我们现在所谓的"文学"，见方维规：《别裁伪体再论"诗"——Lyric 的历史演变及观念形态》，《文艺研究》，2023 年第 12 期。

系，作为范例，它与具体事物是特殊与特殊之间的关系[①]，好的小说是充满细节、十分具体的，这些具体故事就是一种范例，而不是一条规则或一组规则。就像鲁迅小说示范了何谓优秀的现代汉语短篇小说，这不是写作教程所能取代的。在一些复杂小说，比如陀思妥耶夫斯基《罪与罚》等复调小说中，不同观念的交战，其中探究和揭示的，比列车难题更深刻地推进我们对伦理问题的认知。

研究者们在伦理问题上对思想实验的热衷，因伦理问题多无法实验，而研究者又渴望通过准科学方法获得道德知识。但这一类问题多以抽象原则为导向，而忽视伦理情境的复杂性是思想实验无法应对的。而好小说中范例起作用的方式，克服了这个问题。另一方面，文学艺术提供了一种提高道德判断力与道德想象力的方式，这些都属于道德能力之知。[②] 如果我们承认knowing-how是合法的知识类型，那么哲学在诸如伦理学等领域中靠近文学，就不是一种劣势，而是一种优势了。我们应该把小说，起码是部分好的小说，理解成是我们认识世界的方式，但这种方式不是单纯反映论的，而是即创造即反映的，于此，认识世界和改造世界是一体两面的。哲学可以借由文学或如文学一般，进行认知，就如同哲学可以借由科学或如科学一般，进行认知。哲学就在分析论证与概念创发之间、在科学与文学之间来回摆渡，不住“文学”，不住“科学”。

四、余论

哲学之名，传统所无，近代以来，西学传入，乃有此学。若以实论，传统“性与天道”之学，与其实质相当，中国哲学之名于是渐起。[③] 但从其诞生之日起，

---

① 关于范式从特殊到特殊的逻辑，参看阿甘本：《什么是范式?》一文。阿甘本：《万物的签名：论方法》，尉光吉译，北京：中央编译出版社，2017年。

② 对此问题的讨论，参见诺埃尔·卡罗尔：《艺术与道德领域》，载《美学指南》，彭峰等译，南京大学出版社，2018年；郁振华：《论道德—形上学的能力之知——基于赖尔与王阳明的探讨》，《中国社会科学》，2014年第12期。

③ 参见杨国荣：《中国哲学：内涵与走向》，《上海师范大学学报(哲社版)》，2018年第5期；《何谓哲学与如何做哲学》，《上海师范大学学报(哲社版)》，2022年第1期。

"中国哲学"就伴随各种争议。金岳霖乃有"中国的哲学"与"哲学在中国"之辨[①]。一方面我们想找到中国哲学的"中国性",一方面,我们又想找到中国哲学的"普遍性"。因此在中国哲学学科诞生之初,就有两类问题。一方面是"中国哲学合法性"问题,有没有中国哲学?此问从"中国哲学"诞生之日起,就相伴而生。它延续百年之久,近乃渐消,代之以"汉语哲学"的建构,这是就哲学的"中国性"展开的。另一方面,是"哲学合法性"问题。1923 年爆发的科玄论战,实质就是科学与形而上学之争,彼时双方在"以科学取消哲学"和"科学与哲学各有所职"两个立场上来回辩难。这个问题在近年来获得了新的形态,即哲学与科学连续性问题。科玄论战虽然影响深远,但理论创获少[②],而此番论战则把这个问题推向了深入,是在哲学"普遍性"维度上展开的争论。从 2023 年回望 1923 年,百年之前的问题,在新语境中重新获得活力。两个问题脉络都是中国学者对"哲学"本身的反思,分别从哲学的在地性和哲学的普世性方面,反映着中国哲学的自觉意识。今天,对于是否存在哲学,是否存在中国哲学已少有争议,问题已经转变为何种中国哲学,哲学何谓,又何为。

Knowledge ferryman
——The question of continuity between philosophy and science

Huang Jiaguang

Abstract: In recent years, scholars such as Chen Bo, Su Dechao, and Wang Wenfang have engaged in an interesting debate around the issue of "continuity between philosophy and science." According to the different answers to this issue, the continuity theories (reductionist and extensionist) and the rupture theories (extreme and moderate) can be classified. By pointing out the theoretical dilemmas of the rupture theories and the reductionist continuity theories individually or collectively, the modified extensionist

① 金岳霖:《冯友兰〈中国哲学史〉审查报告》,《金岳霖全集·第二卷》,北京:人民出版社,2013 年,第 408—410 页。

② 郁振华:《形上的智慧如何可能?——中国现代哲学的沉思》,桂林:广西师范大学出版社,2015 年,第 20 页。

continuity theories are defended: The continuity of ferrying. Finally, it is pointed out that the reflection on the "problem of continuity between philosophy and science" is a manifestation of the development of conscious awareness of Chinese philosophy that has lasted for a hundred years.
Keywords: philosophy and science; the continuity theories; the rupture theories; thought-experiment

美德伦理视域下的恶德理论

——哈尔贝希"态度理论"与亚里士多德主义"品质理论"比较

刘雨濛 *

[摘 要] 恶德的本体论问题是美德伦理学的重要议题。关于"什么是恶德"这一问题,一般而言,在当代美德伦理学中存在两种主要的解释路径:一种是亚里士多德主义传统的"品质理论",即认为恶德是一种倾向于做出消极行为的品质;一种是克里斯托弗·哈尔贝希的"态度理论",即认为恶德是对其对象的一种不恰当的态度。品质理论受亚里士多德"中道学说"的影响,对美德和恶德的界定很难避免循环论证,在理论上存在结构性困难。而哈尔贝希的态度理论则以递归理论为基础,通过分析"态度"与其"对象"之间的意向性关系,指出恶德即是对内在价值的消极态度或对内在非价值的积极态度,由此解决了亚里士多德主义方案的结构性问题,美德和恶德不再需要通过其对立面的参照来得到解释和说明。哈尔贝希的态度理论为当代美德伦理学的发展提供了新的理论视

* 刘雨濛(1996—),女,山东济南人,清华大学马克思主义学院博士研究生,主要研究方向为美德伦理学、西方正义理论、国外马克思主义。

角与研究思路。

[关键词] 美德伦理;恶德理论;品质;态度

在美德伦理学研究中,人们非常重视美德(Tugend),而较少关注恶德(Laster)以及美德与恶德的关系,恶德大多只是作为美德的对立面被提及。但构建和完善当代美德伦理学理论体系,除围绕美德及其标准问题、美德的统一性问题、美德与幸福的关系问题、行动与动机问题等基本议题进行探讨外,还需要深入研究恶德的本体论问题。

关于"什么是恶德"这一问题,一般而言,在当代美德伦理学中存在两种主要的解释路径:一是把"恶德"理解为"品质"(Dispositionen),二是将其解释为"态度"(Einstellungen)。前一种观点的理论源头可以追溯至亚里士多德,这也是当代美德伦理学的主流观点;后一种观点则在一定程度上受到奥古斯丁伦理思想的启发,并且在克里斯托弗·哈尔贝希(C. Halbig)的理论构建与创新之下发展为一种能够与前者比肩的解释路径。哈尔贝希是近年来欧洲大陆美德伦理学研究的代表学者,他的美德理论[①]对德语区乃至整个西方伦理学界都产生了较大的影响。[②]

一、作为品质的恶德

自亚里士多德以来,不少伦理学家,尤其是深受亚里士多德主义传统影响

① 哈尔贝希将其关于美德的学说称为美德理论,而不是美德伦理学。他认为,作为第三种独立的规范伦理学范式的美德伦理学在同结果主义和义务论的比较与竞争中,逐渐显现出自身的理论局限性,只有重新阐释"美德"与"恶德"这一对基本范畴,发展一种立足于"美德—恶德本体论之上"的美德理论,才能有效克服美德伦理学的理论局限。美德理论将不会使美德如此频繁地遭受其反对者的攻击,不同方案间的理论融通使美德理论能够扬其所长、避其所短,将精力集中于自身的理论发展。因此可以说,哈尔贝希的美德理论既是美德伦理学,又在很大程度上超越了美德伦理学。

② 执教于苏黎世大学的克里斯托弗·哈尔贝希教授,是目前活跃于德语区学界负有盛名、具有重要影响的伦理学家,其在规范伦理学、元伦理学、西方伦理学史、行动理论、价值论、德国古典哲学等领域的研究逾三十年,并均作出了较为突出的原创性理论贡献。2013 年,哈尔贝希出版了其美德伦理学专著《美德的概念与美德伦理学的局限性》,构建了内容丰富且见解独到的美德理论,极大地推动了欧陆学界的美德伦理学研究。目前,我国学界还鲜有研究者关注哈尔贝希的学说。

的当代美德伦理学人,都把美德以及作为其对立面的恶德视为品质,认为美德这一概念需要借助其同恶德之间的关系来得到解释和说明,美德和恶德也因此具有一种构成性关系。不过,这种品质理论(Theorie der Dispositionen)使得美德和恶德在本体论上不具有独立性,对美德和恶德的界定与阐释无法避免循环论证,存在较难解决的结构性问题。

1. 品质理论的基本思想

亚里士多德的美德伦理学思想是品质理论的源头。在《尼各马可伦理学》中,亚里士多德通过排除法指出,美德和恶德既不是感情,也不是能力,而是品质。[①] 在随后的论述中,亚里士多德又将美德和恶德的范围延伸至行动[②],继而把美德和恶德界定为"一种选择的品质"[③]。

受上述观点的影响,新亚里士多德主义者罗莎琳德·赫斯特豪斯(R. Hursthouse)认为,一个完整的亚里士多德的美德和恶德概念,是一个复杂的性格特征概念,换言之,美德和恶德就是其拥有者身上的那些根深蒂固的品质或秉性。[④] 这说明,恶德不应被简单地解释为个人的错误行为,而是一种坏或恶的品质,也即,一种理应受到指责的稳定的性格特征。[⑤] 这种品质理论的核心观点是:

X是一种恶德(即一种稳定的性格特征),当且仅当,X是一种倾向于做出Y类行为的品质,且Y在规范意义上被认为是消极的。[⑥]

上述观点包含两个重要元素,即品质X和行为Y。就Y而言,那些经常性或习惯性的行为,最能体现相应的品质X,正如我们认为一个经常不知满足而希望得到更多金钱或权利的人,是一个贪婪之人。但是,X和Y在现实中不一定同时发生,除行为外,恶德也可能表现为某种思想、欲望或冲动。这可能是因

---

① 亚里士多德著,廖申白译:《尼各马可伦理学》,北京:商务印书馆,2019年,第44—47页。

② 亚里士多德:《尼各马可伦理学》,第47页。

③ 亚里士多德:《尼各马可伦理学》,第50页。

④ Rosalind Hursthouse, "Practical wisdom: A mundane account," in *Proceedings of the Aristotelian Society* 106(1), 2007, p.101.

⑤ Felix Timmermann, "Laster. Ihr Wesen und ihre Formen," in Christoph Halbig and Felix Timmermann (eds.), *Handbuch Tugend und Tugendethik*, Springer, 2021, p.82.

⑥ Felix Timmermann, "Laster. Ihr Wesen und ihre Formen," in Christoph Halbig and Felix Timmermann (eds.), *Handbuch Tugend und Tugendethik*, p.85.

为行为者具有强大的自制力没有使恶德变为现实，也可能是因为现实环境受到制约，不具备将恶德付诸实践的条件。换言之，在很多情况下，行为者由于种种原因，无法通过某种行动或反应将恶德变为现实。但尽管如此，我们仍然会判定，该行为者在条件具备的情况下仍旧会以恶的、消极的或不适宜的方式行事。正如我们认为，一个有着强烈说谎冲动，却因某种顾虑或因为受到现实环境的制约而没有说谎的人，也是不诚实的。关于这一点，诚如赫斯特豪斯所言，恶德涉及多种行为和心理，因而是“多轨的”(multi-track)①。

鉴于这种情况，克里斯蒂安·米勒(C. Miller)主张把恶德的范围从实际行为扩大至潜在行为。② 不过，米勒认为，仅做到这一点还不够。因为，恶德不仅在现实中表现为不同的行为和反应方式，即具有将其变为现实的内在倾向，而且还涉及潜在的状态和倾向，故而应将恶德的范围扩大至行为者的认知反应、情感反应和意动反应(conative reaction)。③

就行为与恶德的关系而言，菲利克斯·蒂默尔曼(F. Timmermann)认为，恶德不仅包括实际行为和潜在行为，而且还同行为构成了因果关系，换言之，恶德的消极性源自相关行为的消极性。④ 不过，也有学者对此持反对意见。比如，迈克尔·斯洛特(M. Slote)认为，恶德的消极性没有一个所谓的基础或来源，因为关于动机、品质和道德个体的内在生活的事实是相互独立的。⑤ 再如，赫斯特豪斯认为恶德的消极性有其他来源，即来自不利于个人幸福或繁荣的性格特征。⑥ 又如，加布里埃拉·泰勒(G. Taylor)主张把各种形式的自我毁灭视为恶德之消极性的来源。⑦

---

① Rosalind Hursthouse, “Are Virtues the Proper Starting Point for Morality?” in James Dreier (ed.) *Contemporary Debates in Moral Theory*, Blackwell, 2006, p. 101.

② Christian Miller, “Virtue as a Trait,” in Nancy Snow (ed.), *The Oxford Handbook of Virtue*, Oxford University Press, 2018, pp. 11 – 12.

③ Christian Miller, “Virtue as a Trait,” in Nancy Snow (ed.), *The Oxford Handbook of Virtue*, pp. 9 – 34.

④ Felix Timmermann, “Laster. Ihr Wesen und ihre Formen,” in Christoph Halbig and Felix Timmermann (eds.), *Handbuch Tugend und Tugendethik*, Springer, 2021, p. 83.

⑤ Michael Slote, *Morals from Motives*, Oxford University Press, 2001, p. 7.

⑥ Rosalind Hursthouse, *On Virtue Ethics*, Oxford University Press, 1999, p. 167.

⑦ Gabrielle Taylor, *Deadly Vices*, Oxford University Press, 2006, p. 1.

2. 品质理论的结构性难题

一种较为完整的恶德理论除了包括对“什么是恶德”这一问题的回答之外，还需要说明恶德和美德之间具有何种关系。长期以来，西方伦理学界的主流观点认为，美德和恶德之间具有构成性关系，形成了“美德—恶德的构成性模式”，美德和恶德只有在把对方作为参照物的情况下才能够得到解释和说明。该观点深受亚里士多德主义传统的影响。

亚里士多德认为，美德是由两种恶德构成的两个极端之间的中道。亚里士多德的“中道学说”（μεσότης）是“美德—恶德构成性模式”的基础思想，“作为中道的美德”也是该种模式的典型范式。

亚里士多德在《尼各马可伦理学》中指出，美德是一种中道，“因为它以选取中间为目的”[①]。具体而言，美德所追求的中道位于两个极端，即过度（ὑπερβολὴ）和不及（ἔλλειψις）的中间。[②] 将两种恶德分配给两个极端，就会产生一种三段式结构，即“恶德 X—美德—恶德 Y”。比如，慷慨作为一种美德，是挥霍和吝啬这两种恶德的中道。[③] 就此而言，亚里士多德的“中道学说”是一种“节制学说”（Lehre der Mäßigung），因为美德来自于对过强和过弱感情的节制。例如，勇敢是对鲁莽和怯懦的节制，勇敢的位置即是鲁莽在不断减弱的过程中同不断加强的怯懦相遇或相交的地方。除感情外，作为中道的美德还同实践或行为有关。[④] 这就需要我们在适当的时间、地点，同适当的人和以适当的方式去做某事，以避免实践中的过度与不及。[⑤]

但是，“作为中道的美德范式”暴露了亚里士多德美德伦理学思想的结构性弱点，即对美德的界定、解释或说明，都不是通过对美德本身的阐释，而是借助于同恶德的对照、比较或参照得来的。换言之，正如克里斯托弗·哈尔贝希所指出的那样，亚里士多德的“美德”概念缺少本体论上的独立性，美德与恶德的关系也不具有对称性；恰恰相反，恶德在本体论上的构成作用远高于美德的构成作用。[⑥]

---

① 亚里士多德：《尼各马可伦理学》，第 49 页。

② 亚里士多德：《尼各马可伦理学》，第 50 页。

③ 亚里士多德：《尼各马可伦理学》，第 51—53 页。

④ 亚里士多德：《尼各马可伦理学》，第 49 页。

⑤ 亚里士多德：《尼各马可伦理学》，第 49 页。

⑥ Christoph Halbig, *Der Begriff der Tugend und die Grenzen der Tugendethik*, Suhrkamp Verlag, 2013, p. 178.

哈尔贝希指出,“作为中道的美德范式”在本体论上成立的前提条件是可以为每一种美德都找到(且恰好是)一个连续体(Kontinuum),在这个连续体上,极端点由恶德确定,非数学意义上的中间点由美德确定。[①] 不过,亚里士多德的三段式结构在本体论上面临着如下三重困难:

第一重困难与该范式的应用范围有关。亚里士多德的美德与恶德概念关乎行为与感情。[②] 但是,并非每项行为或感情都有“中道”这一状态,如谋杀和无耻,它们自身即是恶的。[③] 这表明,有些行为和感情本身就不存在一个“连续体”,我们也无法在“连续体”中对它们做出过度或不及的判断。

第二重困难与该范式中间点的确立标准有关。哈尔贝希指出,就那些符合“连续体”特征的行为或感情而言,判断它们是过度还是不及,需要预设一个判断的标准,该标准是关乎中道范式能否成立的重要前提。[④] 比如,慷慨的美德预设了财物的数量标准,只有根据这一标准,我们才能判断某一行为是否慷慨。由此可见,“连续体”的中间点实际上并非由“美德”确定,而是由“人们做出正确判断的标准”所确定的,并且这一标准在很多情况下是数学意义上的。

第三重困难与该范式的结构有关。在一些行为或感情的“连续体”中,不一定只存在两个由恶德构成的极端点。例如,大度(μεγαλοψυχία)[⑤]的美德不仅要求人们对于荣誉和耻辱抱有正确的态度,而且需要对自己的重要性有正确的评估。[⑥] 哈尔贝希指出,对自己的评估应当被理解为一个“连续体”,而自我评估的错误程度则体现为“连续体”的逐渐增加或减少。但是,“谦卑”和“虚荣”[⑦]不一定就构成“连续体”增加或减少的两个固定的极端点,因为在这个“连续体”

---

① Christoph Halbig, *Der Begriff der Tugend und die Grenzen der Tugendethik*, Suhrkamp Verlag, 2013, p. 181.

② 亚里士多德:《尼各马可伦理学》,第 49 页。

③ 亚里士多德:《尼各马可伦理学》,第 50 页。

④ Christoph Halbig, *Der Begriff der Tugend und die Grenzen der Tugendethik*, Suhrkamp Verlag, 2013, p. 182.

⑤ 应当指出,“μεγαλοψυχία”一词在汉语转义上存在困难,将其译为“大度”仍未能很好地体现出“自视重要”和“配得上重要”这两层含义。

⑥ 亚里士多德:《尼各马可伦理学》,第 116 页。

⑦ 亚里士多德:《尼各马可伦理学》,第 122—123 页。

上,也存在"一种像'自爱'之类的感情的表达"[①]。换言之,在部分"连续体"中,极端点的数量很可能大于两个,这就对亚里士多德三段式结构的合理性提出了质疑,即,由恶德构成的两个以上但不是无限多个极端之间的中道,抑或由恶德构成的无限多个极端之间的中道,是否比亚里士多德的"恶德X—美德—恶德Y"范式更符合诸如"大度"之类的美德?

鉴于"作为中道的美德范式"存在难以解决的结构性困难,不少学者尝试对其进行修正,并由此提出了另外两种具有代表性的范式,即"作为极端的美德范式"和"作为综合体的美德范式"。

"作为极端的美德范式"把美德本身作为一个极端,该极端同恶德构成的另一个极端相对立。[②] 持该观点的代表人物是德国学者安塞尔姆·穆勒(A. Müller)。穆勒尝试将亚里士多德的"三段式结构"转化为一种"两段式结构",即美德同恶德相互对立的二元结构。他认为,亚里士多德虽然认为两种不同的恶德共同构成了美德的两个极端,但是相比于恶德X,美德会向恶德Y倾斜。换言之,美德与恶德Y具有更多的相似性,故而恶德X才是真正同美德相对立的恶德。由此,穆勒认为,恶德是"对美德之理性特征的否定"[③]。比如,"勇气"不是位于"怯懦"和"鲁莽"之间的中道,而是会向"鲁莽"倾斜。所以,"勇气"是对"怯懦"的理性特征的否定,作为"怯懦"的对立面,"勇气"和"怯懦"共同构成了两个极端。

"作为综合体的美德范式"把两种(子)美德作为两个极端,而美德则是由这两个极端组成的"综合体"。[④] 持此观点的代表人物是德国学者尼古拉·哈特曼(N. Hartmann)。哈特曼将每一种单独的美德都视为两种美德(即美德X和美德Y)的综合,美德X和美德Y分别与亚里士多德三段式结构中的两种作为极端的恶德相对立。例如,勇敢(Mut)是坚韧(Ausharren)和审慎(Vorsicht)这两种美德的综合,相应地,胆怯(Feigheit)的恶德被坚韧的美德所抑制,愚勇

---

① Christoph Halbig, *Der Begriff der Tugend und die Grenzen der Tugendethik*, Suhrkamp Verlag, 2013, p. 182.

② Anselm Müller, *Was taugt die Tugend? Elemente einer Ethik des guten Lebens*, Verlag W. Kohlhammer, 1999, pp. 151 – 160.

③ Anselm Müller, *Was taugt die Tugend? Elemente einer Ethik des guten Lebens*, Verlag W. Kohlhammer, 1999, p. 158.

④ Nicolai Hartmann, *Ethik*, Walter de Gruyter, 1962, pp. 562 – 584.

(Tollkühnheit)的恶德被审慎的美德所抑制。[①] 由此可见,哈特曼没有局限于对勇气的分析,甚至抛弃了勇气这一类别,而是最终选择了坚韧和审慎这两种更为具体的美德。勇气的存在使得坚韧和审慎不再是单纯的共存关系,它将后两者所包含的价值统一起来,使它们之间的张力得以发挥出来。

不过,虽然"作为极端的美德范式"和"作为综合体的美德范式"在一定程度上改善了亚里士多德的三段式结构,但美德和恶德之间依然存在一种构成性关系。安塞尔姆·穆勒从美德的否定性特征出发来理解恶德;尼古拉·哈特曼虽然试图通过美德之间的关系来解释美德,但恶德对美德而言依然发挥着认识论上的作用。这说明,任何试图在亚里士多德主义传统的框架内对品质理论进行修正的尝试,都无法脱离美德—恶德的构成性模式。只有进行一种全新的理论创新,才能突破亚里士多德主义传统的结构性难题。而克里斯托弗·哈尔贝希所构建的"态度理论",正为我们提供了这样一个很好的解决方案。

二、作为态度的恶德

除了把恶德解释为"品质"之外,当代美德伦理学还发展出一种新的替代性解释路径,即把恶德理解为"态度"。这种态度理论的主要优势就在于,通过递归论证,恶德的本体论结构可以完全独立于构成其意向性对象的内在价值或内在非价值,美德和恶德不需要再通过其对立面的参照来得到解释和说明,二者是相互独立的关系。

1. 态度理论的基本思想

态度理论的灵感源自奥古斯丁。古希腊哲学肯定了人对某个对象或某种善采取肯定或否定立场的能力,而奥古斯丁在继承这一观点的基础上,将"态度"(Einstellungen)概念同"意志"(Willen)概念相联系,认为在某些限定条件下,人对善的洞察力会自动产生正确的行动;如果行动是错误的,则是由于知识的缺乏。[②] 奥古斯丁把"意见"和"爱"(amor)相等同,认为美德和恶德的区别在

---

① Nicolai Hartmann, *Ethik*, Walter de Gruyter, 1962, pp. 568 - 571.

② Johannes Brachtendorf, "Einleitung," in Johannes Brachtendorf (ed.), *Augustinus: De libero arbitrio*, Schöningh Press, 2006, pp. 7 - 72.

于爱所具有的不同的对象。[①] 具体而言,美德是对正义生活以及永恒的和不可剥夺的善的爱,最后体现为对上帝的爱;而恶德则是一种"颠舛的意愿"(perversa voluntas),它宁愿选择那些较低的、暂时的或可失去的善,如财富、良好的外表和他人的认可,而不是较高的善,如同上帝之间的关系。[②] 所以,根据奥古斯丁的观点,美德和恶德都包含在广义的"爱"中,二者都是对善或价值的积极的态度。美德和恶德的不同之处在于,美德对应于善的秩序,故而是一种有序的态度(即有序的爱);而恶德则不然。[③] 不过,奥古斯丁也指出,那些较低的、暂时的或可失去的善在神圣秩序中也有其地位,因而也具备某种美。

克里斯托弗·哈尔贝希既承袭了奥古斯丁把美德和恶德视为"态度"的理论传统,又把这一思想融入现代伦理知识体系中,进行了颇具现代风格的理论创新。[④] 其态度理论的基本思路是:首先从一系列基本内在价值(如快乐、知识、成功等)出发,设立一份"基本内在价值清单"(Liste von intrinsischen Basiswerten);与此对应,也存在一系列基本内在非价值(如悲伤、无知、失败等),由此同样可以制定出一份"基本内在非价值清单"(Liste von intrinsischen Basisunwerten)。两份清单具体包括哪些内容并不重要。[⑤] 所有内在价值都被包含在一种广义上的积极态度(如喜爱、崇拜、肯定等)中,而内在非价值则被包含在一种广义上的消极态度(如厌恶、蔑视、否定等)中。两种基本态度(即广义上的积极态度和广义上的消极态度)同内在价值或内在非价值相结合,共存在

---

① Dagmar Kiesel, "Virtus, amor, voluntas. Zur Eigenart des augustinischen Tugendkonzepts," in Dagmar Kiesel and Cleophea Ferrari (eds.), *Tugend*, Klostermann, 2016, p.68.

② Dagmar Kiesel, "Virtus, amor, voluntas. Zur Eigenart des augustinischen Tugendkonzepts," in Dagmar Kiesel and Cleophea Ferrari (eds.), *Tugend*, Klostermann, 2016, pp.59–86.

③ Dagmar Kiesel, "Virtus, amor, voluntas. Zur Eigenart des augustinischen Tugendkonzepts," in Dagmar Kiesel and Cleophea Ferrari (eds.), *Tugend*, Klostermann, 2016, pp.59–86.

④ 需要指出的是,除奥古斯丁的伦理思想外,哈尔贝希的美德理论在很大程度上还受到托马斯·霍尔卡(T. Hurka)美德伦理学思想的启发和影响。哈尔贝希认为,霍尔卡对美德的分析在当代伦理学界是最为透彻和清晰的。

⑤ 尽管内在价值和内在非价值是态度理论的出发点,但对两份基本清单的制定则超出了美德伦理学的研究范围,而是属于更为宏观的价值理论(Werttheorie)的研究任务。2022 年 1 月 8 日,克里斯托弗·哈尔贝希教授通过邮件告知笔者,最近几年他将致力于制定一种"普遍的价值理论"(allgemeine Werttheorie)。如何明确定义"内在价值"和"内在非价值"范畴、基本内在(非)价值清单具体包括哪些项目,以及如何确定两份清单的制定原则等问题,都将在其构建的价值理论中找到相应的答案或解决方法。

四种情况:(1)对内在价值采取积极的态度(如喜爱成功、崇拜知识等);(2)对内在价值采取消极的态度(如厌恶成功、蔑视知识等);(3)对内在非价值采取积极的态度(如喜爱失败、崇拜无知等);(4)对内在非价值采取消极的态度(如厌恶失败、蔑视无知等)。其中,(1)和(4)的态度是恰当的,因而具有"积极的内在价值"(positiver intrinsischer Wert),"美德"正是这些恰当的、具有积极内在价值的态度;与之相对,(2)和(3)的态度是不恰当的,故而具有"消极的内在价值"(negativer intrinsischer Wert),"恶德"即是那些不恰当的、具有消极内在价值的态度。[①]

由此,便可得出态度理论关于恶德的核心观点:X 是一种恶德,当且仅当,X 是对其对象 Y 的一种积极的或消极的态度,且这种态度对 Y 来说是不适宜或不恰当的。

"态度"和"对象"是上述观点的两个核心要素。就"态度"而言,首先,它是"针对某物的"(auf etwas gerichtet),因而属于意向性现象(intentionale Phänomenen)。[②] 其次,态度是对其对象的某种立场或取向,这种立场既可以表达赞成或反对,如前文所述的喜爱—厌恶、崇拜—蔑视、肯定—否定等,也可以被描述为"冷漠"(Gleichgültigkeit),但这种"冷漠"与"没有积极或消极的态度"有着明显的区分。[③] 再次,不同态度之间存在程度上的区别,如"仇恨"就比"厌恶"更为强烈。最后,态度是一种能够使我们对某些情况做出适当反应的"实践态度"(praktische Einstellungen),这种态度以"善"(das Gute)为目标,拒绝或偏离"善"即是恶德,反之,肯定或追求善则是美德。[④]

---

① Christoph Halbig, *Der Begriff der Tugend und die Grenzen der Tugendethik*, Suhrkamp Verlag, 2013, pp. 29 - 62, 178 - 211.

② Felix Timmermann, "Laster. Ihr Wesen und ihre Formen," in Christoph Halbig and Felix Timmermann (eds.), *Handbuch Tugend und Tugendethik*, Springer, 2021, p. 89.

③ Felix Timmermann, "Laster. Ihr Wesen und ihre Formen," in Christoph Halbig and Felix Timmermann (eds.), *Handbuch Tugend und Tugendethik*, Springer, 2021, p. 89 - 90.

④ 哈尔贝希认为,"态度"有两种,除正文已述的"实践态度"外,还存在一种"理论态度"(theoretische Einstellung)。后者以"真"(das Wahre)为目标,因而无所谓美德或恶德。例如,一位统计学家在调查不发达地区的生活水平时,如果他致力于寻找当地社会发展状况的真相,并在工作中流露出一种痛苦,那么这种痛苦仅仅是一种理论上的痛苦,并不是诸如"有爱心"等美德的体现;倘若他在统计调查和理论研究时并没有追求或没有在足够的程度上追求真相,也没有在工作中流露出痛苦,反而无视当地落后的经济发展和人民悲惨的生活,他也没有因此就具有"冷漠无情"等恶德。这两种态度既没有追求善,也没 (转下页)

就“对象”而言，首先，它是态度的“意向性对象”(intentionales Objekt)，“态度”和“对象”之间具有一种意向性关系(intentionale Beziehung)。① 因为“对象”(Objekt)具有内在价值或内在非价值，所以恶德也便同内在价值或内在非价值之间构成了一种意向性关系。其次，“对象”既可以是具体的，如某人、某个群体或整个世界，也可以是抽象的，如善—恶、美—丑等。

2. 恶德的种类及其递归论证

前文已述，态度理论的核心观点是把恶德理解为对其对象(即内在价值或内在非价值)的一种不恰当的(实践)态度。② 该思想被哈尔贝希称作“恶德的递归理论”(rekursive Theorie der Laster)。“递归”一词的含义是，恶德本不具有消极的内在价值，但因为其对象具有内在价值或内在非价值，而它又是对该对象的一种不恰当的态度，所以也就具有了一种消极的内在价值。

但是，并不是所有类型的恶德都符合“恶德的递归理论”，该理论有其特定的适用范围。具体而言，哈尔贝希把恶德划分为“结构性恶德”(strukturelle Laster)和“实质性恶德”(substantielle Laster)两类；只有“实质性恶德”适用于恶德的递归理论，“结构性恶德”并不满足相关条件。③

恶德的第一种类型是“结构性恶德”。“结构性恶德”是指行为者自身没有能力将自己的规范性判断转化为适当的行动，尤其是在面对有矛盾或有冲突的倾向时。“结构性恶德”可以理解为人所具有的“弱点”，但它们还包括认知或观念上的缺陷。④ 与“结构性恶德”对应，也存在“结构性美德”(strukturelle Tugend)。正如所有的“结构性恶德”都破坏了行为者依据(从其自身的角度来

(接上页)有拒绝善，而仅仅是两种“理论态度”。哈尔贝希把恶德理解为“实践态度”的观点，对于深入理解其恶德的本体论思想非常重要。参见 Christoph Halbig, *Der Begriff der Tugend und die Grenzen der Tugendethik*, Suhrkamp Verlag, 2013, pp. 54 – 56。

① Christoph Halbig, *Der Begriff der Tugend und die Grenzen der Tugendethik*, Suhrkamp Verlag, 2013, p. 50.

② Christoph Halbig, *Der Begriff der Tugend und die Grenzen der Tugendethik*, Suhrkamp Verlag, 2013, p. 189.

③ Christoph Halbig, *Der Begriff der Tugend und die Grenzen der Tugendethik*, Suhrkamp Verlag, 2013, pp. 78 – 211.

④ Felix Timmermann, “Laster. Ihr Wesen und ihre Formen,” in Christoph Halbig and Felix Timmermann (eds.), *Handbuch Tugend und Tugendethik*, Springer, 2021, pp. 92 – 93.

看)“良好的理由”而确定行动方向的能力,而“结构性美德”存在的意义就在于确保这种行动能力不受到外部的威胁。“怯懦—勇敢”是一对典型的“结构性恶德—美德”。[①] 我们不知道某人勇敢或怯懦的原因,只知道怯懦打消了他执行某一行动的初衷,而勇敢则会确保这种行动能力不受到恐惧或其他外部条件的威胁。正是由于这一点,结构性恶德和结构性美德在本体论上不具有对称性,后者在本体论上位于首要地位[②],如此,才可确保某人的行动能力不受破坏。

恶德的第二种类型是“实质性恶德”。它可以进一步划分为“冷漠的恶德”(Laster der Gleichgültigkeit)和“恶意的恶德”(Laster der Böswilligkeit)。[③] “实质性恶德”适用于“恶德的递归理论”,“冷漠的恶德”和“恶意的恶德”这两个子类别都是对内在价值或内在非价值的不恰当的态度。不过,子类别不同,这种“不恰当性”的表现形式也有所差异。

第一个子类型“冷漠的恶德”,不对善或恶抱有任何态度,既不存在(或没有在足够的程度上存在)积极的态度,也不存在(或没有在足够的程度上存在)消极的态度。在这里,需要对“冷漠”(Gleichgültigkeit)一词进行辨析和区分。就“冷漠的恶德”而言,“冷漠”是指有意不考虑某个有价值的方面,而不是指某个有价值的方面没有进入到某人的视野中。前者在很大程度上可以理解为“漠视的恶德”(Laster der Rücksichtslosigkeit),而后者则更多是一种“忽视”(Achtlosigkeit)。“冷漠的恶德”的不恰当性主要表现在两个方面:(1)一个内在价值没有成为或没有在足够的程度上成为积极的实践态度的对象;(2)一个内在非价值没有成为或没有在足够的程度上成为消极的实践态度的对象。[④] 换言之,“冷漠的恶德”的不恰当性体现在它未能对价值或非价值做出与其(程度)相称的反应。例如,一个具有铁石心肠的人不会对某个需要帮助的人或某件需要帮助的事做出一种恰当的反应,提供其力所能及的帮助。

---

① Christoph Halbig, *Der Begriff der Tugend und die Grenzen der Tugendethik*, Suhrkamp Verlag, 2013, pp. 191 - 192.

② Christoph Halbig, *Der Begriff der Tugend und die Grenzen der Tugendethik*, Suhrkamp Verlag, 2013, p. 192.

③ Christoph Halbig, *Der Begriff der Tugend und die Grenzen der Tugendethik*, Suhrkamp Verlag, 2013, pp. 192 - 204.

④ Christoph Halbig, *Der Begriff der Tugend und die Grenzen der Tugendethik*, Suhrkamp Verlag, 2013, p. 189.

第二个子类型“恶意的恶德”，会对本质上积极或有价值的东西产生某种敌对的想法和感觉，或是对其做出某种敌对的行为；也会对本质上消极或没有价值的东西产生某种赞同的想法和感觉，或是对其做出某种友好的行为。就此而言，“恶意的恶德”的不恰当性，表现在如下两个方面：(1)一个内在价值因自身之故而成为消极的实践态度的对象；(2)一个内在非价值因自身之故而成为积极的实践态度的对象。[1] 比如，一个嫉妒的人会因其同伴的快乐而感到痛苦，他希望这种快乐消失，甚至自身也会采取某种行动以结束同伴的快乐。再如，一个残忍的人会以他人的痛苦为乐，他希望痛苦的程度加深，甚至会采取某种行动以增加这种痛苦。第一个例子体现了嫉妒的恶德在第一种意义上的不恰当性，而第二个例子则体现了残忍的恶德在第二种含义上的不恰当性。所以，“恶意的恶德”是一种以违背其对象之价值特征的方式所产生的反应，因而是一种“否定(内在)价值”和“肯定(内在)非价值”的反应类型。

根据“恶德的递归理论”，在“恶意的恶德”中还存在一种“更高层次的恶德”。[2] 例如，残忍作为一种具有消极的内在价值的态度，可以反过来构成一个更高层次的积极态度的对象，这表现为：A 折磨 B，而 C 以 A 的残忍为乐。克里斯蒂娜·斯旺顿(C. Swanton)曾对递归理论的基本思想提出质疑。[3] 如果我们把斯旺顿的观点应用于上述案例，就会得到这样一种分析思路：C 从 A 的行为中获得快乐，因为快乐具有内在价值，所以“美德”是对这种快乐的积极态度，并且表现为对 C 的肯定或赞赏；而“恶德”则是对该种快乐的消极态度，并表现为对 C 的否定或批判。换言之，斯旺顿认为，根据递归理论，我们纵然会谴责 A 的行为，但却会对 C 所获得的快乐持一种适当的积极态度，这明显与常理不符，所以递归理论并不成立。通过重构斯旺顿的质疑思路，可以看出斯旺顿对递归理论的误解恰恰在于她对“更高层次的恶德”的忽视。C 虽然获得了“快乐”，但它本身是对一个内在非价值(即 B 的痛苦)的一种积极态度，因而是一种不恰当的态度，自然只具有消极的内在价值，故而是一种“恶德”。这说明，我们不能因

---

① Christoph Halbig, *Der Begriff der Tugend und die Grenzen der Tugendethik*, Suhrkamp Verlag, 2013, pp. 189 – 190.

② Christoph Halbig, *Der Begriff der Tugend und die Grenzen der Tugendethik*, Suhrkamp Verlag, 2013, pp. 190 – 191.

③ Christine Swanton, *Virtue Ethics. A Pluralistic Approach*, Oxford University Press, 2003, pp. 34 – 38.

为这种“更高层次的恶德”所具有的看似积极的外在表象,就认为它具有积极的内在价值。

综上所述,“结构性恶德”的消极性体现为对行为者行动能力的破坏。而“实质性恶德”作为恶德的另一种类型,其消极性与内在(非)价值及其反应或态度有关。具体而言,“冷漠的恶德”的消极性体现为行为者未能对内在(非)价值做出与其程度相适应的反应;而“恶意的恶德”的消极性则表现为行为者对内在价值的否定和对内在非价值的肯定。就此而言,“结构性恶德”在道德上似乎最不应受到谴责,“冷漠的恶德”次之,最后才是“恶意的恶德”。但是,哈尔贝希指出,我们不应当高估恶德之间的这种排序,因为并非每一种“恶意的恶德”在现实生活中都比“冷漠的恶德”或“结构性恶德”更应受到谴责。[①] 比如,我们通常认为,一位对罹患重病的孩子漠不关心的母亲与一个嫉妒下属工作能力的上司相比,在道德上更应当受到谴责。

三、总结与反思

亚里士多德主义的品质理论和哈尔贝希的态度理论对“何为恶德”的问题给出了两种不同的解释路径。尽管第一种路径也为恶德提供了一种规范性解释,但作为品质的恶德并不具备本体论上的独立性,“美德—恶德的构成性模式”很容易陷入美德和恶德相互解释的循环论证中。而克里斯托弗·哈尔贝希为我们提供的另一种新的解释路径,有效避免了亚里士多德主义方案的结构性困难。

除结构性问题外,两种路径的不同还体现在各自的核心要素——“品质”和“态度”——所具有的本质上的不同,即:同一种“品质”可能产生不同的“态度”,所以,相同的“品质”也具有不同的“价值”。就此而言,我们不能简单地把“对某一事物的不恰当的态度”同“具有对某事物采取敌对或有害行为的品质”相对立或相类比。

哈尔贝希的态度理论进一步丰富了美德伦理视域下的恶德理论,他通过递

---

① Christoph Halbig, *Der Begriff der Tugend und die Grenzen der Tugendethik*, Suhrkamp Verlag, 2013, pp. 205 – 206.

归论证把恶德界定为对内在价值或内在非价值的不恰当态度的观点，将对恶德和美德的研究上升到本体论层面，为当代美德伦理学的研究与发展提供了可资参鉴的新视角、新思路。

不过，还应指出，哈尔贝希的“态度理论”在个别细节上还存在“矛盾之处”，这些地方有待进一步的修正或完善。例如，关于“恶意的恶德”能否成立的问题，笔者认为至少存在两方面的疑问：

一方面，根据态度理论，“恶意的恶德”是对某些内在价值的消极态度或对某些内在非价值的积极态度，但把其意向性对象(也即内在价值或内在非价值)看作是某种好的或有价值的方式，从某种程度上说，其本身也应当属于积极态度的一部分内容；同理，把其意向性对象看作是某种坏的或没有价值的方式，同样也是对某一事物的消极态度的组成部分。故而，态度理论还应当向我们解释，我们为什么以及如何会对自己认为具有积极价值的东西采取一种消极的态度，或是对自己认为具有消极价值(即非价值)的东西采取一种积极的态度。

另一方面，如前所述，构成美德和恶德的态度是一种“实践态度”。但是，只要是一种实践态度，就必然有一个目标，哈尔贝希认为这个目标是“善”，而不是“真”或其他。但根据恶德的递归理论，“恶意的恶德”不是以“善”为目标，而是以“恶”或“对‘善’的远离甚或对抗”为目标。其中的矛盾之处在于，倘若以此种方式定义恶德，不正是取消或否定了这种“实践态度”吗？如果构成“恶意的恶德”的“态度”不再是一种“实践态度”，那么这种恶德存在的可能性就会受到质疑。[①]

抛开上述质疑不谈，根据哈尔贝希的态度理论，恶德[②]不仅表现为对善的偏离或拒斥，其本身也是以“恶”为目标的，这就同品质理论(尤其是亚里士多德的“中道学说”)形成了鲜明的对比。因为，哈尔贝希的态度理论从一开始便瞄准了一个“恶的目标”，而亚里士多德主义传统的品质理论则是首先“瞄准了一

---

① 哈尔贝希在此前已发表的专著和论文中，并未对这一问题给予正面回应，只是认为“实践态度”以“善”为目标的假设是如此基本，以至于“在发生矛盾的情况下也不能轻易放弃”。(see Christoph Halbig, *Der Begriff der Tugend und die Grenzen der Tugendethik*, Suhrkamp Verlag, 2013, p.199.)

② 此处是指“恶意的恶德”。哈尔贝希认为，“恶意的恶德”是恶德所有类型中最为典型的形式，也最能体现其恶德理论的主要思想。所以在很多情况下，“恶意的恶德”不仅具有典型性，还具有代表性。

个善的目标,然后再错过这一目标"[①]。也正是由于这一点,托马斯·霍尔卡才会认为亚里士多德的美德伦理学思想"为人类的恶德描绘了一张充满阳光的图景"[②]。就此而言,亚里士多德主义传统的品质理论对人性抱有一种乐观主义的态度,恶德也由此得到了一定程度的"淡化";而克里斯托弗·哈尔贝希的态度理论则对人性持有一种悲观主义的态度,从而对"恶德"进行了一定程度的"强化"。过分乐观和过分悲观在现实生活中都会影响我们对人性的准确判断,这也成为品质理论和态度理论都需要面对和克服的问题。

The Theory of Vices in the Perspective of Virtue Ethics: A Comparison of Halbig's Theory of Attitudes and Aristotelian Theory of Dispositions

Liu Yumeng

Abstract: The ontology of vices is an important issue in virtue ethics. With regard to the question of 'what is vice', there are generally two main lines of interpretation in contemporary virtue ethics: the Aristotelian tradition of the 'theory of dispositions', which ascribes vice to a disposition for negative actions, and Christoph Halbig's 'theory of attitudes', which posits vice as an inappropriate attitude towards its object. While the theory of dispositions, influenced by Aristotle's doctrine of the mean, struggles with circular argumentation and structural challenges in defining virtues and vices, Halbig's theory of attitudes, based on recursive theory, addresses these structural problems by analyzing the intentional relationship between 'attitude' and its 'object'. According to Halbig, vice manifests itself as a negative attitude towards intrinsic value or a positive attitude towards intrinsic non-value. This approach eliminates the need to explain and define virtue and vice in terms of their opposites. Halbig's theory of attitudes introduces a new theoretical lens and research framework for advancing contemporary virtue ethics.
Keywords: Virtue Ethics; Virtue Theory of Vices; Dispositions; Attitudes

---

① Thomas Hurka, *Virtue, Vice, and Value*, Oxford University Press, 2001, p.103.

② Thomas Hurka, *Virtue, Vice, and Value*, Oxford University Press, 2001, p.103.

中学再诠

《周易》与变易之道

盛邦和*

[摘　要] “易”为蜥蜴，又为“潜龙”。蜥蜴善变，《周易》以此命名，可知经典主题在于揭示天地万物“变”之本质。变为变动、变化，人则通变而变通，通则新而长久；“观变于阴阳”；对立交感，物极必反，此为《周易》变易之道，亦为中国人由古及今、恒长隐喻的精神传承。

[关键词] 蜥蜴；潜龙；《周易》；变易

“易”为蜥蜴，亦为“潜龙”。《周易》以一种擅长变化的动物命名，揭示“变易”为全书的中心论点与三观所在，阐明远古周人明变、应变、变通，终由潜龙而为飞龙的精神历程。变为变动、变化，变而通，通则新而久；“观变于阴阳”；对立交感，物极必反，此为《周易》体系，也成为一种文化传承，一直影响到当今中国人的思维构造。

---

* 盛邦和（1949—　），江苏靖江人，历史学博士，华东师范大学中国现代思想文化研究所教授，中央民族大学社会发展研究所首席教授，主要研究领域为史学理论及史学史、亚洲思想史学。

一、蜥蜴、潜龙与“易”

《周易》之“易”，与一种动物有关，此为蜥蜴。金文中“易”字颇似蜥蜴。高亨《周易古经今注》称金文易“像蜥蜴之形”。[①]《说文》云：易为“蜥蜴，蝘蜓，守宫也。象形”[②]。蜥蜴，也叫“四脚蛇”“变色龙”，其引人注目的特点是“变色”，凡遇到天气变化、发情求偶，尤其是遭遇强敌等紧要时刻，体色瞬间变化，同时还具有蜕皮、断尾等一系列神奇功能，如自断其尾，断尾继续蠕动以迷惑天敌。值得一提的是蜥蜴属于生长于水岸的两栖物种，既能陆生，也能水生，既能升高岸而傲娇，也能入河海以畅怀，只为生存，水陆皆宜。蜥蜴就是凭借善“变”应变，达到避难、求生与繁衍的目的。

古人认可《周易》之“易”即为蜥蜴。陆佃是著名文学家陆游的祖父，他著《埤雅》，原名《物性门类》，介绍蜥蜴时说道：“蜴善变易，吐雹，有阴阳析易之义，《周易》之名盖取乎此。”[③]杨慎，明武宗正德六年状元。他有《升庵集》录生平诗文。其云：易者，“守宫是矣；守宫即蜥易也。与龙通气，故可祷雨；与虬同形，故能吐雹；身色无恒，日十二变。是则《易》者，取其变也”[④]。直至现代这个说法依然承袭不已。郭沫若说：“本来‘易’这个字据《说文》说是蜥蜴的象形文，大约好像是石龙子(即变色龙)。石龙子是善于变化的，故借了‘易’字来作为变化的象征。”[⑤]张立文在《周易思想研究》中也说：《周易》主论“变易”，以蜥蜴命名，取其善变之意。[⑥] 历史学家顾颉刚说“大禹是条虫”，“虫”即蜥蜴？

《周易》书中没有提及蜥蜴，但览其首章《乾卦》有对于“潜龙”的描述。这引发人们思考：龙的原形是不是蜥蜴？“潜龙勿用”“见龙在田”“飞龙在天”，《乾卦》详述“龙”在其生长的不同时期，为适应环境所作出的种种变化，论述事物不

---

① 高亨：《周易古经今注》，北京：清华大学出版社，2010年，第7页。

② 许慎：《说文解字·易部》，北京：中华书局，1977年，第198页。

③ 陆佃：《埤雅》，杭州：浙江大学出版社，2008年，第113页。

④ 转引自萧兵：《为什么说〈易经〉得名于“太阳蜥蜴”——先秦思想史溯源之一》，淮阴师范学院学报(哲学社会科学版)，2021年第1期。

⑤ 郭沫若：《〈周易〉之制作时代》，《青铜时代》，北京：中国人民大学出版社，2005年，第67页。

⑥ 张立文：《周易思想研究》，武汉：湖北人民出版社，1984年。以上参考萧兵：《为什么说〈易经〉得名于“太阳蜥蜴”——先秦思想史溯源之一》，《淮阴师范学院学报(哲学社会科学版)》，2021年第1期。

断“自变”，适者生存，由弱到强，及强极而衰的六程进阶。第一程：“潜龙勿用”。世上的所有事物，在其发展之初，皆为弱小。这时候的龙，还处在童年阶段，是刚从卵壳中爬出的幼虫，名叫“潜龙”，因须适应环境与防范天敌的侵袭，本应掩盖心志，潜水深藏，万不可贸然而动。第二程：“见龙在田，利见大人”。龙经由潜龙阶段，渐渐发育长大，已从童年长成翩翩少年，由“潜”而显，现身于田野。这是一生中接受教育的阶段，宜拜师求学，增长见闻，也可寻访贵人，以得推荐相助。第三程：“君子终日乾乾，夕惕若厉，无咎。”这时的龙，业已长大“成人”，胸有大志，眼观风云，为成就事业而积极努力，日夕警惕，自强不息。这里的“无咎”，可以作为肯定语“不错”，也可理解为不犯或少犯错误。第四程：“或跃在渊，无咎。”经历知识的储备，德业的修养，迎来“人生”的搏击时刻，或奔驰于野，或跃然于渊，相机而行，前景无量。第五程：“飞龙在天，利见大人。”这是龙的高光时刻，一飞冲天，俯瞰天下，跻身于大人的行列，完成生命的使命。第六程：“亢龙有悔。”戒骄戒躁，方可持续吉祥，物极必反，悔之不及。结局：“见群龙无首，吉。”群龙翱翔，祥云瑞彩中几乎看不见龙头，大吉大利。

《周易》以蜥蜴隐喻“变易”，又在《乾卦》叙“潜龙”寓言，须知这是《易经》的头卦，在全体经文中，起到提纲挈领、突出主题的作用。这一切或已告诉人们，无论个体与民族所面临的皆是一片千变万化、吉凶莫测的丛林世界，唯有以变应变，方为保存自己、克敌制胜的不二法门。对此《系辞》说得明白：“易之为书也，不可远，为道也屡迁。变动不居，周流六虚。上下无常，刚柔相易。不可为典要，唯变所适。”孔颖达云：“夫易者，变化之总名，改换之殊称。”朱熹《周易本义》也说：“《易》，书名也。其卦本伏羲所画，有交易、变易之义，故谓之《易》。”英语中，《易经》被译为 The Book of Changes。显然，《周易》以“易”冠名，表明这是一本论说“变易”，变通而吉之书。

英国学者霍布斯写有《利维坦》。“利维坦”是希伯来神话中的一头巨兽，看似“盘绕之物”，一条卷曲起来等待扑向食物的大蛇。在《圣经》中，利维坦则被描述成一条巨鳄，身披坚硬的鳞甲，腹下藏有尖刺，口鼻喷火，神通广大。霍布斯思想的一半属于国家主义，他在书中以利维坦为象征表达资产阶级革命之初国家威权对于历史进程不可或缺的意义，而在此数千年之前，已有中国人也以动物作书名，并以特定动物的性状，投射论著的宗旨与主题，将《利维坦》与《周易》作比较，颇具异曲同工之妙。

二、变化、变动、变通、通变

《周易》言“变”,有时“变”字单独出现。如:“闲有家,志未变也。”①“引吉无咎,中未变也。”②“大人虎变,其文炳也。”③“君子豹变,其文蔚也。”④“利幽人之贞,未变常也。”⑤“初九虞吉,志未变也。”⑥“彖者,言乎象者也;爻者,言乎变者也。”⑦“是故四营而成《易》,十有八变而成卦,八卦而小成。”⑧然而《周易》中,“变”在更多场合组合成“变化”“变动”“变通”“通变”等概念以表达思想。如多处提到“变化”:《系辞上》云:“知变化之道者,其知神之所为乎?”⑨自称晓知变化之道的人们,可知一切变化,皆由天神操作而来?“系辞焉而明吉凶,刚柔相推而生变化。”“刚柔者,昼夜之象也。”⑩“刚柔”可作“阴阳”解,这是说变化起于阴阳的互动“相推”。提及“变化”的句子还有:“在天成象,在地成形,变化见矣。”⑪“水火相逮,雷风不相悖,山泽通气,然后能变化既成万物也。”⑫“日月得天而能久照,四时变化而能久成。”⑬“天数二十有五,地数三十,凡天地之数五十有五。此所以成变化而行鬼神也。”⑭“天地变化,草木蕃。”⑮“是故天生神物,圣人则之;天地变化,圣人效之。”⑯

孔颖达这样解释“变化”的含义,他说:“变,谓后来改前,以渐移改,谓之变

---

① 李鼎祚:《周易集解》,北京:中华书局,2016 年,第 230 页。
② 李鼎祚:《周易集解》,第 280 页。
③ 李鼎祚:《周易集解》,第 305 页。
④ 李鼎祚:《周易集解》,第 306 页。
⑤ 李鼎祚:《周易集解》,第 332 页。
⑥ 李鼎祚:《周易集解》,第 370 页。
⑦ 李鼎祚:《周易集解》,第 396 页。
⑧ 李鼎祚:《周易集解》,第 422 页。
⑨ 李鼎祚:《周易集解》,第 424 页。
⑩ 李鼎祚:《周易集解》,第 394 页。
⑪ 李鼎祚:《周易集解》,第 390 页。
⑫ 李鼎祚:《周易集解》,第 512 页。
⑬ 李鼎祚:《周易集解》,第 203 页。
⑭ 李鼎祚:《周易集解》,第 422 页。
⑮ 李鼎祚:《周易集解》,第 43 页。
⑯ 李鼎祚:《周易集解》,第 438 页。

也。化，谓一有一无，忽然而改，谓之为化。”[1]“变化”表达两层意思。其一，前后更替，后者“以渐移改”替代前者，而为渐变。其二，有无之间，有者变无，无者变有，突然发生，而为突变。突变也称“至变”。至急之变，动人心魄，因这种变化，非同寻常，事关家国兴亡。如《系辞上》说：“非天下之至变，其孰能与于此？”[2]由此延伸出新的释意：事物既有其形变，还有其质变。“变”是形变与质变的统称，而“变化”则指事物性质出现变化，即谓“质变”。《彖传上》云：“乾道变化，各正性命”，说的就是事物的“质变”。[3] “性命”者，作性质解。

说了“变化”又说“变动”。《系辞下》有言：“变动不居，周流六虚，上下无常，刚柔相易，不可为典要，唯变所适。”[4]广大如天地万物，普遍如日常人事，一切都在变动之中，古往今来，永不休止。循环往复，充溢宇宙。在变动中，上下位移，上者变下，下者变上。刚柔易位，刚者为柔，柔者为刚。没有什么称得上经典，唯变易之道，适用古今。

《系辞下》且云：“道有变动，故曰爻；爻有等，故曰物；物相杂，故曰文；文不当，故吉凶生焉。”[5]道发生变动，产生爻。爻因阶位不同，而生万物。万物交错，遂有辞文。辞文不当，吉凶不定。《系辞下》还说：“变动以利言，吉凶以情迁。是故爱恶相攻而吉凶生，远近相取而悔吝生，情伪相感而利害生。”[6]因谋利而求变动，因心情变化而生吉凶，因爱恨抵触而生损益，因远近攘夺，失利而生悔意，因情志不同，相互刺激而生利害。“变化”与“变动”相较，共同点在“变”，不同点在于前者是品质之变为质变。后者是数量形式之变，为量变。

《周易》中又有多处提到“变通”。如说：“变而通之以尽利，鼓之舞之以尽神。”[7]因变通而获利，击鼓舞蹈感激神灵。“穷则变，变则通，通则久。”[8]道路走到尽头应更改方向，更改则通，通则长久。“变通配四时，阴阳之义配日月，易简

---

① 孔颖达疏：《周易正义·乾彖疏》，北京：北京大学出版社，1999年，第8页。

② 李鼎祚：《周易集解》，第428页。

③ 李鼎祚：《周易集解》，第6页。

④ 李鼎祚：《周易集解》，第486页。

⑤ 李鼎祚：《周易集解》，第491页。

⑥ 李鼎祚：《周易集解》，第498页。

⑦ 李鼎祚：《周易集解》，第441页。

⑧ 李鼎祚：《周易集解》，第454页。

之善配至德。”[①]因四季变化而明变通之理，因日月交替而知阴阳之道，因至高之德而晓极简之美。“刚柔者，立本者也；变通者，趣时者也。”刚柔并济为立身之本，知变而通可趋时明义。[②] “推而行之谓之通，举而错之天下之民谓之事业。”[③]知道变易的道理而予以推行实践，这就是通，将变易之利惠及百姓，这就是事业。“一阖一辟谓之变，往来不穷谓之通。”[④]开阖自如为变，通行无阻为通。显然，所谓变通，即指：一旦外界变化变动，当以变应变，应变以“通”，通而获利，通而长久。

《大学》云：“汤之《盘铭》曰：‘苟日新，日日新，又日新’。《康诰》曰：‘作新民’。《诗》曰：‘周虽旧邦，其命维新’。是故君子无所不用其极。”求新为古人重要思想元素，延至今日，求新为尚。由此可说“变”既为通而久，亦为“日日新”。因日日“变”，而“日日新”；因“日日新”，至通而久。再则，若将一切客体的变化、变动视为“他变”，那么“变通”则为“我变”，“自变”，即主体之变。晓天下万变之理，只为应“他变”而“我变”。天道王道，至急至要。

既明变通之意义，《周易》又主张“通变”。“通”在《周易》中作两种解释，一是通达、贯通，达至目标；二是通晓，明白、知其奥妙。前面说的“变通”之通，意为通达，而“通变”之通，意为通晓。“通变”即通晓变易之道。《周易》中有关“通变”的语录如下：“通变之谓事，阴阳不测之谓神。”[⑤]通晓变易之道且付之实行，此为人事；阴阳不定，成败难测，此为天意。“通其变，遂成天地之文；极其数，遂定天下之象。”[⑥]通变易之道，可知天地之理；晓卦爻之数，可窥宇宙诸象。“通其变，使民不倦；神而化之，使民宜之。”[⑦]通达变革的道理，使民奋力不倦，神圣化为现实，使民得益安心。

三、“观变于阴阳”

通览《周易》，觉其沉浸于浓郁的阴阳学氛围中。《周易》说“变”，就变化变

① 李鼎祚：《周易集解》，第 405 页。
② 李鼎祚：《周易集解》，第 447 页。
③ 李鼎祚：《周易集解》，第 443 页。
④ 李鼎祚：《周易集解》，第 435 页。
⑤ 李鼎祚：《周易集解》，第 403 页。
⑥ 李鼎祚：《周易集解》，第 427 页。
⑦ 李鼎祚：《周易集解》，第 454 页。

动规律而言，主要指阴变阳，阳变阴，阴阳互变。《易传》中多处议及“阴阳”。《说卦传》称：《易经》“观变于阴阳”，并有如下说法，《说卦传》第一章云：“昔者，圣人之作易也，幽赞神明而生蓍。参天两地而倚数，观变于阴阳，而立卦；发挥于刚柔，而生爻；和顺于道德，而理于义；穷理尽性，以至于命。”[①]《说卦传》第二章云：“昔者圣人之作易也，将以顺性命之理。是以立天之道，曰阴与阳；立地之道，曰柔与刚；立人之道，曰仁与义。兼三才而两之，故易六画而成卦。分阴分阳，迭用柔刚，故易六位而成章。”[②]另外《系辞传》等也说阴阳，如《系辞传上》第五章：“通变之谓事，阴阳不测之谓神。”[③]《系辞传下》第四章：“阳卦多阴，阴卦多阳，其故何也？阳卦奇，阴卦偶。其德行何也？阳一君而二民，君子之道也。阴二君而一民，小人之道也。”[④]《系辞传下》第六章：“子曰：乾坤，其《易》之门耶？乾，阳物也；坤，阴物也。阴阳合德，而刚柔有体。以体天地之撰，以通神明之德。”[⑤]

《易传》说“阴阳”，《易经》卦爻辞却通篇未提“阴阳”一词。此属《易传》论易之阐扬发挥乎？关于“阴阳”，司马谈《论六家要旨》云：“夫阴阳、四时、八位、十二度、二十四节各有教令，顺之者昌，逆之者亡。”[⑥]《汉书·魏相传》说：“天地变化，必繇阴阳，阴阳之分，以日为纪。日冬夏至，则八风之序立，万物之性成，各有常职，不得相干。”[⑦]《淮南子·时则训》：“阴阳大制有六度：天为绳，地为准，春为规，夏为衡，秋为矩，冬为权。”[⑧]《易传》中的“阴阳”说，当是阴阳家的所为。战国时期有阴阳家，他们著书立说，形成“阴阳学”，代表人物为齐国人邹衍、驺奭等。陈鼓应认为：道家是《易经》诠释的主干，今本《易传》所传扬的阴阳论与道家关系紧密。《易传》于七八百年之后，将《易经》提升为一部哲学义理作品，老子思想起到了承先启后的作用。[⑨] 陈鼓应在《先秦道家易学发微》一文中指出：

---

① 李鼎祚：《周易集解》，第502—503页。

② 李鼎祚：《周易集解》，第503页。

③ 李鼎祚：《周易集解》，第403页。

④ 李鼎祚：《周易集解》，第460页。

⑤ 李鼎祚：《周易集解》，第477—478页。

⑥ 司马谈：《论六家要旨》，《史记·太史公自序》，北京：中华书局，2014年，第3995页。

⑦ 班固：《汉书·魏相传》，北京：中华书局，1962年，第3133页。

⑧ 何宁：《淮南子集释》，北京：中华书局，1998年，第439页。

⑨ 陈鼓应：《易传与道家思想》，北京：生活·读书·新知三联书店，1996年，第69页。

《易传》借老子“道论”解释世界变化法则,《系辞》谈及“道”处有二:一是“形而上者谓之道,形而下者谓之器”,一是“一阴一阳之谓道”,这两句话非常重要,是对老子道论的“照着讲”和“接着讲”。《系辞》的“一阴一阳谓之道”可能是对《老子》42章万物生成论的一个概括。[①]

黄老学为道家一支,也说“阴阳”。《黄帝内经》曰:“余闻天为阳,地为阴,日为阳,月为阴,其合之于人”,托黄帝之名宣传阴阳思想。1973年12月湖南长沙马王堆3号汉墓出土重要文物,其中含帛书《老子》乙本,又有《经法》《十大经》《称经》《道原经》等4篇古佚书,称《黄帝四经》。经学者考证,《黄帝四经》为黄老经典。其中《十大经》有《观》篇,叙黄帝论阴阳,据此定刑赏法则。其云:“黄帝曰:群群□□,窈窈冥冥,为一囷,无晦无明,未有阴阳。阴阳未定,吾未有以名。今始判为两,分为阴阳。”[②]《十大经·果童》云:“两若有名,相与则成。阴阳备物,化变乃生。”[③]《正乱》篇以阴阳说论日月盈虚之规律,证事物盛极而衰之必然,并记征战蚩尤史事。《称经》曰:“凡论必以阴阳明大义”。《经法·四度》则云:“极而反,盛而衰,天地之道也,人之理也。”

孔子及其后学同为《易传》作者当没有疑问。孔子晚年好读《周易》,曾说过:“加我数年,五十以学《易》,可以无大过矣。”[④]《史记》记云:“孔子晚而喜《易》,序《彖》《系》《象》《说卦》《文言》。读《易》,韦编三绝。曰:假我数年,若是,我于易则彬彬矣。”[⑤]帛书《易传·要》亦云:“夫子老而好《易》,居则在席,行则在橐。”[⑥]帛书《易传·要》记孔子于《易传》的态度。孔子称:《易》可分为二:一为占筮,一为义理。孔子读《易》,义理为主,占筮其次。有人问:“夫子亦信筮乎?”子曰:“吾百占而七十当,唯周梁山之占也,亦必从其多者而已矣。”“易,我后其祝卜矣,我观其德义耳也。幽赞而达乎数,明数而达乎德,有仁守者而义行之耳。赞而不达乎数,则其为之巫;数而不达乎德,则其为之史。史巫之筮,向之而未也,好之而非也。后世之士疑丘者,或以易乎?吾求其德而已,吾与史巫同途而

① 陈鼓应:《先秦道家易学发微》,《哲学研究》,1996年第7期。

② 裘锡圭主编:长沙马王堆汉墓简帛集成(第四册),北京:中华书局,2014年,第152页。

③ 裘锡圭主编:长沙马王堆汉墓简帛集成(第四册),第158页。

④ 程树德:《论语集释》,北京:中华书局,1990年,第469页。

⑤ 司马迁:《史记·孔子世家》,北京:中华书局,1982年,第1937页。

⑥ 裘锡圭主编:长沙马王堆汉墓简帛集成(第三册),第116页。

殊归者也。君子德行焉求福,故祭祀而寡也;仁义焉求吉,故卜筮而希也。祝巫卜筮其后乎!"①

孔子读《易》也说阴阳。帛书《易之义》《二三子问》等记孔子与门下讲论《周易》经文的语录。如帛书《二三子问》:"二三子问曰:易屡称于龙,龙之德何如?孔子曰:龙大矣,……高尚行虖星辰日月而不,能阳也;下沦穷深渊之渊而不沫,能阴也。又曰:龙寝矣而不阳,时至矣而不出,可胃寝矣。大人安失矣而不朝,猷在廷,亦猷龙之寝也。"②帛书《易之义》云:"子曰:易之义唯阴与阳,六画而成章。曲句焉柔,正直焉刚。六刚无柔,是谓大阳,此天之义也。□□□□□□□□□□

□□□方。六柔无刚,此地之义也。天地相率,气味相取,阴阳流形,刚柔成章。"③

阴阳家、黄老道家及儒家一同以阴阳学说诠释《易经》也是有根据的。顾颉刚说:阴阳说最先表现于《周易》,然而"在《周易》的本文中不见有阴阳思想,不过它的卦爻为一和一一的排列,容易激起这种思想而已"④。《易经》"一分为二,至于无穷"的理论,已蕴含阴阳原理。一为太极,二为两仪。两仪即阴阳。万物尽可一分为二,是乃万物者阴阳也。《系辞》说:"易有太极,是生两仪,两仪生四象,四象生八卦,八卦定吉凶,吉凶成大业。"邵雍《观物外篇》云:"是故一分为二,二分为四,四分为八……犹根之有干,干之有枝,枝之有叶。愈大则愈小,愈细则愈繁。斯为万。"《皇极经世·观物外篇》也说:"八卦相错,然后万物生焉。是故一分为二,二分为四,四分为八,八分为十六,十六分三十二,三十二分六十四。"⑤

四、对立交感,物极必反

《周易》具有"对立交感"的思想特点,即以是否交感及交感的程度预示事物

① 裘锡圭主编:长沙马王堆汉墓简帛集成(第三册),第118页。

② 裘锡圭主编:长沙马王堆汉墓简帛集成(第三册),第140页。

③ 裘锡圭主编:长沙马王堆汉墓简帛集成(第三册),第87页。

④ 顾颉刚:《秦汉的方士与儒生》,上海:上海古籍出版社,2005年,第1页。

⑤ 邵雍:《皇极经世·观物外篇》,《邵雍集》,北京:中华书局,2010年,第107页。

的吉凶前景。任继愈主张这个观点,他说:这有两个意思:其一,一个卦象中,其上卦与下卦,阴阳对立,共处一对矛盾关系之中。此为交感,交感为吉。相反,上下两卦不相关,无矛盾关系,则为不交感,不交不祥。譬如:既济卦水在上,火在下。水性下渗,火性上燃,而使水火相激,火燃水沸,由此既济卦情势生动喜吉。与此相反,未济卦火上水下,水火相隔,互不相干,结果生气不足,“无攸利”,无大吉之象。这是对立交感的第一个意思。

其二是阴阳的互变交换,即在阴阳交感互动的过程中,位置互换,在上者变在下者,在下者变在上者。例如泰卦,地(坤卦)在上,天(乾卦)在下,实际上应当天在上,地在下。然而交感的结果,天地易位,两者位置彻底互换。这是因为天属阳,地属阴,阳气上升、阴气下降,实现交感变化,结果大吉有利。与此相反,否卦的象,天在上地在下。天本来在上,地本来在下,两者位置不变,交感易位难成。由此不吉无利。又如咸卦,视其卦象,泽在上山在下。自然界本当山上泽下,而这里偏偏上下颠倒,表达交感变化的意义,而成吉卦。对此荀子解释云:“《易》之《咸》,见夫妇,夫妇之道不可不正也。君臣父子之本也。《咸》感也,以高下下,以男下女,柔上而刚下,聘士之义,亲迎之道,重始也。”[①]

《易经》各卦又具“二二相耦,非覆即变”的特点。孔颖达《周易正义·序卦传》云:“今验六十四卦,二二相耦,非覆即变。覆者,表里视之,遂成两卦,屯、蒙、需、讼、师、比之类是也。变者,反覆唯成一卦,则变以对之;乾坤、坎离、颐、大过、中孚、小过之类是也。”[②]这是说:“二二相耦”,即《易经》各卦的组成,有一个规律,即每两卦合为一组,六十四卦共组合成三十二组。六十四卦三十二组中,有五十六卦合二十八组,其特征为后卦是前卦的反覆倒置。即把前卦倒挂即成后卦。“屯、蒙、需、讼、师、比之类是也。”这样的卦可称覆卦。另外还有八个卦凡十六组,不显示这样的特点,把它们倒过来后,结果还是原来的卦。“乾、坤、坎、离、颐、大过、中孚、小过之类是也。”如乾卦,坤卦,颐卦,大过卦,离卦,坎卦,中孚卦,小过卦等就是如此。需要补充的是,这些卦虽然颠倒不变,然“则变以对之”,即同位之爻阴阳变换。如乾、坤;颐、大过;离、坎;中孚、小过,每组的两个卦每一爻都发生阴阳变换,此谓变卦,或称错卦。

---

① 《荀子·大略》。引任继愈主编:《中国哲学史》第一册,北京:人民出版社,1963年,第17—18页。

② 孔颖达疏:《周易正义·序卦传·序》,北京:北京大学出版社,1999年,第334页。

如前所述,《周易》中常是两卦合为一组,形成阴阳、刚柔、正反的局势。前卦为阳则后卦为阴,前卦为刚则后卦为柔,前卦为正则后卦为反,如此等等。举例来说,泰卦之后是否卦,“泰者,通也,物不可以终通,故受之以否”[①]。泰是通泰,否是拒否。大凡事物总不会在优越的态势上维持过久,泰极否来,转向反面。与此对应,凡事也不会恒久不利,否极泰来。由此体现变为常态、物极必反的自然规律,也启示满盈则衰、见好就收的人生哲学。如果真能从易学中产生所谓“预测学”,那么以此可测天地万物的兴衰存亡,历史时空的跌宕起伏。

五、《革》卦分析

《汉书·艺文志》说:伏羲仰视天文,俯观地理,细察草木鱼虫,静观人间万象,由近及远,深思熟虑,因作八卦,“以通神明之德,以类万物之情”。[②] 八卦是《周易》的原始形态,通天地神明之道德,究人世万物之情理,即为《周易》的最初宗旨。然而,一部经典的主旨起于作者思想及其所处的历史环境,因此若要更确切回答这个问题,还需对《周易》作者作一番辨析。《周易》当为周文王及其后人所撰,从分析《革》卦及与此卦有关经典内容,可知《周易》主要意义不在于它的“筮书”假象,而是借助筮书外壳,于己政见的宣示。《周易》与《尚书》一样实际上是部“政书”,内含一套逻辑理路:天道尚“易”,易即“变易”,变则“变革”,革则“革命”。其主题乃是对周商更易这场变革与革命,作合理性的辩护与必然性的证明。

的确,《周易》六十四卦,体现周朝建国精神至要一卦,乃为《革》卦。卦辞云:“革:巳日乃孚,元亨利贞,悔亡。”革:至巳日[③]不孚众望,大吉大利,无怨无悔。接续卦辞有六则爻辞:初九:“巩用黄牛之革。”掌控时机是决定成败的关键,时机不当,隐匿深藏,对言行严加约束,切忌躁动,犹用黄牛的皮革收束加固。六二:“巳日乃革之,征吉,无咎。”到了约定的巳日,毫不犹豫,断然变革,按预定计划行事,前程无忧,决战而胜。九三:“征凶,贞厉,革言三就有孚。”征程险阻重重,唯坚信正义,再接再厉,迈越坎坷,终达克敌制胜的目标。许下十分

---

① 李鼎祚:《周易集解》,第537页。

② 班固:《汉书·艺文志》,北京:中华书局,1962年,第1704页。

③ 中国农历的纪日法,巳日有五个:己巳、辛巳、癸巳、乙巳、丁巳。

的承诺，初成三分，不孚众望。九四："悔亡，有孚改命，吉。"无怨无悔，革故鼎新，肩负重任，不负使命。吉祥。九五："大人虎变，未占有孚。"决定政策的领导者，如虎下山，迅猛改制，不去占卜也得知人民的拥护。上六："君子豹变，小人革面，征凶，居贞吉。"有识君子与底层民众，前者如豹子那样快速地改换思路，推行变革，后者洗心革面，执意追随，不畏艰险，终得吉福。

《革》卦中心议题在"革"，何谓"革"？《彖传下》解释道：水火相接，冲突不已为"革"。二女同居一室，抵牾相斗为"革"。革就是矛盾冲突、抵牾相斗，通过斗争，一方战胜一方，矛盾解决了，抵牾平息了，"革"的意义由此展现。"革"需候机而发，待巳日发难而得民众信从。将变法的意志撰为文书，广为昭告，由是大得人心，士民喜悦而从。相信自己走在人间的正道，势必吉祥如意。相信自己的作为正当合法，所有的迟疑如浮云飘散。改天换地，若四季轮替，合理合法。商汤代夏，周武替商，顺天应人，时运之举。[1]

《象传下》同样回答什么是"革"。其开首云："泽中有火，革。"犹如火入水(泽)中，水欲使火熄灭，而火欲使水蒸发，此为"革"。水与火的关系是阴阳关系，阴阳相处，对立统一，对立、矛盾与斗争是第一位的，因此出现"克"。自然世界中阴阳相克，或阴克服阳，或阳克服阴，然后在新境界达到新平衡，由阴阳相克，转为阴阳相合。这个阴阳相"克"就是革。拿水火作比方，既然"水火不容"，就会水火相克，或水克服火熄灭了火，或火克服水蒸发了水，结果水与火在新环境中共趋平静。这个水火相"克"就是革。[2]

在社会环境中，因生活资源的有限，利益分配的不公，权力执掌的失控，会出现阶级阶层及利益集团之间的对立、矛盾与冲突，这也是一种"克"，势必一方克服一方，方可使天下大乱，变为天下太平。《易经》诞生前不久，商、周相克，经文王、武王及周公的变革与革命，周革商命。就社会生活而言，克就是革，是改革，是革命。这里需要补充的是，阴阳相克，一方克服一方，一方革去一方。但并不意味被克服的一方"绝对"消失，在其消失的地方又会出现新的对立物，形成新的阴阳组合。如果消失，剩余的一方也会因失衡而消失。此因"存在"的本质是矛盾的存在，即阴阳永恒的共生共存与永恒的相克相济。

---

① 李鼎祚：《周易集解》，第 302 页。

② 李鼎祚：《周易集解》，第 303 页。

综上所述,“易”为蜥蜴,亦名“潜龙”,《周易》名“易”,意在揭示天地万物“变”之本质。变为变动、变化,人则通变而变通,通则新而长久;“观变于阴阳”;对立交感,物极必反。此为《周易》变易之道,亦为中国人由古及今、恒长隐喻的精神传承。

The Book of Changes and the Theory of Change

Sheng Banghe

Abstract: "Yi" is a lizard, also known as the "hidden dragon". Lizards are good at change, and the Book of Changes is named after them. It can be seen that its theme is to reveal the nature of "change" of all things in the world. Change means to become something different and to transform, and it is through change that it allows for continuity and endures over time; "Observe the changes of Yin and Yang;" Despite being opposites, they transform each other, and when things become too extreme, they go in reverse. This is the philosophy of The Book of Changes. Meanwhile, this is also the eternal and profound spirit of the Chinese people.

Keywords: Lizards; Hidden Dragons; The Book of Changes; Change

庄子"自然"义辨析:从"道法自然"到"因自然""顺物自然"

任天星*

[摘　要]　相对"概念的说",中国哲学往往表现为"以事言之",通过具体的"事"承载和表达思想。这就使得回到相关文本所叙述的"事"中,以其"事"释其"意",成为理解庄子"自然"思想的重要途径之一。先秦时期,一方面,人和世界何以存在的问题并没有随着"道"的统一性和绝对性而彻底解决。另一方面,抽象的统一性总要通过具体多样的物或事来体现。"道法自然"中的"转折",即是对此问题的思考与回应。庄子"自然"思想继承和发展了"道法自然"中的倾向和立场,并未将"自然"看成是某种具有确定内容或本质规定的对象。在"顺物自然""因自然"中,皆是以人的具体存在方式为基础形成的价值性认识,体现着作为对象存在的世界与人的存在的彼此确认。如此"自然"更多体现的是其生成性,而非既成性。庄子"自然"思想中,"人为"与"本然"(天然)紧张与矛盾的根

* 任天星(1983—　),男,甘肃兰州人,哲学博士,兰州理工大学马克思主义学院讲师,研究方向为中国哲学、马克思主义中国化。

本原因，并非来自形上之域，主要来自于“人为”的实践领域。即由人的存在限度、认识深度和实践广度所造成的对“为”的种种误用、滥用。

［关键词］ 道法自然；因自然；顺物自然

引言

刘笑敢在“造词义”“语词义”的维度之外，提出“体系义”，意在揭示“自然”一词之哲学体系的根本性或主题性的意蕴。[①] 无论从哪个维度去理解“自然”，当把“自然”作为研究对象，并以概念为工具对其进行把握时，要求的是确定性和明晰性。但问题往往在于概念的确定与明晰，并没有使与之相关的问题在现实层面得到彻底解决。一方面，概念是人认识和把握对象世界的重要工具和方法，需要一定的确定性、明晰性。另一方面，人之所以以概念化的方式认识和把握世界，最终目的往往还是着眼于自身的存在意义与目的。就人的具体存在而言，总是与一定的“事”相联系。在“事”所构成的世界中，就人的存在过程而言，“变”与“易”为其主要表现形式。

概念作为哲学研究的基本方式，其重要性不言而喻。可当“自然而然”“自己如此”“不受外力强制”“本然”“非人为”等词义，将作为概念的“自然”逐渐澄明的时候，依然有个问题需要被回答：“人为什么需要自然？”或者说，在庄子那里“人为什么需要自然”。进而言之，“自然”用以说明的那个东西到底是什么。即便如牟宗三所言，庄子“‘自然’是系属于主观之境界，不是落在客观之事物上”[②]，依然存在为什么在主观上会追求这样一种“自然境界”，其理由和目的又是什么。庄子之“自然”果与客观无涉吗？

相对“概念的说”这一传统，中国哲学往往表现为“以事言之”，即通过具体的“事”[③]承载和表达思想。“故君子尊德性而道问学，致广大而尽精微，极高明而中庸”（《礼记·中庸》），这里所要强调的是“道器不二”，实际上就是指人们的

---

① 刘笑敢：《“自然”的蜕变：从〈老子〉到〈论衡〉》，《哲学研究》，2020 年第 10 期，第 50 页。

② 牟宗三：《才性与玄理》，《牟宗三先生全集》第 2 册，台北：联经出版事业有限公司，2003 年，第 207 页。

③ 既包括故事、寓言，还包括人的实践活动和所做之事。

日用常行，即“事”。因此，若要理解庄子的“自然”，回到与“自然”有关的“事”之中是一条重要的途径，而不是把“自然”从这些“事”之中抽离出来，仅将之作为一个概念而加以孤立地理解。但与体系义略有不同的是，这首先并不是从概念自身出发，而是从其形成和存在的真实世界图景出发。就人自身的存在与认识而言，理解概念与理解现实尽管在具体过程和途径上可能有所不同，但在根本目的上则应是一致的。庄子思想中虽然对外在世界和客观对象有着类似本体论、认识论的关注，但就范围和深度而言都是有限的，其初衷也并不是探究世界的本源或客观规律，而是着眼于人的存在。尽管对其“自然”思想的研究可以做本体论、宇宙论、认识论的区分，但不应忽视诸如“自然”这样的“概念”，在庄子乃至中国思想中特殊性的一面。

一、“道法自然”的转折

一般认为老子最早开始使用“自然”一词，其关于“自然”的诸种描述深刻地影响后世对“自然”的理解和使用。如“功成事遂，百姓皆谓我自然”（《老子·十七》），“希言自然，故飘风不终朝，骤雨不终日”（《老子·二十三》），“道之尊，德之贵，夫莫之命而常自然”（《老子·五十一》），“辅万物之自然，而不敢为”（《老子·六十四》）。尤其在“人法地，地法天，天法道，道法自然”[①]（《老子·二十五》）中，明确地将“自然”提高到与人、地、天、道同样重要的地位，成为理解先秦有关“自然”思想的关键。[②] 尽管这几处“自然”的具体含义有所不同，但都不是

① 对于这一句话的读法和理解历来有多种看法。刘笑敢对此进行了总结，认为大致存在三种读法，一为“人法地，地法天，天法道，道法自然”，这里的自然做名词。二为“道法，自然”，这里的自然做形容词，即河上公所谓“道性自然，无所法也”。三为“人法地地，法天天，法道，法自然”。（刘笑敢：《〈老子〉之“自然”十题》，《诸子学刊》第一辑，第49—50页。）也有部分学者从“自然”一词由“自”“然”二字的构成入手，分析自然之义。如池田知久的《〈老子〉的形而上学与“自然”思想》（曹峰译，《文史哲》，2014年第3期，总第342期，第94页）。

② 虽然钱穆在《老庄通辨》中认为“自然二字，在先秦道家观念中，尚未成熟确立，因亦不占重要之地位”（《老庄通辨》，北京：生活·读书·新知三联书店，2002年，第426页）。但由此句，已然十分明确地体现了“自然”一词的重要性。尽管其意义内涵和使用确实在一定程度上还十分模糊，但将自然与“域中四大”相提并论，说明这一词的重要性。

大自然或自然界纯客观世界[1]。

道作为本体论意义上的本源，是老子哲学的第一原理，“道生一、一生二、二生三、三生万物”（《老子·四十二》）。以生成论的角度看，这是从抽象的形上之域，到具体的存在之域的展开。而“人法地、地法天、天法道”恰好与前者相反，呈现为从形下之域，向抽象形上之域的递进。“道生一”与“人法地”两句，究其实质都是对世界统一性的关注，直到“自然”的出现。

“在老子以前，人们都以为万物之父即是天，天是生成一切物的。”[2]如“天生烝民，有物有则”（《诗经·大雅·荡之什》），“天”为万事万物的存在提供着统一性的保证。到了老子这里，则认为“道”比“天”更根本，不仅先于天、地，而且“道”生天、地。如“有物混成，先天地生。寂兮寥兮，独立不改，周行而不殆，可以为天下母。吾不知其名，字之曰道，强为之名曰大”（《老子·二十五》），“人法地，地法天，天法道”正是对道的这种统一性、本源性的表达。但如果仅仅是对世界统一性的追问，那么“人法地，地法天，天法道”已经完成了对这一问题的回答，为什么还要在道之后，再设一个“自然”呢？由此，这里不仅涉及对“自然”本身之义的理解，更与究竟出于何种目的和需要而设立“自然”这一名词及其蕴含的思想相关。

无论人、地、天、道之间是递进关系，还是平行关系，其目的都在于解决存在的统一性问题。作为对这一问题追问的起点——人——也是这一追问最终的目的。一方面，老子以道为出发点，彰显了其形上的视域。同时这一形上的视域又与其政治思想有着千丝万缕的联系。老子对形上之域的认识及其目的，与其对人之在的关注是高度一致的。一方面，道为世界的统一性提供着根本保障。另一方面，对道的这种“统一性”的关注的最终目的是人。也就是说，道所具有的形上意义，最终都要在人的在世的过程中转化为具体的存在：即一个个物与一件件事。那么除了可能存在的递进或并列这两种关系之外，会不会存在第三种关系——一种转折关系的可能呢？

“人法地，地法天，天法道”从人到道，的确是层层递进，逐步上升的过程。但“道法自然”这里显然发生了一种转折。具体而言，发生了一种回归，从抽象

---

① 刘笑敢：《〈老子〉之“自然”十题》，《诸子学刊》第一辑，第50页。

② 张岱年：《中国哲学大纲》，南京：江苏教育出版社，2005年，第46页。

的形上之域,向具体现实世界的回归。

学界目前对"道法自然"解释主要有三:其一,"道性自然"源自河上公注,"道性自然,无所发也"[①]。"自然"是道的"自己如此""自然而然"的属性。其二,"道即自然"。[②] "自然即道","自然"与"道"是一样的(非同一个)。道之上并没有一个更高的实体,"道法自然"就是"道即自然"。其三,"自然"即合道者,且随"自"所指不同而所然也不同,"道法自然"指"道之自然"。[③] 理解"道法自然"乃至整句话的含义和思想内在的逻辑,关键还是在如何处理这里的"自然"。就目前学者常用"自然而然"解释"自然"这一角度而言,存在着循环论证的倾向。即以"自然而然"解释"自然",但"自然而然"本身又包含着"自然"。

就"自然"而言,郭象认为"块然而自生耳。自生耳,非我生也。我既不能生物,物亦不能生我,则我自然矣"(《齐物论注》)。"自然"就是"自己而然"。从本源上看,"我"是"我"生成的本源。就存在而言,"我"是"我"如此存在的依据。有时他又认为"自然"是万物的总名。"天者,自然之谓也"(《大宗师注》),而"天者,万物之总名也"(《齐物论注》)。"自己而然"就是"自天而然"。有时还认为"自然"就是物的"性"[④],"命之所有者,非为也,皆自然耳"[⑤]。因此在郭象那里,"自然"不是一个准确、清晰的概念,而是多种观念的糅合。

"自然"如此,"自然而然"亦如此。《正诬论》中有"夫吉凶之与善恶,犹善恶之乘形声,自然而然,不得相免也。行之由己,而理玄应耳"。[⑥] 这里的"自然而然"有必然之意,也有"自己而然"之意。在张君房编撰的《云笈七签》卷一〇二中则又有:"夫莫能使之然,莫能使之不然;亦不知其所以然,不知其所以不然,故曰:自然而然者也。"这里的"自然而然"又很难说有"自己而然"或"自天而然"之意。就事物的生成与存在来看,并不存在一个"莫能使之然,莫能使之不然"的原因,无论这一原因是内部的,还是外部的。"不知其所以然,不知其所以不然"则从根本上消解了对于一个事物生成以及如此这般存在认识论上的意义与

---

① 河上公本《老子》。

② 章启群:《〈老子〉的"自然"与"无为"义考辨》,《云南大学学报(社会科学版)》,2009年第5期,第35—36页。

③ 贡华南:《〈老子〉中"自然"诸义及其在魏晋玄学之分殊》,《学术月刊》,2012年第8期,第63、66页。

④ 郭庆藩:《庄子集释》,北京:中华书局,2013年,第268页。

⑤ 郭庆藩:《庄子集释》,第453页。

⑥ 僧佑:《弘明集·正诬论》,北京:中华书局,2013年,第81—82页。

可能。而今天所谓“自然而然”者主要有指“事物本来固有的样子”和“不经人为干预自己发展”两个层面的意思，与约翰·密尔奠定的现代“自然”概念并无二致。[①] 这对以“自然而然”解释“自然”这一倾向而言，既无意义，也无必要。

无论“道即自然”，还是“道之自然”，隐含着规律、法则的前置。与之相联系的，即“必然如此”之意。但已有学者注意到道家的“自然”观念并不包含“自己必定如此”，“自己主宰性地使自己如此”这方面的含义[②]。如果将“自己如此”看成是“自然”的内容，那么还会有很多问题需要澄清。既然“自己如此”意在强调如此存在的原因在自身之内，自身是自身之所以如此存在的根本原因。那么问题在于有自身之前，何以自身生成自身。在有自身之后，在自身之所以是自身的过程中又是否遵循规律或法则。更为重要的是确定或判断那个“自身”的标准又是什么，即何为“自身”。就纯客观世界物的产生以及物与物之间的关系而言，某物的产生与存在几乎都是在与他物的相互作用中完成的。因此，就人的存在而言，很多时候难以从纯客观的角度来判断哪些是外力作用，哪些是内在于自身的。“自己如此”这样一种解释很多时候其实是以人的认识或感受为判断的最终依据。

此前已有学者指出“道法自然”这里的“自然”并不是“道”的自然，而是万物之自然。如王中江所言，“道法自然”的“自然”并不是“道”的属性和活动方式，而是“遵循万物的自然”。[③] 这里有待进一步明确的问题则由“道”的“自然”为何转换为“万物”的“自然”，以及“道的自然”与“万物的自然”区别在哪里，两种“自然”之间会不会有冲突，等等。

在老子那里“万物”就是指具体的存在物。“学不学，复众人之所过。辅万物之自然，而不敢为”（《老子·六十四》），说明老子以合法则性为首要的关注点，在一定程度上避免以合目的性压倒合法则性[④]，只不过确切地说，这里所要

---

① 约翰·密尔在其“论自然”中则认为“自然”概念有两个重要含义：一是指由所有事物（things）及其一切属性的集合（aggregate of all their properties）组成完整系统（the entire system of things）；二是指没有受到人类干预（apart from human intervention），事物如其本身所是的样子（things as they would be），基本奠定了今天当人们在说“自然”一词想要表述的主要含义。即在事物所具有的某种本质、一切属性的基础上决定的“本然”（即“如其所是”“自身的样子”“本来的样子”）与“非人为”（即没有人类干预）。

② 丁四新：《庄子思想的三大本原及其自然之义》，《人文杂志》，2020 年第 2 期，第 12 页。

③ 王中江：《道与事物的自然：老子“道法自然”实义考论》，《哲学研究》，2010 年第 8 期，第 39 页。

④ 杨国荣：《老子讲演录》，北京：中国人民大学出版社，2021 年，第 254 页。

强调的并不是对“法则”本身的尊重，而是对万物的尊重。“生而不有，为而不恃，长而不宰”除了凸显了“道”生、利万物之外，还在另一个方面显示出对个别事物的尊重，是对万物本身的尊重。

总而言之，就“道法自然”中的“自然”而言，目前已经有了详尽的研究，虽偶有差别，总体大同小异，核心意思就是“本然”“自己如此”“非人为”等等。但在借由“自然”一词，转向对“事物自身”，尤其对作为个体的“人”的问题上，并未给予足够重视。无论是人的个体存在，还是物的个别存在问题，并没有随着“道”所担保的抽象的统一性而解决。就具体存在而言，既蕴含着统一性，也涉及多样性。而“存在”作为概念所具有的抽象意义总要通过具体多样的物或事来体现。

从强调存在多样性的角度来看，先秦时期各家的思想中很多都有过类似的表述。“智者不相教，能者不相受，故圣人立法，以导民之心，各使自然”（《文子·自然》），“名各自命，类各自以，事由自然，莫出于己，若欲狭之，乃是离之，若欲饰之，乃是贼之”（《文子·自然》）。“各使自然”“事由自然”都指向了个别性或个体，意在强调多样的个别事物的存在。

因此，“自然”概念必然承认事物自我肯定与确认。[①] 而纯客观事物既不会，也无需自我肯定与确认，需要自我肯定与确认的是人。与形上之域的“道”所具有的统一性，及其对这种统一性的关注有所不同，“自然”则更多地从具体存在的多样性，尤其是人的具体存在出发，彰显着对个体或个别存在的重视。在中国思想的体系中，关于形而上问题的思考总是与人的现实存在状态紧密相连：即合于道，则天下治，民安乐。不合于道，则天下乱，盗贼滋长，民不聊生。

在此意义上，对个别性、个体性的重视并不会“消解道的终极性”[②]。就形上之域而言，“道”的确是天地万物的本源，但在老子那里“道”的统一性和权威性恰恰是为了保证和维护现实中具体之物的存在，而非绝对意义上的法则本身。因此，“自然”这一看似形下的思想倾向，不仅不会消解道的终极性，反而让道的终极性本身及其内容具有了一定程度上的生成性，这就从根本上区别于建立在本质主义基础上的“法则”与“规律”。道是“无”，没有具体内容。“合道”并

---

① 王博：《“然”与“自然”：道家“自然”观念的再研究》，《哲学研究》，2018 年第 10 期，第 51 页。

② 尹志华：《“道法自然”的理论困境与诠释取向》，《哲学动态》，2019 年第 12 期，第 7 页。

非是指要求事物合于“道”的某种确定的法则或规定性，而恰恰是说“道”的这种“无”品质和属性使得具体存在本身，就以一种最直接、最现实的方式彰显了其终极意义。

道所具有的生成论、存在论、本体论上的意义已经成为学界的共识，虽然在老子思想中确有一些相关论述，但同时还存在着一些模糊地带。“道冲而用之或不盈。渊兮似万物之宗”(《老子·四》)。这里之所以用“似”而不是“是”，显示出在道与万物的关系上并没有那般绝对。以“道常无为而无不为，侯王若能守之，万物将自化”(《老子·三十七》)为例，细而言之，短短几句，从对象到内容已经发生了多次转变。首先，这里的“无为”的主体是道，而不是人。“无不为”的隐含之意是“皆有所为”，是“无为”的结果。“侯王若能守之”既可指守“道”，也可指守道的这种“无为”的行为。而“万物将自化”实则与人的“守道”或“守无为”相连。在这一序列中，“道”与“万物”的关系并非如本体论意义上的那般绝对。

“道”还具有鲜明的价值判断。如“天之道，其犹张弓与？高者抑之，下者举之；有余者损之，不足者补之。天之道，损有余而补不足”(《老子·七十七》)。老子并没有对“天之道”为什么会“高者抑之，下者举之”，为什么要“损有余而补不足”进行说明。何为“有余”何为“不足”，“有余”者是谁的“有余”，“不足”者又是谁的“不足”，对这些问题基本都没有进行细致讨论。但从诸如“天之道，利而不害”(《老子·八十一》)的论述来看，“损有余而补不足”依据的理由并非来自形上之域的某种抽象的规定性或某种存在着的永恒不变的法则，而是出于“利而不害”，这一更多来自于形下之域的价值或目的。

综上所述，在老子那里，道虽然涉及对形上之域的沉思，但思考的初衷与目的却是对形下之域的关注，尤其是与对人存在状态的关注紧密相连。“道”尽管具有抽象的统一性，但对人具体存在境遇的关怀，却又迫使其不得不对存在的多样性给予充分的关注，这使得在对“道”所具有的统一性、权威性、绝对性给予承认的同时，又始终对以上三者有所反思和警惕。从根本上来说，“自然”正是在这一思想脉络中诞生和存在的。老子的“道法自然”，既是对这一问题的思考，也是对这一问题的回应，庄子的“自然”则继承和发展了老子在“道法自然”中的倾向和立场。凡此种种，都显示出此时的“自然”思想必然与人相关，不是没有人涉入其中的“自然”。只不过问题的关键在于，既然“自然”的初现强调的是“个别”“个体”和“特殊”,而当这样一种“个别”“个体”“特殊”推向极致的时候,又会走向“自然”的反面。所产生的各自为是,恶性竞争,又会带来社会的动乱,甚至瓦解。如何调和“个别”与“一般”、“普遍”与“特殊”之间的紧张关系,成为庄子“自然”思想的重中之重。也正是在面对和思考这一问题的过程中,使得庄子所表达的“自然”既包含人,更融于事。

二、“因自然”与“顺物自然”

从《庄子》文本来看,“自然”作为一个词,相比“道”“天”而言,在《庄子》中出现的次数并不算多。其中内篇中《应帝王》《德充符》各一次,外篇《天运》两次①,《缮性》《秋水》《田子方》各一次,杂篇中《渔父》一次,共出现了八次。分别是:

(1) 吾所谓无情者,言人之不以好恶内伤其身,常因自然而不益生也。(《庄子·德充符》)

(2) 汝游心于淡,合气于漠,顺物自然,而无容私焉,而天下治矣。(《庄子·应帝王》)

(3) 夫至乐者,先应之以人事,顺之以天理,行之以五德,应之以自然,然后调理四时,太和万物。(《庄子·天运》)

(4) 吾又奏之以无怠之声,调之以自然之命,故若混逐丛生,林乐而无形。(《庄子·天运》)

(5) 古之人在混芒之中,与一世而得澹漠焉。当是时也,阴阳和静,鬼神不扰,四时得节,万物不伤,群生不夭,人虽有知,无所用之,此之谓至一。当是时也,莫之为而常自然。(《庄子·缮性》)

(6) 以趣观之,因其所然而然之,则万物莫不然;因其所非而非之,则万物莫不非。知尧、桀之自然而相非,则趣操睹矣。(《庄子·秋水》)

(7) 夫水之于汋也,无为而才自然矣。(《庄子·田子方》)

(8) 真者,所以受于天也,自然不可易也。(《庄子·渔父》)

---

① 苏轼等认为此句是郭象的注文。

抛去有争议的(3)(4)[①]以及(6)中并不具有词意的“自然”，从其余五处对“自然”一词具体使用的情况来看，“自然”在庄子那里“尚未成一特定之观念”[②]，其内涵和外延呈现出模糊性和多样性的特点。后世以及今天在解释庄子的“自然”时多以“本然状态”“自己如此”“非人为”等几种含义为主。而这样的解释基本延续了王弼、郭象对“自然”的解释。但问题在于从老子使用“自然”一词到“汉初《淮南王书》，乃始盛言自然”[③]这近乎三四百年的时间中，“自然”的观念是否发生了变化，发生了怎样的变化不得而知。现有的文献和研究大多只能说明王弼和郭象如何解释“自然”，却难以回答庄子为什么这么解释和使用“自然”。同时，这样几种对“自然”的解释几乎与现代意义上的“自然”所定义的内容没有什么区别。

由此，首先需要处理的问题就是庄子的“自然”是否就是“本然状态”“非人为的有意志，有目的的行为”“自己如此”等。如果不是，那么它是什么意思。这一切需要回到《庄子》文本本身。

> 吾所谓无情者，言人之不以好恶内伤其身，常因自然而不益生也。(《庄子·德充符》)

这段话是庄子对惠施所提“人故乎无情”问题的回答，而惠施之所以提出此一问题，又与此前一则故事(对话)紧密相关。也就是说，要理解这里的“因自

---

① 虽然(3)(4)句被一些人认为是郭注，但在这里还是以脚注的形式，对其大致说明一下。庄子又从乐的角度使用“自然”。值得注意的是(3)句中“自然”出现的顺序。“先应之以人事”说明这里的“人事”“天理”“五德”“自然”的出现是有先后顺序的。那么为什么是这种顺序，自然又为什么出现在最后则是理解这一句中“自然”的关键所在。这一句的语序是对应其上一句“吾奏之以人，徵之以天，行之以礼义，建之以太清”的。因此人事对应人，天理对应天，五德对应礼义，自然对应太清。郭象对这一句的解释为“知夫至乐者，非音声之谓也；必先顺乎天，应乎人，得于心而适于性，然后发之以声，奏之以曲耳”(郭庆藩:《庄子集释》，第449页)。成玄英则是将这里的“太清”解释为“自然”:“体悟玄道，忘知息虑，是以许其所解”(郭庆藩:《庄子集释》，第449页)。陆树芝把这里的“太清”解释为发育万物的太始清明之气(陆树芝:《庄子雪》，上海:华东师范大学出版社，2011年，第166页)。由此在解释由“太清”到“自然”时则说“上言太清，而此言自然者，乐著太始，率神而从天，本因其自然也”(陆树芝:《庄子雪》，第166页)。钟泰则认为这里的“太清”就是天(钟泰:《庄子发微》，第317页)。

② 钱穆:《老庄通辨》，第483页。

③ 钱穆:《老庄通辨》，第484页。

然”就得理解“人故乎无情”这一问题的提出。而要理解“人故乎无情”这一问题的提出就要理解在与之相连的故事中庄子所要表达的思想。

完整故事(对话)如下：

> 闉跂支离无脤说卫灵公，灵公说之；而视全人，其脰肩肩。瓮㼜大瘿说齐桓公，桓公说之；而视全人，其脰肩肩。
>
> 故德有所长，而形有所忘。人不忘其所忘，而忘其所不忘，此谓诚忘。
>
> 故圣人有所游，而知为孽，约为胶，德为接，工为商。圣人不谋，恶用知？不斫，恶用胶？无丧，恶用德？不货，恶用商？四者，天鬻也。天鬻者，天食也。既受食于天，又恶用人？有人之形，无人之情。有人之形，故群于人；无人之情，故是非不得于身。
>
> 眇乎小哉！所以属于人也。謷乎大哉！独成其天。(《庄子·德充符》)

可以看到“无人之情”的“情”并不是从人的作为角度来说的，显然也不是人的情感或感情活动。而是从“故是非不得于身”的目的出发，指向产生或引起“是非”的那些东西。就整段话的意思而言，圣人不用知、胶、德、商的根本原因既不是以摈弃人为最终目的，也不是以追求不动感情为理想状态，而是所有这一切都以“是非不得于身”为根本。这与在“为善无近名，为恶无近刑。缘督以为经，可以保身，可以全生，可以养亲，可以尽年”(《庄子·养生主》)中所要表达的思想是高度一致的。由此，“因自然”中的“自然”所指已呼之欲出。这里的“自然”就是指“无人之情”，而“无人之情”则以“是非不得于身”为目的。以往学者在处理这段话时，习惯于把关注点放在“德”“形”之辩这一看似更“哲学”的问题上，而对“是非不得于身”这一基于人的现实生活的经验性目的未给予足够重视。

进一步看，《说文解字》说“因，就也”，徐铉引《左传·闵公元年》中“植(/亲)有礼，因重固”认为“能大者，众围就之”。因此，“因自然”就是以“自然”作为“因”或“就”的对象。但是，庄子并未对作为对象的“自然”或内容做进一步规定和解释。这一对象究竟是指本体论意义上的宇宙本源，还是指实在之物及其内在本质,或是指某种规律、秩序,更或是兼而有之都难以确定。

就“因自然不益生”而言,郭象说“止于当也”[①],成玄英认为“止于所禀之涯”[②],那么“不益生”则可理解为不过度,恰到好处。如林希逸所言“益生者,有余病也”[③]。罗勉道则是从是否人为的角度说“不益生者,人生有自然之天,不可加一毫人力也”[④]。但从原文中后一句“不益生,何以有其身”以及“道与之貌,天与之形”的问答来看,两个意思兼而有之。如果从所要表达的完整意思出发对整段话的逻辑顺序做出调整,就是:因为“道与之貌,天与之形”,所以“有其身”。因此只要“因自然”,“不益生”就能“不以好恶内伤其身”。

从这里可以看到庄子的“自然”确实有对“人的行为”形式上的否定。因此,对庄子的“自然”来说,需要进一步搞清楚的一点是他到底出于什么理由对“人为”给予形式上的否定,以及这种否定到底是相对的,还是绝对的。如果是相对的,那么与之相关的问题就是“人为”的范围和限度在哪里。结合这一段来看,可以明确地说,其对人为活动的否定是有限度的相对否定。这种限度就表现在其以“有其身”为前提,以“不伤身”为目的。

这样一种思想在(5)“莫之为而常自然”[⑤]中体现得则更为明确。但是在“因自然”中,“自然”是作为“因”的对象,在这里“自然”则成为对某种状态的描述。关于这里的“自然”,郭象说“物皆自然”[⑥],成玄英说“不知所以然而然,自然也”[⑦],郭庆藩认为“自然,谓自成也”[⑧],王叔岷引《楚辞·远游》“无滑而魂兮,彼将自然”,也认为是自成的意思。[⑨]

然而需要明确指出的是,这里所谓“自成”并不是郭象说的那种“物”的“自然”“自成”,也不是成玄英所说“不知所以然而然”。而是对“当是时也”的那种社会状态的描述。而“当是时也”的具体内容是“阴阳和静,鬼神不扰,四时得

① 郭庆藩:《庄子集释》,第 203 页。

② 郭庆藩:《庄子集释》,第 203 页。

③ 崔大华:《庄子歧解》,北京:中华书局,2012 年,第 204 页。

④ 方勇、陆永品:《庄子诠评》,成都:巴蜀书社,2007 年,第 192 页。

⑤ 陈鼓应认为此句与《老子》的“莫之明而常自然”同义。(《庄子今注今译》,第 469 页)

⑥ 郭庆藩:《庄子集释》,第 490 页。

⑦ 郭庆藩:《庄子集释》,第 490 页。

⑧ 郭庆藩:《庄子集释》,第 490 页。

⑨ 王叔岷:《庄子校诠》,北京:中华书局,2007 年,第 568 页。

节”“人虽有知，无所用之”，这在某种程度上反对“人为”干扰和作用。而这种在没有“人为”干扰和作用之下，社会所呈现出来的“万物不伤，群生不夭”状态，就是“自然”，即“自然状态”。

通过“人虽有知，无所用之”，至少可以说明两件事情：一、庄子并未完全、彻底地否定“知”。“有知”即是对“知”的承认。由于在庄子那里“知”是人特有的一种人为活动，那么就等于庄子在某种程度上承认了“人为活动”的必然性。二、与“无所用之”相联系的是知的对象与用的范围。吕惠卿说“我以有心为，彼以有心应，是心与心相察也。用知不足，又益之以礼乐文华，用心于此，则犹陷溺也”[①]，如果说庄子的确在一定程度上反对或者否定人为活动的话，那么主要针对的是以上这一情况，而非单纯的“人为”本身，并以此为“人为”划定了界限。

在(2)中庄子提出“顺物自然”。由于此句对如何理解庄子的“自然”至关重要，为了呈现此句中“自然”的全貌，现将整段话抄录于此：

> 天根游于殷阳，至蓼水之上，适遭无名人而问焉，曰：“请问为天下。”无名人曰：“去！汝鄙人也，何问之不豫也！予方将与造物者为人，厌，则又乘夫莽眇之鸟，以出六极之外，而游无何有之乡，以处圹埌之野。汝又何帠以治天下感予之心为？”又复问。无名人曰：“汝游心于淡，合气于漠，顺物自然而无容私焉，而天下治矣。”

根据吕惠卿的解释，这里的“天根”就是“道”，所谓“天之根者，道也”[②]，而“无名人则人之体道者也”[③]。“天根”之所以遭到“无名人”鄙视并不在于“天下”，而“病在一‘为’字”。[④] 这里的“豫”大致有两种解释。一种当“厌”讲，如吕惠卿“体道者无所忻厌，此云忻厌，与人同也。忻则与造物者为人，厌则乘莽眇之鸟，出六极之外”[⑤]，王先谦说“此怪天根之多问，犹云何不惮烦也！”[⑥]曹础基

---

① 褚伯秀：《庄子义海纂微》，上海：华东师范大学出版社，2014年，第521页。
② 吕惠卿：《庄子义集校》，北京：中华书局，2009年，第156页。
③ 吕惠卿：《庄子义集校》，第157页。
④ 陆树芝：《庄子雪》，第90页。
⑤ 褚伯秀：《南华真经义海纂微》，北京：中华书局，2018年，第313页。
⑥ 王先谦：《庄子集解　庄子集解内篇补正》，北京：中华书局，1987年，第71页。

也将其解释为“厌”。[①] 另外一种解释则把它看成是“先”,有先后之意。如林希逸“不豫,谓不见于其先而乃发问也”[②],陆树芝“不豫,犹言‘落后’……言有先于为天下者,无以先之。而求为天下于天下,则后矣”[③],“不豫,犹言落后,一涉于为,便是最后死著矣”[④]。后一种解释就单句而言也能解释得通,但联系上下文的具体内容,则做“厌”可能更为合理。

首先如何理解“造物者”与“被造物”的关系,与什么是本然状态,事物的本然状态是什么这些问题相联系。庄子多次提到“造物者”,但仅仅是就“造”与“被造”的关系上来说,很难说有诸如“后者的出现以前者为原因”或者“后者的存在以前者为依据”这样的意思。[⑤] 一旦“被造物”被创造出来,就与“造物者”是平等的。如一方面说“伟哉! 夫造物者,将以予为此拘拘也”(《庄子·大宗师》),一方面又说“彼方且与造物者为人,而游乎天地之一气”(《庄子·大宗师》)。由于“被造物”既不是以“造物者”为原因而产生,也不是以其为根据而存在,那么这里的“被造物”就很难从这两个方面说有由某个本质规定的本然状态。

如果按照上述吕惠卿所谓“天根”是“道”的解释,那么这里就产生了矛盾。如果“天根”既已是“道”,而“道”又是“造物者”的话,就不会有“造物者”与“造物者”自身“为人”。因此,在庄子这里,无论“天根”还是“无名者”,从根本上来说都是“被造物”。“天根”与“无名人”之间的区别并不在于是否是“被造物”,而在于“无名人”能够从“被造物”的局限中走出来。“方且将与造物者为人”就是“与造物者为友”。[⑥] 在这里庄子并没有因为“造物者”而对“被造物”有所忽视,反而

---

① 曹础基:《庄子浅注》,北京:中华书局,2014 年,第 136 页。

② 褚伯秀:《南华真经义海纂微》,第 314 页。

③ 陆树芝:《庄子雪》,第 90 页。

④ 朱文熊:《庄子新义》,上海:华东师范大学出版社,2011 年,第 76 页。

⑤ 庄子没有明确“造物者”与“被造物”之间的内在联系。《楚辞》中有“女娲有体,孰制匠之”(洪兴祖:《楚辞补注》,上海,上海古籍出版社,2015 年,155 页)的叙述,据叶舒宪推测,意为“化生变形创造万物的女造物主原来是以自身变化为特征的蛙类动物为类比根源的”(《中国神话哲学》,西安:陕西人民出版社,2020 年)。而程憬认为“人乃是天地和诸神合作造成的。女娲造成人的躯体,上骈,桑林造成人的耳目臂手,天地造成人的性形,并非是一神之功”(《中国古代神话研究》,北京:北京大学出版社,2011 年,第 22 页)。李祥林认为“女娲造人神话在先秦时期已见流行”,女娲生于宇宙之初,而《庄子》中的“浑沌”是这一原始特征的表达(《女娲神话及信仰的考察和研究》,成都:巴蜀书社,2018 年,第 16—19 页)。

⑥ “人”即“偶”。“为人”即“为偶”(曹础基:《庄子浅注》,第 124 页),也就是“为友”。

通过“与造物者为人”，把“被造物”提到可以与“造物者”相提并论的高度，凸显了自“被造物”被创造出来之后，与“造物者”在时间上的同时性以及逻辑上的同在性，二者之间并无高低、优劣之分。正是在这一脉络中，打破了那种“被造物”与“造物者”之间的从属关系。同时，那种由“造物者”所规定的，某种先于“被造物”的规定和本质的东西消失了，取而代之的是对“被造物”自身存在的“自然”状态的承认和尊重。如果这里还有能够被称得上“自然”状态的话，那也是事物自身的样子。但这种样子并不是在“被造物”出现之前就被规定了的，也不是“被造物”被创造出来之后自身所形成的永恒不变的本质和规定。而是通过“被造物”存在的过程本身所呈现出来的样子。庄子通过各种在普通人看来是“畸人”的人之口，一再地表达了这种关于“被造物”与“造物者”的思想。

这里“天根”的另外一层意义在于隐喻人。人虽是“被造物”，但自被造伊始，就与“道”“造物者”同时、同在。但人作为“被造物”与“造物者”“为人”“为友”的状态，即庄子认为的这种“自然状态”却在“为天下”发问中被遮蔽了。“天根”没有认识到自身的存在与“造物者”之间的上述关系，因而是一件羞耻的事情。所以才反问“这样不觉得厌烦么”。

接下去“无名人”进一步说道：好吧，就算真的意识不到这一点，还可以乘着那渺无痕迹的天地之气，突破天下的界限，而遨游于六极之外，游于无何有之乡，待在更为广袤无垠的境地，又何必再问这样打扰我心神的问题。其中“六极”是现实之人在空间范围上的大限。游于“六极之外”意味着这里的“人”已不再是天下中存在的现实之人，而是《逍遥游》中所提及的在姑射之山的神人、至人与圣人。“人”在这里完成了一次从现实状态到理想状态的转换。

“天根”第一次问，“无名人”从“六极”之内说到“六极”之外。可是当“天根”再一次发问时，即从“为天下”到“治天下”时，“无名人”并没有承接上面的“六极”之外，而是回到“天下”这样一个现实之人存在的基本前提和状态中。这个时候的人既不是神人、至人、圣人，而是一个生活于天下的人。庄子再次回到天下的视域，也就是人的现实之域。

“天下”是“天”的一部分，从根本上说与人之“为”无关，这与上文中说的“道与之貌，天与之形”的思想是相一致的。就“天下”而言，只能“因”，不能“为”。而在“治天下”中，“治”的对象不是“天下”，而是“天下”之中的人。“治天下”的完整意思是“治天下之人”。因此，整段话的意思就是“因天下以治天下之人”。

由此才有“游心于淡，合气于漠，顺物自然而无容私焉”（《庄子·应帝王》）。

通过对整段话的理解，再回到“顺物自然”上来。所谓“顺物自然”看似从形式上回答了“何为自然”的问题，但相比“因自然”其实呈现出更为复杂的一面。

“顺物”进一步涉及何为物。就物自身而言无所谓顺与不顺。“顺物自然”显然是就人而言。其中一种解释是把“人顺物”称为“自然”。这里不涉事物本身如何的问题。郭象认为“自然”就是物的“性”[①]；成玄英说“随造化之物情，顺自然之本性”[②]，直接把“物”解释为“自然本性”。钟泰认为“顺物自然”就是顺物自则。[③] 阮毓崧认为“自然则无为”。[④] 总的来看，可以从其中开出从“物”的方面与人（为）的方面这两条路。而两条路分别对应着本然（自然）状态与非人为，对目的性人为的否定。

除此以外，“顺物自然”还暗含着两个非常重要的问题：第一，谁来“顺物”，也就是“顺物”的主体是谁。如果什么都不做，消解人的一切行为和目的，那么其结果则是消解了人，没有了人也就没有“顺物”的主体，这里“自然”的意义也就荡然无存。因此，就这一句而言，无论是从抽象的层面，还是具体的层面来看，庄子的“自然”都不是完全的无所作为。第二，“顺物”的前提在于“接物”“知物”。[⑤] 没有对“物”的承认，不以“接物”“知物”为前提，就不可能有所谓“顺物”。

如果把“顺物自然”理解为顺物之“自然”，也就是物的“自然”。那么这里的“自然”就是附属于物的。它可能是指物的本性，可能指向物的规律，还可能指庄子那里“造物者”与“被造物”之间的状态。

一些学者将庄子的“顺物自然”解释为顺物之本性，或者顺物之规律，这在庄子思想内部其实是有张力的。这种张力主要来自对“顺物”的主体没有做进一步区分。就理想的层面而言，如果“顺物”的主体是“天人”“神人”“圣人”，由于他们能够“以道观之”，“知天地之大全”，也就是“知大备者，无求、无失、无弃，不以物易己也。反己而不穷，循古而不摩，大人之诚”（《庄子·徐无鬼》），那么

① 郭庆藩：《庄子集释》，第268页。

② 郭庆藩：《庄子集释》，第268页。

③ 钟泰：《庄子发微》，上海：上海古籍出版社，2021年，第171页。

④ 阮毓崧：《重订庄子集注》，上海：上海古籍出版社，2018年，第224页。

⑤ 这里所谓“知物”的对象和内容并不是指物的某种不变的本质、属性或者永恒的规律，而是指物直接呈现出来的样子。

无论对“物的自然”做何种解释，都是能够自洽的。然而就现实层面而言，无论人还是物本身都存在“方生方死，方死方生；方可方不可，方不可方可”之中（《庄子·齐物论》）。在这样的现实存在中，不会存在一个绝对的、永恒不变的“物的自然”。有的只是“彼亦一是非，此亦一是非”（《庄子·齐物论》）。

但是这里似乎还存在着另外一种可能。也就是“顺物，自然而无容私”，就能达到“天下治”。“自然”并没有指向物的本性或者规律，那么“顺物”则“自然”的意思就仅仅是指顺着物呈现出来的样子而已。“顺物”就是承认与尊重“物”，而与本性、规律之间的联系大大弱化了。也就是人们对物所呈现出来的那个样子的承认与尊重，即是“自然”，而这样的人则会“无容私”。

可以看到这两种理解方式最大的区别就是前者的“自然”以一种确定的本性或者不变的规律等为内容。而后者虽然也涉及物，但在很大程度上回避了将“自然”看成是某种具有确定内容、本质规定的倾向。虽然依旧保留着对自然状态的预设，但自然状态不一定是最初状态，尽管它可以是最初的，但也可以是最后状态，甚至可以是任意时刻的状态。

不论是“顺自然”还是“因万物”，庄子“自然”思想的本身首先就是从人这样一种具体的存在方式和目的出发对外界的认识，两者本身就是互相推动的演进过程。因此，要想把这一过程推进下去，首先要求人的存在，其次就是确认了认识在这一过程中的合法地位。没有对客观对象的认识（有限认识）[①]，没有对宇宙万物的认识（有限认识），也就谈不上“顺自然”和“因万物”，而这里的“顺”和“因”确认了作为对象存在的世界与人的存在，在这一过程中彼此确认。

三、从“以道为本”到“以天为本”

除“自然而然”“自己如此”外，“本然”与“非人为”构成“自然”思想的另一重要维度。但与前者一样，依然存在许多有待进一步澄清的问题。

就本体论而言，所谓“本然”一为“本当如此”之意。之所以“本当如此”是因为被某种本质所规定，具有一个确定的“性”。一个事物只有符合这个“性”和本

---

① 当然这里的所谓认识并不是知识，一方面它具有经验性，究其本质是建立在经验之上的。但是从人作为个体的角度来看，人类所获得的经验性，诸如社会理想、政治治理等思想往往又有着先验的品格。

质规定，才能称其为“本然”。就这一点来看，“本然”内在地蕴含着“应当如此”之意。“本然”还有“天然”之意，所谓“天然”主要指一个事物与生俱来的存在状态和属性，尤其指不受人的活动影响和干扰。但是通过以上对“因自然”与“顺物自然”的分析可以看到，用这一意义上的“本然”理解庄子的“自然”，进而将其“自然”思想与人为（人的活动）彻底对立起来可能并非庄子“自然”思想的主要内容和目的。

庄子从未使用过“本然”一词①，但关于“本”的使用有很多。“本”在庄子思想中具有多重含义，侧重有所不同。一方面“本”具有形而上的倾向，但与抽象的、纯客观的本质、本源有所不同。“本”还表现为与生命的展开过程息息相关，尤其是与人的存在过程及其意义紧密相连。“本”有“木下为本”“非物形者”之意。庄子之“本”主要有如下几个含义：一为原意，即树木之根。“吾有大树，人谓之樗。其大本臃肿而不中绳墨”（《庄子·逍遥游》）即取此意。二为引申义，从具体的形下之域过渡到形上之域。意为根源，开始之处。如“请循其本”（《庄子·秋水》），“大乱之本，必生于尧、舜之间，其末存乎千世之后”（《庄子·庚桑楚》），“知天人之行，本乎天”（《庄子·秋水》），“出无本，入无窍。有实而无乎处，有长而无乎本剽”（《庄子·庚桑楚》）等皆是此意。

由此，庄子所谓“本”者主要是就生成论而言，而非其本体论意义。尽管庄子依旧“以道为本”，并没有在形上之域否认“道”对具体存在所具有的绝对性、权威性和统一性。但却在生成论层面，为万物，即存在多样性留出了更大可能。虽有“夫道，有情有信，无为无形；可传而不可受，可得而不可见；自本自根，未有天地，自古以固存；神鬼神帝，生天生地”（《庄子·大宗师》），但从整个文本来看，如此论述“以道为本”的地方仅此一处。对庄子而言，“道”的统一性终究要表现为存在的多样性，人所能感受到的这个世界终究要以“天”来呈现。“天”在一定程度上依然保留着“道”形上的一面，却又可感、可知，以一种更加真实、更加具体的方式与人发生联系。因此，可以这么说，“天下有大戒二：其一，命也；其一，义也”（《庄子·人间世》）才是庄子“自然”思想真正开始的地方。而无论是这里的“命”还是“义”，又与人的“做事”过程密不可分。

① 先秦前后明确使用“本然”一词的仅见于《商君书·画策》中“圣人见本然之政，知必然之理”。

今彼神明至精，与彼百化，物已死生方圆，莫知其根也，扁然而万物自古以固存。六合为巨，未离其内；秋豪为小，待之成体。天下莫不沈浮，终身不故；阴阳四时运行，各得其序。惛然若亡而存，油然不形而神，万物畜而不知。此之谓本根，可以观于天矣。（《庄子·知北游》）

在这里庄子将“以道为本”进一步发展成为“以天为本”。物之生死、六合秋毫、四时运行即是“本根”，是人通过“观天”可以真切感受到和认识到的。正是在“观天”的过程中，“道本”转化为“天本”。“知天人之行，本乎天，位乎得”（《庄子·秋水》），但庄子这种“以天为本”的思想区别于文中所提到的早期“以天为本”的思想。早期的“以天为本”所要解决的是世界统一性的问题，而在庄子这里，所要解决的则是存在多样性的问题。

一言以蔽之，庄子所谓“本”既不完全是本源之本，也不仅仅是本体之“本”。因为这里的“本”既不是本质，也不是规定性（无论是抽象的，还是具体的）。“吾观之本，其往无穷；吾求之末，其来无止。无穷、无止，言之无也，与物同理；或使、莫为，言之本也，与物终始”（《庄子·则阳》）。“其往无穷”说明作为“过去”，作为“根源”的“本”就处在无穷的发展过程之中，并不是一成不变的。“过去以往，生化无穷，莫测根原，焉可意致。”[①]“其于本也，宏大而辟，深闳而肆”（《庄子·天下》），“本”所指代的根源，开始之处并没有一成不变的本质和规定性。因此，庄子所谓“本”不同于今天所谓“本然”“本体”“本源”。

在庄子“自然”思想中确实存在着对“本”的肯定，以及对人为、造作的某种拒斥。但就“本”而言，并不是预设或者认为事物存在某种本质，进而将某种特定的状态称为“本然”（“特未定”），在庄子那里“本”与其说是存在问题，不如说是价值问题。就对人为与造作的拒斥而言，又非排斥一切人的作为，往往是以消极的、否定的、不好的人为或造作的结果作为原因来排斥人为和造作本身。因此，在庄子的思想中对“人为”持谨慎、消极，甚至否定的态度也是显而易见的。如“日凿一窍，七日而浑沌死”中，鲜明地体现庄子对于这种以某种标准或者认识，从而普遍化，刻意为之的“人为”的批判。

---

① 郭庆藩：《庄子集释》，第806页。

在庄子的思想中，确实包含着对“本”“非人为”的重视与思考。但他对“本”的理解，以及形式上对“非人为”肯定的原因，与今天从纯客观自然角度对人为加以一概排斥是有着鲜明区别的。一方面，就“本”而言，庄子并未从根本上对“自然”所具有的“本”予以彻底否认。对现实事物的承认和尊重，内在地要求着对每一事物所具之“本”给予承认和尊重。不承认或者彻底取消“本”，则往往导致对现实事物的存在及其意义的消解与否定。从这一层面讲，“本”为事物的存在提供着形上的根据和保证。庄子的“天”，在一定程度上就反映着这一点。在“照之于天”“与天为徒”“与天为一”的叙述中，即是“以天为本”。对事物的存在而言，既是一种终极保证，又呈现为一种理想形态。

而区别之处则在这“以天为本”的思想中，既非从“天”具有何种属性或本质规定出发得来，又非从具体事物所具有某种属性和本质规定得来。庄子并未对“天”的属性或本质做任何实质性的描述。但在《逍遥游》中，从为大鹏提供着“扶摇而上”条件与可能的广袤无垠的“青天”来看，“以天为本”与其说是本质主义的，不如说是生成性的。“本”在这里的意义并不是对事物做任何一种唯一的、普遍永恒的本质规定。而是如“青天”之于大鹏那样，为事物的存在的无限可能提供着保证。向“本”的复归是向事物自身，向无限可能的复归。而不是向某种超时空、超历史、普遍永恒本质的复归。“本”就是万物存在，万物的存在状态本身就是世界之“本”。在此基础之上，“万物与我为一”既是人与对象之间的“自然”状态，同时也是理想状态。

就“非人为”的方面而言，庄子确实在一定程度上对“人为”的作用和影响持怀疑、消极，甚至否定的态度。认为应该“无以人灭天”“不以人入天”，要“天而不人”。这是因为他看到人的有意志、有目的的活动往往在现实中异化为“刻意尚行”。同时由于人受制于自身存在的限度与认识范围、能力、水平的限制，“人为”的根据和理由在一些时候呈现为一偏之见与一己之私。这些行为或者活动在现实中造成的后果就是彼此攻讦、互相伤害。这些都使得庄子的“自然”在反对“人为”，把“非人为”作为“自然”的基本含义之一，从而与今天的“自然”在形式上却有几分类似。

然而二者的根本区别则在于，由于“天”并不具有任何先于事物的属性或规定。那么认为“人为”一定是对“天”的违背和破坏这一观点就难以成立。庄子认为“有人，天也；有天，亦天也”，人归根到底属于“天”。因此，“人为”与“以天为本”之间并非完全隔绝、割裂，蕴含着“人为”的因素，保留着“人为”的余地。所以对庄子而言，“冬日衣皮毛，夏日衣葛絺；春耕种，形足以劳动；秋收敛，身足以休息；日出而作，日入而息”，“卧则居居，起则于于，民知其母，不知其父，与麋鹿共处，耕而食，织而衣，无有相害之心”，其中既包含着“人为”，同时也被看成是人理想的，进而是自然的存在状态。

尽管如此，在庄子那里“人为”与“自然”的确在形式上呈现为一定程度的紧张，甚至矛盾。但造成这种紧张与矛盾的根本原因不是来自于形上之域，不是来自于通常所认为的“自然”与“人为”、“本然”与“人为”在本体论层面的矛盾与对立，而主要来自于“人为”在实践领域中，由于自身的限度，以及误用、滥用，从而造成对人存在的种种妨碍和伤害。这是庄子之所以对“人为”持此种态度的根本原因。因此，对庄子而言，与其说是“自然”与“人为”或“本然”与“人为”的紧张与矛盾。不如说是“害”，这一作为“人为”的后果与“人为”本身之间的紧张与矛盾。

四、小结

近来，不少学者已注意到“经验”在中国哲学研究中的重要作用与意义。一方面“中国古人更倾向于以描述具体经验的方式运用其概念语言”[①]，另一方面“以哲学史为底色的中国哲学可能既疏离了经典中隽永的经验世界，也脱离了现代化进程之中的当下经验”[②]。由此，对一些基本问题进行了卓有成效的反思。这都使得如何在由“经验”所构筑的“事”的世界中，而不是仅仅在概念或抽象层面，重新理解和把握庄子的“自然”思想成为可能。唯其如此，作为先秦时期，乃至中国经典世界中非常重要的思想流派，才会在当下的现实生活中激发出新的活力，从而使其作为一种哲学，而非仅仅作为哲学史。

如前所述，庄子“自然”思想从根本上说是非本质主义的，这使得它区别于现代意义上的“自然”(Nature)。因此，任何基于本质主义的分析和阐释，都会或多或少损害甚至偏离当庄子使用“自然”一词时，所要表达思想的完整性和特

① 李巍：《中国思想：概念语言的经验模型》，《中国社会科学》，2023年第10期，第141页。

② 程乐松：《重返经验的可能性——中国哲学的哲学史底色及其反思》，《中国社会科学》，2023年第10期，第124页。

殊性，以及在面对由“事”所构筑的千变万化的经验世界中，所呈现出来那种无时无刻不在调和“一般”与“个别”、“普遍”与“特殊”、“万物”与“道”之间内在张力的秩序性努力。同时，就研究方法而言，文本分析将在相当长的时期内依旧是从事庄子思想乃至中国哲学研究的重要方法。但对于经典文本的分析无法悬置于“事”之外，无法抛掷于“经验”之外。也只有在“吾所谓无情者，言人之不以好恶内伤其身，常因自然而不益生也”(《庄子·德充符》)，“天根游于殷阳，至蓼水之上，适遭无名人而问焉。……汝游心于淡，合气于漠，顺物自然而无容私焉，而天下治矣”之中，才能理解庄子的“自然”思想。就这一点而言，并非先秦道家所特有。如在关于何谓“仁”的论述中，孔子从来都是即事言理，都是在具体经验世界和广义的政治活动、生活世界中加以描述。就庄子“自然”思想所表现出的那种审慎态度和过程而言，反倒从一个侧面非常贴合“人心惟危，道心惟微，惟精惟一，允执厥中”，以及“中道”的原则。最终呈现为建立在存在的具体性、多样性基础之上的对世界统一性的理解以及从人的存在现实出发对理想生活秩序和状态的向往。

Analyzing the meaning of “Ziran” in Zhuangzi: from “Tao Fa Ziran” to “along Ziran” and “along Ziran of things”

Ren Tianxing

Abstract: In contrast to “conceptualizing”, Chinese philosophy often manifests Li (理) as “speaking in terms of Shi (事)”。This makes it an important way to understand Zhuangzi’s idea of “Ziran” by going back to the “Shi (事)” narrated in the relevant texts and interpreting their “meanings” by their “Shi (事)”. It has become one of the most important ways to understand Zhuangzi’s idea of “Ziran”. In the pre-Qin period, on the one hand, the question of why people and the world existed was not completely solved with the unity and absoluteness of the Tao. On the other hand, abstract unity had to be manifested through concrete and diverse objects or things. The “twist” in “Dao Fa Ziran” is a reflection and response to this problem. Zhuangzi’s idea of “Ziran” inherits and develops the tendency and position of “Dao fa Ziran”, and does not regard “Ziran” as some kind of object with definite content or essential provisions. In “along Ziran” and

"along Ziran of things", they are all value-based cognitions formed on the basis of man's specific way of existence, reflecting the mutual recognition of the world as an object and man's existence. Such "Ziran" is more of its generative than its established. In Zhuangzi's idea of "Ziran", the root cause of the tension and contradiction between "man-made" and "nature" (natural) does not come from the realm of form, but mainly from the "man-made" realm of "nature". The root cause of the tension and contradiction between "man-made" and "nature" (natural) in the thought of "man-made" does not come from the realm of form, but mainly from the practical realm of "man-made". That is to say, all kinds of misuse and abuse of "for" caused by the limits of human existence, depth of understanding and breadth of practice.
keywords: Dao Fa Ziran; along Ziran; along Ziran of things

王阳明的心学思想与书院精神*

朱汉民　喻剑兰**

[摘　要] 王阳明通过对宋儒的反思批判，相继提出了“知行合一”“致良知”的心学思想。与此同时，他又以心学为教育理念，将良知之教、为己之学与书院教育实践结合起来，努力推动宋代书院精神的复兴。王阳明认为明代学校已经失去了为己之学的教育传统，而他希望通过自己的心学理念与书院实践，以复兴宋儒确定的书院精神。王阳明在他留下来的一些有关书院的历史文献中，提出了自己关于书院精神的良知理念，他希望通过书院讲学以复兴儒家的圣贤之学，使书院成为明代心学的学术基地。

[关键词] 王阳明；心学理念；教育实践；书院精神

王阳明的思想经历了一个“泛滥于辞章”“遍读考亭之书”“出入佛老者久之”，最后才终于“回归孔孟”的过程。特别是他正德三年被贬至贵州的“龙场悟道”，心学思想日益成熟，相继提出了“知行合一”“致良知”等心学思想。与此同

---

* 基金项目：教育部课程教材研究所项目：《中华优秀传统文化教育》。

** 朱汉民（1954—　），男，湖南邵阳人，湖南大学岳麓书院教授，博士生导师，研究方向为中国思想文化史。喻剑兰（1975—　），男，湖南长沙人，湖南大学岳麓书院博士生，研究方向为宋明理学。

时，王阳明的心学形成过程与书院教育活动同时展开，他的心学理念与书院精神是一个紧密联系的整体。如果说王阳明的心学开拓往往更多体现为对宋儒的反思、批判的话，而他努力以书院为基地而展开心学讲学，却鲜明继承了宋儒的师道精神，在倡导良知之教、成人之道的同时，努力追求宋代书院精神的全面复兴。

一、龙场悟道与书院教育开启

王阳明在年轻时曾信仰程朱之学，相信"格物致知"的知识化途径可以成圣，但是，21岁时格竹子失败的经历使得他对朱学的信念发生动摇。所以，后来他又有泛滥辞章、出入释老的经历，最后才又重新回到儒家圣道中来。但是，真正促使他创立自己的思想体系、形成独立学派，则是在贬到贵州龙场、获得一种令他刻骨铭心的体悟之后。据《年谱》载：

> 自计得失荣辱皆能超脱，惟生死一念尚觉未化，乃为石墩自誓曰："吾惟俟命而已！"日夜端居澄默，以求静一；久之，胸中洒洒。……因念："圣人处此，更有何道？"忽中夜大悟格物致知之旨，寤寐中若有人语之者，不觉呼跃，从者皆惊。始知圣人之道，吾性自足，向之求理于事物者误也。乃以默记《五经》之言证之，莫不吻合，因著《五经臆说》。[①]

"格物致知"是《大学》所倡的修身工夫，自朱熹作《补传》重新解释后，亦为宋明儒家修身的圭臬。王阳明所"大悟格物致知之旨"，表明他已获得了对"格物致知"的不同见解。他认为朱学的"格物说"有两个错误：其一，求理于外物；其二，知和行分割为二。而他本人所悟，正是对这两个失误的反省和补救。可见，王阳明开创的心学思想，是通过对宋儒的反思、批判而实现的。

但是，王阳明形成新的学术思想之后，首先想到的是如何像宋儒一样，通过创办书院而推广其心学思想。《年谱》接着记载：

---

① 王阳明：《年谱一》，吴光等编校：《王阳明全集》卷32，杭州：浙江古籍出版社，2010年，第1234页。

居久，夷人亦日来亲狎。以所居湫湿，乃伐木构龙冈书院及寅宾堂、何陋轩、君子亭、玩易窝以居之。[①]

龙冈书院建成之后，成为王阳明聚集弟子而讲其心学的地方。为了勉励诸弟子好好学习，王阳明还为诸生专门制定书院学规，就是著名的《教条示龙场诸生》，其中规定："诸生相从于此，甚盛。恐无能为助也，以四事相规，聊以答诸生之意：一曰立志，二曰勤学，三曰改过，四曰责善。"[②]可见，龙冈书院成为王阳明最早聚集弟子讲述其心学思想的地方，同时恢复了宋儒的书院讲学精神。这一《教条示龙场诸生》的条目，体现出王阳明传承了宋儒的师道精神，其基本内容和宋儒的书院教条完全一致。

同时，王阳明又进一步拓展书院教育，到贵阳文明书院讲学，并且以"知行合一"为主要讲学宗旨。龙场悟道特别激发他致力于书院讲学活动，因为龙场悟道只是个人的精神活动，要将这种直觉的结果作理论阐述才能传播给其他学者。根据《年谱》的记载，王阳明于正德四年开始建立自己的学说以表达自己的生命体悟，并通过书院讲学而传播开来。王阳明对体悟的理论表述就是"知行合一"。据《年谱一》记载的正德四年：

是年先生始论知行合一，始席元山书提督学政，问朱陆同异之辨。先生不语朱陆之学，而告之以其所悟。书怀疑而去。明日复来，举知行本体证之《五经》诸子，渐有省。往复数四，豁然大悟，谓："圣人之学复睹于今日；朱陆异同，各有得失，无事辩诘，求之吾性本自明也。"遂与毛宪副修葺书院，身率贵阳诸生，以所事师礼事之。[③]

从这段记载可以看到，王阳明是以"知行合一"之旨来表述他所体悟的心得的，因为"知行合一"既包含着知、行一体的工夫论，又包含着"吾心即理"的本体论。王阳明为了更大范围传播其"知行合一"的思想，进一步拓展其他能讲授心学的书院。贵阳文明书院是一所老书院，创建于元皇庆年间，元末毁。明提学

---

① 《年谱一》，《王阳明全集》卷32，第1234页。

② 《教条示龙场诸生》，《王阳明全集》卷26，第1021页。

③ 《年谱一》，《王阳明全集》卷32，第1235页。

副使毛科重修之后,正拟重振学风。此时王阳明悟道后,也正需要一个更大的书院平台,以传授他的知行合一之教。

王阳明的"知行合一"之教,其学术宗旨是为了纠正程朱理学"知先行后"之偏,而选择"求理于吾心"的成圣道路。他说:

> 知之真切笃实处,即是行;行之明觉精察处,即是知,知行工夫本不可离。只为后世学者分作两截用功,失却知行本体,故有合一并进之说。……外心以求理,此知行之所以二也。求理于吾心,此圣门知行合一之教,吾子又何疑乎?[①]

"知行合一"所谈的是工夫问题,具体包括两个方面,既是求理于吾心的内向工夫,又是知行合一的并进工夫,而这两方面的工夫又是相互依存的整体。因为"知"不是外求的物之理,而是内求的心之理,"心之理"必是"真切笃实"的,它们表现为行动的意念、动机,是"行"的组成部分;而"行"的坚定性、正确性是由个人之"心"的思考、决断的结果,它依赖于个体对心中之理的践履、体知,故而"行"是知的表现。可见,王阳明的"知行合一"学说旨在明确两个思想:第一,"格物致知"的"知"必须要"求理于吾心";第二,内心之知与外在之行又是"合一并进"的。他认为如果求理于外,这种知就不可能转化为坚定的"行",其知和行必然分裂为二。这样,"知行合一"就成为王阳明在龙场的生命体悟后的一种工夫论的表述。由此可见,王阳明在贵州龙场的体悟,不是一种纯知识理性的思辨,也不是脱离生活的静观,而是在艰苦生活的处境、顽强奋斗的实践中的生命体悟。其体悟的结果,就是"求理于吾心""知行合一并进"。至于"心外无理""心即是理"的本体论思想,则是对这一工夫论的进一步的理论诠释。

所以,"知行合一"是王阳明龙场之悟后首先建构的学术宗旨和思想体系。他明确将"知行合一"作为自己的"立言宗旨"。他曾经声称:

> 我今说个知行合一,正要人晓得,一念发动处,便即是行了;发动处有不善,就将这不善的念克倒了,须要彻根彻底,不使那一念不善潜

① 《传习录中·答顾东桥书》,《王阳明全集》卷2,第46—47页。

伏在胸中。此是我立言宗旨。[①]

这里有两点十分明确,第一,“知行合一”是王阳明的“立言宗旨”,在阳明学说中占有显著的地位;第二,“知行合一”说是为了纠正那种将道德认知与生活实践“分作两件”的弊端,从而肯定它们是一个不能割裂的同一过程,以使人们能在生活实践过程中克服那“不善的念”。事实上,在宋明理学以至原始儒学那里,知行问题主要不是一个知识论问题,而是涉及道德认知和生活实践之间关系的问题。

贵州是王阳明悟道而创建新的学术思想体系的地方,同时也是他开创书院讲学的地方。王阳明将他悟道之后对圣学的见解,通过龙冈书院、文明书院而传授给贵阳的诸位弟子,对贵阳的地方教育文化,产生了极大影响。据王阳明弟子王杏的回忆:“师昔居龙场,诲扰诸夷。久之,夷人皆式崇尊信。……杏按贵阳,闻里巷歌声,蔼蔼如越音,又见士民岁时走龙冈致奠,亦有遥拜而祀于家者,始知师教入人之深若此。”[②]所以,王杏又在贵阳文明书院专门建设了王公祠,作为纪念王阳明讲学、同时继承阳明心学的地方。

王阳明结束贵州的贬谪生活之后,又开启宦游的生活,但他对书院教育仍然是念念不忘,如他在赣州时就修复了几所老书院讲学。王阳明重视书院其实是对宋儒以书院复兴师道的继承,但是他的讲学内容又与朱熹十分抵牾,所以他一直十分在意这一点。一方面,他希望继承朱熹的书院讲学传统,如他特别关注朱熹讲学的白鹿洞书院,故而特意安排自己的弟子蔡宗兖担任白鹿洞书院山长,并召集门人纷纷来庐山“开馆于白鹿”,他本人也两次亲自来到白鹿洞书院讲学,显然他是在仿效宋儒,希望自己能够像当年朱熹一样,开拓出以白鹿洞书院为基地的学术大本营。另一方面,他又希望在学术上进一步明确自己与朱熹学术思想的差别,故而自己手书的《修道说》《中庸古本》《大学古本》《大学古本序》“千里而致之白鹿洞书院,刻石于明伦堂”。王阳明其实是表达自己在学术上与朱子之学的差别,他认为自己的“知行合一之教”,才更加合乎孔孟儒家的为己之学、师道精神。

---

① 《传习录下》,《王阳明全集》卷3,第106页。

② 《年谱附录一》,《王阳明全集》卷35,第1343—1344页。

二、致良知与书院教育拓展

王阳明在提出“知行合一”的学说以后，其思想又发生了一些重要变化。如果说他是在经过生活实践的体悟后，首先提出“知行合一”的话，那么，他在经历了进一步的生活磨炼、学术发展之后，又提出了“致良知”的学说。根据钱德洪、邹守益所编《年谱》，王阳明于正德十六年（公元 1521 年）开始倡导“致良知”之教。《年谱》记载说：

> 是年先生始揭致良知之教。先生闻前月十日武宗驾入宫，始舒忧念。自经宸濠、忠、泰之变，益信良知真足以忘患难，出生死，所谓考三王，建天地，质鬼神，俟后圣，无弗同者。乃遗书守益曰：“近来信得致良知三字，真圣门正法眼藏。往年尚疑未尽，今自多事以来，只此良知无不具足。[1]

这一段时期，王阳明再次历经了人生的多种生死、患难的磨炼，他在这种多变、复杂的生活实践中又获得许多新的人生体悟，他将自己所受的各种磨炼和所获的种种体悟均凝聚于“致良知之教”中。所以他自己又感慨地说：“某于此良知之说，从百死千难中得来，不得已与人一口说尽。”[2]故而，“致良知”成为王阳明思想的最成熟形态。

为什么王阳明本人及后学均极力推崇“致良知”之学呢？和“知行合一”所表述的是修身工夫论一样，“致良知”同样讲的是修身工夫问题。那王阳明为什么要用“致良知”的工夫论来取代以前的工夫论呢？据王阳明本人说：“悔昔在贵阳举知行合一之教，纷纷异同，罔知所入。”[3]“知行合一”的思想采用了一种与过去知行论十分不同的表述，使学者们感到难以理解，所以王阳明不得不用很大的力气为这种新的主张作论证。于是，一方面，这种“知行合一”易流入言辞之辨、理论之争，反而背离了“知行合一”的以生活实践为本的宗旨；另一方

---

① 《年谱二》，《王阳明全集》卷 33，第 1287 页。

② 《年谱二》，《王阳明全集》卷 33，第 1287—1288 页。

③ 《年谱一》，《王阳明全集》卷 32，第 1236 页。

面,“知行合一”的工夫论在实践中,又有使人“罔知所入”的弊端。而“致良知”工夫论的提出,则表现出突出的优越性。

第一,“致良知”命题的提出,在思想上鲜明地将“内求于心”的工夫论由工夫中“直指本体”的思想直截、简易地表达出来,而不像“知行合一”易流于文辞、学理的争辩和不易见内在本体的弊端。王阳明在谈到自己体悟出“致良知”的得意感觉时说:

吾“良知”二字,自龙场以后,便已不出此意,只是点此二字不出,与学者言,费却多少辞说。今幸见出此意,一语之下,洞见全体,真是痛快,不觉手舞足蹈。①

王阳明认为自他提出良知之学以后,就可“一语之下,洞见全体”,直截地表达出原来要“费却多少辞说”的思想,显然是由于“良知”或“致良知”能够鲜明地表达“良知即是天理”的本体论和“内求于心之理”的工夫论,同时这也是从工夫中见本体的简易表述。所以,其弟子钱德洪在谈到王阳明创“致良知”之教的意义时亦说:“江右以来,始单提‘致良知’三字,直指本体,令学者言下有悟。”就是说,“致良知”的表述达到了一种奇特的效果,那就是它能用简易的三个字表达出阳明心学中由工夫中见本体的心学思想特点。

其次,“致良知”包含的工夫论方面的思想更加深入、更加全面。“知行合一”只是解决了工夫论的方向,即“求理于吾心”“知行合一并进”的问题,以消除“心理为二”“知行为二”的弊端。至于如何向内作工夫,“知行合一”的思想却不能提供确切的目标,而王阳明后来因“知行合一”说引起“纷纷异同,罔知所入”时,又只好教学生通过“静坐”的工夫“使自悟性体”。② 然而只讲静坐工夫又易流于空虚的弊端,尤不能体现明代儒学重生活实践的学术风尚。但“致良知”的提出则是将“静处体悟”和“事上磨炼”结合起来了。王阳明说:

吾昔居滁时,见诸生多务知解,口耳异同,无益于得,姑教之静坐。

① 《刻文录叙说》,《王阳明全集》卷52,第2089页。

② 《年谱一》,《王阳明全集》卷32,第1236页。

一时窥见光景，颇收近效。久之，渐有喜静厌动、流入枯槁之病，或务为玄解妙觉，动人听闻。故迩来只说致良知。良知明白，随你去静处体悟也好，随你去事上磨炼也好。良知本体，原是无动无静的，此便是学问头脑。[①]

"致良知"的提出，已从工夫论方面将静与动结合起来，这样，也就同时将未发与已发、收敛与发散、知与行统一起来了。这一点，其弟子王畿作了清楚的表述。他说：

江右以后，专提致良知三字，默不假坐，心不待澄，不习不虑，出之自有天则。盖良知即是未发之中，此知之前更无未发；良知即是中节之和，此知之后更无已发。此知自能收敛，不须更主于收敛；此知自能发散，不须更期于发散。收敛者感之体，静而动也；发散者寂之用，动而静也。知之真切笃实处即是行，行之明觉精察处即是知，无有二也。[②]

可见，"致良知"作为一种工夫论，它具有更大的包容性：一方面它将此前王阳明所倡的诸种修身工夫，包括知行合一、静坐、事上磨炼统统纳入到"致良知"的工夫中来；另一方面探索、体悟出了一些新的修身工夫，和以前的工夫融为一个整体。

应该说，王阳明在晚年提出的"致良知"，不仅是他本人思想的成熟形态，同时也是明代或宋明时期心学思潮发展的高峰。这是因为，一方面，"致良知"中的"良知"是本体论，"良知"是主体性人格的本体，同时也是天下之大本。他说："良知即是未发之中，即是廓然大公，寂然不动之本体，人人之所同具者也。"[③]"是良知也者，是所谓天下之大本也。"[④]另一方面，"致良知"强调了"致"的工夫论，"致良知"本身是一种修身工夫的实践活动，良知本体必须通过"致"的工夫

① 《传习录下》，《王阳明全集》卷3，第115页。

② 《姚江学案》，黄宗羲：《明儒学案》卷10，北京：中华书局，2008年，第180页。

③ 《传习录中》，《王阳明全集》卷2，第68页。

④ 《杂著·书朱守乾卷》，《王阳明全集》卷8，第297页。

才能体现出来。这样,“致良知”既突出了修身工夫论的优先地位,又能在工夫中追溯本体存在。工夫不离本体,同样,本体也不离工夫,因而,“致良知”不但兼容了“知行合一”的思想,也是对这种本体、工夫一体结构的最好表述。

王阳明在确立了“致良知”的学术宗旨之后,又特别关注以书院为基地来传播自己的学术思想。这一时期王阳明重点讲学的主要是浙江山阴的稽山书院。稽山书院原来是南宋后期为纪念朱熹而建,元代继续办学。明嘉靖三年,绍兴知府南大吉“以坐主称门生”,受教于王阳明。为了传播良知之学,王阳明与南大吉“辟稽山书院,聚八邑彦士,身率讲习以督之。……宫刹卑隘,至不能容。盖环坐而听者三百余人。先生临之,只发《大学》万物同体之旨,使人各求本性,致极良知以止于至善,功夫有得,则因方设教,故人人悦其易从”[①]。可见,稽山书院重建讲学后,很快成为王阳明致良知之学的讲学重地,一度盛况空前。

嘉靖六年,王阳明以左督御史总督两广,赴广西平乱。他在军旅途中,仍然十分关心学校与教化之大事,沿途还自己到处讲学。嘉靖七年,王阳明在南宁创办敷文书院,特意安排其弟子季本主持书院讲学。他还特别关心书院的制度建设,留下关于敷文书院建设的《经理书院事宜》一文。这是王阳明在广西创办书院教育的典范,他曾经要求其他地方的书院建设,能够“依照南宁书院规制”。可见王阳明创办的敷文书院,是他晚年创办的最后一所书院,也充分代表了他的师道精神与书院理想。

由此可见,王阳明从龙场悟道之后,一直到他晚年逝世,始终将宋儒开拓的书院理想作为自己毕生的事业,书院教育的复兴和发展,其实是与他终生追求的儒学学术事业紧密联系在一起的。

三、王阳明推动书院精神复兴

如果全面考察王阳明的学术生涯,会发现他从龙场悟道开始,就以书院为基地推广、传播其知行合一、致良知的心学思想,同时也致力于推动书院的建设和发展。与朱熹一生将理学学术建构与创办书院讲学结合起来一样,王阳明一生也是将心学思想建构与书院教育密切结合。王阳明在其晚年的军旅途中生

---

① 《年谱三》,《王阳明全集》卷34,第1299页。

病，而且病情日益严重，还念念不忘贵阳、浙江、江西的那些书院。嘉靖七年王阳明在南宁创办的敷文书院，就是他晚年创办的最后一所书院。这一年十月，即他逝世前一个月，他在给弟子钱德洪、王畿的信中说："而余姚、绍兴诸同志又能相聚会讲切，奋发兴起，日勤不懈，吾道之昌，真有火燃泉达之机矣，喜幸当何如哉！"①可见，在王阳明晚年的军旅途中，他仍然念念不忘余姚、绍兴的诸弟子在书院"相聚会讲"的学术思想交流，充满对书院教育与师道精神的关怀。

王阳明为什么如此牵挂自己所钟情的书院呢？在王阳明留下的有关书院的几篇重要文献中，即如《教条示龙场诸生》《稽山书院尊经阁记》《万松书院记》，他充分表达了自己的书院教育理想，这一教育理想与宋儒的书院精神一脉相承。

其一，表达了王阳明追求复兴圣贤之学的师道精神。在儒家最重要的教育理念——政教关系中，早期儒家一直强调教为政之本的思想，即所谓"建国君民，教学为先"。宋明儒家主张复兴儒学，就是希望复兴其中一个重要的思想，即通过"明人伦"道德教育，建立理想的社会秩序。而且宋儒特别重视创办和发展书院教育，因为官办学校往往成为科举附庸，他们希望由士大夫主导的书院能够实现这一理想。南宋时期朱熹、张栻、陆九渊、吕祖谦均表达了重要的书院教育理念。明代王阳明虽然在学术上提出与朱熹、张栻不一样的知行合一、致良知的心学思想。但是，在教育理念上，王阳明与宋儒朱熹、张栻完全一致。他在《万松书院记》一文中说：

> 惟我皇明，自国都至于郡邑，咸建庙学，群士之秀，专官列职而教育之。其于学校之制，可谓详且备矣。而名区胜地，往往复有书院之设，何哉？所以匡翼夫学校之不逮也。夫三代之学，皆所以明人伦，今之学宫皆以"明伦"名堂，则其所以立学者，固未尝非三代意也。然自科举之业盛，士皆驰骛于记诵辞章，而功利得丧分惑其心，于是师之所教，弟子之所学者，遂不复知有明伦之意矣。怀世道之忧者思挽而复之，则亦未知所措其力。……今书院之设，固亦此类也欤？士之来集于此者，其必相与思之曰："既进我于学校矣，而复优我于是，何为乎？

① 《年谱三》，《王阳明全集》卷34，第1336页。

宁独以精吾之举业而已乎？便吾之进取而已乎？则学校之中，未尝不可以精吾之业。而进取之心，自吾所汲汲，非有待于人之从而趋之也。是必有进于是者矣。是固期我以古圣贤之学也。”古圣贤之学，明伦而已。[①]

王阳明在此文中，非常明确地表达了他对书院寄予的期望，就是要弥补官学教育的不足，努力改变官办学校的生徒“士皆驰骛于记诵辞章，而功利得丧分惑其心”的局面，回归到“三代之学，皆所以明人伦”的教育理想，成为“古圣贤之学”复兴的大本营。

其二，王阳明希望书院能够成为自己倡导的以心为本的良知之学的学术基地。王阳明虽然在“匡翼夫学校之不逮也”的师道教育理念上，与宋儒朱熹、张栻完全一致，但是，他在如何才能够复兴“古圣贤之学”，培养出合乎儒家伦理的君子、圣贤的思考上，却不同于宋儒朱熹、张栻。如果说宋儒朱熹、张栻强调格物致知的穷理工夫的话，那么，王阳明更加强调求理于悟心。王阳明认为如果要复兴师道、成就圣贤，“吾心”比《六经》更加重要。他在《稽山书院尊经阁记》中说：

故《六经》者，吾心之记籍也，而《六经》之实则具于吾心，犹之产业库藏之实积，种种色色，具存于其家。其记籍者，特名状数目而已。而世之学者，不知求《六经》之实于吾心，而徒考索于影响之间，牵制于文义之末，硁硁然以为是《六经》矣。[②]

王阳明认为，由于学者往往不能够知道以“吾心”为圣贤之学的根本，从而导致一个严重的后果，即如他所说：“呜呼！《六经》之学，其不明于世，非一朝一夕之故矣。尚功利，崇邪说，是谓乱经；习训诂，传记诵，没溺于浅闻小见，以涂天下之耳目，是谓侮经；侈淫辞，竞诡辩，饰奸心盗行，逐世垄断，而自以为通经，是谓贼经。若是者，是并其所谓记籍者而割裂弃毁之矣，宁复知所以为尊经也

① 《万松书院记》，《王阳明全集》卷7，第269页。
② 《稽山书院尊经阁记》，《王阳明全集》卷7，第271—272页。

乎！”[①]王阳明认为，一个儒者必须以“吾心”为根本，才能够避免出现这种“乱经”“侮经”“贼经”的乱象，回归儒家的圣贤之学。

其三，王阳明推动了明代书院心学教学实践的多样化发展，同时也推动了明代书院讲会制度的发展。由于王阳明倡导知行合一、致良知，将书院教育看作是对学者的良知之心的道德启发，不太强调读经的知识灌输，而特别强调同学之间的精神激励和相互批评。王阳明在《教条示龙场诸生》中，对龙冈书院的诸生提出：“诸生相从于此，甚盛。恐无能为助也，以四事相规，聊以答诸生之意。一曰立志，二曰勤学，三曰改过，四曰责善。”[②]这四条学规不是知识教育的读书方法，而是道德启发、人格成长的心灵沟通。如王阳明在“责善”一条中提出：

> 责善，朋友之道。然须“忠告而善道之”，悉其忠爱，致其婉曲，使彼闻之而可从，绎之而可改，有所感而无所怒，乃为善耳！若先暴白其过恶，痛毁极诋，使无所容，彼将发其愧耻愤恨之心。虽欲降以相从，而势有所不能，是激之而使为恶矣！故凡讦人之短，攻发人之阴私，以沽直者，皆不可以言责善。虽然，我以是而施于人，不可也；人以是而加诸我，凡攻我之失者，皆我师也，安可以不乐受而心感之乎？某于道未有所得，其学卤莽耳。谬为诸生相从于此，每终夜以思，恶且未免，况于过乎？人谓“事师无犯无隐”，而遂谓师无可谏，非也。谏师之道，直不至于犯，而婉不至于隐耳。使吾而是也，因得以明其是；吾而非也，因得以去其非。盖教学相长也。诸生责善，当自吾始。[③]

王阳明提出的“责善”，确是相互之间“直指人心”的人格心灵教育，是一种“相观而善”的教育方法。王阳明将这种教育方法发展为一种同志之间的定期讲会活动。王阳明为其中的一个讲会即“惜阴会”作《惜阴说》，他说：“同志之在安成者，间月为会五日，谓之‘惜阴’，其志笃矣。然五日之外，孰非惜阴时乎？

---

① 《稽山书院尊经阁记》，《王阳明全集》卷7，第272页。

② 《教条示龙场诸生》，《王阳明全集》卷26，第1021页。

③ 《教条示龙场诸生》，《王阳明全集》卷26，第1023页。

离群而索居,志不能无少懈,故五日之会,所以相稽切焉耳。呜呼!天道之运,无一息之或停;吾心良知之运,亦无一息之或停。良知即天道,谓之'亦'则犹二之矣。知良知之运无一息之或停者,则知惜阴矣;知惜阴者,则知致其良知矣。"[①]这个讲会之所以叫作"惜阴会",是因为"良知之运无一息之或停者",学者之间需要"间月为会五日"举行讲会,相互切磋,以坚持"直指人心"的人格心灵教育。

宋儒"以师道自居"而大量创办书院。明清之际王船山评论宋儒的师道与书院的密切联系,他说:"咸平四年,诏赐《九经》于聚徒讲诵之所,与州县学校等,此书院之始也。嗣是而孙明复、胡安定起,师道立,学者兴,以成乎周、程、张、朱之盛。"[②]程若庸曾经论述书院与师道的关系。《宋元学案》曾经记载:"文靖(杨时)曰:学而不闻道,犹不学也。(程)若庸亦曰:创书院而不讲明此道,与无书院等尔。"[③]宋儒明确将书院看作是师道精神的追求。南宋理学家黄震还将书院和官学作出比较,故而说:"至三舍法行,学校又一变为程文利禄之地,虽职教者,亦言不暇及理。所谓天理民彝,如一发引千钧之寄,独赖诸儒之书院耳。"[④]他强调承担师道之责的教育只能够寄希望于"诸儒之书院"。可见,宋代奠定的书院精神就是一种师道精神,王阳明发现了明代学校已经失去了尊师道的书院精神,而王阳明通过他的一系列书院教育实践,同时复兴师道的书院理念,包括书院之设"所以匡翼夫学校之不逮也"、在书院教条中强调的一系列教育思想,均是对宋儒书院精神的复兴。王阳明逝世以后,其门人更是大量创办书院讲学。当时有人称道:"自武宗朝王新建(王守仁被封为新建伯,故称王新建)以良知之学行江浙两广间,而罗念庵(洪先)、唐荆川(顺之)诸公继之,于是东南景附,书院顿盛。"[⑤]可见,王阳明开拓的书院实践与书院精神,具有巨大的号召力与影响力,开创了明代书院教育发展的新高潮。

---

① 《惜阴说》,《王阳明全集》卷7,第285页。

② 王夫之:《真宗一》,《宋论》卷3,北京:中华书局,1964年,第53页。

③ 黄宗羲、全祖望:《双峰学案》,《宋元学案》卷83,北京:中华书局,1986年,第2820页。

④ 黄震:《送陈山长赴紫阳书院序》,《黄氏日钞》卷90,文渊阁四库全书,台北:商务印书馆,1986年。

⑤ 沈德符编:《万历野获篇》卷二十四,《畿辅》,北京:中华书局,1956年,第608页。

Wang Yangming's Heartmind Thought and the Spirit of the Academies

Zhu Hanmin, Yu Jianlan

Abstract: As a critical reaction to Song Neo-Ruism, Wang Yangming proposed "heartmind thought" (*xin xue* 心学) notions such as "the unity of knowing and doing" and "the realization of original knowledge". Heartmind thought was also central to his ideas on education, and he practically integrated the ideas on the teaching of original knowledge and "learning for one's own sake" with pedagogy at the academies, striving to revive the spirit of the Song period academies. Wang held that the educational institutions of the Ming period had already become disconnected from the educational tradition of "learning for one's own sake", and hoped to practically integrate his own heartmind thought ideas with the academies, thereby to revive the spirit of the academies as originally established by the Song Ruists. In the extant texts of Wang Yangming's which pertain to academies, he proposed some ideas about the connection of the academies to original knowledge, and hoped to revive the Ruist tradition of "learning of the sages and worthies" through teaching at the academies, transforming them into intellectual hotbeds for his heartmind thought during the Ming period.

Keywords: Wang Yangming; heartmind thought; education through practice; spirit of the academies

文史撷英

朱熹《琴律说》新探

汪子骁*

[摘　要]《琴律说》作为重要的琴学/律学文献,其受到的关注度与目前的研究水平并不相符,存在的问题还很多。这源自对研究版本的选择、对文本的解读、对数据的考察、对朱熹理学思想的理解等分别属于不同的研究领域。本文试图以可靠的版本为依据,结合前人的校对成果对文中涉及的所有律学数字进行系统梳理,并对朱熹行文背后的思想倾向进行分析解释。以促进进一步学习研究,达到帮助更多人读懂这一重要文献的目的。

[关键词] 朱熹;琴律说;律学;理学

《琴律说》作为朱熹论乐的重要篇章,同时也是中国历史上最古老的琴律文献之一,历来受到学者关注。笔者借平日学习的机会细致研读了几个版本的《琴律说》文本及前人研究成果。思考过程中形成了几个问题,大致可对成说做一些补充或修正。现从版本选定、数据分析、文本主旨等几个方面对《琴律说》

* 汪子骁(1990—　),男,江西上饶人,历史文献学硕士,上饶师范学院图书馆馆员,主要研究领域为音乐文献、琴史。

及相关的研究成果提出讨论。

一、版本选择

在进入正式讨论前，我们首先要确定可靠的文本。研究者通常以历代通行的“朱子文集”本为对象，并参考时间较早的存世版本。[①] 另有部分研究者径以近年出版的点校本为依据。值得注意的是，一方面，“朱子文集”的整理除却各个部分的校订外，还对文集的总体篇章布局有一定要求，需要全面、系统、有序地呈现文集的面貌。那么在进行校本选择时，对于一些重新组合的文集，或是散落的单篇文献，因实际情况更加繁复，可能就不会给予足够的照应。另一方面，受学科分工的限制，整理者的研究方向也很难覆盖朱熹文章讨论的所有领域。因此，在涉及音乐、律算这样相对冷僻的方向时，就容易出现一些误点、漏校之处。

当前的文本校勘工作中，利用到“朱子文集”以外文献作为参照本的仅见一例。[②] 作者使用了《古今图书集成 · 乐律典》104 卷琴瑟部收录的《琴律说》进行对校，许多文集本中只能通过理校等方法推演校订的数据，在这个版本中并不需要修正，是一个正确率相对较高的本子。遗憾的是，由于其文讨论范围的限制，作者只对十二律数部分进行了校对，余下更多文字理论部分的校对结果并未完全呈现。实际上，《琴律说》在文本中的矛盾龃龉之处并不只存在于数字中，要对通篇文章进行精读，需要找到更精确的版本；把握朱熹在文中传递的信息，也需要更多更可靠的依据。

在调查中我们注意到目前已数字化的古籍文献中有一部《渊鉴斋御纂朱子全书》，来源于现藏哈佛燕京图书馆的康熙五十二年武英殿刻本。前辈学者在梳理朱熹著作版本时曾将其一笔带过。[③] 该书前有康熙御纂序言，李光地在进

---

① 尹波、郭齐：《朱熹文集版本源流考》，《西南民族大学学报（人文社科版）》，2004 年第 3 期。郑俊晖：《朱熹音乐著述及思想研究》第二章“朱熹音乐著述的文献学研究”，福建师范大学 2007 年博士论文。朱熹文集在作者生前即有付梓者，及至近代，经过不同的整理、翻刻、传抄，其名目亦有变化，此处笼统称作“朱子文集”。

② 李玫：《〈琴律说〉文本解读——兼及常见的校勘错误》，《音乐研究》，2008 年第 5 期。

③ “康熙五十二年，李光地等奉敕编纂《朱子全书》十六卷（按：该书实为六十六卷，疑误）。此书将全集分类重编，其门类一仿《朱子语类》。但混入朱熹语录，实际已不能完全算作文集。”（尹波、郭齐：《朱熹文集版本源流考》，《西南民族大学学报（人文社科版）》，2004 年第 3 期）

书表中写道：

> 御笔之删定虽至微文碎义，周览甚详；转注谐声，摩求必当……文约而弥该，义备而不复。权衡取舍必得其肯綮之精，次第后先一准于施为之序。历选六百年来编朱子书者，其得详略轻重之中诚未有如我皇上者也。（《李光地等进书表》，《渊鉴斋御纂朱子全书》卷首，康熙五十二年武英殿刻本）

该书为半页九行，行二十字，双行小字，黑口，四周单边，双顺黑鱼尾。版心题“朱子全书”及卷数类目，版心下方有该卷版序。

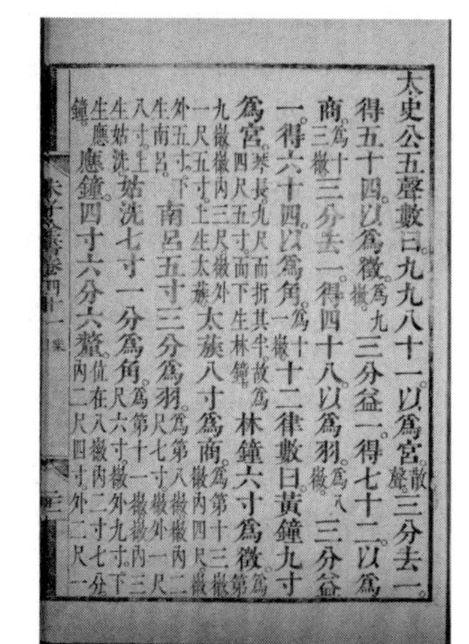
太史公五聲數曰。九九八十一。以爲宫。散聲。三分去一。
得五十四。以爲徵。爲九徽。三分益一。得七十二。以爲
商。爲十三徽。三分去一。得四十八。以爲羽。爲八徽。三分益
一。得六十四。以爲角。爲十一徽。十二律數曰。黄鍾九寸
爲宫。琴長九尺。而折其半。故爲四尺五寸。而下生林鍾。林鍾六寸爲徵。爲第
九徽。徽内三尺。徽外一尺五寸。上生太蔟。太蔟八寸爲商。爲第十三徽。徽内四尺。
徽外五寸。下生南呂。南呂五寸三分爲羽。爲第八徽。徽内二尺七寸。徽外一尺
八寸。上生姑洗。姑洗七寸一分爲角。爲第十一徽。徽内三尺六寸。徽外九寸。下
生應鍾。應鍾四寸六分六釐。位在八徽内二寸七分。内二尺四寸外二尺一

《琴律说》收录于该书卷四十一乐类，经对校研究，该版本不光在数据、文字上相比其他版本错误最少，还筛选保留了早先版本中的注释并再加新注，且板式精美清晰，实在称得上精校精注本。我们可将其作为底本，以《古今图书集成》本及宋明诸文集本作参考，并对比已有的点校成果，庶几能够保证语句文字上的正确率。数字方面的情况复杂些，从文集本身出发我们不能确定数据错误是朱熹造成抑或刊印造成的，即便正确的数据也有可能是后人修正的。解决这一问题我们可参考朱熹另一著作《仪礼经传通解》卷十三钟律部分，该书经由作者本人校订，并有版本质量较高的宋元明递修本影印发行，数据可靠，使用方便。

二、数据校订

朱熹在该卷第二十二版介绍了他用以描述声律数据及琴上定位的几个概念。其一是声数，即五声之数。设宫声为 81，三分损益相生四次，得到五声之数。其二是律分，即十二律之数，用寸、分、釐、毫、丝、忽表示。设黄钟为 9 寸，三分损益相生十一次，得到十二律之数。其三是徽寸，又称琴尺，即十二律分别

对应琴弦上的位置,设弦长4尺5寸,分别描述十二律所在点位到岳山与到龙龈的距离。在此之前,朱熹还列出了每一律所对应的徽位。

在验算数据前还需注意,朱熹在讨论十二律数之后明言:

以上十二律,并用太史公九分寸法约定《周礼》郑注以从简便。凡律,寸皆九分,分皆九氂,氂皆九毫,毫皆九丝,丝皆九忽。琴尺皆十寸,寸皆十分,分皆十氂,氂以下不收。(《渊鉴斋御纂朱子全书》卷四十一第二十一版,康熙五十二年武英殿刻本)

即:十二律数是用九进制计算,而琴尺(徽寸)是用十进制计算。

以下,我们制表讨论(为求更加清晰展现数据信息,保留小数点后7位)。

表1　五声数表

	宫	徵	商	羽	角
朱熹五声数	81	54	72	48	64
朱熹定位	龈	9徽	13徽	8徽	11徽
朱熹定位弦长比	1	2/3	7/8	3/5	4/5
正确定位弦长比	1	2/3	8/9	16/27	64/81
正确定位	龈	9徽	13徽左	8徽右	11徽右

表1为朱熹算得之五声数及徽位。五声数依三分损益法生成,这没有问题。现在假设弦长为1,那么朱熹所列五声对应徽位的弦长比分别是1,2/3,7/8,3/5,4/5。但实际上,根据三分损益法,五声对应的弦长比当为1,2/3,8/9,16/27,64/81,其实际对应徽位分别是龙龈,9徽,13徽左,8徽右,11徽右。在这里朱熹将徽位左右的位置笼统归于徽上,已初步传达出他在数据使用方面的模糊性。这一表现普遍贯穿于《琴律说》文本中,也与相当部分后世琴谱在描述按弦徽位时的做法是一致的。

表 2　十二律数表

	黄	林	太	南	姑	应
朱熹律分	9	6	8	5. 3	7. 1	4. 66
朱熹定位	散	九徽	十三徽	八徽	十一徽	八徽右二寸七
定位徽寸	45	30	39. 375	27	36	
朱熹徽寸	45	30	40	27	36	24
顺生徽寸	45	30	40	26. 666	35. 555	23. 703 7
反生徽寸	45. 613 946 9	30. 409 297 9	40. 545 730 6	27. 030 487 1	36. 040 649 4	24. 027 099 6
	蕤	大	夷	夹	无	中
朱熹律分	6. 28	8. 376	5. 551	7. 437 3	4. 884 8	6. 583 46
朱熹定位	九十徽间	龈内二寸半	八九徽间	十二徽	八徽右	十徽
定位徽寸				37. 5		33. 75
朱熹徽寸	31. 5	42. 5	28. 5	38	25	34
顺生徽寸	31. 604 9	42. 139 9	28. 093 2	37. 457 7	24. 971 8	33. 295 7
反生徽寸	32. 036 132 8	42. 714 843 8	28. 476 562 5	37. 968 75	25. 312 5	33. 75

表 2 为十二律的所有相关数据。第一行为朱熹算得之律数，以寸为单位用小数表示。在验算时，我们可先以三分损益法计算出十二律的十进制数据，再将其转化为九进制，所得结果与文本中一致，同样的数据朱熹在《仪礼经传通解》中也有记载。①

第二行为朱熹所计十二律之徽位，由于他将琴尺(隐间)定为四尺五寸，为方便计算，笔者以寸为单位，计作 45 寸，就可得到第三行各徽位对应的徽寸。由于第二行的文字描述非精确徽位，虽也可以计算，但与文本又隔一层，且不影响讨论，遂决定将应钟至夷则四律空缺。

第四行为朱熹本人描述的各律徽寸(因总长均为 45 寸，表中只取徽内长度，即目标音位至岳山的长度)。

第五行为笔者用三分损益法顺生得出的精确徽寸。

第六行须从右向左看，因有研究者认为朱熹的后五律数据呈现出三倍反生的特质，即从中吕律所在的“理论十徽”出发，依次乘 3/4、3/2、3/4、3/2，得到无射、夹钟、夷则、大吕的数据。这一问题需要单独列出讨论，与《琴律说》文本直观的数据信息无关。

从表中我们可以看出如下两点：

其一，朱熹描述的十二律所对徽位换算得到的徽寸与他本人描述的徽寸并不完全一致，参见第三、四行，

其二，笔者依三分损益法算出的十二律实际徽寸与第三、四行朱熹的数据均不完全一致，参见第五行。

与表 1 反映的情况相似，朱熹对十二律的记录仍旧是模糊的。而且在记录时，他倾向于取徽上、取整数，只作相对笼统的描述，对于数据的准确性似乎并不在意。若要将其视作严谨的足以反映朱熹某种律学思维的数字依据，未免欠妥。

再来看三倍反生的问题。该问题与直观的文本数据脱离，属于律学计算中

① 唯一不同的是中吕律计作“六寸五分八釐三毫四丝三分丝之二”，递修本“三分”之后不可识，据《四库全书》本补，且文句不通，疑误。正确数据为文本记载之“六寸五分八釐三毫四丝六忽”，且与前人校验结果一致。见朱熹著，黄榦编：《仪礼经传通解正续编》，北京：北京大学出版社，2012 年，第 360 页。郑俊晖：《〈朱文公文集〉中音乐著述初探》，《音乐研究》，2005 年第 4 期。李玫：《〈琴律说〉文本解读——兼及常见的校勘错误》，《音乐研究》，2008 年第 5 期。

的某种方式和倾向,但在我国律学史上确实存在这种方法,且朱熹在后文中又明确提及"九徽""十徽"同本弦散音生成与反生之"伦序"[1],所以还是存在理论上的可能性。研究者认为:"虽然朱熹是以三分损益相生为序叙述,但实际数据显示后五律相互间的关系为三倍反生:大吕←夷则←夹钟←无射←仲吕。"[2]那么朱熹看似无序的数据中是否暗含了某种规则呢?下面我们一一考察。

1. 研究者认为朱熹将中吕(即仲吕)位置计作十徽,是三倍反生的结果。十徽在弦的 3/4 位置,设弦长为 1,根据三倍反生直接乘 3/4,便得到中吕弦长比。又因为全长为 45 寸,则中吕徽寸为 33.75。朱熹记录的中吕徽寸为 34,而按照三分损益法顺生十一次得到的中吕徽寸为 33.2957,呈现在弦上则从左到右依次为"朱熹记录的中吕徽寸(34)——反生中吕徽寸(十徽 33.75)——顺生中吕徽寸(33.2957)"这样的排列顺序。研究者说:"严格说来三尺四寸是十徽微下,若仲吕是第 11 次三分损益相生而来,则应是十徽微上。"这里的问题是:十徽微下如何比十徽微上更具备数理上的合理性?若不具备充足的合理性,仅凭朱熹将中吕位置计在十徽,就能假定其运用了三倍反生吗?笔者唯一能看出的也许能算作依据之处,就是在这条对比中,反生数据比顺生数据更接近朱熹记录的数据。

2. 研究者认为朱熹将无射计作"八徽右",是三倍反生的结果。理由是朱熹描述的夷则位置在"八九徽间",根据相同的定位原则,无射应当在"七八徽间"。朱熹记为"八徽右",是因为运用三倍反生。我们先来看夷则的数据,八徽为 27,九徽为 30,夷则(八九徽间)为 28.5,若逻辑精确且固定,则"某某徽间"当指两徽的正中心位置。再看无射,七徽为 22.5,八徽为 27,则"七八徽间"当为 24.75。朱熹给出的徽寸为 25,在"七八徽间"偏左,三分顺生数据为 24.9718,三倍反生数据为 25.3125,均在"七八徽间"的左侧,且顺生数据相比反生数据更接近朱熹的 25,"三倍反生"之说显然不确。这时研究者给出的解释是:"两次三倍反生,位于七徽六分的无射数理本质简单,更符合审美听觉。"然而,七徽六分的徽寸为 25.2,与顺生、反生所得数据均不符,不知这七徽六分的无射位置又从何而来。事实上,我们可将上述所有数字比例代入隐间 110 cm 长的当

[1] 《渊鉴斋御纂朱子全书》,康熙五十二年武英殿刻本,卷四十一第三十版。

[2] 李玫:《〈琴律说〉文本解读——兼及常见的校勘错误》,《音乐研究》,2008 年第 5 期。

今古琴上进行实测(因宋琴与今琴规格尺寸差异不大),可以观察到所有数字点位均在七徽五分之左、七徽六分偏左少许之右,按弦范围的变动幅度不超过一个手指宽,人耳很难分辨其中的音高差异。无论数字精确抑或模糊,“三倍反生”之说均不成立。

3. 夹钟徽寸的问题就更明显了。研究者认为朱熹给出的徽寸 38 更加接近三倍反生所得数据(37.96875),因而夹钟符合三倍反生。可是朱熹同时明确将夹钟律定在十二徽,其徽寸为 37.5,而三分顺生所得夹钟徽寸为 37.4577,显然比反生数据更接近十二徽。研究者明明在上一律中以朱熹所定徽位作为证据,到了这一律为何就视而不见呢?

4. 关于夷则徽寸,研究者认为:“朱熹对夷则的描述符合三倍反生的所有条件。”然而,就笔者所能观察到的条件,仅是反生数据 28.4765625 较顺生数据 28.0932 更接近朱熹记录的 28.5。

5. 关于大吕徽寸,研究者言:“朱熹给出的大吕数据与三倍反生略有出入。”也就是说,研究者承认,大吕数据不符合三倍反生规则。可是,即便如此,研究者仍然认为大吕数据是三倍反生所得,且未加任何论证,不晓其故。从表 2 我们可以看到,朱熹给出的大吕徽寸为 42.5,顺生徽寸为 42.1399,反生徽寸为 42.7148438,距哪边都不是那么近便。如果强为之辩的话,相比顺生数据而言,反生数据还是更接近朱熹记录的数据。

综上,无论从哪个数据层面,均没有统一的逻辑能够证明朱熹的数据内含“三倍反生”的计算方法。即便我们从最浅显、直观的理由——“反生数据较顺生数据更接近朱熹记录的数据”——去看,除上述五律外仍有南吕、姑洗、应钟三律符合情况,那么,这三律是否也能算作三倍反生呢?

综合朱熹给出的所有徽位和数据,不难发现,他在计算五声数和十二律数时得到的结果是相当精确的,而在计算涉及古琴实际徽寸的数据时,基本都是模糊的、错误的,将其一视同仁当作精确数据来印证某种律算思维,甚至代入后世的“徽分”观念去做辅佐论证,得到的只能是一团相互抵牾的乱码。真相很可能是:“三倍反生”的计算方法在朱熹这里根本是不存在的。

那么,何以朱熹给出的数据一旦落实到琴上就会出现这种结果?要回答这个问题,就不能不联系到《琴律说》的主旨。

三、谬误探源

其实朱熹在文中已清晰地道出了他想要表达的三大主旨，且完全符合他心中的理念，即"三分损益""大不逾宫""伦理秩序"。

首先，朱熹认为所有琴律数据当由三分损益法顺生而来，依据是《管子》《史记》等早期著作记载的生律规则。在给出五声十二律相关数据后，紧接着朱熹便说：

> 盖琴之有徽，所以分五声之位，而配以当位之律，以待抑按而取声。而其布徽之法，则当随其声数之多少、律管之长短而三分损益，上下相生，以定其位，如前之说焉。今人殊不知此，其布徽也，但以四折取中为法，盖亦下俚立成之小数。虽于声律之应，若简切而易知；但于自然之法象，懵不知其所自来，则恐不免有未尽耳。（《渊鉴斋御纂朱子全书》卷四十一第二十二版，康熙五十二年武英殿刻本）

朱熹认为，琴徽是用于确定宫、商、角、徵、羽五声在琴上的位置的，五声包含于十二律当中，十二律之声数又是根据律管三分损益上下相生得来，这是"自然之法象"，不可更易。因此徽位的布置，也应当遵循三分损益之法。这便是他对后文所述"四折取中之法"鄙视的缘由。事实上，朱熹一切涉及古琴徽寸的数据矛盾，根源皆在于此：琴徽的布置无论在当时还是现代，均是依据琴弦震动的自然之节，即"四折取中之法"，其声数仅符合纯律特征。而五声十二律之生成遵循三分损益法，两者是完全不同的生律系统，所得音分的数值也不尽相同。朱熹试图以三分损益系统数据对纯律系统数据进行描述，在绝大多数不共用音位之处，当然不能得到统一而正确的数据。清人曹庭栋在其著作中对朱熹上述谬误进行了批判。

> 按：定徽以损益相生求其位，十三徽中惟九徽当三分损一之位，十徽当三分益一之位，余徽俱未可例论。盖布徽疏密与律管长短二者本不相同。徽之疏密，得奇偶错综之全数；律之长短，得阴阳消长之偏

数。其九、十两徽，数之适相值者耳。以泛声求之，中徽起律，则五徽亦值三分损一之位；四徽为半律，则二徽亦值三分损一之位，左右徽位相对，九徽犹五徽，二徽犹十二徽。总计之，二徽、五徽、九徽、十徽、十二徽则值相生之位，其余欲以相生法求之，律数与徽位终不相符也。（曹庭栋：《琴学·外篇》论徽第二，《续修四库全书·子部艺术类》）

按：五声损益之数以合于徽。散声，龙龈起宫，宫下生徵，九徽适当其位。若徵上生商，在十三徽左，商下生羽，在八徽右，羽上生角，在十一徽右，俱不当徽位。此指定某数为某徽，第得声之近似者，未得数之实也。试以黄钟弦分作八十一分，以五声应得之数定之，其位自见。即十一律弦之位，皆可率此为法，何烦以徽内徽外之尺寸，纷纷较量哉？（曹庭栋：《琴学·外篇》论律第三，《续修四库全书·子部艺术类》）

那么，何以不关涉古琴实践的五声十二律数就很精确呢？道理很简单，因其属于纯数理问题，不涉及伦理，仅凭计算就能得到准确答案。

另一方面，从朱熹的表述来看，他对琴尺徽寸的准确度其实也是不太关心的。通常只是行一方便法门，将数据归整，看着简明漂亮即可。这就是为什么：太簇商一会儿位于“十三徽”，一会儿位于“十三徽之左”；两徽之间的位置可以用“徽间”，也可以用“左”“右”表示；几处八徽上的取声，实际也都按在八徽右侧；中吕一说“复生变黄钟”，又说“能反生黄钟”[①]，等等。这也可以解释图 2 中为何十二律的徽位、徽位对应的徽寸、三分损益得来的徽寸数据相互矛盾。或许，在朱熹看来，虽然“下学”功夫很重要，但三分损益法的优先级是第一位的，不必斤斤于数据上的瑕疵而阻碍更高的道理，因此他完全可以跨过数据矛盾继续阐发其理念。今人在计算研究之前，对朱熹数据的可靠性这一问题是要有充分认识的。

其次，朱熹坚持认为应当以一弦为宫，正如《国语》记载的“大不逾宫，细不过羽”。从文中我们可以观察到，古琴在朱熹的时代已是三弦为中吕宫，七弦的音序为徵（黄钟）、羽（太簇）、宫（中吕）、商（林钟）、角（南吕）、少徵（黄清）、少羽

---

① 这里又涉及“十二律旋相为宫”的古老命题，朱熹明知中吕不能反生黄钟，其所生为变黄钟，但在叙述时仍采取了模糊的态度。

(太清)，一弦为黄钟徵，与今天的情况相同。但朱熹始终认为最粗的一弦应当为黄钟宫，这符合古书记载，也符合古琴映射的伦理秩序。因此，理想的音序当为宫(黄钟)、商(太簇)、角(姑洗)、徵(林钟)、羽(南吕)、少宫(黄清)、少商(太清)，为此他坚持将三弦认作角，这就与现实当中的三弦——清角发生冲突了。而且，在伦理优先级更高的五音体系中，古琴七弦之正调必然不允许包含"清变之声"。这样一来，七条弦之音名就必须同时满足"一弦为黄钟宫"且"三弦不为清角"，那么只能强为之名，同样称三弦为"角"，而一弦上与三弦散音相应的十徽按音，虽为中吕音高，也便成了"角音"位。文中涉及"姑洗角"与"中吕角"的矛盾均由此产生。如第二十一版"中吕……第十徽，亦为角……复生变黄钟……"与前述"姑洗……为角"相互矛盾，第二十二版又称三弦为"中吕之角"，实际上均为中吕清角。更有甚者，在第二十三版中，朱熹描述第三弦下准五声音位时说：

> 三弦则姑洗之律，固起于龙龈，而为角之初矣。而林徵应于十三，南羽应于十一，黄清少宫应于九，太清少商应于八。

其实他很清楚，三弦为中吕，当其散音作"中吕角"时，余下四声应当为"夷则徵十二徽""无射羽十徽""大清少宫八九徽间""夹清少商应于八右"，每声均当高一律。

在之前的研究中，论者往往认为这条记录有误，如曹庭栋即认为：

> 其尤不合者，三弦姑洗之律，林徵当应于十二之左而云十三，南羽当应于十而云十一，黄清当应于八九之间而云九，太清当应于八之右而云八。盖误以仲吕律位为姑洗律位，误中之误也。(曹庭栋：《琴学·外篇》论律第三，《续修四库全书·子部艺术类》)

但依笔者之见，这种简单的计算不至于让朱熹犯下如此整齐的大范围错误。细读之后，笔者认为，很可能是其有意为之。为了保证一弦为黄钟宫，一至五弦按"宫商角徵羽"的顺序排列，朱熹在此处执意将三弦目作姑洗角，宁可使中吕弦不出声，用后四声的按音位置关系确保三弦空弦音为姑洗角，既保住了五声之伦序，又与他所说"三弦则姑洗之律"相符。

为调和理论与现实的冲突,朱熹甚至提出了一套“角声二律之说”,试图对姑洗角与中吕角的同时存在提出合理的解释。但实际上,中吕为清角,一弦为宫、三弦为角,只是理论家一厢情愿地沿袭古老陈说,与实践情况不符,因此并不存在所谓“角声二律”。对此,曹庭栋曾经做过精彩的反驳:

> 按:三弦仲吕乃仲吕为宫,黄变为徵。琴家第见黄钟在一弦,其第三弦或用姑洗、或用仲吕,而谓姑洗为正角、仲吕为高角。此但据三弦曰角之说,既不知用正、用半之不同,并不知第一弦有黄钟、黄变之分也。夫五声之序,其相生也,更互递嬗,岂独至角声分而为二,忽为姑洗、忽为仲吕耶?此断乎不可,破去三分损益之法也。至谓建乐立均有取二变,琴不用二变,少宫可代变宫,而少商不可代变徵,姑前蕤后所以取仲吕为角以补变徵之阙。信如其说,倘用五弦之琴以三弦为仲吕,是变徵得补其阙,而变宫又将何律以补之哉?(曹庭栋:《琴学·外篇》论律第三,《续修四库全书·子部艺术类》)

据上两点而言,朱熹的琴学观念可谓相当保守或复古。他认为,琴作为圣人之器,其传自太古,内含天道,当使君子则之。有关琴的一切信息必当符合经典中的论述,其音序、弦序、生律方式必当与经典中的记载分毫不差,这才是符合伦理的,符合其心中至高之理。对朱熹来说,在琴上进行的徽寸计算,虽也是极重要的“下学”功夫,但其地位与一套完美的伦理秩序是无法比拟的。发生舛讹时,孰轻孰重,如何取舍几乎是毋庸置疑的。事实上,《琴律说》诸多篇章都体现了朱熹主张的伦理秩序,他认为,弹琴当多取下准音,其次中准,上准则多不取。音越低越近乎散,距原始黄钟宫越近,其乘生气之先;声越高越局促,失君子之宏量,过高则如“亢龙”,往而不反,其失亦大。又如朱熹以琴上三准左阳右阴,分别为“明君”“贤臣”“小人”,下准之君亲近中准之贤臣,而远上准之小人,此亦琴音高下之伦理。至若旋宫,十二律有所不用,则为君子当适时而发,其背时而忤俗者,自当退伏隐忍,等等。因此,笔者认为朱熹此文是以琴为载体,讨论他心中理想的伦理观念,是其理学之道在琴上的部分投射。

四、余论

《琴律说》尚有几处问题需要清理。

1. 第二十四版，首行有小字："此弦与七徽后三弦无徽，朱熹文集诸本并同，疑有阙文。"其中"此弦"指下准第五弦没有标明徽音位置，"七徽后三弦"指下文中准第三弦同样没有标明徽音位置，注者认为是阙文。另外，下准五、六、七弦的角音均高一律，取在了清角位置。对此，笔者不能确定：这究竟是朱熹在写作时有所设计抑或真的只是字面错误？

2. 第二十六版，朱熹谈到用十二管以"候气"，管口齐平，上距地面皆为一寸。

众所周知，古人候气之法有多种，朱熹提到的"埋土法"亦经历代试验改良[1]，而无论哪种方式，但凡埋土，上端皆须与地面齐平。朱熹本人对沈括《梦溪笔谈》有相当了解，沈氏在该书中详细描绘了"埋土法"的原理：

> 司马彪《续汉书》候气之法，于密室中以木为案，置十二律管，各如其方，实以葭灰，覆以缇縠，气至则一律飞灰。世皆疑其所置诸律，方不逾数尺，气至独本律应，何也？或谓："古人自有术。"或谓："短长至数，冥符造化。"或谓："支干方位，自相感召。"皆非也。盖彪说得其略耳。唯《隋书志》论之甚详。其法：先治一室，令地极平，乃埋律管，皆使上齐，入地则有浅深。冬至阳气距地面九寸而止，唯黄钟一管达之，故黄钟为之应。正月阳气距地面八寸而止，自太蔟以上皆达，黄钟、大吕先已虚，故唯太蔟一律飞灰。如人用针彻其经渠，则气随针而出矣。地有疏密，则不能无差忒，故先以木案隔之，然后实土案上，令坚密均一。其上以水平其概，然后埋律。其下虽有疏密，为木案所节，其气自平，但在调其案上之土耳。（沈括著，胡道静校证：《梦溪笔谈》，上海：上海古籍出版社，1987 年，第 325 页）

---

[1] 关于候气法，参见冯时：《候气法钩沉》（《百科知识》，1997 年第 5 期），薛冬艳：《从吹律听风到候气应律》（《南京艺术学院学报》，2018 年第 3 期）。

同样没有提及“距地一寸”，不知朱熹的设计出于怎样的考虑？

3. 第二十八版，有小字：“唯第十二徽有徽无声，亦不当用。未详其说。”各版皆同，其中“未详其说”四字似非朱熹自注，疑为早期旁注掺入。关于第十二徽有徽无声，笔者试释如下：这是指在下准音位中，按前文朱熹的十二律定位，七徽、八徽、九徽、十徽、十一徽、十三徽皆有律吕分布，分别为黄清、南吕、林钟、中吕、姑洗、太簇，只有十二徽无对应律吕。

4. 第二十九版，载有宋俗字谱，各版皆误，其正确者，可参《词源疏证》“古今谱字”相关论述[1]，此不赘。

5. 从第三十版起，朱熹讨论了调弦之法，许多研究者将其视作使用纯律的依据，但朱熹此处明言：“十徽按上者，隔一而得五声……内角声，在十一徽，少浊。”这说明，实际调弦并没有依据纯律取音在十一徽上。根据前文，我们同样可以知道，标注为八徽的按音也并不在八徽上。若要使用朱熹所列十二律徽寸数来证明纯律的存在，又必须面对数据相互打架的局面。总而言之，即便朱熹的数据中有可能蕴含两套以上律制，也必须对数据做细致的分类剖析。直接取用，或是只用自己想用的数据去达到证明理论的目的，则是相当轻率的。

结语

经过上述讨论，我们厘清了围绕《琴律说》文本及现有研究当中存在的一些问题。大概而言，朱熹想通过《琴律说》阐发其一贯的理念，为此，他似乎无视实际计算过程中的舛误。朱熹对其信奉的理念守之不移，同时他亦不讳言其“下学”当中存在的错误，只不过他视之为无关紧要之小节。然而，朱熹所忽之“小节”，对于今天的研究者来说，却不可掉以轻心，否则，在实践中，将“失之毫厘，谬之千里”。对于朱熹的《琴律说》，我们在取用其数据之前，当先进行审慎的文本考察与数据辨析，以去芜存菁，合于实用，使此类文献得到更加合理、有效的利用。

---

① 蔡桢：《词源疏证》，北京：中国书店，1985年，第28页。

A New Exploration of Zhu Xi's "The Theory of the Qin's Temperament"

Wang Zixiao

Abstract: As an important literature of Qin's temperament, "The Theory of the Qin's Temperament" has received less attention than the current research level, and there are still many problems. This is because of the choice of research version, the interpretation of text, the investigation of data and the understanding of Zhu Xi's neo-Confucianism belong to different research fields. Based on the reliable version, this paper attempts to systematically sort out all the thythm figures involved in the text and analyze and explain the ideological tendency behind Zhu Xi's writings. In order to promote further study and research, and help more people understand this important literature purpose.
Keywords: Zhu Xi; The Theory of the Qin's Temperament; Temperament; Neo-Confucianism

晚清医者的西学观与心态
——基于恽毓鼎日记的医疗史考察

陆思麟　薛咏婷*

[摘　要]　《恽毓鼎澄斋日记》中有大量关于疾病与诊治的记录，通过梳理和分析这些记录，可以探究恽毓鼎对医学的学习和实践历程。最初，恽毓鼎持保守的政治立场，坚守中医传统。但长期阅读西方医书后，其思想逐渐发生变化，从最初的抗拒西医逐渐转变为接受。尽管恽毓鼎受到政治立场等因素影响，对西医仍保留一定的批评态度，但他在某种程度上，是对西医制度和治疗外症技术表示认可，展现出晚清医疗史的相关问题，以及对西学的观念与心态。

[关键词]　恽毓鼎；《恽毓鼎澄斋日记》；医疗史；中西医汇通

---

* 陆思麟（1983—　），男，广东鹤山人，南京大学古代文学博士，马来西亚韩江传媒大学学院中华研究院副教授，主要研究领域为近现代文献。薛咏婷（2000—　），女，广东惠州人，韩江传媒大学学院中华研究院研究生，主要研究领域为近现代文献。

前言

清代医疗史作为中国医疗史研究的重要组成部分，这一领域的研究成果相对较多，其研究视野可以在多个角度展开。这就包括对宏观层面，如对医学知识的建构、医学技术与病理层面的研究，同时也包括了微观层面对医家、医籍或医病关系的考察等。近年来医疗史研究逐渐得到大陆学者的关注，也取得了相当丰富的研究成果。① 但从研究材料方面来看，大部分研究侧重于利用医书、医话、医案等文献。反之，在医疗史研究使用晚清日记文献的论著相对较少，这在一定程度上忽视了日记的价值。② 日记作为最直接的个人记录方式，相对于其他文献而言，其记录通常具有更高的真实性与可靠性。从医疗史文献的角度来看，清人所留下的大量日记文献中，收载了大量关于疾病、治疗过程和医疗案例信息。利用这些保存在清人日记文献中的线索深入研究，不仅可为清代医学史研究提供重要信息，也有助于拓宽学界对此时期医疗史领域的认识。③

晚清士大夫对养生、疾病、医疗问题极为重视，许多人都有自己养生保身之法，并在一定程度上熟悉医学理论。随着西学东渐的推进，西方医学及养生保健知识也传入中国，对士大夫阶级的日常生活产生深远影响。他们的养生和医疗方式除了受到传统医学影响，还深受西方观念影响。这些发展变化在包括恽

---

① 有关宏观层面上的开拓成果，有余新忠：《清代江南的瘟疫与社会——一项医疗社会史的研究》（北京：中国人民大学出版社，2003 年），通论清代江南地区瘟疫的传播情况，深入分析当时人们对瘟疫的认知，从中显现出清代江南社会的社会构造和演变过程。另有打破在具体城市发展脉络中，从微观层面讨论公共卫生的传统书写模式，为卫生史研究提供新视角，如张仲民：《出版与文化政治：晚清的“卫生”书籍研究》（上海：上海书店出版社，2009 年）等。

② 贾洪涛的文章已注意到这一点，参见贾洪涛：《医者身份与患者心态：基于常熟翁氏日记的一项微观医疗史考察》，《医疗社会史》，2020 年第 2 期，第 101—121 页。

③ 相对于其他研究清代医疗史的文献，利用晚清日记文献进行研究的论著甚少。譬如张瑞：《疾病、治疗与疾痛叙事——晚清日记中的医疗文化史》（天津：南开大学博士学位论文，2014 年）；贾洪涛：《医者身份与患者心态：基于常熟翁氏日记的一项微观医疗史考察》（《医疗社会史》，2020 年第 2 期），强调了日记在医疗史研究中的重要价值。另外，张剑：《华裘之蚤：晚清高官的日常烦恼》（北京：中华书局，2020 年）第二章“勿药元是梦：四位名臣日记中的疾病书写”，选取季芝昌、曾国藩、廖寿恒、鹿传霖四位晚清重要人物的日记，考察他们的疾病感受与医疗经历。但张剑强调其研究不着意揭示医患间的复杂关系，而是在借鉴医疗史相关研究方法和成果的基础上，将重心落于人物史与医疗史相结合的研究上。

毓鼎在内的诸多清人日记文献中，就得到明显体现。恽毓鼎(1862—1917)，字薇孙，又字澄斋，籍贯江苏常州，寄籍北京大兴。光绪十五年(1889)进士，历任翰林院侍讲学士、侍读学士，国史馆协修、纂修、总纂、提调，咸安宫总裁等职。光绪二十三年(1897)始，恽毓鼎任十余年的起居注官。1911 年民国成立后，转而从医为生。[①] 作为一名传统士大夫，恽毓鼎深受儒家思想影响，对中国传统文化深具认同。与此同时，他积极涉猎西学，通过广泛阅读西方书籍并与外籍人士交往，展现出对新思想的开放态度。传统保守观念与新兴开放观念相互交织融合，使得恽毓鼎的思想呈现出明显的矛盾性，而这种矛盾性从其日记所记载的对中西医的态度中得到明确反映。

恽毓鼎留下一部一百二十万字的日记，由史晓风整理，2004 年出版。[②] 日记的问世引起学界广泛关注，被视为研究清末社会民情、士人生活思想的重要史料。尤其在清代医疗史研究方面，日记内容涵盖自光绪朝至民初的记载，为晚清医疗史研究提供了丰富且珍贵的案例。考察目前学界对《恽毓鼎澄斋日记》的解读与研究，主要探讨该日记的史料价值、恽毓鼎生平事迹、新旧思想及与重大政治事件等内容。[③] 与此相反，难免忽略日记中对日常生活的描写，如恽毓鼎对疾病的辨析、学医历程、患者医疗过程、日常健康维护，及其对西医的观念态度等，对使用日记来进行医疗史研究的成果相对有限。

晚清士大夫阶级中，恽毓鼎儒者从医具有一定的代表性。相对于其他记录医疗史资料的清人日记文献而言，恽毓鼎具有儒者与医者双重身份的特性，使得他对疾病、治疗过程、医案等记载，会有更强的翔实性与专业性。这也为本文在研究日记中的医疗史问题时，可以通过恽毓鼎的双重身份，更直面地解决一

---

① 贾逸君：《民国名人传》下册，北京：民主与建设出版社，2012 年，第 582—583 页。

② 恽毓鼎著，史晓风整理：《恽毓鼎澄斋日记》，杭州：浙江古籍出版社，2004 年。

③ 马延炜：《再论〈恽毓鼎澄斋日记〉的史料价值——从学术文化史的角度》(《社会科学战线》，2008 年第 11 期)，从学术文化史角度重新评估清人日记的史料价值；舒习龙、黄茹娟：《〈澄斋日记〉所见恽毓鼎史论的特点与价值》(《苏州科技大学学报(社会科学版)》，2017 年第 2 期)，研究恽毓鼎的政治参与和思想心态；史晓风：《晚清恽毓鼎与法国学者铎尔孟的交往史料》(《北京师范大学学报(社会科学版)》，2006 年第 3 期)，介绍恽毓鼎与法国学者铎尔孟的中法文化交流；苏全有：《史官参政——恽毓鼎的经济思想探析》(《河南师范大学学报(哲学社会科学版)》，2008 年第 4 期)，阐述恽毓鼎的经济思想；朱淑君：《清末变局中的士人焦虑——以〈恽毓鼎澄斋日记〉为中心》(《东华大学学报(社会科学)》，2011 年第 4 期)，关注恽毓鼎在清末科举改革时的态度转变等。

些细部问题。譬如晚清传统士大夫普遍轻视医者,而恽毓鼎身为儒者与朝廷官员,为何却会走上从医道路?他选择从医的心路历程为何?在晚清中西交融的背景下,恽毓鼎身为传统医者,面对西医有怎样的心态?如何回应西医的挑战?类似问题的考察,在其他非医者的清人日记文献中较难看到①,而恽毓鼎日记却为我们提供了一个可供观察的独特视角。② 故本文拟以《恽毓鼎澄斋日记》为主要文献,对上述所涉问题进行探讨。

一、早年从医的契机与历程

恽毓鼎最初涉足医学的契机,源于对健康问题的关注和担忧。光绪八年(1882)七八月间,恽毓鼎频繁患病,这使他亲身体会到健康的重要性,并对医学产生浓厚兴趣。但真正让他决定投身医学的转折点,则出于七弟因庸医误诊而不幸去世的悲剧。

光绪三十一年(1905)六月初八,恽毓鼎在日记中指出:

> 吾之习医,实见京师庸医如蚁,杀人如麻,深悯痛恨,欲以一身济生命于什一,犹仲景先师之意也。故虽车马疲悴,不敢生退沮心,不敢存轻厌心,下至婢仆辈亦兢兢立方,务求至当,以是为利物义务云尔。③

"庸医如蚁,杀人如麻,深悯痛恨",道出清代医患矛盾尖锐问题。据路彩霞指出,晚清百姓对庸医的看法很复杂,晚清笔记小说关于庸医误诊的个案数量

---

① 翁同龢、曾国藩、叶昌炽等清人日记中,有大量与医疗相关的内容,但他们都是传统士大夫而非医者。故从医疗史研究角度来说,相关记录的主要价值,在于提供关于清末医学和疾病技术层面史料。譬如沈渭滨:《从〈翁同龢日记〉看同治帝病情及死因》(《探索与争鸣》,2006 年第 1 期);江一平、张国庆:《晚清江南名医柳宝诒生卒年考及其墨迹》(《上海中医药杂志》,1990 年第 5 期)等,主要利用翁同龢日记等史料,考辨相关历史事件或医者生平事迹。相反,恽毓鼎日记中的记录,就能完全反映其儒者从医的心路历程等内容。

② 孟庆云:《壮怀谁料付青囊——清遗老儒医恽毓鼎》(《北京中医药》,2008 年第 9 期,第 696—697 页),从医者的角度对恽毓鼎进行考察,认为恽氏在中医理论贡献和学医历程方面有重要价值。然而该文只是点到为止,并未深入探讨。

③《恽毓鼎澄斋日记》第一册,第 275 页。

呈增长趋势，说明晚清社会对庸医问题日益重视。对于晚清庸医的特征，路彩霞有如下描述：

> 不知医经，徒持方药；不知表里本末，不辨寒热虚实；不知变通，泥古不化；鲁莽试药，任意措置等是晚清庸医的技术特征。[①]

通过对庸医技术特征的描述，可知他们的医术水平相对较低，不仅无法提供有效的医疗服务，甚至还给患者带来生命危险。故此，晚清社会对庸医的批评与质疑日益增加。[②]

庸医失误与患者病逝，让恽毓鼎内心深受触动，感受到提高医学水平的迫切性。他不愿再看到类似悲剧发生，决心投身医学领域，努力提高自身医疗水平，以便能更有效地帮助患者。

(一) 养心之道的实践

若追溯恽毓鼎行医的最初起步，可知他对自身健康的重视，扮演了重要角色。光绪八年(1882)六七月间，恽毓鼎频繁患病，现将日记中的患病记录整理成表1。

表1　光绪八年(1882)恽毓鼎患病记录一览[③]

时间	记　录
六月初四日	热仍不退，精神格外疲顿，奈何！
初五日	饭后雷雨。病仍未减。
初六日	饭后请医来看病，诊予感冒风寒，不甚要紧，开方而去。
二十八日	饭前至吴慎生处就诊，未开方，说一古方。饭后吴道甫昆仲来，予病未见。饭间服药，微汗，热仍不减。
七月初二日	饭后吴筠汀来诊，云病已减，惟痰未去耳。

① 路彩霞：《清代笔记小说中的医生形象与庸医问题探析》，《长江文史论丛》，2017年第1期，第99—100页。

② 马金生：《明清时期的医病纠纷探略》(《史林》，2012年第1期)，研究明清时期医患关系的方方面面。该文深入探讨医家与病家之间的心理、医病纠纷的解决途径，以及医病纠纷较少的原因等问题，提供了有关清代医患关系的深入分析。

③《恽毓鼎澄斋日记》第一册，第6—9页。

时间	记　录
初五日	精神尚健。饭后次伯偕南京濮君(濮公文暹之子)来诊,说予病宜发散,如服补药,将不治。晚即服其方。掌灯寒热大作,予热虽久而未退,而寒则早已除去,今忽大发,不解其何故也。
初九日	仍烧。晚间祝君来诊。
初十日	烧仍不退。饭后陈莲舫来诊。
十一日	晚,病大剧。夜间,气喘色变,其势颇险,吴慎生来诊,开方。
十三日	早间热稍减。饭后吴慎生来诊,云脉有弦象,受风之故,亟宜避风。
十五日	吴慎生来诊。
十八日	今日为品舅生日,寄父设席祝寿,余以病不能出也。今日吃面少许。接三哥信。晚间,吴慎生来诊。
二十三日	今日为寄母生日,余以风大未敢出门,就室中拜寿。斑卿、道甫、质甫来,次伯枉过。邀慎生来诊,开方,补气服十帖。

据表1,当时年二十的恽毓鼎,对医学知识似乎了解有限,只能积极寻求其他医者帮助,依赖他们提供治疗方案来寻求康复。然而大病的经历,让恽毓鼎对健康问题更加敏感,深刻地体会到个人健康保养的重要性。

光绪十八年(1892)八月,三十岁的恽毓鼎被任命为国史馆协修。他为了能够按期完成所负责的编纂任务,被迫付出大量时间精力,长期紧张工作,无法保持正常作息。光绪十九年(1893)十月,伯父恽彦琦(1828—1893)逝世;隔年九月,妻子管氏也不幸病逝。不到一年间,恽毓鼎经历两位至亲的离世,身心健康受到极大冲击,整个人陷入悲伤中,健康问题逐渐凸显。光绪二十一年(1895),恽毓鼎心情逐渐平复,意识到自身健康问题,开始重视作息调养和健康保养。同年八月,恽毓鼎充国史馆纂修,补授詹事府右赞善,忙于编纂史传。长期处于高强度工作状态,导致他心力交瘁,身体容易出现疲劳和病痛。

这段时期,日记频繁提及一位名王西岑的医者,恽氏一家病症均由这位医者负责医治。此外,王西岑是恽毓鼎近年所结交四位好友之一,两人时常相聚论学。恽毓鼎对友人有高度评价,称其严肃和正直的品质,让自己感到非常的尊敬。[①] 王西岑了解到恽毓鼎的患病根源，在于生活作息不规律。故在八月十日相聚时，他对恽毓鼎提出“论养心之道”之法来调理身心。

王西岑引用先贤格言来劝说：

> 西丈诵先贤格言：“慎勿妄想，慎勿妄言，慎勿妄动，慎勿妄因。”余质“妄因”之义，西丈云：凡事不干己而好名包揽，纠缠牵率，致成本心大累，或轻为然诺，后不能践，又要曲以弥缝之，皆“妄因”也。余闻言悚然，十余年来正坐此病，深为身心之累，乃力加愧悔。以“勿妄因”三字颜诸座右，请西丈作记，不时观省，以期触目警心。[②]

恽毓鼎闻言悚然，才醒悟到自己忍受这种疾病十多年，对身体和心灵造成巨大的负担，因此深感羞愧和后悔。为了维护健康状况和预防疾病，他接受王西岑劝说，并以“勿妄因”三字摆在座位上，请王西岑作记，随时看看，以期激发警醒之心。[③] 第二日，王西岑就写成《勿妄因斋记》一篇，提醒恽毓鼎自我调整并保持身心平衡。

光绪二十二年(1896)六月初二，深夜。恽毓鼎因为肝气上升，郁积得很严重，以至差点丧命的地步，全家人纷纷扰扰，直到天亮才入眠。第二日请王西岑来诊治，对方谓恽毓鼎的心、肝、脾、肺、肾五脏经络都受到影响，因此治疗以和养为主。[④] 恽毓鼎忧心不已，深夜醒来反思自己屡次患病的原因，认为近来之病皆系肝气失调，导致病情加重。[⑤] 他承认自己常因心情不稳定而情绪波动，即使没外界干扰也会感到被挑衅，甚至自寻烦恼。[⑥] 同时，恽毓鼎意识到每当内心烦乱、情绪不稳定时，身体容易出现不适和疾病，而这种状态会干扰学习和工作效率。最终，他下决心要开始着重养心养气工夫，作为个人养身

---

① 《恽毓鼎澄斋日记》第一册，第 89 页。

② 《恽毓鼎澄斋日记》第一册，第 87 页。

③ 《恽毓鼎澄斋日记》第一册，第 87 页。

④ 《恽毓鼎澄斋日记》第一册，第 102 页。

⑤ 恽毓鼎：“夜半睡醒，自思余近来之病皆系肝气作剧，然余所处所遭，毫无拂郁，实不应有此疾。”见《恽毓鼎澄斋日记》第一册，第 102 页。

⑥ 恽毓鼎：“总由心不定，气不平，无拂逆时觉拂逆，无烦恼处寻烦恼，以致于此。所谓‘天下本无事，庸人自扰之’也。”见《恽毓鼎澄斋日记》第一册，第 102 页。

之道。[1]

同年七月初四，恽毓鼎读清初大儒陆世仪《思辨录》时，将其中一段涉及儒家养生诀内容抄录下来：

> 《思辨录》有儒家养生诀云："动静必敬，心火斯定；宠辱不惊，肝木以宁；饮食有节，脾土不泄；沉默寡言，肺金乃全；澹然无欲，肾水自足。"语极精实可行。[2]

这段儒家养生诀内容借助象征意象，传达儒家养生原则：适度运动休息，平抑情绪；宠辱不惊，内心宁静；饮食有度，保护消化；言行节制，维护呼吸；淡泊欲望，护肾健康。强调平衡、节制、内心宁静，抵御外界诱惑与欲望，避免任何极端行为。[3] 恽毓鼎读后觉得"精实可行"，接下来更积极探索与实践养心之道。以下为日记中的相关记录：

> 光绪二十二年（1896）七月
>
> 二十一日，炎热逼人，挥汗如雨，赖有书籍养心，犹不至十分烦燥。
>
> 二十三日，批阅书院卷，心跳头昏而止。此亦心血不足之一端。信乎，养心之功不可少也！因静坐看《景逸语录》，心气略定。
>
> 二十八日，子蔚坐谈良久，畅论养心养气之道。接六弟信，以余多病，殷殷以不用心不气恼相劝。此后当自寻乐趣，以副吾弟相望之心。[4]

从上述记录可知，日常生活中恽毓鼎时刻提醒自己调整心态，努力实践养心养气的工夫。光绪二十三年（1897），尽管忙碌于工作与治学，他仍然坚持督促自己，保持养心习惯：

---

① 恽毓鼎："以此知养心养气工夫不特可以进学，亦是养生妙诀。自今以往，当于此道痛下工夫。"见《恽毓鼎澄斋日记》第一册，第102页。

② 《恽毓鼎澄斋日记》第一册，第105页。

③ 参见刘宁、李文刚：《中国传统文化对养生思想的渗透与影响》，《中医文献杂志》，2010年第2期，第6页。

④ 《恽毓鼎澄斋日记》第一册，第104、105页。

三月十一日，故为今之计，只可守约以期得用，断不能贪多务博，致下梢无一理会。又孱躯多病，尤不相宜。专一用功，于进学养心皆有裨益。

六月廿七日，因事大动气恼，于养身养心皆不相宜，事平旋悔之，以此见治怒之难。[1]

通过以上记录，能总结出恽毓鼎养心过程中的几个经验。首先，他认识到守约而非贪多务博，有助于避免心思分散，保持计划稳定性。特别在身体虚弱多病的情况下，专注用功对学业进展和心灵修养都有益处。其次，恽毓鼎意识到养身养心的修炼，以及治愈怒气的困难所在。他明白情绪激动会对身心造成不健康影响，故努力控制情绪，保持内心平静和稳定。

经过三年修行，恽毓鼎总结出养心之道的经验与心得："若抉择简当，约而易守，有益身心，则《宗传》尤可玩味也。"这一句话表明，他已深刻领悟到养心之道应当选择简单易行、容易坚持的方法。日记中，恽毓鼎还提到自己写的联诗："闭门即是安心法；寡欲斯为却病方。"[2]他认为这句话非常切合实际，是养心之道的要义所在，打算写成联书挂在书塾中，鼓励自己和他人学习养心之道。

对于联诗中所提及"寡欲"，恽毓鼎有如下阐释：

欲，不必专指色欲。凡有所沾滞牵率，足以累心者皆是。既无山深林密之可避，唯有杜门静摄，是养心第一义。诸欲亦无一时遽绝之理，但使寡之又寡，渐至于无，庶几此心静定，得实落受用也。[3]

恽毓鼎对欲的阐释，涉及宋明理学对"理欲"的辨析。[4] 在他看来，"欲"不仅仅指肉体欲望，更是泛指一切能让人心烦意乱、牵扯不清的情感和事物。其中

---

① 《恽毓鼎澄斋日记》第一册，第 122、132 页。

② 《恽毓鼎澄斋日记》第一册，第 169 页。

③ 《恽毓鼎澄斋日记》第一册，第 169 页。

④ 宋明理学"存天理，灭人欲"观点，对传统中医有一定的启发意义。参阅张玉辉、张敏、刘理想等：《宋明理学对中医养生学的影响探析》，《中国中医基础医学杂志》，2022 年第 12 期，第 1988 页。

又包括贪婪、嫉妒、恐惧、焦虑、愤怒等情绪，以及琐碎的事务、过多的杂念等。凡是能让人心灵受困的，都会成为负担。恽毓鼎认为，由于现实无法躲避到山深林密中，故最有效的方法是关闭门户，尽可能避免不必要干扰，以保持心灵宁静，这是培养内心平静的首要方法。然而恽毓鼎也承认，摒弃各种欲望并不是一蹴而就的事。故他提倡通过养心逐渐减少欲望，渐至于没有，从而让内心得到安定和平静。

光绪二十五年(1899)以后，恽毓鼎体弱多病的症状逐渐减少，这可以被视为他注重养心之道所取得的成果。

(二) 行医之路的探索

光绪三十年(1904)九月初，恽毓鼎接连收到六弟、六弟媳以及七弟逝世噩耗。十三日，他在日记中写道：

> 天下乃有此怪异惨酷之事！一日之中丧我同胞二人，虽以铁铸肠亦应寸断矣。[①]

恽毓鼎痛失至亲，陷入悲痛欲绝的境地。尤其是身在常州的七弟，本来只是发疹，但一位名叫陆稼轩的医者误诊，导致七弟“邪热内陷而殁”。他对庸医的误诊感到极为痛恨，表示“恨不手刃之”。[②] 于是，恽毓鼎在这一年立志自学医术，为亲友诊治，[③]正式踏入医学领域。恽毓鼎下此决心，源于因庸医误诊，挚亲不幸去世的巨大打击。

恽毓鼎最初学医，并非直接为人治疗，而是从模仿开始，先尝试对自家人进行治疗。光绪三十年(1904)四月初一，女儿咳嗽口渴、发烧不退，医者诊断为瘵疾。但恽毓鼎对诊断产生怀疑，试着为女儿诊脉，发现实际上只是瘟热未清。他随后为女儿开清热养肺的药方，服药后症状缓解，效果显著。[④] 除了为孩子治病，恽毓鼎也替亲朋戚友进行治疗。现将日记中为亲友诊断的记录整理成

---

① 《恽毓鼎澄斋日记》第一册，第260页。

② 《恽毓鼎澄斋日记》第一册，第260页。

③ 早在光绪十六年(1890)，恽毓鼎就开始尝试为人开药治病。当时儿子哮喘复发，遂模仿钱冠生方药进行改良，儿子服药后病情稍有好转。见《恽毓鼎澄斋日记》第一册，第70页。

④ 《恽毓鼎澄斋日记》第一册，第244页。

表 2。

表 2　1904 年间恽毓鼎为亲友诊断记录

时间	记录	出处
三月十七日	大嫂处女仆患热病,十二日不得大解,余为诊治,以大承气汤下之,服两剂而畅下。结开气散,复发壮热。今日往诊,以竹叶石膏汤法清荡胃邪。遇此等实症,唯有放手攻下,不嫌峻也。	《澄斋日记》第 241 页。
廿九日	又至大兄处为颐官乳妈诊病。	《澄斋日记》第 244 页。
四月初一日	归路至聂处诊寿女病,发热久不退,咳嗽口渴。医生误以瘵疾视之,余为诊脉,乃瘟热未清也。为开清热养肺方而去。	《澄斋日记》第 244 页。
六月初六日	藏侄女感暑患头晕发烧,神昏体倦,余为诊治处方,以清心利湿,一药而健。	《澄斋日记》第 246 页。
十二日	畏哥延为其乳妪看病。其病间日寒战,不热无汗,脉沉弦,舌苔厚。此邪入阴分,不治将成间日疟。余仿仲景治少阴,用四逆散法,以柴胡、葛根提邪,使从三阳解。一剂而战止热作,且见微汗。再诊脉转浮数,此欲解矣。乃加羌活,以发太阳之表(不敢用麻桂,以羌活代之);加石膏,以守阳明中路。夜间遂得蒸热大汗而解,舌苔退而胃口大开。	《澄斋日记》第 246 页。
七月初二日	出城至大兄处为二侄女诊病,系阴虚发热,以青蒿、鳖甲煎治之。	《澄斋日记》第 248 页。
初四日	午后至放生园,为二侄女诊病。	《澄斋日记》第 249 页。
初六日	请赵季备为采润诊病,又偕至放生园诊二侄女病。	《澄斋日记》第 249 页。
初八日	晚饭后访叔掖夜谈,为诊病开方。	《澄斋日记》第 249 页。
十九日	午后步至大兄处,为翊侄、二侄女诊病开方。	《澄斋日记》第 252 页。
二十日	饭毕,诊二侄女病。杀虫已有明效,恐其中气不支,以建中汤辅之。	《澄斋日记》第 252 页。
廿一日	仍至大兄处诊脉。	《澄斋日记》第 252 页。
廿三日	至放生园诊脉,又为大兄开一方。	《澄斋日记》第 253 页。
廿七日	又至翁处,为弦老二令嫒诊病。	《澄斋日记》第 253 页。

续 表

时间	记录	出处
八月初一日	归路至翁处，为弦老二令媛诊病。血虚头晕，以益母胜金丹法治之。	《澄斋日记》第254页。
廿九日	傍晚为大兄诊病改方。	《澄斋日记》第257页。
九月初二日	散后至橘农处，为其弟妇诊病。	《澄斋日记》第258页。
廿五日	至放生园诊大兄病。	《澄斋日记》第260页。

据表2，恽毓鼎于光绪三十年为“亲友看病三十余”[①]，这表明他的医术不仅限于家人，还得到其他人认可和信任。这段时间，恽毓鼎的医术实践与经验得到累积，医学技能和诊断能力逐渐提高，对自己的医术也越发感到自信。

光绪三十一年(1905)，恽毓鼎的侄女感染密疹。密疹是一种常见儿童疾病，传染性较强，这也导致家族内孩子陆续被感染。[②] 对于密疹的治疗法，恽毓鼎使用多种中药，如银花、连翘、桑叶、菊花、黄芩、黄连、析子、大黄、知母、麦冬、石膏、蝉蜕、僵蚕、浮萍、竹叶、滑石、车前等，以“颠倒而进退之”，按照适当方法散热，不过几天就恢复健康。[③] 恽毓鼎在日记中，提到家乡医生对疹病的治疗法。据他所描述，当地医生认为疹病不可遏制，故禁用凉药，主要采用“升发卒散”之法来治疗。[④] 但恽毓鼎认为这种治疗法效果不好，得病的人十有七八会受到重大损害，被认为是危险的疾病。[⑤] 这也促使他尝试自己的治疗法，并取得显著成效。恽毓鼎的成功治疗经验，让他产生将治疗方传授给南中医生，为更多患者提供有效治疗的想法。[⑥]

光绪三十二年(1906)，恽毓鼎治疗孩子过程中，发现来自浙江的庸医胡乱

① 《恽毓鼎澄斋日记》第一册，第262页。

② 恽毓鼎：“自二月以来，蓝侄女首患密疹，汀侄继之，辛女、全女、林女、美女、九女、爱宝，以次递及，一孩甫愈，一孩复病，心绪无一日宁。”见《恽毓鼎澄斋日记》第一册，第264页。

③ 《恽毓鼎澄斋日记》第一册，第264页。

④ 《恽毓鼎澄斋日记》第一册，第264页。

⑤ 《恽毓鼎澄斋日记》第一册，第264页。

⑥ 恽毓鼎：“若用余治法，何至濒于危殆耶？拟以此意函致南中，或可保全性命不少。”见《恽毓鼎澄斋日记》第一册，第264页。

开药。[1] 小孩服用名为辛散的药物后，出现严重病症，其表现为脉搏沉弱，体温高升，手脚冰凉，异常危险。恽毓鼎用大剂清胃凉血，加上羚羊角来治疗密疹。密疹患者忌用表散，以免产生副作用。[2] 但许多医者并不了解这种疗法，草率用柴胡、葛根、荆芥等开药而导致患者死亡。恽毓鼎质疑"自命博通"的浙江医者是否了解这种疗法，表达他对医者草率治病的不满和忧虑。[3] 为此，恽毓鼎决心采取行动，于光绪三十三年(1907)三月初二晚，挑灯撰写《春温忌用麻黄细辛论》，成为他在医学会发表的第一篇文章，并准备寄送《北京报》发表，以提醒病患家庭保护生命。[4] 初八日，恽毓鼎将文章名为《春温忌用麻细论》，并向医学研究会成员展示，众人一致称赞，认为这是切实可行的，不应轻易改变。[5] 恽毓鼎通过撰文呼吁医者采用正确治疗法，保障百姓生命安全。他希望通过自身努力，减少庸医误诊事件，提高中医学的研究和实践水平。

尽管恽毓鼎的医疗效果不错，但他不是每次都能顺利治好患者。因为面对患者复杂多变的病情，医者需具备更专业的知识与丰富经验。光绪三十一年(1905)恽毓鼎助友人治病，因无法做出正确诊断和治疗方案，方寸大乱。于是他向经验丰富的医者云依请教，参考对方意见斟酌开药。[6] 光绪三十三年(1907)十月，恽毓鼎发现近来诊治病人越发感到困难，才深刻意识到自己的医术还有很大提升空间。[7] 尤其在恽毓鼎无法治好杨氏的孩子时，承认自己的知识不深刻，跟杀人庸医没有区别，并反复自问，内心充满自责和愧疚。因此恽毓鼎下决心闭门自学一年再外出施治，以期取得更好的医疗成果。[8]

---

① 恽毓鼎："夜饭后雅初仓皇而来，则因小儿女四人患疹，误服一浙医辛散发表之剂，病大危，迫我往诊。诊其脉沉而伏热内陷，而手足厥冷，澹语欲狂，势险甚。"见《恽毓鼎澄斋日记》第一册，第312页。

② 恽毓鼎："因以大剂清胃凉血加羚羊角以达之。疹家忌表散。其理发明于叶天士，而海宁王孟英大扬其说，详著于《温热经纬》中(春温亦然，不特斑疹)，实能补仲景先师所未及，大有功于生命。"见《恽毓鼎澄斋日记》第一册，第312页。

③ 恽毓鼎："柴、葛、荆、防信手乱用，杀人如麻。如浙医者，自命博通，乃并其乡先辈之书亦未寓目耶？"见《恽毓鼎澄斋日记》第一册，第312页。

④《恽毓鼎澄斋日记》第一册，第347页。

⑤《恽毓鼎澄斋日记》第一册，第347页。

⑥ 恽毓鼎："采涧复病，呻吟翻复，颇似急症。余方寸已乱，指诊不定。延云依来参酌开方。"见《恽毓鼎澄斋日记》第一册，第275页。

⑦ 恽毓鼎："近来愈诊病愈觉其难，研究之功愈不敢少懈。"见《恽毓鼎澄斋日记》第一册，第355—356页。

⑧《恽毓鼎澄斋日记》第一册，第355—356页。

二、中西医学观的汇通与冲突

清末民初，西方学说开始传入中国，对当时传统士大夫产生重大冲击。这一时期，中国社会面临巨大变革和转型，西方科学思想作为一种新知识体系和思维方式，对传统观念和文化产生深远影响。特别是在医学领域，原本是中国传统医学占主导地位。但随着西方医学引入，提供全新的医疗知识和技术，包括近代医学理论和实践，对中国医学的进步和发展产生深远影响。

这时期，许多传统知识分子开始反思和探讨中西医学的融合。在交流和融合的过程中，清末知识分子面临新环境和新知识冲击，促使他们积极适应和学习新学说和知识，以推动国家变革与发展。恽毓鼎也不例外，作为一名传统知识分子，他对时代变革有着敏锐的感知，并自觉地接触西方学说，阅读西方著作以获取新知识。对医学的兴趣和投入，使他能不断吸收医学新知识，尝试将中西医学相融合，拓展自己的医学视野。

（一）西学书籍的阅读

恽毓鼎涉足西学书籍的转折点，可追溯至戊戌变法时期。光绪二十四年(1898)六月十一日，光绪帝下旨印刷冯桂芬倡导变法的《校邠庐抗议》一千部，让各衙门官员审阅，提出是否可行的简明论述，然后提交军机处审议。[①] 恽毓鼎也获得一部，用五天时间认真阅读，在书中签注六十余条，随后上呈皇帝。六月十五日，恽毓鼎在日记中评道：

> 此书所议，有三十年前情形，与今日不同者，有陈义虽高而不能行于今者，有逞心而谈，行之实窒碍且滋纷扰者，皆与笺识，未敢附和其间。至其卓识竑议，确然可行，往往有今已通行，而先生已早发其端者，不可谓非通人也。[②]

---

① 《恽毓鼎澄斋日记》第一册，第 161 页。

② 《恽毓鼎澄斋日记》第一册，第 162 页。

从恽毓鼎的评价来看，他对西学与变法似乎有所保留。但在戊戌之后，他也意识到时代变革已至，自己必须与时俱进。光绪三十二年(1906)，恽毓鼎开始研读西学书籍，涵盖范围包括文学、历史、法律、经济和农业。以下为日记中的几条阅读记录：

光绪三十二年(1906)

四月二十日，……灯下细阅严又陵所著《铜元充斥之害论》，自来论铜元内情及流弊，无如此文之精且确者。余读之凡五六过，始了然于心目间。严君曾译《原富》五编(英人斯宾塞尔著)，真计学专家，若用作币政总办，必有益于邦计。

五月十七日，两日看外国侦探小说，殊有味，足以增益智慧，文法亦佳，起伏映带，颇具匣剑帷灯之妙。译者无此造诣，恐是原本即如此。然则今之自命新学者，其文笔怪僻，鄙俚不通，无论中学，即西学亦乌能窥其万一哉。福建林畏庐(纾)同年，译书圣手也。

五月十八日，……陈石麟出示《种洋棉法》一小册，乃山东青州府仲教士论著，选取西国棉花种移植中华，依法播种，所获丰于土棉数倍。

六月十七日，……连日看《西史纲目》(吾邑周雪樵〔维翰〕编)，皆纪东西洋中古事，每日阅三卷，四日而毕。此书仿纲目例，编年排次，甚有条理，所采议论亦佳。罗马一统欧亚千余年，政教兵事焜耀西史，而吾中土人囿于方隅，竟不知海外有如许大事业，奇哉！

六月廿三日，……灯下听雨阅西小说《英孝子火山报仇录》。

七月十七日，……午前看《宪法》书，译笔陋劣不堪，几于无句无之字，余与痛加删节，稍觉可诵。[1]

恽毓鼎阅读相关书籍后，于七月十九日提出：

余年来浏览新学派各书，其发明主义往往足补旧说所未逮，以渐

[1] 《恽毓鼎澄斋日记》第一册，第309、315、319、322页。

归于实用，其中诚有可取。固守门户之见，挨斥新学，是不通旧学者也；厌薄本来，尽弃所学而从之，是又不通新学者也。[①]

恽毓鼎对新派著作的接受和认可，最初是因为发现其中蕴含着创新思想，意识到这些新观点更注重实用性，能弥补传统观点不足。这让他开始对新学派持开放态度，尝试吸收新知识。譬如西方医学方面，恽毓鼎承认"泰西医学亦有长处，足以补我所未逮"[②]。同年秋，恽毓鼎决定深入学习西学，提出"中理印西理，复以西理辅中理"的观点，欲实现中西医学的"汇通"。[③]

在各种新译书的流传中，恽毓鼎深受梁启超译书影响[④]，其中最重要的是达尔文进化论。光绪三十四年(1908)四月十八日，恽毓鼎读梁启超所译《英儒达尔文学说》后，思想发生明显变化：

看梁纂《英儒达尔文学说》一卷。达氏种源论，推明万物天演竞存之理。大凡人物之生，有天然淘汰，有人事淘汰，占于优位则胜而存，退于劣位则败而灭，其理甚精。余验之万物，证以中国历史，确不可易。处今日世界，尤宜熟复斯言。[⑤]

晚清时期，达尔文《进化论》在中国广泛传播，引发了深远影响。恽毓鼎身为一名史官，对进化理论持开放态度，认同其竞争和进化观点。他相信只有那些适应并处于优势地位的国家，才能在激烈竞争中生存和发展下去。

光绪三十四年(1908)间，恽毓鼎阅读西方哲学与政治书籍：

看梁纂《边沁学说》及《政治说》。边氏持乐利主义，较量人生苦乐

① 《恽毓鼎澄斋日记》第一册，第 323 页。

② 《恽毓鼎澄斋日记》第一册，第 345 页。

③ 《恽毓鼎澄斋日记》第一册，第 385 页。

④ 恽毓鼎阅读梁启超发表的西方学说文章与译书，内在思想以及外部行为发生变化。参阅杨齐福：《清末民初恽毓鼎与梁启超关系述论》，《史学月刊》，2009 年第 11 期，第 61—68 页。

⑤ 《恽毓鼎澄斋日记》第一册，第 381 页。

度数，而就其至乐以为善，又推而至他人，使斯世皆得莫大幸福，以为乐利。然此义未易言。若所见不明，则陷于私欲，而为浅夫昏子之所为矣。近数十年，西人讲卫生，谋公益，创一切便利之举(如舟车以便行旅，电话邮政以便交通，皆是)，皆本于边氏主义也。[①]

恽毓鼎读梁启超所译《边沁学说》和《政治说》后，对边沁功利主义的理念产生新认识。边沁主张追求至高无上的快乐，并将快乐扩展到他人身上，以实现整个社会最大程度幸福。恽毓鼎认为最大化整体幸福，是衡量行为道德性的重要标准。而这种理念对恽毓鼎来说，是一种全新的思考方式，引发他对幸福和道德的深入探讨。然而恽毓鼎对边沁功利主义持审慎态度，认为其中存在着一定的隐忧。他意识到人们若不能真正理解功利主义涵义，过度追求物质化幸福与个人快乐，会被私欲迷惑，导致道德观念淡化，忽视他人幸福和福祉。

恽毓鼎从《边沁学说》中深刻了解到西方受功利主义影响，非常注重医疗保健、社会保障和教育等方面发展，以确保人民健康、幸福和安全。他认识到一个国家的强盛，与民众的健康福祉密切相关。恽毓鼎想在实践中采取积极措施，于1912年8月的日记中提道：

各国俱最重医学，多设医校，独中国从古无之。吾前岁奏设医学堂，经理多不中程，又以款绌而废，至今以为憾事。倘得由国家发款，岁得十万金，在京师建绝大校舍，延聘名家，参以西说，而于其旁兼建医院，以资实验，收效必宏，中医庶有昌明之一日。虽使余终身从事于其中，亦所愿也。[②]

西方重视医学教育，多设立医学院校，但中国历史上没有形成这样的传统，缺乏对医学教育的重视和投入。为了改变这种状况，恽毓鼎于1912年发起筹款建设医学堂计划，希望通过医学堂为国家培养更多优秀的医学专业人才，以

① 《恽毓鼎澄斋日记》第一册，第381页。

② 《恽毓鼎澄斋日记》第二册，第608页。

提高医疗水平和服务质量。[①] 由于筹款经费不足，这个计划最终以失败告终，让他备受挫折。尽管计划未能实现，但恽毓鼎在这个过程中逐渐了解并接受西方科学优点，对西方学术思想持开放态度，不再守旧地拒绝新知识。

（二）中西医学的会通

早在光绪三十三年（1907），恽毓鼎就加入北京的医学研究会，目的是"发达中医真义，以觉悟世人轻信西医误治之"。[②] 从这一年开始，他着手翻译西方医学文献，希望引进西方医学知识，推动中国医学发展。二月十二日，恽毓鼎在日记中写道：

> 泰晤士报馆近集股印行《大英百科全书》，皆各种专门之学，其中医书颇多，余拟聘善译者（须通西文而兼通医道者），将其译出，以备参究。[③]

《大英百科全书》是当时最重要的学术资源，书中涉及许多关于医学的内容。恽毓鼎决定聘请一名能通晓西方语言且了解医学的译者，将书中关于医学的内容翻译成中文，以便让更多医生和学医者参考学习。恽毓鼎通过翻译这些医学知识，既为学医者提供宝贵的参考资料，又为其医学研究和学习提供重要资源。

光绪三十三年（1907）二月十二日，医学会邀请日本医师参与会议，旨在通过中西医学的互补和融合，推动医学技术发展。[④] 尽管中国比日本更早接触西方文化，却在接纳西方文化方面显得相对保守。相比之下，日本在 19 世纪中期后积极主动引进和吸收西方文化，学习西方科学、技术和社会制度，使其在现代

---

① 恽毓鼎："吾平生大愿，欲请巨款设一极大医学，以中医《内》、《难》长沙书为主，唐宋元名家为辅，而以泰西医学参之，附立伤科、产科，兼立医院，以为实地练习，药物检查，所以杜药肆伪混。开中华四千年未有之业，造亿万姓健全之福。此愿若遂，竭终身心力为之，不限止境，不营他业，庶几不虚生斯世乎？"见《恽毓鼎澄斋日记》第二册，第 614 页。

②《恽毓鼎澄斋日记》第一册，第 346—347 页。

③《恽毓鼎澄斋日记》第一册，第 345 页。

④ 恽毓鼎："刘龙伯中翰（富槐）开医学研究会于龙树院，并邀日本医师，期以贯合中西为宗旨，辰集午散，余不及赴。"见《恽毓鼎澄斋日记》第一册，第 345 页。

化和国际竞争中取得显著进步。

关于日本对西学的接受，马伯英《中国医学文化史》指出：

> 19世纪日本社会对西洋文化的攫取、接受是积极主动的，这注定了日本这个民族比中国更快、更容易从西洋文化中获得营养，再创造出自己特色的文化。这是日本文化形成的惯有特点。就是这勇于积极吸取外来文化塑造本民族文化的特点，促使中日文化地位在19世纪末20世纪初发生逆转。①

19世纪的近代日本文化演变，深受中国和西方文化的相互作用影响。最初日本借助中国作为桥梁，与西方文化进行接触。主要途径是通过翻译中国汉译的西方著作，以帮助他们初步了解西方科学、技术和思想，为后来的文化变革奠定基础。据马伯英考察，当时被日本翻译得最多的领域是医学：

> 其中被翻刻、训点出版得最多的是医学方面的书籍，例如合信《全体新论》出版后七年，即1857年，日本便有一位医师越智氏翻刻出版了此书；不久，二书堂再加翻刻出版。这两种翻刻版至少印刷了十次，可以想象此书在日本的影响和传播速度。②

日本在翻译水平方面远超中国，钱穆就指出这一点：

> 挽近世欧亚棣通，译事再感亟需，而百年来之成绩，实不能与魏晋以下寺僧人翻经之业相媲美。不仅惟是，盖国人之译西籍，较之吾东邻日本，质量程度莫不远逊。此一百年来，中日两邦，治乱盛衰相反，强弱贫富悬殊，一进一退，所由异者，固非一端，而双方译业勤惰精窳之间，亦不可不谓其有甚深之影响。③

---

① 马伯英：《中国医学文化史》下卷，上海：上海人民出版社，2010年，第486页。

② 马伯英：《中国医学文化史》下卷，第485页。

③ 钱穆：《素书楼余沛》，《钱宾四先生全集》第53册，台北：联经出版事业公司，1998年，第25—26页。

光绪三十四年(1908)九月初一,恽毓鼎收到赵敏生从香港寄来的数种西方医书,其中有合信的《内科新说》。他阅读该书后,对书中记载的若干病症解释,以及治疗法感到疑惑:

> 即如发热病,彼竟不知其因何致此。谓万不能一治即退,只可听其略减。热甚,则带冰帽。过十日不退,则服补药。吾可决其必死也。又发热呓语,指为脑经病,须用药清脑。若转痢疾,则指为大肠溃烂,不治之症。岂不可笑可叹。如立医报,此类皆可著论辟之。[①]

合信《内科新说》谓发热病不能一次治愈,只能听其略减,若热度太过高,需敷冰帽,过十天还不退热,则需服用补药。但恽毓鼎认为这种方法不能解决问题,甚至可能导致病情恶化。西医未传入中国前,中医对患者病情的诊断治疗,主要基于阴阳五行学说和临床观察经验来判断。张大庆指出,中医学理论往往与自然天气挂钩,如季节变化会对人体阴阳平衡和气血运行产生影响,从而影响人体健康状况。在寒冷环境下,人体容易失去热量,导致体内阳气不足,从而引发寒性疾病,如伤寒。不同季节气候特点和环境条件,会影响疾病发作形式和病情表现。[②] 与此相反,西医学理论和实践主要基于科学方法和系统研究,通过对细胞组织、器官结构和功能进行分析,从而解释疾病机制和病理过程。而中西医学的不同思想差异,也体现在具体治疗方法上。譬如中国人发烧常用"捂汗"来排出体内热量;西方人发烧则倾向于采用"冰敷"来降低体温。两种不同的治疗法,反映出中西医学在处理发烧和体温调节方面的思想差异。但恽毓鼎从中医角度出发,无法理解西医这种治疗方法原理。

早在光绪三十一年(1905)三月二十六日,恽毓鼎对西医内治表现就有以下评价:

> 洋医之误人如是。以余所闻,西医治外症,间有奇效;若内症,于阴阳虚实、经络脉理,全然不解,为所医者,十死八九人。以其洋也而

① 《恽毓鼎澄斋日记》第一册,第398页。

② 张大庆:《中国近代疾病社会史1912—1937》,济南:山东教育出版社,2006年,第64—65页。

神之，以性命殉新法，可叹，可叹！[①]

恽毓鼎认为西医治疗外症效果或许很好，但对内症治疗特别是涉及阴阳、经络和脉理等中医理论疾病，往往不能理解，凸显出中西思想差异。尽管《内科新说》受到恽毓鼎批评，但合信的西医书对日本医界却有很大影响。他们不仅能自觉地汲取西医知识，甚至比中国文化圈融合得还要好。[②]

恽毓鼎受传统思想的深刻影响，这在很大程度上限制他对西医的了解与接受。传统中医许多哲学概念，如“气血”“阴阳”“五行”等，贯穿于中医理论和临床实践中。这些概念源于古代哲学体系，如儒家和道家等，对中医发展产生深远影响。这些哲学概念与现代医学的科学观念存在较大差异，使得中国医学传统与西方医学的会通变得相对困难，这也是中国在现代医学方面比日本起步得较慢的原因之一。

对于中西医学会通的问题，吕思勉在《医籍知津》中指出：

中西汇通自为今后医家之大业，然其人必深通西洋医术而又真能读中国之古书，详考脉证，确知中国古所谓某病者，即西洋所谓某病，或某病与某病确有相同之处，而又能精研药物之学，本诸格物之理，以探求古代验方之所以然，而断定何种没药，确为无效，方足以语于此。其事固非一手一足之烈，亦非一朝一夕之功。凡事创始最难，今日医家有能引此端绪者，荜路蓝缕之功，固足以没世不忘矣。[③]

吕思勉提出“中西汇通自为今后医家之大业”的观点，但他也承认“其事固非一手一足之烈，亦非一朝一夕之功”，其中最大难点无疑是语言障碍。光绪三十四年(1908)四月二十八日，恽毓鼎在日记中指出中西医互相学习的难点：

① 《恽毓鼎澄斋日记》第一册，第 268 页。

② “合信的《西医五种》在日本也能见到翻刻版，而且几乎都有两种以上的翻刻版。此外，西洋史、地、政治、法律、经济和科学技术等方面书籍，日本均有汉译本翻刻出版，通过这些汉文本全面吸收西洋文化。”见马伯英：《中国医学文化史》下卷，第 485 页。

③ 吕思勉：《医籍知津》，《吕思勉全集》第 16 册，上海：上海古籍出版社，2016 年，第 58 页。

余谓西法自有佳处，而精深处不能尽传，良由通西医者皆不通中文，而通中文明中医者又皆不通西文，是以译书迄无善本（须通中文精中医而后通西文习西医者方能译述西医书。兼有四长，此岂易得哉）。[1]

恽毓鼎对西方医学的认可与困扰，其实反映出晚清时期中国医学面临的挑战和难题。他认识到西方医学的优点和精深处，但也意识到西医与中医之间存在着语言和学科上的障碍。当时掌握西方医学知识的人多不通中文和中医，而掌握中医知识的人又不通西文，导致翻译西方医学书籍的工作出现困难，一直没有出现令人满意的版本。譬如恽毓鼎尝试与精通西医的赵敏生合作[2]，希望通过他的帮助更好地理解和传播西医知识。但赵敏生“既不通中文，又不娴中语，钩辆格磔，殊觉为难”[3]，这使得他们在交流和合作上遇到困难。

类似的问题，成为晚清时期中国医学发展的一大瓶颈。尽管包括恽毓鼎在内的不少学者积极尝试会通中西医学，但出于语言和观念的局限，这样的努力往往受到限制。这也导致了当时中国医学的进步相对缓慢，与西方医学的差距也逐渐扩大。

三、坚守“中体西用”的医学观

晚清面临列强侵略、经济落后和政治腐败等多重危机。维新派对中国传统社会的落后和腐败感到担忧，认为要挽救国家危局就须积极变法改革。光绪帝颁布一系列变法政策，力图引入西方先进的学说和制度，在政治、经济、文化等方面进行改革，以挽救清朝危局。

光绪二十三年(1897)七月十二日，恽毓鼎在日记中对变法表示担忧：

---

① 《恽毓鼎澄斋日记》第二册，第 383 页。

② 恽毓鼎：“赵君名学，香山人，在美国入医学堂，毕业归国。廷试用七品小京官，精习西医而深慕中国医学之精，欲得通人研究，介季疑与余会。余谓西法自有佳处，而精深处不能尽传，良由通西医者皆不通中文，而通中文明中医者又皆不通西文，是以译书迄无善本（须通中文精中医而后通西文习西医者方能译述西医书。兼有四长，此岂易得哉）。”见《恽毓鼎澄斋日记》第一册，第 383 页。

③ 《恽毓鼎澄斋日记》第一册，第 383 页。

今天下最可忧者在人心风俗（在上者极力提倡西学，而人心渐与之俱化，一旦泰西有事，恐不免从风而靡耳。总之，不向根本处培植而唯考之以西学为务，是直驱民离叛也。可恨可痛）。[①]

恽毓鼎深信传统文化是培养人才和发展国家的根本基础，对引入西学持保留态度。他担心一味追随西方学说，可能会对国家产生负面影响，使国人远离传统文化，导致传统文化根基逐渐薄弱，故批评维新派变法"直驱民离叛也"。

尽管恽毓鼎表现出守旧倾向，但他并非完全顽固守旧派，而是在面对新政策和西方医学时表现出复杂心态。朱淑君认为，恽氏并非顽固守旧派的原因在于，他对新政策的反感并非因为对变革本身的排斥，而是因为变革过程中出现的社会问题和民生困扰，让他对国家未来产生焦虑。[②] 同样，恽毓鼎对西方医学也表现出一定的怀疑或不满。这可从他的日记中，对西方医学疗效和副作用持怀疑或不满的态度看出。

（一）西医治疗的实践

光绪三十一年（1905），恽毓鼎为二侄女治病。在尝试许多传统治疗方法后，二侄女病情仍然没有好转。为寻求更有效的治疗方式，恽毓鼎决定尝试让她"先服日本人川田药水"[③]。但这种药物却带来副作用，导致二侄女"胃气大伤，心荡欲死"[④]。这也使得恽毓鼎怀疑西方医学的有效性和安全性，并对西方医学的适应性产生疑虑。

尽管恽毓鼎多次质疑西医内部治疗，但在宣统元年（1909），当他患上痔疮时，还是请西医韩大夫来诊断：

韩君断为肛门内生疮，患处距肛三寸余，与肠胃无涉，家人稍觉放心，定于明日携药水治之（治此种有形象证，西医实有专长）。[⑤]

---

① 《恽毓鼎澄斋日记》第一册，第 133 页。

② 朱淑君：《清末变局中的士人焦虑——以〈恽毓鼎澄斋日记〉为中心》，《东华大学学报（社会科学版）》，2011 年 4 期，第 251—255 页。

③ 《恽毓鼎澄斋日记》第一册，第 267 页。

④ 《恽毓鼎澄斋日记》第一册，第 267 页。

⑤ 《恽毓鼎澄斋日记》第二册，第 427 页。

从恽毓鼎决定接受西医治疗的举动来看，很显然他是认可西医外部治疗技术方面的专长。但在宣统二年(1910)正月十三日，晚清重臣戴鸿慈逝世，导致恽毓鼎对西医态度发生转变。据日记所述，戴鸿慈患温病导致头部肿胀，西医徐华卿用手术移除面部肿块，还在下腹部施以针灸，却导致病情恶化，最终无法挽回。

恽毓鼎遂于十六日的日记中，对西医进行严厉抨击：

西医治内科十治十死，而贵人犹笃信之，可谓至死不悟矣。[①]

原本恽毓鼎并未对西医完全抱有敌意，也承认西医外症治疗的有效性，故患上痔疮时愿意寻求西医帮助。但在恽毓鼎成功治愈二侄女，以及发生戴鸿慈逝世等事件后，他更加坚定对中医价值的认知，不仅认为中医在内症治疗方面有独特优势，更坚信中医在医疗中有着不可替代的作用。

西医治疗方法基于科学理论和验证，具备较强的客观性和实证性，因而受到越来越多人认同和推崇。与之相比，中医治疗方法缺乏科学验证，更多地依赖于传统经验和理论，使得一些人对中医的治疗效果产生怀疑和批评。[②] 在这种情况下，一些西医派人士开始抨击中医，宣传中医不符合科学标准，甚至出现废止中医言论。1913 年 1 月，北洋政府教育部发布《大学规程》，调整和改革中国大学教育，将大学划分为文、理、法、商、医、农、工七科，其中医科分为医学和药学两个门类。在这份规程中，医学科目完全没有对中医药学的规定和安排，这就是民国初年的教育系统“漏列”中医事件。[③]

北洋政府教育部颁布法规后，“漏列”中医的做法引起中医界警觉，有识之士纷纷进行谴责和抗议。7 月 15 日，恽毓鼎也在日记中表达强烈不满：

---

① 《恽毓鼎澄斋日记》第一册，第 474 页。

② 这种态势在《申报》中得到明确反映，反映了社会上对不同医学方法的态度分歧。据章原统计，《申报》发表的中西医之争主题数量，从 1872 年创刊至 1900 年间有二十余篇，显示当时社会对中西医学的关注和讨论热度非常高。《申报》创刊初期，第一个月发表了一篇名为《医论》的文章，对中西医学优劣进行比较。这篇文章引发广泛讨论，人们开始思考中西医学各自的优势和不足。参见章原：《〈申报〉论说文看晚清中西医之争》，《浙江师范大学学报(社会科学版)》，2016 年第 5 期，第 66 页。

③ 参阅邓铁涛、程之范：《中国医学通史：近代卷》，北京：人民卫生出版社，1999 年，第 146 页。

长沙书岂可不读哉！教育、内务两部，务扬西医而抑中医，甘心为白人之孝子顺孙，一般恶魔降生世界，造劫杀人，天心毋乃太忍乎？写至此，热泪满眶。[1]

他坚定支持中医，还在日记中宣泄了对政府偏袒西医，有意压制中医的愤怒情绪。这一期间，中国各地中医药界纷纷举行抗议活动。9月24日，北京医学研究会举行抗议大会，痛斥教育部诋毁中医之谬。恽毓鼎率先登台谴责讨谬，台下闻者鼓掌。[2]

但中医遭遇被废弃危机，恽毓鼎也开始反思中医处于劣势的原因，思考中医相对西医的不足处，寻求改进途径。恽毓鼎结合阅读西书的经验，观察到西方医学是依靠先进科技和强大实力，成为世界上最先进医学之一。为此，恽毓鼎积极参与医学交流活动，进行医学演说，寻找中医会通的可能性，从而证明中医并非不科学，能在近代医学中继续发挥重要作用。[3]

早在光绪三十四年(1908)，恽毓鼎提及自己的三大志向之一，就是钻研传统中医典籍，将中医理念与实践发扬光大：

唯以今日时势，余立志欲致功者三端：……一看医书，研究古今圣贤医学精奥，阐扬而光大之，以救今人崇拜西医戕生之惨。[4]

恽毓鼎的学医历程中，非常重视研读医学书籍，尤其是中医经典。他深知中医典籍的珍贵与重要性，强调要在学习古今医学圣贤的基础上，进一步发扬中医思想和方法，让人们更了解中医价值。

从光绪三十一年(1905)始，恽毓鼎"每日灯下专意研究古医书"[5]。但直到

---

① 《恽毓鼎澄斋日记》第二册，第652页。

② 恽毓鼎："晴。未刻赴南城医会，余登台痛斥教育部诋毁中医之误(二十四日(二十三号)教育部部令斥中医为谬种流传)，闻者拍掌。"见《恽毓鼎澄斋日记》第二册，第665页。

③ 恽毓鼎于1912年参与中医演讲，为群众分析中国传统医学的独特之处，以及与西方医学的区别。详见《恽毓鼎澄斋日记》第二册，第613页。

④ 《恽毓鼎澄斋日记》第二册，第396页。

⑤ 《恽毓鼎澄斋日记》第一册，第262页。

1911年，他才真正专心致志地研究医学。恽毓鼎读医典不仅精研其义理，又能指出问题所在。譬如1911年11月阅读景岳所注《类经》，他就提到其中一篇关于胀病的篇章，才明白胀病并不是在脏器内部，而是在皮肤下面，藏在肌肉之间。因此在恽毓鼎看来，古人主要采用针刺疗法来达到泻实补虚，后来的医生则倾向采用汤药治疗胀病。但这些汤药往往从脏器入手治疗，导致治疗效果不佳，甚至对病情产生危害。故他认为应该回归古人治疗法，通过针刺疗法来治疗胀病。[①] 此外，恽毓鼎在日记中提到《灵枢》《素问》和《千金方》三书，认为《灵枢》《素问》关于疾病的观点，以及《千金方》中的药物应用，都非常神奇和奥妙，绝不是一般人可以想象的。[②] 恽毓鼎评张石顽《千金衍义》，则展现严谨态度，认为该书调理药物的方法已相当超越寻常，但不确定是否符合《千金方》本意。[③] 他认为书中药物配方非常独特，但不确定是否符合古人治疗原则，对该书理论基础提出疑问。

总的来说，恽毓鼎为了将中医理念与实践发扬光大，习医专注于医理探究。而医理之探究，主要表现在对传统医籍理论的质疑与反驳，还有对讹误的拨正。恽毓鼎在阅读传统医籍的过程中，深刻意识到中医之博大精深，以及自身医术的不足，希望用三年研究《灵枢》《素问》等医典，探究人类生命本质。[④] 但恽毓鼎承认，闭门三年学医是一个困难的愿望，需要极大决心和意志力才能实现。

（二）传统医典的阐释

1913年，恽毓鼎研究中医典籍《难经》。据记载，他于2月9日阅读此书的过程中，发现"其中妙义蕴含，引申无尽"[⑤]。恽毓鼎认为《难经》包含深奥的医学知识和启示，而这些医学知识不仅可以被解读和理解，还可以不断引申和扩展，坚信《难经》"为医家根本不移之书"[⑥]。其实恽毓鼎对《难经》的重视不仅体现在医学理论方面，还涉及医学实践，尤其是中医手术操作的提升方面。恽毓鼎认

① 《恽毓鼎澄斋日记》第二册，第568—569页。

② 《恽毓鼎澄斋日记》第二册，第568—569页。

③ 《恽毓鼎澄斋日记》第二册，第568—569页。

④ 恽毓鼎："吾常思闭关三年，屏除他务，用专静工夫于此二书，必有神蹊仙径，究极性命之微，惜乎徒存虚愿耳。"见《恽毓鼎澄斋日记》第二册，第568—569页。

⑤ 《恽毓鼎澄斋日记》第二册，第629页。

⑥ 《恽毓鼎澄斋日记》第二册，第629页。

为《难经》与西方解剖手术有相通处，这让他看到将《难经》运用于中医手术的潜力。他受到《难经》启发，决定将阅读所获知识和领悟整理成笔记，希望“为学医者导之先”[1]，学医者将来可通过笔记入门，走向正确的学医之路。

1914 年 7 月 16 日，恽毓鼎到天津出诊。他逗留当地期间，闲暇无事，就细读《难经》。恽毓鼎对此体悟颇多，认为该书蕴含着非常深奥的智慧[2]，判断《难经》成于扁鹊之手，为中国最古老医经典籍。7 月 26 日，恽毓鼎又以《难经》与《灵素》进行比较：

> 《灵素》出于汉以后人所撰，举师师相传之说，托为轩岐问答以申其谊。唯《难经》确出于秦越人，为医经最古之籍。徐灵胎释《难经》，往往据《灵素》以驳之，而不悟乃是《灵素》误袭《难经》，非《难经》误引《灵素》也。此经为文无多，义约而赅，词简而深，熟读而精思，触类而四达，理法不可胜用矣。[3]

对于《灵素》和《难经》的关系，恽毓鼎有着自己的见解。据他考辨，是《灵素》误引《难经》，而非《难经》误引《灵素》。尽管《难经》篇幅短小，但恽毓鼎多次阅读，深感里面所蕴含的医理深刻简练，可带来深刻思考，对诊断治疗有所启发。他通过对比《难经》《伤寒》及《金匮》的诊脉法，指出三书在诊脉方面的独特性，所介绍脉诊方法与后世医生所采用方法完全不同。[4]

1915 年 3 月 22 日，恽毓鼎读日本丹波元胤所撰《难经疏证》。[5] 但他对该书内容并不完全满意，认为该书虽整理了十多家旧注，却对扁鹊医学的精义没有明确地阐发出来。[6] 恽毓鼎认为丹波元胤对《难经》精义没有充分阐释，仍有

---

① 《恽毓鼎澄斋日记》第二册，第 629 页。

② 《恽毓鼎澄斋日记》第二册，第 703—704 页。

③ 《恽毓鼎澄斋日记》第二册，第 703—704 页。

④ 《恽毓鼎澄斋日记》第二册，第 703—704 页。

⑤ 早在 1906 年春，恽毓鼎已购得丹波元胤的多部著作：“余去春得日本丹波元简所著《伤寒论辑义》，喜其搜集古今诸家注释完备精审。见其凡例，尚有《金匮要略辑义》，亟思得之，以备仲师一家之学合成双璧，问之肆中无有也，常往来于心。今年游厂，无意购得，又得丹波元胤所辑《难经疏证》，皆善本也。”见《恽毓鼎澄斋日记》第二册，第 343 页。

⑥ 《恽毓鼎澄斋日记》第二册，第 726 页。

许多部分需要进一步注解。因此他打算用功深入学习《难经》后，再为它另外作注释。尽管恽毓鼎批评《难经疏证》，但在钻研该书过程中，对书中诊脉法却有独特的体会，认为自己能与古代圣人心灵相通的，就是脉诊方法。[①] 类似的心得体会，算是他在学习过程中的收获之一。

恽毓鼎刻苦钻研《难经》等医典，几年间医术得到显著提升。1915 年，他遇到一位患者夜间发热，言语不清，同时伴随着两胁胀痛，症状严重，病情危急。患者家属十分担忧，准备着手后事。但恽毓鼎据患者症状和病情，断定是子宫内膜大量出血的病症。[②] 他立即采用《伤寒论》经方，以"小柴胡汤去黄芩加牡蛎"进行治疗，并遵循张仲景治疗法[③]，对方剂进行增减调配。病人在半天和一夜内连续服用三剂，最后病情得到明显缓解。

这次成功的治疗，让恽毓鼎对古代医书的经方充满信心。他在 1915 年 6 月 25 日的日记中写道："仲师经方，不啻神丹，世医不知用、不善用耳，乃云'古方不能治今病'，彼讵知古方何等哉！"[④]恽毓鼎认为医者不了解或不善于使用经方，就认为"古方不能治今病"，这种想法是错误的。相反，恽毓鼎认为只要熟读《难经》《伤寒论》《金匮》三部重要医典，再结合孙思邈《千金方》，"不患不成神医也"[⑤]。

1916 年后，恽毓鼎在阅读医书过程中，发现许多旧注对《内经》《难经》《伤寒论》《金匮》等医书的解释过于肤浅，没有深入探究其中的深奥含义[⑥]，对旧注的准确性提出疑问。恽毓鼎阅读医典怀有热爱和探索精神，立志超越古代贤者，追求更高的医学境界。他认为若能抛开杂务，专心苦学十年，相信能超越古代贤者。但令人遗憾的是，恽毓鼎意识到自己无法达到这个志向。他还在日记中强调自己不是夸夸其谈，而是深知其中得失。[⑦]

---

① 《恽毓鼎澄斋日记》第二册，第 726 页。

② 恽毓鼎："病人夜热谵语，两胁胀痛欲死，块热如火。其儿女惶惶，欲备后事。余认定邪乘血崩而入血室。"《恽毓鼎澄斋日记》第二册，第 736 页。

③ 《恽毓鼎澄斋日记》第二册，第 736 页。

④ 《恽毓鼎澄斋日记》第二册，第 736 页。

⑤ 《恽毓鼎澄斋日记》第二册，第 736 页。

⑥ 恽毓鼎："余自从事医学后，读《内》《难》《伤寒》《金匮》，觉经中义蕴，触目了然，所见辄与旧注不同，且一经研索，颇入深微，而旧注往往病其肤浅。"见《恽毓鼎澄斋日记》第一册，第 761 页。

⑦ 《恽毓鼎澄斋日记》第一册，第 761 页。

恽毓鼎习医的这一年间，深刻思考中医与西医之间的差距和优劣势。他领悟到中医之所以被西医领先，主要原因在于儒家传统中，中医向来被视为“小道”而不受重视。1907 年 9 月 19 日，他在日记中提到：

> 自先儒以医解《论语》之“小道”，而轩岐要道遂为士大夫所薄，一付诸贱工。呜呼！斯人性命所关，而可目为小道耶？况“致远恐泥”，亦决非指医在内也。[①]

传统士大夫阶层普遍轻视治病的医者，将医学视为“小道”而不予以重视。譬如晚清儒医薛宝田的《北行日记》，主要记载入宫为慈禧太后诊治的经历，但在该书序文中，友人更多地强调他作为一名儒者的身份[②]，将医术视为其众多技能中的一部分。对于这种观念，恽毓鼎觉得非常不妥，因为医学是一门涉及生命、健康和疾病的学问，直接关系到百姓的生存。他坚定认为医学该受到应有尊重和重视，而不该被简单地视作“小道”。

对医学重要性的认识，加上对中医受儒家传统轻视的不满，促使恽毓鼎下决心深入钻研中医，将西医作为辅助来推动中医发展。他希望通过对中医的深入研究和理解，发现其独特之处和优势，并结合西医优点，使中医能得到更广泛发展与重视。

结语

恽毓鼎日记提供了深入了解晚清传统士人医疗观念、医学发展历程，以及对西医接受的珍贵资料。通过这些细节，不仅看出当时社会对医学的态度，也展现出一名医者的心路历程。对目前的医疗史研究而言，恽毓鼎日记无疑提供

---

① 《恽毓鼎澄斋日记》第一册，第 353 页。

② 《北行日记》收录十四篇序文，作者多是地方绅士，医者仅有一人。诸篇序文多有对薛宝田儒者身份的强调：“今观是编，议论崇闳，诗律精细，经史百家，罔不讨究洞澈，固不藉医以显也”，“说经有据，见物能名，史综三长，诗胪八采，尤见君之学有本根，辞无枝叶，固不徒以医显”，“于诗、古文、词均诣精奥，敦品立行，古道可风，医特其一端耳”，“予固知先生不必以医见长，自有其才、其学，在医特其小焉者也”，“至文章、道德，见重一时，尤医而儒者也”，“莘(心)农之才与学，岂仅以医名者？医特其绪余耳”。见薛宝田著，刘道清校注：《北行日记》，郑州：河南人民出版社，1985 年，第 1、5、12、14、17、21 页。

了一个很好的研究参照。

清朝灭亡后，恽毓鼎仍坚持阅读中医典籍，帮患者诊病。但在日记中，可以看到他对西医持有偏见，这与他的保守政治立场有关。晚清时期，西方文化和科学传入中国，受到保守传统士人的质疑和排斥。恽毓鼎作为立场保守的士人，在这样的政治背景和社会氛围影响下，对西医持有敌视态度也是可以理解的。但随着时间推移，恽毓鼎开始接触西方书籍，吸收西学知识，从日记中可发现他对西医的态度发生转变，从抵触逐渐转为接受，最终认可西医价值。这个变化充分展现他的政治保守立场与接受新知识的矛盾心理，以及对新知识的渴求和认识的开放性。

1912 年，恽毓鼎在日记中提到："身处今日，贵有旧道德，尤贵有新知识，否则将无以自立于社会中。"[①]很显然，他已经意识到若缺乏新知识，未来很难在新社会立足，甚至会被淘汰。恽毓鼎在学习西医过程中，始终铭记其使命是汲取西医优点，将其融入中医中，以推动中医发展。而在寻求中西医会通的过程中，恽毓鼎面临许多困难，但他积极参与医学研究会，试图理解西医优点，将西医视为中医辅助。恽毓鼎希望通过中西医会通，找到西医没有的独特处，证明中医并非像西医派所说的不具备科学性。

The Western Perspective and Mindset of Late Qing Medical Practitioners: An Examination of Medical History Based on the Diary of Yun Yuding

JACKSON LOKE SOO LING, SEET YONG THENG

Abstract: The "Yun Yuding Chengzhai Diary" contains a wealth of records regarding illnesses and medical treatment. By systematically reviewing and analyzing these records, it is possible to delve into Yun Yuding's learning and practical journey in the field of medicine. Initially, Yun Yuding held a conservative political stance and adhered to traditional Chinese medicine. However, after prolonged exposure to Western medical literature, his thoughts gradually evolved. His initial resistance to Western medicine

① 《恽毓鼎澄斋日记》第二册，第 591 页。

transformed into acceptance, and he began to recognize the value of Western medical treatment techniques. Despite being influenced by factors such as his political stance, Yun Yuding still held a critical view of Western medicine to a certain extent. However, he exhibited a level of recognition towards Western medical systems and their techniques for treating external ailments. This portrayal highlights relevant issues in the medical history of late Qing literati and provides insights into their perceptions and attitudes towards Western learning.

Keywords: Yun Yu Ding; Yun Yu Ding Cheng Zhai Diary; History of Medicine; integration of Chinese and Westrn medicine

《朱熹的历史世界》所涉淳熙年间史事辨正

代天才*

[摘　要]　余英时《朱熹的历史世界》关于淳熙年间的史实存在若干错误。其一,陈亮属于王淮一党,二人关系并未受到朱熹的影响。其二,淳熙十一年的科举打击道学案与陈贾“请禁道学”无关,乃道学士人有意打压非道学士人,所以引起非道学士人的反击。其三,不敢荐举伪学事发生在庆元党禁时期,不在淳熙年间。其四,在刘清之“以道学自负”案中,弹劾刘清之的是冷世光与赵像之,与陈贾无关。其五,袁枢淳熙十六年被贬不是出于反道学派的打压,而是因为袁枢构陷冷世光并得到权工部尚书的职位,后来此事被孝宗查实,袁枢因此遭到惩罚。余先生通过这些事件勾勒出淳熙年间以王淮为首的反道学派与朱熹为首的道学派的对立,但这些事实或是出于余先生曲解史料,或是轻信部分史料造成的假象。淳熙年间是否存在以王淮为首的反道学派,以及这个反道学派究竟在反道学上有何作为,仍有待证明。

* 代天才(1991—),男,四川南溪人,华东师范大学古籍研究所博士研究生,主要研究文献学、经学与学术思想史。

[关键词] 官僚集团;道学;王淮;陈亮;陈贾;冷世光

余英时先生撰著的《朱熹的历史世界》是研究宋代思想史的典范之作,甫一问世便引起学界的广泛讨论。此书引起学界的争论主要集中于思想史领域,也有一些学者注意到书中所涉及的历史事实或史料的运用存在问题。[①] 笔者在研究淳熙末年政局时,也发现余英时先生对若干史实存在误读、误考的情况,实有澄清之必要,这不仅有助于认识淳熙末年之政局,还能促使我们重新认识淳熙年间道学与政治的关系。

一、"王(淮)素不喜考亭,故并陈(亮)而嫉之"考辨

"王(淮)素不喜考亭,故并陈(亮)而嫉之"出自叶绍翁《四朝闻见录》。《四朝闻见录》载:

> (陈)亮奏书孝宗,谓:"吴蜀,天地之偏气也;钱塘,又吴之一隅也。一隅之地,本不足以容万乘,镇压且五十年,山川之气,发泄而无余。故谷粟、桑麻、丝枲之利,岁耗于一岁,禽兽、鱼鳖、草木之生,日微于一日,而上下不以为异。"力请孝宗移都建邺,且建行宫于武昌,以用荆襄,以制中原。上韪其议,使宰臣王淮召至都省问下手处。陈与考亭游,王素不喜考亭,故并陈而嫉之。陈至都省,不肯尽言,度纵言亦未必尽复于上。翌日,上问以亮所欲言者,王对上曰:"秀才说话耳。"上方鄙远俗儒,遂不复召见。时两学犹用秦桧禁,不许上书言事。陈尝游太学,故特弃去,用乡举名伏丽正门下。王又短之,以为欺君。故迁都之议,为世迂笑。[②]

---

① 比如朱学博:《朱熹、林栗纠葛新辨——兼论林栗与道学人士交谊》(《历史文献研究》,2021 年第 2 辑)、许浩然:《周必大的历史世界:南宋高、孝、光、宁四朝士人关系之研究》(南京:凤凰出版社,2016 年)、顾宏义:《朱熹与王淮交游考略》(《华东师范大学学报(哲学社会科学版)》,2015 年第 4 期)、杨俊才:《关于姜特立在〈朱熹的历史世界〉中的定位问题——与余英时先生商榷》(《浙江大学学报(人文社会科学版)》,2009 年第 1 期)、王明:《宋孝宗及其宰相王淮》(《通识研究辑集刊》,2004 年第 5 期)等专著或文章,都注意到《朱熹的历史世界》中的史实问题。

② 叶绍翁著,沈锡麟、冯惠民点校:《四朝闻见录》,北京:中华书局,1989 年,第 47 页。

余先生认为“朱、王关系自始即如冰炭不相入”[①]，即“王素不喜考亭”。但实际上，朱、王二人在淳熙九年之前，关系尚属融洽，只是因为朱熹在浙东任上论王淮姻亲唐仲友事件后，二人再无往来。[②] 既然“王素不喜考亭”一说不符合事实，那么王淮“并陈而嫉之”显然要重新考量。这存在两种情况：第一种是王淮没有因为与朱熹交恶而憎恨陈亮，《四朝闻见录》的记录完全是捕风捉影的流言；第二种是王淮憎恨陈亮与朱熹无关，《四朝闻见录》误记了因果关系。真相究竟如何，下面一一考辨。

《四朝闻见录》中陈亮上书的内容出自《上孝宗皇帝第一书》，时间在淳熙五年正月。朱熹、王淮关系恶化在淳熙九年弹劾唐仲友事件之后，也就是说二人关系对陈亮淳熙五年上书不会产生负面影响。关于此次上书，陈亮曾自述其事，说：“忽蒙非常特达之知，欲引之面对，乃先令召赴都堂审察。亮一时率尔答应，遂触赵同知之怒。亮书原不降出，诸公力请出之，书中又重诸公之怒，内外合力沮遏之，不使得而对。”[③]赵同知即赵雄，此时为同知枢密院事。因上书中言及军事，所以赵雄参加了此次都堂审察。《元统一志·陈亮传》将此事误系于乾道年间，审察之人有虞允文、梁克家，其中“秀才说话耳”一句出自梁克家之口。[④] 虞允文逝世于淳熙元年；梁克家乾道九年出知建宁府，淳熙五年丧母守制，二人不可能参与此次审察。王淮此时为参知政事，他可能参与了此次都堂审察，但陈亮面临的阻力主要来自赵雄而非王淮。在淳熙五年，“王素不喜考亭，故并陈而嫉之”一说纯属子虚乌有。

那么在朱、王交恶之后，“并陈而嫉之”是否成立呢？王淮之妹嫁与唐仲友之弟，陈亮与唐仲友兄唐仲义又同妻何茂宏之女，可见王淮与陈亮尚有远亲之谊。[⑤] 陈亮曾多次遭受牢狱之灾。淳熙十一年春，陈亮以毒药杀人的罪名入狱，陈亮给朱熹的书信云“当路之意，主于治道学耳”，因此研究者都认为这次狱

---

① 余英时：《朱熹的历史世界》，北京：生活·读书·新知三联书店，2004 年，第 365 页。

② 顾宏义：《朱熹与王淮交游考略》，《华东师范大学学报(哲学社会科学版)》，2015 年第 4 期。

③ 陈亮：《陈亮集》，北京：中华书局，1987 年，第 328 页。

④ 王宇：《陈亮“六达帝廷”说试考——兼论〈永乐大典〉所载〈元一统志陈亮传〉的真实性》，《浙江社会科学》，2017 年第 10 期。

⑤ 邓小南：《何澹与南宋龙泉何氏家族》，《北京大学学报(哲学社会科学版)》，2013 年第 2 期。

事有着王淮反道学的大背景。[①]《四朝闻见录》记载当时情形如下：

时王丞相淮知上欲活亮，以亮款所供尝讼僮于县而杖之矣。仇家以此尤亮之素计，持之愈急，王亦不能决。稼轩辛公与相婿素善，亮将就逮，亟走书告辛。辛公北客也，故不以在亡为解，援之甚至，亮遂得不死。时考亭先生、水心先生、止斋陈氏俱与亮交，莫有救亮迹。亮与辛书有"君举吾兄，正则吾弟，竟成空言"云。[②]

经束景南先生考证，这则材料陈述王淮救援的内容基本可信。[③] 此事与陈亮家僮杀人事牵涉，朱熹云："王季海当国，好出人死罪以积阴德，至于奴与佃客杀，主亦不至死。"[④]朱熹显然不认可王淮让陈亮脱罪的做法，故而没有对陈亮施予援手。陈亮狱事众说纷纭，难有定论，但陈亮不可能是完全无辜的。陈亮出狱后，朱熹写信云"老兄高明刚决，非吝于改过者"，劝陈亮"凡百亦宜痛自收敛"，"从事于惩忿窒欲、迁善改过之事"。[⑤] "当路之意，主于治道学耳"一语，有可能是陈亮面对朱熹的责问与劝勉时，借以掩盖自己罪行的托词，不能坐实为王淮打击道学的措施。陈亮《谢王丞相启》云："谤如猬磔，莫寻解免之端；命若鸿毛，敢觊生全之幸。非丞相独主公道于上，则廷尉未为天下之平。"[⑥]此启亦是今日所见到的陈亮淳熙年间有关狱事的唯一谢启，表明王淮确曾救援，如果王淮"素不喜考亭，并陈而嫉之"，陈亮的性命恐怕会被此次狱事断送。

如果谢启有例行公事的嫌疑，还有陈亮与王淮的私人书信《与王季海书》可以证明二人关系。此书未注明年月，不过书中云："近者乙酉(1165)、丙戌之和，本非有一定之计，而今亦二十一年矣。"[⑦]可见此书大约写在淳熙十四年(1187)。信中又云："岁杪尝欲略布诚悃，而迫归仓卒，又自成外。入春以来贫病交攻，更

① 束景南：《陈亮生平若干重要问题新考》，浙江省社科院编《陈亮研究：陈亮国际学术研讨会永康学派与浙江精神论文集》，上海：上海古籍出版社，2005年，第147—161页。

② 叶绍翁：《四朝闻见录》，第25页。

③ 束景南：《陈亮生平若干重要问题新考》，第147—161页。

④ 黎靖德：《朱子语类》，上海：上海古籍出版社，2002年，第2663页。

⑤ 顾宏义：《朱熹师友门人往还书札汇编》，上海：上海古籍出版社，2017年，第330、329、330页。

⑥ 陈亮：《陈亮集》，第298页。

⑦ 陈亮：《陈亮集》，第250页。

无一日好况，虽欲拜书以叙其本末，亦复因循。”[①]据邓广铭《陈龙川传》，陈亮淳熙十四年春到临安参加礼部考试时身染疾病，由两位弟弟迎接回家。[②] 两相参证，可见陈亮曾在淳熙十三年末入临安，这封信写在淳熙十四年。陈亮在这封信中，自叙其与王淮之交，云："向者丞相于客退之后，促膝而命之坐，使得款语良久，且忧其无用时，欲使得一试，恩意恳恳，虽父兄于子弟不是过也。亮而自外于门下，是曾犬马之不若。"[③]至于写这封信的目的，陈亮说："亮之于门下，心悦诚服而未尝自言……愿自效其愚忠。"[④]以此言之，陈亮难洗党附王淮的嫌疑。

此时距淳熙十一年狱事已经二年有余，而陈亮仍然与王淮往来，并受到王淮照顾，可见王淮救援陈亮之事可信，且王淮与陈亮的关系并没有因为朱、王交恶而受到影响。陈亮在信中阿谀王淮，并指出有人要以劾去王淮为"奇货"，因此在信中劝王淮打击一批"大言以诳人，交接以自鬻"的人，提拔一批有贤能的人，并向王淮极力举荐叶适、薛叔似、陈谦、施迈四人。[⑤] 此时叶适等候改官两月余，陈亮建议王淮拔擢薛叔似，然后以叶适填薛叔似之缺。薛叔似淳熙十二年八月甲子除太学博士，十四年二月辛丑除枢密院编修官。[⑥] 叶适此年升为太学博士，周必大云"叶适是王淮用为学官"[⑦]，正是填薛叔似之缺。根据此事实，可以确定陈亮之言被王淮采纳。这也证明了《与王季海书》写在十四年二月辛丑之前。陈亮称"当以五十口保其始终可信也"[⑧]。后来薛叔似任左补阙，随着形势的变化，于淳熙十五年弹劾王淮[⑨]，并未如陈亮所言"始终可信"。陈谦、施迈在此期间的官职除授无考，二人除授可能与王淮无关，但王淮对叶适、薛叔似的擢用足以证明：至淳熙十四年春，王淮与陈亮交往密切，王淮并没有"素不喜考亭，故并陈而嫉之"。王淮罢相之后是否会因为薛叔似弹劾的缘故而憎恨陈

---

① 陈亮：《陈亮集》，第 250 页。

② 邓广铭：《陈龙川传》，北京：生活·读书·新知三联书店，2017 年，第 135 页。

③ 陈亮：《陈亮集》，第 250 页。

④ 陈亮：《陈亮集》，第 249 页。

⑤ 陈亮：《陈亮集》，第 250 页。

⑥ 吕溯：《温州博物馆藏历代墓志辑录·南宋薛叔似墓志》，《温州历史文献集刊》，2010 年第 1 期，第 172—173 页。

⑦ 周必大著，王荣贵、白井顺点校：《周必大全集》，成都：四川大学出版社，2017 年，第 1453 页。

⑧ 陈亮：《陈亮集》，第 251 页。

⑨ 脱脱等：《宋史》，北京：中华书局，1977 年，第 12091 页。

亮已不可得知，但王淮已经离开权力中枢，即使憎恨陈亮也很难影响到陈亮的前途。而且王淮在淳熙十六年便去世，也不可能因憎恨陈亮影响到整个道学群体的命运了。[①]

二、淳熙十一年科举争执案与地方官员不敢举荐伪学士人考辨

余先生认为淳熙十一年发生了彭仲刚遭论与省场检点试卷官主张道学得罪两件事。[②] 这两件事其实是一件事，出自陆九渊淳熙十一年三月十三与朱熹的书信。信中说：

> 彭仲刚子复者，永嘉人，为国子监丞，近亦遭论。此人性质不至淳美，然亦愿自附于君子，往岁求言诏下，越次上封，言时事甚众，其辨天台事尤力，自此已有睥睨之者矣。近者省场检点试卷官，以主张道学，其去取与蒋正言违异，又重得罪。此人不足计，但风旨如此，而隐忧者少，重为朝廷惜耳。[③]

据《宋会要辑稿》，淳熙十一年正月科举，户部尚书王佐知贡举，中书舍人兼侍讲王蔺、右正言蒋继周（字世修，即信中之蒋正言）同知贡举，同时命监察御史朱安国、太常少卿王信、宗正少卿史弥大、国子监丞彭仲刚等二十八人为点检试卷官。[④] “三月十一日，国子监丞彭仲刚放罢。言者论仲刚心术回邪、学识乖谬故也。”[⑤]可见彭仲刚“近亦遭论”即其作为省场检点试卷官主张道学得罪事。叶适为彭仲刚所写的墓志铭曾给出一种解释：彭仲刚之所以被罢乃是因为其为官“治其细碎，多所更定”，从而招致同僚的不满，“遂坐考进士，与知举力争而

---

① 余先生已经发现陈亮不属于理学阵营，但拒绝承认陈亮属于王淮一党，所以对陈亮批评周必大、谢谔（理学阵营）一事，以“这别是一问题，此处不须涉及”带过，有意回避。见《朱熹的历史世界》，第 522—523 页。

② 余英时：《朱熹的历史世界》，第 464—467 页。

③ 顾宏义：《朱熹师友门人往还书札汇编》，第 1824 页。

④ 徐松著，刘琳等校点：《宋会要辑稿》，上海：上海古籍出版社，2014 年，第 5659 页。

⑤ 徐松：《宋会要辑稿》，第 4971 页。

罢”。[①] 众所周知,墓志铭存在美化墓主的倾向,故而对此事的记载不能全信。此次科举争执是彭仲刚被罢的直接原因,我们应该看看他在这次争执中扮演了什么角色。

彭仲刚其实是这件事的始作俑者,在阅卷时故意打压非道学士人。在此次科举中,吴人卫泾试卷的去留成为彭仲刚与蒋继周争执的焦点。蒋继周墓志铭云:“(继周)同知贡举,有《礼记》义绝出流辈已见黜。公力主之,拔置高等,及启封,则吴人卫泾也,已而廷对,遂为第一。”[②]卫泾后来官至参政,证明其确有真才实学。礼学与道学学术歧异,前者被称为实学,而后者则追求义理。卫氏精于礼学,卫泾弟卫湜著《礼记集说》,被视为礼家之渊海。[③] 蒋继周本是治《礼记》出身[④],因此他能发现卫泾《礼记》义“绝出流辈”之处。彭仲刚以道学标准取士,黜落有才华的非道学士人,这必然引起蒋继周的反对。就这件事本身而言,彭仲刚以门户之见取士,并非秉公为之,确实是“心术回邪、学识乖谬”。且“心术回邪”似指彭仲刚在此次科举中有不法之举,主张道学只是表象,陆九渊信中对彭仲刚“性质不至淳美”的评价也可证明这一点。整个事件正是由于具有道学背景的彭仲刚想“先发制人”,才招致非道学官员的反击。陆九渊信中又说:“此人不足计,但风旨如此,而隐忧者少,重为朝廷惜耳。”可见,陆九渊对彭仲刚被罢并不重视。陆九渊将此次斗争拔高到朝廷“风旨”,但他可能并不了解内情,只看到主张道学者被罢黜,而未看到有才学者被主张道学者故意打压的事实。

余先生认为淳熙十一年前后还存在地方官员不敢举荐伪学士人的情况。这一记载出自叶适《中大夫直敷文阁两浙运副赵公(善悉)墓志铭》。为便于考证,现节引如下:

> (宋孝宗时)擢知秀州。……还朝,命除郎,黄参政不奉诏,王丞相请与大州。知鄂州,以嫌改江州。……光宗语宰相:“赵某今安在,寿皇所嘱付也。”……移江西运判。除直秘阁、两浙运判。……在江西,

---

① 叶适:《叶适集》,北京:中华书局,2010 年,第 274 页。

② 钱仲联、马亚中主编:《陆游全集校注》(第 10 册),杭州:浙江教育出版社,2011 年,第 361 页。

③ 陈居渊:《学术、学风与黄宗羲吕留良关系之新解》,《史学史研究》,2006 年第 2 期。

④ 陈骙著,张富祥点校:《南宋馆阁录》,北京:中华书局,1998 年,第 94 页。

荐许中应、李肃皆善士，时所谓伪学，畏不敢举者也。[①]

余先生对此事有如下论述：

考之《墓志铭》，赵善悉知江州出于丞相王淮的任命，则此事必在淳熙十年六月陈贾“请禁伪学”之后不久。所荐许、李二人事迹尚待考，但这条史料充分证明了当时一般地方官对于稍涉“伪学”之嫌的人是“畏不敢举”的。[②]

我们必须记住，陈贾禁“伪学”是上一年六月的事，距淳熙十一年正月贡举不过半年。当时地方官已不敢举荐“伪学”之士就省试，见第七章所引叶适《赵公墓志铭》。[③]

余先生的论述有两个问题值得我们注意。第一，余先生认为此事发生在赵善悉任职江州时，并猜测此事发生在陈贾请禁伪学后不久，从墓志铭中不能直接得出这个结论。李绂的看法就与余先生不同。他说：“叶水心作赵寿卿善悉墓志，云‘善悉除江西运判，荐许中应、李肃皆善士，时所谓伪学畏不敢举者也’，由是观之，则许、李二子皆著伪学之籍矣。”[④]伪学之籍指庆元时期的伪学党籍，即李绂认为赵善悉举荐二人在庆元党禁之后。第二，文中并未明说赵善悉是举荐许、李二人参加省试。

从墓志铭我们可知赵善悉在江西做官有两次。第一次是知江州。《宋会要辑稿》有“(淳熙)十年二月二十四日，知秀州赵善悉”[⑤]，即淳熙十年春，赵善悉尚在秀州任上。盖经在“(淳熙十一年)除知池州，未赴，仍奉祠。十二年二月，除知江州。十三年八月，起家知镇江府，辞不获命，勉至郡”。[⑥] 淳熙十二年二月起盖经知江州，然盖经未赴任，说明江州出现空缺。此时赵善悉可能尚未得知江

① 叶适：《叶适集》，第418—420页。

② 余英时：《朱熹的历史世界》，第345页。

③ 余英时：《朱熹的历史世界》，第466—467页。

④ 李绂著，杨朝亮点校：《陆子学谱》，上海：商务印书馆，2016年，第283页。

⑤ 徐松：《宋会要辑稿》，第7535页。

⑥ 卫泾：《后乐集》，《景印文渊阁四库全书》(第1169册)，台北：台湾商务印书馆，1984年，第718页。

州之命，或已离任，或将要离任。《宋会要辑稿》淳熙十三年十月二十七日有"知江州赵善悉"[1]，这证明赵善悉在淳熙十二年二月没有得到知江州的任命。据周必大《思陵录》，淳熙十四年冬，赵善悉已在临安供职。十五年三月左右已经是度支郎。[2] 可见赵善悉在江州任职的时间大约在淳熙十二年夏之后、十四年冬之前。赵善悉第二次以江西运判任职江西。《徽州府志》卷四云："(赵善悉)中奉大夫，绍熙五年八月到官(知徽州)，庆元二年五月，除江西运判。"[3]又据《重修两浙盐法志》，赵善悉庆元三年为两浙转运判官。[4] 那么赵善悉在江西运判任上的时间是庆元二年五月到庆元三年，其时正值庆元党禁。赵善悉两次在江西任职的时间都不在淳熙十一年，余先生的看法是错误的。

赵善悉究竟是哪次举荐许、李二人，我们可以通过被举荐者的情况来判断。许中应是淳熙十一年甲辰卫泾榜进士，乃婺州东阳人，终定城令。[5] 这与余先生认为淳熙十一年打击道学相反，许中应不仅没有受到不公正待遇，反而正是这一年考中进士。绍熙二年，"陆子(九渊)知荆门军时，(许)中应为鄂州教授，师事陆子"[6]。许中应在绍熙二年之前是否具有道学背景不得而知，但他在绍熙二年入陆九渊门下，自然是"伪学"中人。李肃也是陆九渊的弟子，"淳熙八年进士第，授潭州司户……再调江西运司帐司，秩满，例有送还钱，却不受，当路因举廉吏……其所讲明，恪守陆子之教，以辨义利为先，卒年六十二"[7]。李肃在淳熙八年就中进士，自然不会在淳熙十一年又受赵善悉举荐参加省试。虽然李肃官职变化具体的时间节点难以详考，但李肃曾在"江西运司帐司"任职而受到上司的荐举，这与赵善悉任江西运判相合。综合叶适所撰写的墓志铭及许、李二人的经历，我们可以确定赵善悉举荐许、李二人一事在庆元二年至庆元三年之间，而且赵善悉不是举荐二人参与省试。总之，余先生的疑似之辞皆不能成立。余先生一定要将此事置于淳熙十一年，点出"则此事必在淳熙十年六月陈

---

① 徐松:《宋会要辑稿》，第 9018 页。
② 周必大:《周必大全集》，第 1654 页。
③ 彭泽、汪舜民纂修:《(弘治)徽州府志》，《四库全书存目丛书》(第 180 册)，济南:齐鲁书社，1996 年，第 690 页。
④ 延丰:《重修两浙盐法志》，清同治刻本，第 34 叶 a 面。
⑤ 王懋德:《(万历)金华府志》，《四库全书存目丛书》(第 176 册)，济南:齐鲁书社，1996 年，第 775 页。
⑥ 李绂:《陆子学谱》，第 282 页。
⑦ 李绂:《陆子学谱》，第 263 页。

贾'请禁伪学'之后不久",不过是为了夸大陈贾"请禁伪学"一事的影响,证成官僚集团对道学士人的打压。

三、刘清之"以道学自负"案与袁枢被贬案考辨

刘清之(字子澄)"以道学自负"案发生在淳熙十四年十二月,记载此事的材料出自《宋会要辑稿》与朱熹的书信。《宋会要辑稿》云:"同日(二十七日),知衢州刘清之主管华州云台观。言者论其以道学自负,于吏事非所长,财赋不理,仓库匮乏,又与监司不和,乞与宫祠。"[①]据《宋史》,"衢州"当作"衡州"。[②] 余先生引朱熹书信云:"子澄乃令副端章疏,言其以道学自负,不晓民事,与监司不和,而不言所争之曲直,又言其修造劳民而已。闻之赵仓已尝按之,而复中辍,必是畏此恶名,而阴往台谏处纳之耳。"[③]余英时先生认为《宋会要辑稿》说刘清之的罪名基本是污蔑,并且对朱熹书信所说的内容考证道:

> "副端"指侍御史或殿中侍御史,为御史台之副手,如刘光祖绍熙元年除殿中侍御史,李心传称其"有副端之命"。但朱熹所言"副端"疑即陈贾,其时已升任右谏议大夫。"赵仓"必是赵姓提举常平司之人,亦更俟考。《宋史》本传云:"部使者以清之不能媚己,恶之,贻书所厚台臣,诬以劳民用财,论罢,主管云台观。"此"部使者"即"赵仓"。[④]

余先生的论述是不可靠的。第一,余先生先认为"疑即陈贾"所为,此等猜测之辞不能作为事实。第二,陈贾淳熙十三年已经升任谏议大夫,不是侍御史或殿中侍御史,与朱熹所言的"副端"不符。第三,"子澄乃令副端章疏"一句中,余先生解释了副端二字,却没有解释"令"字。若将"令"字作动词解,于情理不通。若将"令"视为姓氏,那自然不是陈贾。第四,陈贾在淳熙十四年十月已经

---

① 徐松:《宋会要辑稿》,第 4994 页。

② 脱脱等:《宋史》,第 12955 页。余英时:《朱熹的历史世界》,第 473 页。

③ 余英时:《朱熹的历史世界》,第 476 页。此段文字,又见朱杰人等主编:《晦庵先生朱文公文集》,上海:上海古籍出版社,2022 年,第 4657 页。顾宏义《朱熹师友门人往还书札汇编》,第 985 页。

④ 余英时:《朱熹的历史世界》,第 476—477 页。

丁母忧，刘清之是此年十二月被罢免的，有两个月的时间差。当然，我们不能排除陈贾在丁忧之前就已经弹劾了刘清之，事实如何还有待澄清。

副端和赵仓是此事的两个关键人物。淳熙十四年十月十三日，冷世光已任殿中侍御史。① 淳熙十五年六月十一日，冷世光离开殿中侍御史的职位。显然，刘清之被罢免时的副端是冷世光。所以，朱熹书信中“子澄乃令副端章疏”的“令”字其实是“冷”字之误。束景南先生认为“赵仓”是赵善誉。② 赵善誉乃湖北路提举，刘清之所在衡州为湖南路辖地，“赵仓”显然不是赵善誉。“赵仓”为赵像之。像之字民则，约在隆兴年间与朱熹、张栻交好，后来曾校艺庐陵时，得杨万里、周必大为门生，最迟不过十四年正月出任湖南提举常平。③ 赵像之与刘清之在湖南官场产生矛盾确有其事。《鹤林玉露》载：

> 时静春先生刘子澄，朱文公高弟也，守衡阳，日以冠裳莅事，宪使赵民则尝紫衫来见，子澄不脱冠裳见之，民则请免冠裳，子澄端笏肃容曰：“戒石在前，小臣岂敢！”民则皇恐退，具冠裳以见，然由是不相乐。④

“宪使赵民则”清楚地表明了赵像之即是以清之不能媚己的部使者，此事即刘清之“与监司不和”之证明。赵像之在湖南任上，“岁适小歉，公与连帅潘公时讲求荒政，发廪移粟”⑤。此时的当务之急是解决民众的粮食需求，而刘清之“财赋不理，仓库匮乏”，这自然表明他不能胜任。刘清之为何会造成“财赋不理，仓库匮乏”的局面呢？淳熙十三年，罗泌“请守臣刘清之奏于(炎帝)陵近复置”炎帝庙，刘清之听从了他的建议，并且“即命军使成其事”。⑥ 大概是建设炎帝庙这类公共事业耗费了公帑，故刘清之被以劳民用财的罪名论罢⑦，修建炎帝庙的事也未能完成。刘清之不能因时制宜处理民政是他被弹劾的主要原因。而且赵像之既然与朱熹等人交好，那么刘清之被弹劾不是道学与官僚争斗的结

① 徐松：《宋会要辑稿》，第 2460 页。

② 束景南：《朱熹年谱长编》，上海：华东师范大学出版社，2014 年，第 877 页。

③ 于北山：《杨万里年谱》，上海：上海古籍出版社，2006 年，第 323、327 页。

④ 罗大经著，王瑞来点校：《鹤林玉露》，北京：中华书局，1983 年，第 120 页。

⑤ 辛更儒：《杨万里集笺校》，北京：中华书局，2007 年，第 4596 页。

⑥ 王彦坤：《路史校注》，北京：中华书局，2023 年，第 438 页。

⑦ 脱脱等：《宋史》，第 12956 页。

果，自然也不能作为官僚集团打击道学派的证据。

袁枢被贬也与冷世光有关。淳熙十五年五月四日，谢谔上札子请用刚方之士，孝宗云“只一袁枢已看不得”。[①] 余英时先生云：“据《宋史》本传，袁枢曾指责‘大臣结台谏以遏天下之公议’，又与王淮信任的殿中侍御史冷世光发生正面冲突，致‘贬两秩’。孝宗借机发作，意在斥责当时台谏不能容一个‘刚方’的袁枢。”[②]余先生的话有一部分可靠，有一部分不可靠。可靠的部分是袁枢的经历。袁枢指责“大臣结台谏以遏天下之公议”发生在淳熙十四年十一月[③]，袁枢改知处州入朝奏事，奏对时云“今朋党之旧尚在，台谏之官未正纪纲，言路将复荆榛矣”[④]。袁枢因与冷世光冲突被贬两秩也是真实的。不可靠的是隐藏的时间叙事与因果关系。余先生的叙事中，袁、冷之争导致袁枢贬两秩发生在淳熙十五年五月之前，袁枢是受害者，所以孝宗借机为袁枢打抱不平，但事实并非如此。

袁、冷二人的争端实际上发生在淳熙十五年五月底。孝宗一日过南内，通州高氏为与其兄长分家产事在望仙桥里山呼，孝宗止辇过问，“即时降旨送棘寺”，并“取案牍自阅，内有一台官贻书，即时（出）国门”。[⑤]《宋史》又云：“通州民高氏以产业事下大理，殿中侍御史冷世光纳厚赂曲庇之，（袁）枢直其事以闻，人为危之。上怒，立罢世光，以朝臣劾御史寔自枢始。手诏权工部侍郎，仍兼国子祭酒。”[⑥]大理即棘寺。《宋会要辑稿》对此事件亦有记录：

> 十五年六月十一日，诏：“冷世光身居风宪，嘱托徇私，可放罢。”既而以大理少卿袁枢言：“奉旨令本寺勘通州百姓高楠（按，《贵耳集》作“高柟”。）诉兄居贤事，却承御史台姓阎人传意本寺，欲责出余瑑。窃详其人系的切干证，窃恐上下观望，乞改授差遣。奉旨，将作监丞郑湜就临安府置院，追王楫及姓阎人鞫实，乃殿中侍御史冷世光、阎大猷嘱王楫，云

---

① 余英时：《朱熹的历史世界》，第495页。

② 余英时：《朱熹的历史世界》，第497页。

③ 郑鹤声《宋袁机仲先生枢年谱》（王云五主编，台湾商务印书馆股份有限公司，1958年）系此事于淳熙十三年。据周必大《思陵录》，此事发生在淳熙十四年十一月。

④ 脱脱等：《宋史》，第11936页。

⑤ 张端义：《贵耳集》，郑州：大象出版社，2019年，第162—163页。

⑥ 脱脱等：《宋史》，第11936页。

余瑑是殿院亲戚，罪已该赦，钱有下落，可与责出知在。”故有是命。[1]

综合这些材料基本可以还原此事的大致经过：孝宗将高氏兄弟争夺财产案交给大理寺处理，由大理寺少卿袁枢负责。袁枢接到案件后，御史台阎姓人干涉袁枢审理。此事引起孝宗注意，下令让郑湜逮捕王楫及阎姓人。通过审讯，查出幕后主使殿中侍御史冷世光收受贿赂，徇私舞弊。而且证据“内有一台官贻书”，即“御史台姓阎人传意本寺”的书信。孝宗震怒，即刻罢免冷世光。袁枢由此被孝宗赏识，并授予权工部侍郎的职位。袁枢在与冷世光的冲突中是受益者而非受害者。

袁枢作为此事的受益者，但后来却受到贬两秩处罚，说明此事还存在不为人知的隐曲。袁枢“因论大理狱案请外，有予郡之命”[2]。陈亮曾在与尤袤书信提及此事，可以帮我们大致推知此事的时间。陈亮信中有“林黄钟得郡(七月二十五日)之明日，朱元晦得祠庙(七月二十六日)”[3]，那么此信当写在八九月或更晚，袁枢请外大约就在此时。淳熙十五年十月，周必大为袁枢辩护，对孝宗说：“袁枢久被圣知，偶与陈贾有仇，近复因冷世光事，所以不乐多荐。”[4]但是到十二月之后，情况便发生了巨大变化。孝宗十二月二十六日内批云：“今则台臣与袁枢曲直已见。”[5]孝宗已经查清冷世光与袁枢冲突的真相，以内批授意宰执对袁枢进行处理。周必大正月十一日奏云：“臣等恭禀圣训，检会初拟袁枢指挥，进入前作‘挟私’，今御笔用‘挟忿’，尤中其失，伏乞睿照。”[6]十六年正月十二日，“权工部侍郎袁枢以论事挟忿，特降两官放罢”[7]。孝宗经过数月的调查，真相大白，袁枢因为挟私报复被降两官放罢。也就是说，袁枢办案时为了攻击冷世光采取了“非常手段”，当事情要暴露之时，他又主动请求外放以避祸，但孝宗查明真相，袁枢最终没能逃过处罚。余先生说袁枢因为“与王淮信任的殿中侍御史冷世光发生正面冲突，致‘贬两秩’”不算错，但没有追究个中缘由，多少有

① 徐松：《宋会要辑稿》，第4511页。
② 脱脱等：《宋史》，第11936页。
③ 陈亮：《陈亮集》，第326页。
④ 周必大：《周必大全集》，第1453页。
⑤ 周必大：《周必大全集》，第1445页。
⑥ 周必大：《周必大全集》，第1446页。
⑦ 徐松：《宋会要辑稿》，第4972页。

点歪曲事实。孝宗斥责台谏与袁枢被贬两秩没有因果关系。余先生错置了时间点，造成了孝宗不满台谏弹劾袁枢的假象。他还忽略了冷世光先因此事遭受处罚的事实，将袁枢彻底转变为袁、冷冲突的受害者。《宋史》"以朝臣劾御史寔自枢始"这样谄谀的话，不应被视为袁枢是正义一方的证据，更不当视为他的功绩。

四、结论

通过以上考证，我们可以看到：王淮与陈亮关系颇密，没有因为朱王交恶而受影响；淳熙十一年科举考试中，有道学背景的彭仲刚故意打压非道学士人，所以引起非道学士人的反击；赵善悉墓志铭中不敢举荐伪学的事是摄于庆元党禁的威势，而不是陈贾请禁伪学产生的恶劣影响；刘清之被罢是赵像之与冷世光所为，不是陈贾弹劾的；袁枢与冷世光的争斗中，袁枢是受益者，而不是受害者。余先生对史实的运用，打乱了时间序列，有意勾勒历史场景，致使这几件事的真相被蒙蔽。之所以会这样，一方面可能是他对史实的把握比较自信，另一方面可能是他对淳熙年间道学与非道学关系有着先入为主的判断。余先生认为淳熙年间存在道学派与官僚派的对立，而这些事件共同组成了一个完美的证据链条，成为第一代官僚集团打压道学派的证据。

余先生对道学与官僚成员的判定存在着标签化的现象。在《朱熹的历史世界》一书中，凡是参与打压道学人士的官员就是官僚派，凡是稍有道学背景而在仕途中存在被打压情况的，就是因为官僚出于打压道学的目的，事件本身的是非曲直被忽略。我们都知道不是所有道学人士都是正义的，也不是所有打压道学人士的人都对道学嗤之以鼻。比如林栗因为弹劾朱熹，所以被余先生作为官僚集团的一员，但实际上林栗具有深厚的道学背景。[1] 余先生认为这些事件都围绕王淮党羽打击道学而展开，而其核心是淳熙十年陈贾请禁道学事件。但淳熙十一年科举之争不是官僚故意打压道学人士，地方官不敢举荐道学士人的事情不存在，那么陈贾请禁道学事件究竟有多大影响，以及官僚集团是否成立都成了一个疑问。至于孝宗的晚年部署中是否有擢用理学型士大夫的考量自然

① 朱学博：《朱熹林栗纠葛新辨——兼论林栗与道学人士交谊》，《历史文献研究》，2021 年第 2 期。

也还要再讨论。

事件的记录都有倾向性，在弄清真相以前，要避免过多的情感介入。郑丙曾与陈贾"相与叶力攻道学"[1]，他曾介入淳熙九年朱熹弹劾唐仲友事件，不久后便出知建宁府。在周必大为他撰写的神道碑中，郑丙仕途不顺也是由于他人从中作梗。[2] 墓志铭等传记类文章中存在较为普遍的"弱者叙事"，即传主占据了道德正义却成为他人利益的牺牲品，撰写者多是以此种方法来规避传主的罪行与可能承受的道德谴责。袁枢与冷世光的斗争中，袁枢这位受益者后来却被视为受害者就是一个典型的例子。周必大被余先生视为道学派，他为官僚集团的郑丙撰写这种褒扬的神道碑；胡晋臣也被余先生认为是道学派，但他却进言请光宗召用攻击道学的郑丙[3]，这足以说明一些问题。至少在周必大笔下，郑丙没有特意与道学对立。或者说，道学与官僚的对立不是"冰炭不相入"的。我们应该从具体事件中去辨明是非，然后再观察其中是否掺杂着道学与非道学之争的因素，而不是抛开是非，凭直觉将所有事件视为党派或学派之争。

另外，笔者要说明的是，本文澄清这些历史事实不是为了挑战《朱熹的历史世界》的权威，也不是为了磨灭其对宋代思想史的贡献。余先生的贡献是给我们提供了一种新的研究的方法，而不是历史考证。当然，弄清楚这些历史事实，想必对阅读《朱熹的历史世界》与研究南宋中期学术与政治的关系有所助益。

Correction of Historical Events during the Chunxi Period in *Zhu Xi's historical world*

Dai Tiancai

Abstract: Yu Yingshi's *The Historical World of Zhu Xi* contains several errors regarding the historical facts of the Chunxi period. First, Wang Huai did not affect his relationship with Chen Liang because of his contradiction with Zhu Xi. Second, the

---

① 脱脱等:《宋史》，第 12072 页。

② 周必大:《周必大全集》，第 608 页。

③ 周必大:《周必大全集》，第 608 页。

controversy over the imperial examination in the 11th year of Chunxi had nothing to do with Chen Jia's request to prohibit learning Neo Confucianism. Third, local officials dare not recommend scholars with rational backgrounds. It happened during the period of Party ban, not during the Chunxi period. Fourth, Liu Qingzhi was impeached by Leng Shiguang by the imperial court, which has nothing to do with Chen Jia. Fifth, Yuan Shu was dismissed in the 16th year of Chunxi. He was punished by song Xiaozong for framing Leng Shiguang. Yu Yingshi's misinterpretation of historical facts made him believe that there was a conflict between Neo Confucianism and bureaucrats at the end of Chunxi, but this may not be the case.

Keywords: bureaucratic group; Neo Confucianism; Wang Huai; Chen Liang; Chen Jia; Leng Shiguang

清人“合骈于散”论

李玉鑫*

［摘　要］　宋代出现了使骈文向古文看齐，并取式于古文的“合骈于散”现象。在清代文学史上，“合骈于散”一定程度上表现为维护骈卑散尊的文体秩序，借攀附散文以达到尊体的目的，演绎了两宋以来的“合骈于散”思想，发掘出六朝文献中有与散文品质相缀属的部分。在复归六朝的运动中，清代骈文界借取散文中“气骨”“义法”等概念，自觉地依据这些基本点扭转宋明四六的风气，打造“六朝感”，造就了清代骈文由模拟六朝而别成一家的意趣。

［关键词］　清代骈文；合骈于散；尊体；六朝宗尚；自性构建

清人论及骈体，常以散文为参酌对象，并在创作理论上汲汲向散文靠拢。一个为人熟知的例子，即是骈文名家孔广森所谓“六朝文无非骈体，但纵横开阖，一与散体文同也”①。由此引申，也有过与“有波澜、有跌宕，使人忘其为四

---

* 李玉鑫（1994—　），男，新疆石河子人，浙江大学中文系博士研究生，主要研究领域为清代文学与骈文学。

① 孙星衍：《孙渊如外集》卷四《仪郑堂遗文序》，《清代诗文集汇编》第436册，上海：上海古籍出版社，2008年，第399页。

六，斯为善作四六者”[1]肖似的意趣。前人对这类从散文的角度出发，勘察骈体的文法、品位，并借以指导骈文发展的诸多论断虽无定称，然而撮其大旨，则“合骈于散”四字似可以约略传达之。这种有类于“六经注我”的“以散论骈”现象，固然与文体互参中的“以高行卑”原则相涉[2]；另一方面，在具体的时代语境中，其又绊连着清代文坛上腾涌的骈文尊体、复古等思潮，情况纷繁，犹须点破。“合骈于散”思想的流行，预示着异于前代的新风将会吹向骈林，是清代骈文因“嗣绪六朝”的机缘而致“自成一家”的制胜之密钥。对于该点，当代学人尚未有明论，故值得加以钩沉索隐。

一、“合骈于散”论的历史溯源

四库馆臣于王铚《四六话》，有“终宋之世，惟以隶事切合为工，组织繁碎，而文格日卑，皆铚等之论导之也”[3]的讥评。虽清人持论未必恰切[4]，倒也足供我们细绎一时文风。在创作与批评的相互策动下，四六文体诞生带来的前卫感，即是“以用事亲切为精妙，属对巧的为奇崛”[5]，斥革前代骈文辞意乖离的感受。盘绕着典故驱遣的核心，宋人四六论形成了注重警句的批评方式，为墨客设句摛词大开门径。流波所及，南宋中后期专供文人寻章摘句的四六类书应运而生，诸活套变为庸流的枕中鸿宝，加剧了晚宋四六程式化的进程[6]。若谓四六体式之弊常在有句无篇，颇能引发细碎穿凿之感，应当不是太过武断的说法。但就此认为骈俪家已无法阐生新的理论创获，却也不尽然！

关于宋四六的谱系，时人谓“皇朝四六，荆公（王安石）谨守法度，东坡（苏

---

① 顾诒禄：《缓堂文述》卷下，《清代诗文集汇编》第 289 册，第 485 页。相似说法又见其《缓堂文钞》卷四，《清代诗文集汇编》第 289 册，第 479 页。

② 参见吴承学：《中国古代文体形态研究》，广州：中山大学出版社，2000 年，第 359—363 页；蒋寅：《中国古代文体互参中“以高行卑”的体位定势》，《中国社会科学》，2008 年第 5 期。

③ 永瑢等：《四库全书总目》卷一九五《〈四六话〉提要》，北京：中华书局，1983 年，第 1783 页。

④ 如奚彤云即指出四库馆臣认为王铚引导宋四六转加细密、文格日卑的说法是倒果为因，笔者认为可信。参见奚彤云：《中国古代骈文批评史稿》，上海：华东师范大学出版社，2006 年，第 70 页。

⑤ 陈绎曾：《文章欧冶·四六附说》，王水照编《历代文话》第 2 册，上海：复旦大学出版社，2007 年，第 1266 页。

⑥ 关于南宋晚期类书与骈文演进的关系，参见侯体健：《四六类书的知识世界与晚宋骈文程式化》，《文艺研究》，2018 年第 8 期。

轼)雄深浩博,出于准绳之外,由是分为两派。近时汪浮溪(汪藻)、周益公(周必大)诸人类荆公,孙仲益(孙觌)、杨诚斋(杨万里)诸人类东坡"[1]。在向上追索四六文发展谱系时,历代学人或将两派远源溯至欧阳修。然而宋人于王安石之派自有分说,"王荆公虽高妙,亦出英公(夏竦),但化之以义理而已"[2],即令与欧苏一派有亲缘性,其生面别开似无待歧解。得益于宋代古文运动的胜利,四六可以取资于日渐博大的古文,文体诉求不由地向古文合拢。取则于古文以摆落四六文摘裂庸俗之短,是王、苏两派作手的选择。

欧阳修"始以文体为对属"[3],苏轼也长于此道,以带有散文笔法的长句融入四六创作,于俪体中添一创格。南宋晚期的吴子良凭据对欧苏骈文的阅读体验,得出"盖四六与古文同一关键"[4]之语。考虑到两宋骈散二体截然划界,是说可谓颇具只眼。此派后进或因才力欠缺,或因习学失当,反而拘于绳墨,演为学步效颦之举。对此,楼钥论道:

> 夫唐文三变,宋之文亦几变矣。止论骈俪之体,亦复屡变。作者争名,恐无以大相过,则又习为长句,全引古语,以为奇崛,反累正气。况本以文从字顺,便于宣读,而一联或至数十言,识者不以为善也。惟公与汪龙溪(汪藻)追述古作,谨四六之体。[5]

针对这句话,谢伋所论可做旁参:"四六施于制诰表奏文檄,本以便于宣读,多以四字六字为句。"[6]相对于直接以文体为四六者,谢采伯以为"四六本只是便宣读,要使如散文而有属对乃善。欧苏只是一篇古文,至汪龙溪而少变"[7],将浑融散文气象又谨严四六格律者置为高格,正为其明澈之处。楼、谢二人同时肯定汪藻骈文一扫欧苏之风,也可看出南宋骈林矫厉文风之举,出于宋人有意识地"合骈于散",着重在于以散体统摄骈体,而非呆板地强调骈体散化。周

---

① 杨囦道:《云庄四六余话》,《历代文话》第1册,第119页。
② 王铚:《四六话》卷上,《历代文话》第1册,第9页。
③ 陈师道:《后山诗话》,《景印文渊阁四库全书》第1478册,台北:台湾商务印书馆,1986年,第285页。
④ 吴子良:《荆溪林下偶谈》卷二,"四六与古文同一关键"条,《历代文话》第1册,第554页。
⑤ 楼钥:《攻媿集》卷五一《北海先生文集序》,《景印文渊阁四库全书》第1152册,第801页。
⑥ 谢伋:《四六谈尘》,《历代文话》第1册,第34页。
⑦ 谢采伯:《密斋笔记》卷三,《景印文渊阁四库全书》第864册,第670页。

必大于王荆公一派允为遥裔，自与欧苏四六异趣。但他在谨守四六矩矱的同时，也有向散文看齐的一面，留下了“四六特拘对耳，其立意措辞，贵浑融有味，与散文同”[①]这个与清人所持会心不远的解释。周氏认为四六只是在形式上为对偶所捆缚，在表意修辞方面则以含而不露、包含意趣为尚，实与散文异辕合轨。其中的“浑融有味”，不仅是对散体四六干枯沉冗之玷的反拨，也明确指向文格日卑的纤巧浇薄之作。生逢宋末元初的方逢辰以为胡伯骥骈文“铺叙旋折，咳唾历荦如散文”[②]，传达出对四六容受散文之美的歆羡。宋室背海立国之后，四六兼备散文气质，俨然为论家标举的佳品。

客观地说，以散文为四六创作内化标准的笔阵新风，并未能转圜宋四六式微的命运。衍降至南宋季年，四六竟蜕变出“类书之外编，公牍之副本，而冗滥极矣”[③]的衰朽景象。清人孙梅直言俪文“至南宋之末，菁华已竭”[④]，大致代表了今之视昔者对文运升降的观感。而宋人挽救四六颓势的努力，终在后世觅得归宿。陈绎曾在《四六附说》中，对四六作法有过总结。在“宋人四六之新规”中，文句经过剪裁、进入融化时，总要以一“串”字诀加以收束：

> 联串两句，融化明白。一段数联，又须融化相串。篇串数段，仍须融化照应。脉络贯通，语意浏亮，浑然天成，则式虽四六文，与古文不异矣。[⑤]

他特意拈出“浑然天成”一词，结合他提出的俪体之上格为“辞意明白，浑然天成”[⑥]的“浑成格”，不难想见陈氏自觉地将散文为宋四六创作的旨归，正是对宋人文弊的某种救正。陈绎曾于四六句段间串联的提摄发微，或有为诸“式”制法的兴味。但借由其对宋四六创作方法的归结，我们也得以窥见四六活套盛行的宋元时期，问途于古文以求新变的习尚已悄然树立。

---

① 罗大经著，王瑞来点校：《鹤林玉露》甲编卷二，北京：中华书局，1983 年点校本，第 27 页。

② 方逢辰：《蛟峰文集》卷四《胡德甫四六外编序》，《景印文渊阁四库全书》第 1187 册，第 536 页。

③ 永瑢等：《四库全书总目》卷一六三《〈四六标准〉提要》，第 1396 页。

④ 孙梅著，李金松校点：《四六丛话》卷首《四六丛话凡例》，北京：人民文学出版社，2010 年点校本，第 11 页。

⑤ 陈绎曾：《文章欧冶·四六附说》，《历代文话》第 2 册，第 1268 页。

⑥ 陈绎曾：《文章欧冶·四六附说》，《历代文话》第 2 册，第 1272 页。

以身份而言，为宋四六开辟了一代文学面貌的欧、苏、王三人，一向以古文擅场，似乎四六仅其余技。尤其是王安石四六的地位，几乎被其古文盛名遮蔽。更进一步说，北宋中期的骈文改造，通常是以古文家为先锋，调动他们既有的散文素养，尽力与六朝拉开距离，勠力于骈文者反而缺乏改造骈文的意愿。直接将古文的句式、语汇派入四六中，难以尽除斧凿的痕迹。因而带来的枯瘦、干涩等消极意义，恰是自蹈其弊。放在清代由骈文家主导的复归六朝运动上看，这反成一站。因此，宋人四六不是清代骈文中兴的递归方向。欧苏一派尤为有清文家所冷视："如欧、苏以散文为表启，而姑属以比偶，使人索然意尽。亦犹《秋声》《赤壁》诸赋，方欲凌厉扬马，不知体降而日下也。"[①]但宋四六将散文引为同调，使四六向散文靠拢的认识却在异代重生，并透过"六朝"的滤镜，给予清代骈文由宋唐上窥两汉之明鉴。

二、"合骈于散"论与尊体观念

中唐韩愈以复古为革新，要求贬抑骈文，重树秦汉文章写作传统，是周隋以来文坛由华返质趋势的划时代节点。韩柳等人在文坛激起的涟漪经过百余年的传导，终于在宋初荡开波澜，并在欧苏等执牛耳者的引导下成为后世之主流。骈文书写版图经过六朝初唐的高峰后，始终难以再臻极盛，堪称中世后期文章书写变局深化与泛化的一项历史性成果。

随着儒学在两宋的复兴，中唐下逮宋元的文章主流渐为散文占据，骈文的地位不可逆转地滑落，为文人所摈抑。叶适"于欧公四六，暗诵如流，而所作亦甚似之"[②]，又不吝痛斥骈俪之文"循沿汉末以及宋、齐，此真两汉刀笔吏能之而不作者，而今世谓之奇文绝技"[③]，以至詈为"最为陋而无用"。黄震因见制诰拘于四六对偶的形式主义，遂有"果可谓之文章欤"[④]之叹。宋儒诸说，正带来骈文地位卑下的消息。后人将这段文学史描述为"自唐以前，朝廷诏命、私

---

① 毛际可：《安序堂文钞》卷六《王仲昭骈体序》，《清代诗文集汇编》第130册，第391页。

② 吴子良：《荆溪林下偶谈》卷二，"四六与古文同一关键"条，《历代文话》第1册，第555页。

③ 叶适：《水心别集》卷一三，"宏词"条，《丛书集成续编》第129册，台北：台湾新文丰出版公司，1989年，第870页。

④ 黄震：《黄氏日抄·读文集》，"内制集序"条，《历代文话》第1册，第674页。

家碑碣无不用俪偶之文。意味深厚，文词典雅，故可贵也。至宋后儒者，以古文自尊，乃始尚单行而贱俪偶，而于古人修词之道或反失之”[①]，确实深得旨要。

骈文经历元明两代，几乎一蹶不振。明末时，吴应箕指明“世之无古文也久矣，今天下不独能作，知之者实少。小有才致，便趋入六朝，流丽华赡，将不终日而靡矣”[②]，递出文坛新变的景象。因为四六表启在晚明的重要性，轻鄙骈文的风气下沉至骈体复振的晚明，引起了时辈的反弹，骈文尊体思想由此滥觞[③]。骈散文入清而盛，但长久存在的骈卑散尊局面，并未随着二体互竞消解。清初骈文的“实战”佳绩，引来了一些喜好古文辞者的瞩目。毛际可初不好骈文，直至震于陈维崧的俪体文，惊叹之余遂给予“真有古文辞行乎其间”[④]的评语。在散文界，方苞、李绂等人提倡“古文辞禁”，试图通过净化古文品格的方式拔擢古文的地位。其中一项，便是与骈词俪句作沟中断——这不啻在文体文风上贬抑了骈文。方苞为独尊古文，甚至直接将骈文蔑为填词小技：“至于四六、时文、诗赋，则具有墙壁窠臼，按其格式，填词而已。以言乎文，固甚远矣。”[⑤]在轩骈轾散的文体品位定局下，清人“合骈于散”论的时代共性，就在于与清代文坛的尊体思潮相互策应，喜好四六排偶者借由提高骈文的品格，在骈散之争中改变于己不利的时局。

乾嘉以来，词囿渐臻骈散二体“两相竞因、两相薄窃”[⑥]之势，清人“合骈于散”论的降诞恰逢其会，有期冀四六骈体能企及散文的创作水平乃至有以过之的内韵，是骈林力图扭正骈文“齐梁小儿语”地位所做的功课。一个学界习焉不察的事实是，尽管清中叶文坛上大有“宗散者鄙俪词为俳优”[⑦]之声，一些好骈者囿于时见，依然以散文为文章嫡流，不由得视为鼓吹尊体的标尺。如吴鼒本

---

① 俞樾：《宾萌外集》卷首《宾萌外集序》，同治辛未年（1871）“德清俞氏书”本。

② 吴应箕：《楼山堂集》卷一五《与刘舆父论古文诗赋书》，《续修四库全书》第1388册，上海：上海古籍出版社，2002年，第545页。

③ 关于晚明的骈文尊体理论，参见李金松：《尊体：晚明骈文批评的理论向度》，《中南大学学报（社会科学版）》，2020年第4期。

④ 毛际可：《安序堂文钞》卷五《陈其年文集序》，《清代诗文集汇编》第130册，第382页。

⑤ 方苞著，刘季高校点：《方苞集》附录一《方苞年谱》，上海：上海古籍出版社，2008年，第890页。

⑥ 朱琦：《小万卷斋文集》卷首《小万卷斋文稿自序》，《清代诗文集汇编》第494册，第4页。

⑦ 刘开：《孟涂骈体文》卷二《与王子卿太守论骈体书》，《续修四库全书》第1510册，第426页。

欲遴选十家四六[1]，最终操选政时却“定八家之文，逸二汪（原注：容甫、存南）之作”[2]，以八家为限：这无疑滑向与《唐宋八大家文钞》对垒的境地。但他在《文钞》序中仍以古文为作文高标，以为诸多文病令骈文写作“不得仰配于古文词宜矣”[3]。曾燠纂辑《国朝骈体正宗》，隐然以撷取本朝骈文正宗自任。他提到“夫骈体者，齐梁之人学秦汉而变焉者也”[4]，自是通脱之见，被张寿荣赞为“谓齐梁人学秦汉而变，论较核”[5]。与吴鼒相似，曾氏所述“古文丧真，反逊骈体；骈体脱俗，即是古文。迹似两歧，道当一贯”[6]的有卓识。但其犹视古文为高标，骈文需脱俗方为古文所俯就——欲尊骈体而以古文为内化标准，几乎无异于自屈身份了。这传达出通达的骈文论者对古文并无太大的“夺席”之意，他们有意在历时已久的文坛秩序下，考求骈体应有的地位。

值得一提的是，以骈文为散文之变的言论，并非清人创格。元明时期，骈文即作为散文的变格登场，并为论者所短。如元人从文学退步史观出发，总结出“散文变而为四六”[7]的文体衰变论。明代吴讷《文章辨体》尊古文为正体，以“四六为古文之变”[8]而贬诸外集。入清后，类似言论反被选作时人尊体的手段。胡天游于清代骈文有“振起衰弱”[9]之功，他为骈文正名辨体的同时，特持此说以崇骈体：“吾最恶‘四六’二字。夫骈体者，散体之变耳。古人文单句行双句中何限，乌有字必四、句必六者？”[10]从这层意义上来说，同一言论虽有解读的多样性，恐怕清人“合骈于散”论也不由含有些许自卑。那么，与宋人王铚所论“世所谓笺题表启号为四六者，皆诗赋之苗裔也。故诗赋盛，则刀笔盛，而其衰亦然”[11]相权而言，曾燠的另一重论断，“大抵骈体之兴，古文尚存；古文寖失，骈体

---

① 参见曹虹、陈曙雯、倪惠颖：《清代常州骈文研究》，南京：江苏人民出版社，2010 年，第 143 页。

② 谭献著，罗仲鼎、俞浣萍点校：《谭献集·复堂文》卷四《吴学士遗文序》，杭州：浙江古籍出版社，2012 年，第 98 页。

③ 吴鼒：《八家四六文注》卷首《八家四六文钞叙》，光绪十八年（1892）上海图书集成印书局铅印本。

④ 曾燠辑，姚燮评：《国朝骈体正宗评本》卷首《国朝骈体正宗序》，光绪甲申年（1884）张氏花雨楼校本。

⑤ 曾燠辑，姚燮评：《国朝骈体正宗评本》卷首《国朝骈体正宗序》，光绪甲申年（1884）张氏花雨楼校本。

⑥ 曾燠辑，姚燮评：《国朝骈体正宗评本》卷首《国朝骈体正宗序》，光绪甲申年（1884）张氏花雨楼校本。

⑦ 胡祗遹：《紫山大全集》卷一一《郁文堂记》，《景印文渊阁四库全书》第 1196 册，第 205 页。

⑧ 吴讷：《文章辨体》卷首《文章辨体凡例》，《历代文话》第 3 册，第 1588 页。

⑨ 盛大士：《蕴素阁别集》卷首《蕴素阁别集自序》，《续修四库全书》第 1493 册，第 615 页。

⑩ 程晋芳：《勉行堂文集》卷二《胡稚威文集后序》，《清代诗文集汇编》第 343 册，第 462 页。

⑪ 王铚：《四六话》卷首《四六话序》，《历代文话》第 1 册，第 6 页。

亦亡”[1]所积淀的尊体意识，无疑勾勒出了清人“合骈于散”的话术体系，有刻意攀附散文以尊骈体的影子。这也见出清代学者抛出“骈散同质”论的命意所在，即为使骈文分享古文的“文统”，凭此厘革古文派心中骈体品位低下的历史包袱。

其实，“合骈于散”之论非但为骈文家常用的尊体途径，一些对骈散无甚崖略之感、乃至于以古文鸣于世者亦时及之。李祖陶(1776—1858)“论文之大旨，专主南雷(笔者按：指黄宗羲与其南雷学派)，以不名一辙，惟其精神之所至而捃拾之”[2]，所纂《国朝文录》登录陈兆仑文三卷，并题辞称：

> 先生以诗文擅名，义法本之方朴山，而面貌各别。大略沉思独往，浩气孤行，虽排偶而有单行之势。深入无际，亦旷然无垠，盖举前贤之藩篱而尽破之者。[3]

陈兆仑(1700—1771)，字星斋，号句山，浙江钱塘人，所著《紫竹山房文集》有乾隆年间刻本。其第二十卷标为“骈体”，分为碑文、寿序、祭文、题词四种文体，凡二十一篇。李氏此书虽志不在骈体，但在这样一部宣扬古文的书中，借骈文家“合骈于散”的话术评价陈星斋的骈文，奖掖其中的散行气度，无疑是从侧面推阐了这种批评模式的尊体效用。

道咸之后，在“合骈于散”的尊体维度上，称赞骈体有散文的舒展自如之概，升为一种文学批评的范式。如人称袁翼俪体文曰“叙次明净，锻炼精纯。词取达意，不事华缛。发挥经史，纵横开阖，一与散体文同”[4]。沿着这个方向延伸，因规抚六朝而“古”意盎然的骈文，是无须斤斤判别骈散乃至不嫌乎阑入古文畛域的。就像镇洋盛大士对萧令裕骈文颇相知许，以臻于散文之境相切劘：“夫文章本无分骈散也。能不懈而及于古，则骈体即散体矣。”[5]夏敬观为黄孝纾《匑厂文稿序》云“俾知兹篇即《易・文言》遗制，谓之(按《匑厂文稿》)‘古文’，亦无

---

① 曾燠：《有正味斋骈体文笺注》卷首《有正味斋骈体文集序》，光绪己丑年(1889)年上海蜚英馆石印本。

② 李祖陶：《迈堂文略》卷首《迈堂文略序》，《清代诗文集汇编》第519册，第531页。

③ 李祖陶：《紫竹山房文录》卷首《紫竹山房文录引》，《续修四库全书》第1670册，第281页。

④ 朱舲：《邃怀堂骈文笺注》卷首《邃怀堂骈文笺注目录识》，《续修四库全书》第1515册，第328页。

⑤ 盛大士：《寄生馆文集》附录《寄生馆文集跋》，“楚州丛书”本。

不可"[1],直接将骈文视作"古文"。循此而上,也有学者揭明"文之古与否,当于气骨间辩之,不系乎辞之骈散"的道理,不以骈散为古今之分野:"如徒以散文为古,将遂以骈文为非古乎?将遂以宋元以后之散文,古于隋唐以前之骈文乎"[2]。极力否定用"古文"代指散文的做法,以气骨论之,骈文同样可以是"古文",赋予了"古文"混成的意味。这里的精明之处,实在于破除了"古文"封闭的指向,寓重构于解构之中,疏浚了"古文"内涵向骈文扩容的通道,巧妙地回答了清初以来的骈散之争,竟是"入室操戈"之举了。

三、"合骈于散"论与清代的六朝宗尚

明季四六的重振,诸士夫以极大的热情抽黄对白,却因一衍南宋四六的颓靡,引致出生前身后之人的刺讥。余波所及,四六体也随之牵率,流为后人非毁的对象。启祯间的江南文学社团以文学复古为依托,使汉魏六朝文侧身于经典的阃域,六朝风味被树为一时之宠。一个有趣的例子来自清初文人的文学评点。王嗣槐(1620—?)《桂山堂文选》卷七《祭梁太夫人文》及卷九《祭李总督祝夫人文》均为四言韵文。二文评语以庾信为的,一曰"神似子山"[3],一曰"入庾开府集中未知谁为伯仲"[4],而后者却被标为"俪体"。这提点我们从六朝风尚流衍的层次,动态考察清人赋予文艺理论的新内涵。

近代学者刘世珩尝以学术为因依,归结清中叶的文坛气质:"乾嘉之诗文率由考订推演而出,虽不甚讲求格律,而无蹇浅质僿之弊。"[5]学术复古与骈文复古掩映成风,骈文家大多博通"许郑贾马之学",旨在复活六朝气韵的气息翻涌。同时,为文坛"以故为新"思潮所助益,以桐城派为代表的"古文一脉",紧扣"国初风气还淳,一时学者始复讲唐宋以来之矩镬"[6]的线索,拨正明七子以来"伪

---

① 夏敬观:《窈厂文稿》卷首《窈厂文稿序》,沈云龙主编:《近代中国史料丛刊》第七十三辑第726册,台北:文海出版社,1972年,第9页。

② 李慈铭著,刘再校点:《越缦堂诗文集》附录二《越缦堂骈体文叙例》,上海:上海古籍出版社,2012年,第1551页。

③ 王嗣槐:《桂山堂文选》卷七《祭梁太夫人文》,《清代诗文集汇编》第73册,第323页。引文录自文末评语。

④ 王嗣槐:《桂山堂文选》卷九《祭李总督祝夫人文》,《清代诗文集汇编》第73册,第450页。引文录自文末评语。

⑤ 刘世珩:《蕉声馆集》卷首《蕉声馆集序》,《清代诗文集汇编》第501册,第385页。

⑥ 永瑢等:《四库全书总目》卷一七三《〈尧峰文集〉提要》,第1522页。

古文”的流弊，开创了以方苞、归有光为津梁，由唐宋八家上溯秦汉的作文要旨。骈散二体分置坛坫，缚系的不同学术蕲向，随着汉宋之争的学术公案而映现出竞兴代雄之势：

> 骈文流别，清代繁兴。齐梁踵奇，唐宋派别。大抵业在义理、经济者，多喜散文；精于许郑、骚选者，必工骈体。梅伯言、刘孟途诸人，多由骈入散；阮伯元、李申耆诸人，则合散于骈。由骈入散者，学每宿于宋儒；合散于骈者，学必遥究汉法。[①]

工骈体者普遍学殖敦庞。他们通过精研汉魏六朝之文，研判出该时段文章虽属骈俪，却与散文气息相投。面对古文的挤压时，骈文阵营也执此点以反驳：“于散文用骈语，后来古文家以骈语为厉禁，不思魏晋以前，初不分骈散为两途，分之自韩柳始。”[②]这类思想透露出不拘骈散的愿景，也影响到清民之间“魏晋体”的激活。

在追踪汉魏六朝的散文遗绪方面，一些耐人寻味的例子是值得陈举的。如四库馆臣在《〈四六法海〉提要》中阐明四六与散文同源异流的观点，对这部前朝选本赞誉有加，“大抵皆变体之初，俪语、散文相兼而用。其齐梁以至唐人，亦多取不甚拘对偶者。俾读者知四六之文，运意遣词，与古文不异，于兹体深为有功”[③]，从官方肯定了《四六法海》的难得之处，就在于引起读者由该选本认骈体写作与古文相仿的特性。又如骈俪大家傅桐与另一名手刘履芬论文时，亦称“六朝俪耦，虽尚华饰，究其至者，实符秦汉。莫不神与古会，瑰烁渊懿”[④]。此外，乾嘉后的骈文已启上探魏晋的“还淳之渐”[⑤]，晚清时汉魏与齐梁已被人视为两种体格：“学偶之文，其名亦四：曰汉魏、曰齐梁、曰唐、曰宋。”[⑥]隆崇运单成复、又不专尚偶俪的汉魏晋宋体蔚成潮流。孙衍庆谈到骈文“导源于周秦，滥觞

---

① 王葆心：《罗田两太史骈体文录》卷首《罗田两太史骈体文录序》，民国庚午年(1930)刻本

② 平步青：《霞外攟屑》卷七上，“韩欧文骈语”条，《续修四库全书》第1163册，第566页。

③ 永瑢等：《四库全书总目》卷一八九《〈四六法海〉提要》，第1719页。

④ 傅桐：《梧生文钞》卷六《与刘彦清司马书》，《清代诗文集汇编》第669册，第39页。

⑤ 王效成：《梧生文钞》卷首《梧生文钞序》，《清代诗文集汇编》第669册，第1页。

⑥ 胡念修：《问湘楼骈文初稿》卷二《国朝骈体文家小传序》，《清代诗文集汇编》第793册，第315页。

于汉魏，其始也，犹骈而不俪。气盛则言长，理举则词达，体虽骈而无异于散行。至东晋以后，弟靡成风，专尚涂饰，其气郁，其理晦矣”[①]，即认为汉魏之文与散行体交轨，比后来装饰感增强的齐梁体更具开阖生动之笔势。后来孙德谦意识到傅亮《为宋公至洛阳谒五陵表》的散朗回复之妙，以为“此篇竟同散文，几无偶句，但究不得不以骈文视之。盖所贵乎骈文者，当玩味其气息。故六朝时虽以骈偶见长，于此等文字尤宜取法。彼以骈、散画为两途者，盍将季友辈所撰一读之？若以斯文入之散文中，其有以异乎？”[②]有必要指出，孙氏以为是文几乎与散文无异的说法，曾引来日本学者铃木虎雄的困惑，以为其文学观在于“文章应非散非偶”[③]。不过，他未意识到清人是善于扬榷六朝文中散文情结的，并特意在骈文“六朝运动”中推行之，故氏之所论与清代骈文的“合骈于散”思想实有一间之未达。

无须讳言，清人作文若不加提防，或至陷入“迩年来从事秦汉八家，然落笔为齐梁体制，已无复向时声偶”[④]的尴尬境地而无力自拔。这固然与个人的才地、见识有关，然则不妨设问的是，为什么一向以“文弊道衰”面目出现的汉魏六朝之文，被清人交口誉为与秦汉甚至八家散文大有融通之意？抑或说，对六朝的崇尚何以能成为清人通向“合骈于散”的介质？除开骈文家应对古文势力轻诋时，策略性地对该阶段文章的持续煽扬等显在因素外，还需关照到清人虽痛惩于“骈文体格已卑，故其理与填词相通”[⑤]的现实，似乎又缺乏宋儒不讳剖白“词别是一家”的勇气，总是希望以补充散文谱系的方式自尊，并径直导向清人以六朝骈体为散文之变的定性。魏晋以来文章作为“踵事增华”的产物，本身承载了文学发展流变的历史延续性，势必会接续散文的部分属性。对于该点，曾有前人主动潜入具体的文学发生场域中，发掘其间的散文气象。

咸丰二年(1852)秋，贾桢(1798—1874)为鲍桂生《藏书楼骈文钞》作序时，关注到了六朝文中的散文之“气”，说道：

① 孙衍庆：《小鸥波馆骈体文钞》卷首《小鸥波馆骈体文钞序》，《清代诗文集汇编》第629册，第242页。

② 孙德谦：《六朝丽指》“贵用散行”条，《历代文话》第9册，第8444页。

③ 铃木虎雄著，陆建林、莫道才译：《骈文的含义、涵盖的范围以及骈散合一问题——〈骈文史序说〉节译》，《广西科技师范学院学报》，2000年第4期。

④ 方象瑛：《桂山堂文选》卷首《桂山堂文选序》，《清代诗文集汇编》第73册，第7页。

⑤ 朱一新著，吕鸿儒、张长法点校：《无邪堂答问》卷二，北京：中华书局，2000年，第91页。

骈俪之文昉于六代，而南阳庾氏蔚为词□之宗。其惊才绝艳，本由天授。而台城之兵燹，荆江之俘累，秦关之羁旅，无不目睹而躬亲之。悲愤郁结之气，一于所为文发见。故虽为排偶，而离合变化，一如单行之神也。①

引文中的说法，与杜诗“庾信生平最萧瑟，暮年诗赋动江关”一句默应潜通。认为庾信文章虽属排偶，又与“单行(散文)”相扣合的论调，似可从前文所称引的孔广森言论中觅得远源。同年冬，柏葰在为斯集作序时，言其“文举之气体清华，安仁之清丽绝世，其追步徐庾处，以单行之气行于排偶之中，戛戛乎其难之”②，实是通过六朝骈文的媒介，将当朝俪体与散文相勾连。考虑到贾、柏二文的时间顺序，以及两人当时都在京为官的经历，柏序分明带有贾论的影子，并对之相推许。经由两段文字而无需词费，亦可看出当时人意识中“以气行文”的作文要诀难为散文独享，六朝文章亦时有之，是颇具左右逢源之乐的。后来朱一新提出“潜气内转，上抗下坠，此中自有音节”的妙旨，也经由“多读六朝文则知之”③而得。下至民国时期，骈文家李详也从文气的目标出发，寻觅出“六朝俪文，色泽虽殊，其潜气内转，默默相通，与散文无异旨也”④这个与“合骈于散”灵犀相通的结论。

在当代看来，六朝偶俪之体对秦汉文章的承袭之迹斑斑俱在。在骈散峙立的清代，各派有识者之间尤贵在将六朝纳入文章谱系，补足原来“文统”说的缺项。六朝文能在整散之间八面驶风的体性被充分发掘，进而成为清人持续完善“合骈于散”观念的源头活水。宗骈文者一面将汉魏六朝之文奉为不祧之祖，另一面又强调其与散文逼肖，借寻津于六朝的机会，以散文的品格个性培植当代骈文，为其摆脱“五代下无骈体”⑤的恶谥开凿通路。这或许受到了类似曾燠论文警语“骈文脱俗，即是散文”蕴藏的尊体理路的陶染，却也恰切地投射出清人豁达通融的气度雅局，以及他们擅识异量之美的眼光识力。

---

① 贾桢：《藏书楼骈文钞》卷首《藏书楼骈文钞序》，《清代诗文集汇编》第710册，第712页

② 柏葰：《藏书楼骈文钞》卷首《藏书楼骈文钞序》，《清代诗文集汇编》第710册，第713页。

③ 朱一新著，吕鸿儒、张长法点校：《无邪堂答问》卷二，第92页。

④ 李详：《李审言文集·学制斋书札》上卷《答江都王翰菜论文书》，南京：江苏古籍出版社，1989年，第1061页。

⑤ 张文虎：《舒艺室杂著乙编》卷上《大吉羊室遗稿序》，《清代诗文集汇编》第630册，第363页。

四、“合骈于散”与清代骈文理论的新变

清人能凭依“合骈于散”的思想建构当朝骈文的自性，实仰赖于他们能以六朝风神为抓手，使骈语主动贴合散文格调，持续清算骈文的不良习气。这要从骈文自身的发展说起。

我们知道，骈文因“偶必征典为助”[①]的特色便于腹笥丰满者摛藻驰辩；运单成复的形式则易导致“排比对偶，易伤于词”[②]的困碍。在行文中，六朝初唐骈文多见与文题暗相扣合，又游离于叙述说理之外的修饰性丽词。这类敲金戛玉式的文字常打断叙述脉络，引致段落间的转折显出跳脱甚至意脉断裂的质感，竟与贡布里希提出的“中断效果”[③]不乏合辙之趣。在我国传统文论中，这种现象不妨概括为朱一新所论“潜气内转，上抗下坠”，却为宋人所訾謷。欧阳修以为“往时作四六者，多用古人语及广引故事，以炫博学，而不思述事之不畅”[④]，是他后来“以文体为四六”[⑤]的发端。明季四六有南宋末年的颓唐底色，毛奇龄说“究其堆垛，实判烂表章而已”[⑥]，是他反省近来骈文发展时一个触目惊心的描述。数量与质量倒挂，策动有清作者刻意复古，寄希望于专尚六朝而厘清笔阵颓势。怎样将宋明时期屡见黜落的六朝感嵌回四六中，就变成无法绕开的问题。骈文自性的构建，就寄寓在推寻答案的过程中。

清代骈文昌盛与明末四六复苏气息相通：“世谓齐梁以降，骈文莫盛于清代。抑知明人已导其先河矣。”[⑦]但处在文坛转型期的诸家，犹不能规避明末诸

① 查奕照：《真有益斋文编》卷首《真有益斋文编序》，《清代诗文集汇编》第521册，第602页。

② 吴鼒：《八家四六文注》卷首《问字堂外集题词》，光绪十八年(1892)上海图书集成印书局铅印本。

③ 所谓“中断效果”，参见贡布里希著，范景中译：《秩序感——装饰艺术的心理学研究》，长沙：湖南科学技术出版社，2002年，第124页。原文中“中断的效果即我们从秩序过渡到非秩序或非秩序过渡到秩序时所受到的震动”一句与本文所论较贴近。

④ 欧阳修著，李逸安点校：《欧阳修全集》卷一三〇《试笔》，“苏氏四六”条，北京：中华书局，2001年，第1983页。

⑤ 陈善：《扪虱新话》卷九，“以文体为诗、四六”条，《四库全书存目丛书·子部》第101册，济南：齐鲁书社，1995年，第304页。

⑥ 毛奇龄：《西河文集·序》卷一二《王西园偶言集序》，《清代诗文集汇编》第87册，第281页。

⑦ 孙学濂：《文章二论》卷下，“明清第七”篇，余祖坤编：《历代文话续编》第2册，南京：凤凰出版社，2013年，第890页。

弊。其中，尤为清人众口指摘的，当属“堆垛”之病。陈维崧文章导源庾信、四杰，多沉博绝丽之质，因累于明末四六遗规而“尚不堆砌叫豪之习”[①]，被后学批驳为“句嫌堆垛”[②]。堆集浮艳又与板滞失活例必相兼。如孔广森说“陈检讨句云‘四围皆王母灵禽，一片悉姮娥宝树’，此调殊恶。在古人宁以两‘之’字易‘灵’‘宝’二字也”[③]。这条经典论语一举勘破陈检讨刻板祭獭之瘁，被其甥许为“剪裁之隅举”[④]。应该说清初诸家仍在步趋六朝妍辞丽藻的阶段，为缓解四六体的干枯滞涩，加入了过多装饰成分，堆塞之病反倒愈为无解。

由规箴“堆垛”出发，又可析出细碎穿凿的缺陷。如章藻功以诗家的“合掌”大忌比类骈文之堆积板滞[⑤]，标揭“句虽偶出，义属散行”[⑥]以自高。不过他作文以雕琢新巧为金针反而误中副车，遂令四库馆臣有“遁为别调”“纯为宋格”[⑦]之目，更无怪乎晚清人以为其捃词绚丽，“然而丽或违乎则，巧或失于纤。制局谋篇，或徒事铺张而文少曲；寻章摘句，或过于割裂而义殊乖。非今人敢薄古人，殆尽美未能尽善”[⑧]，叠屋架床与破碎僵硬之质呼之欲出。此派末流甚至取“闻其年(原注：陈检讨)有云”与“就此时而论”为对[⑨]，可谓尖新颖异而又纤巧凡弱至极。

为回忌上述两类弊病，清初文人多以“骈偶中多流动之致”[⑩]为美。如毛际可认为休宁汪芳藻“虽师范检讨而起，复顿宕皆有浑灏之气相为回旋，亦使人摩

---

① 汪度：《木鸡书屋文四集》卷首《与黄鹤楼书》，《清代诗文集汇编》第565册，第189页。

② 张汉：《留砚堂集·骈体》下卷《阎湛庵四六话序》，《清代诗文集汇编》第248册，第219页。

③ 孙星衍：《孙渊如外集》卷四《仪郑堂遗文序》，《清代诗文集汇编》第436册，第399页。

④ 朱文翰：《退思粗定稿》卷一《复舅氏孔巽轩先生书》，《清代诗文集汇编》第465册，第660页。

⑤ 据笔者阅读所得，章藻功至少两次提到“合掌”说。其一为“即使两说整齐，故实尤嫌掌合”，参见章藻功：《注释思绮堂四六文集》卷一《序陆拒石夫子善卷堂遗集后》，《清代诗文集汇编》第198册，第365页。其二为“类聚群分，掌尤嫌合”，参见章藻功：《注释思绮堂四六文集》卷八《与吴般南论四六书》，《清代诗文集汇编》第198册，第726页。

⑥ 章藻功：《注释思绮堂四六文集》卷七《谢徐师鲁许注〈思绮堂文集〉启》，《清代诗文集汇编》第198册，第657页。

⑦ 永瑢等：《四库全书总目》卷一七三《〈陈检讨四六〉提要》，第1524页。

⑧ 田依渠：《茹古山房骈体文》卷一《还张石杉〈思绮堂四六文集〉启》，《清代诗文集汇编》第637册，第729页。

⑨ 桑调元：《弢甫集》卷二九《答沈樗庄书》，《清代诗文集汇编》第277册，第471页。

⑩ 陈悦旦：《乐在堂文集》卷四《祭梁芳严师相文》，《北京师范大学图书馆藏稀见清人别集丛刊》第4册，桂林：广西师范大学出版社，2007年，第97页。引文录自王均庞评语。

挚于神骨间而得之者也”[①]，习效陈维崧而不至板滞。同时人也评价其骈文“寓开合于排比之中，工组织于控制之内，所谓以笔语者也。若饾饤牙慧，那得有此生气”[②]。在此基础上，谋求“合骈于散”非但是水到渠成的，也为一些古文家所呼吁。李绂就以为四六“体不必拘，惟性所近。然调不可弱，意不可乱，词不可堆垛，一气浑成，读去似散文乃佳”[③]。其后，马鲁也转袭此说：“今之四六兼唐宋而更尚华赡。余谓华赡自好，但不得堆垛，需要一气浑成，读来似散文乃佳耳。”[④]这样的呼声为后来者着意“合骈于散”衔橛嚆矢。

清初诸家寻求突破前规的试验，在清中叶衍生出新的问题。经过康雍之际骈文创作的沉寂，乾嘉以降骈文界复通过深究六朝良好的创作精神，考掘出其“能不见堆垛之迹”[⑤]的特性，适与散文默默相通。这与两宋以来“或涂饰而掩情，或堆砌而伤气，或雕镂纤巧而伤雅”[⑥]的情况有以异之，正如张维屏所说的那样，“骈体所贵，树风骨于汉魏，撷情韵于六朝。以意运辞，而不累于辞；以气行意，而不滞于意。与古文体貌虽异，神理弗殊”[⑦]。由此，他们的目光由清初对六朝文设词使事的追拟，逐渐投注到如何更进一步地考虑文风、气息等问题上，主动反拨清初遗构，重树六朝轨模。抉其隐韵，则陈文田所言或可尽之：

窃念古文之所以贵者，理也、法也、气也。俪体文字舍是三者，又乌足言……若夫怊怅述情，沈吟铺辞，爰有风骨，发为神韵。引而申之，是或一道也。[⑧]

---

① 毛际可：《会侯先生文钞一集》卷八《汪蓉洲骈体序》，《四库全书存目丛书·集部》第229册，济南：齐鲁书社，1997年，第790页。

② 汪芳藻：《春晖楼四六》之《送王漳源郡丞新任严陵序》，清联萼楼写刻本，第27b页。引文录自李攸侯评语。

③ 李绂：《穆堂别稿》卷四四《秋山论文》，《清代诗文集汇编》第233册，第428页。

④ 马鲁：《南苑一知集》卷一，“四六文体”条，《清代家集丛刊》第20册，北京：国家图书馆出版社，2015年，第43页。

⑤ 李慈铭撰，由云龙辑：《越缦堂读书记八·文学》，“樊南文集”条，北京：中华书局，2006年，第633页。

⑥ 永瑢等：《四库全书总目提要》卷一八九《〈四六法海〉提要》，第1719页。

⑦ 张维屏：《听松庐骈体文》卷首《听松庐骈体文自序》，《清代诗文集汇编》第533册，第521页。

⑧ 陈文田：《晚晴轩俪体文存》卷首《晚晴轩俪体文存序》，《清代诗文集汇编》第652册，第1页。

陈氏所言古文的理、气、法，无非墨守前人“主之以理，张之以气，束之以法”[①]的蹊径。清代中叶以来，经由汉魏六朝之文的纽带，不以骋词妍丽为能事，可看作创作界的某种共识。相形可见的是，对文章整体性的关注，抑或说章法上升为名家的自觉追求，释放出清人透过古文积极构建当代骈文自性的信号。以散文的技法统摄四六文，构成了乾嘉以降骈文创作的主调之一，也是一时作者对六朝范式的深切悬解。细绎清人所论，无疑巩固了散文相对于骈文的上位感，根源上未跳出“合骈于散”概念的限界；若转换为不拘骈散的维度关照这段文学史，则提萃自汉魏六朝文学的诸说，未尝不是道咸以来骈散文达成和解的疏凿手。乾嘉以还，寻求骈散创作韵度相通之境，以散文检讨俪体的风习弥漫文坛。其中义法、气骨二端多被奉为南车之指。

“义法”，指行文法度。散文写作多以层次照应、叙述条畅为尚。映射在骈文创作上，就有从篇章结构层面关照文章的看法，与清代骈文摆脱词章之学的吁求桴鼓相应。如蒋士铨称“作四六不过即散行文字，稍加整齐，大肆烘托耳。其起伏顿挫，贯穿宾主，整与散无以异也”[②]。在此基础上，一些兼工骈散文者，欲借二体在构思布局上的相同之处，接引宗散文者习学四六骈体。闽省学者陈寿祺就执此说与同乡好友高澎然（雨农）讲艺。陈氏在《答高雨农舍人书》中明说“寿祺尝论四六之文，与律赋异格，与古文同源。必明乎谋篇命意之途，关键筋节之法，然后与古文出一机杼”[③]，在布局谋篇上申明骈文要取齐于古文。清末王先谦以为当朝骈体能抗手古文的秘因，就在于“参义法于古文，洗俳优之俗调”[④]。孙德谦与李详同是清代骈文的殿军，王蘧常曾记下王国维评价二人之语曰：“审言（李详）过于雕藻，知有句法而不知有章法，君得流宕之气，我谓审言定不如君。”[⑤]孙德谦对这句精要的点论极赏心，“每引以自喜”。从这条轶事，亦可得到晚清下涉民国的骈文批评中，创作技巧已由文字句式改向章法结构，是清代骈文自性构建的显例。

---

① 吴子良：《荆溪林下偶谈》卷二，“为文大概有三”条，《历代文话》第1册，第558页。

② 蒋士铨：《忠雅堂评选四六法海》卷首《忠雅堂评选〈四六法海〉总论》，光绪甲申年（1884）深柳读书堂刻本。

③ 陈寿祺：《左海文集》卷四《答高雨农舍人书》，《续修四库全书》第1496册，第182—183页。

④ 王先谦：《虚受堂文集》卷一五《骈文类纂序例》，《清代诗文集汇编》第749册，第614页。

⑤ 王蘧常：《四益宧骈文稿》卷首《清故贞士元和孙隘堪先生行状》，上海瑞华印务局刊本。

就气骨来说，清人称“四六文亦论骨力。何以生骨？意之所注，有坚凝者是也”[1]，亦即以意统文，无费捋扯，词达而已。方濬颐评价朱铭盘骈体“不患无才患无气，不患无格患无骨。气辅乎理，骨根乎情。过炼伤气则理未足，过琢害骨则情未真。去其幽隐怪僻，以返乎博大昌明；化其襞积堆垛，以入乎汪洋恣肆”[2]，显系针对迂阔蔓延之体而发。在这个方面，有人从文气、风骨立论，指出骈体如何沟通古文之意境：“本之以心灵，运之以真气，干之以风骨，而后修之以雅词，用能沉博绝丽，渊懿茂美，斥远凡近，与古文殊途同归。而区区抽黄媲白，悦时人耳目者，固未足多也。”[3]考索骈文的气质骨理而非强调言语精工，是对徒恃丽词不重篇章者的直接批驳，也是清代骈文取式于古文的成果之一。对此稍加引申，则清代骈文是不排斥锐意弱化骈俪属性的。一些纯用四言成句、不甚措意对偶的文章，往往用文气词意经纬其间，被视为深得六朝神韵。如胡念修《舟中与虚舟孝廉书》几乎是句式整齐的四言散文，文末有曰：“至于通体以四字截句，气疏词达，雅与古合，是深得六朝三昧者。”[4]后来陈衍也认可多用四字句乃“六朝体制”[5]。清人将前代不视为骈偶体的四言文引入骈文的范畴内，值得从该时期“骈体”义界的周延性位面予以重视。

不可否认，“合骈于散”的实践对清代骈文创作思想的形塑影响深远。文质相宣、朴疏淡雅的四六骈体，更符合清人心中的六朝风貌，故而将邵齐焘“于绮藻丰缛之中，能存简质清刚之制”视为寻求“融通骈古之趣”是恰当的[6]。他们张扬义法、气骨等说的用意，在于酌取古文笔法，从章法出发寻绎用词与表意间的均势，以便恢复汉魏六朝古趣。有时过度的“得意忘形”，不免坐为口实。如孙德谦对末学只仿效六朝文章对仗、音韵不尽完美，不从整体气概把握六朝风采的“假古董”深表不屑：“故余论骈文，平仄欲其谐，对切欲其工。苟有志于古，所贵取法六朝者，在通篇气局耳……彼貌为高古、但求形似者，吾无

---

① 张谦宜：《絸斋论文·细论三》卷四，《历代文话》第4册，第3915页。

② 方濬颐：《桂之华轩文集》卷首《桂之华轩文稿序》，《清代诗文集汇编》第775册，第377页。

③ 林则徐：《云左山房文钞》卷一《张孟平骈体文序》，《清代诗文集汇编》第548册，第738页。

④ 胡念修：《问湘楼骈文初稿》卷一《舟中与虚舟孝廉书》，《清代诗文集汇编》第793册，第404页。引文录自该文后所附方旭识语。

⑤ 陈衍：《石遗室论文》卷四，《历代文话》第7册，第6742页。

⑥ 参见曹虹：《异辕合轨：清人赋予“古文辞”概念的混成意趣》，《文学遗产》，2015年第4期。

取也。”[①]这似乎与程杲所持“四六主对,对不可不工”[②]之论交叠。但孙氏的着眼点尤在章法上,也就显得更高一筹。

总之,如果顺着这一思路,则较之没有明确骈散意识的汉魏六朝时期,有清士子求索复古笔致时,因为要将散文风韵回填进骈语中,在文本形态上总会留下自我作古的质感。谭献所谓骈体“古人多自然,今人多强勉”[③],即指向这种多重转述后的失真。但这样的“强勉感”正使清代骈文在趋步六朝的同时,又能因此别为一家,构建出特殊的调性。尽管晚近学者把不拘骈散的文章抨为“伪魏晋体”[④],却也不嫌斯文为清代骈文已寻到自性的绝佳证据。

Qing people's theory of "combining the parallel prose with the prose"

Li Yuxin

Abstract: In the Song Dynasty, the phenomenon of "parallel prose in combination with prose" appeared, which made the parallel prose look up to the ancient prose and take the form from the ancient prose. In the literary history of the Qing Dynasty, to a certain extent, the idea of "combining parallel prose with prose" is to maintain the stylistic order of "combining parallel prose with prose" and achieve the purpose of "respecting prose". At the same time, from the perspective of prose, the Qing people interpreted the thought of "combining parallelism with prose" since the Song Dynasty, and found out the parts of the literature of the Six Dynasties which are related to the quality of prose. In the movement of returning to the Six Dynasties, by borrowing the concepts of "Qi Gu" and "Yi Fa" in prose, and consciously based on these basic points, they changed the atmosphere of the parallel prose of song and Ming Dynasty, created a

---

① 孙德谦:《六朝丽指》,“贵在通篇气局”条,《历代文话》第 9 册,第 8495 页。

② 孙梅著,李金松校点:《四六丛话》卷首《四六丛话凡例》,第 6 页

③ 范旭仑,牟晓朋整理:《谭献日记》卷八,北京:中华书局,2013 年,第 210 页。据谭献自识,这条日记作于同治七年(1868)八月十一日。

④ 陈衍将清民之际流行的骈散错杂文体詈为“伪魏晋体”,参见钱钟书:《石语》,北京:生活·读书·新知三联书店,2002 年,第 482、483 页。

"sense of the Six Dynasties", and created the taste of parallel prose in Qing Dynasty, which imitated the Six Dynasties and became a different style.
Keywords: The parallel prose of Qing Dynasty; composing of parallel prose and prose; respecting the style; advocating the Six Dynasties; constructing the self nature

青年学者论坛

所予究竟是不是"神话"？

——对刘易斯与塞拉斯之争的新阐释

郝 璐*

［摘 要］ C. I. 刘易斯的所予概念及其概念实用主义遭遇多方批评，尤为著名的当属塞拉斯对"所予神话"的批判。尽管刘易斯的所予理论存在不合理之处，但塞拉斯的所予批判并没有完全击中刘易斯的要害。塞拉斯片面强调概念和非概念的二分，而刘易斯过分强调经验和概念的二分。本文试图从基础整体论立场为所予理论提供辩护，即我们的认识是一个与世界不断进行认知摩擦的过程，所予是认知摩擦的产物，构成了知识的基础。

［关键词］ 刘易斯；塞拉斯；所予神话；基础整体论；认知摩擦

所予问题是当代知识论的核心议题之一。自塞拉斯(Wilfrid Sellars)提出"所予神话"(myth of the given)这一批评后，相关讨论可谓汗牛充栋，许多哲学家以不同方式为其提供辩护或提出疑问。戴维森(Donald Davidson)延续塞拉

* 郝璐(1995—)，女，山东烟台人，上海财经大学人文学院外国哲学博士生，主要研究领域为知识论。

斯的精神,通过所予的批判来拒斥经验论,并发展了一种融贯论的知识论立场。麦克道尔(John McDowell)和布兰顿(Robert Brandom)等匹兹堡学派成员尽管各自的立场并不完全一致,但他们都试图站在塞拉斯的立场上进一步推进所予神话的批判,并尝试解决知识的经验基础问题。具有讽刺意味的是,在所予神话批判盛行半个多世纪以后,学界重新兴起了对所予理论最早提出者和辩护者刘易斯(Clarence Irving Lewis)的兴趣。最近,扎伦布斯基(Tomasz Zarębski)等学者尝试重新审视刘易斯的所予概念,认为塞拉斯的所予神话批判很大程度上建立在对刘易斯的所予概念的误解之上。本文试图沿着扎伦布斯基等人开辟的新思路,重新检视刘易斯与塞拉斯之间的真正分歧,并最终站在基础整体论立场上为刘易斯进行辩护。

本文的大致结构如下:第一部分简要说明刘易斯的所予概念以及塞拉斯的批判。刘易斯将所予视为知识的经验基础,这在塞拉斯看来是可疑的。第二部分分析扎伦布斯基对二者所予之争的新阐释及其问题,并探讨塞拉斯和刘易斯之间的真正分歧;第三部分引入吉拉·谢尔(Gila Sher)的基础整体论,试图对所予问题进行辩护。

一、刘易斯的所予概念及挑战

刘易斯是所予理论的主要捍卫者之一,在其代表作《心灵与世界秩序》和《对知识和评价的分析》中系统地阐述了所予的本质及其在知识中的地位。所予是经验中的非概念因素,它是外部世界给予人的一种感觉。“所予要么是一个具体的感受质(sese quale),要么是可以分解为感受质综合体的东西。”[①]所予“不能被心灵和思想过程改变”。[②] 它独立于心灵,不受心灵的影响。

在刘易斯看来,所予具有以下作用:首先,所予是构成知识的要素之一。“我们的认知经验存在两种要素:一种是直接材料,如呈现或赋予心灵的感觉材料,另一种是表现心灵活动的形式、结构或解释。”[③]“如果感觉材料没有给予心

① C. I. Lewis, *Mind and the World Order: Outline of a Theory of Knowledge*, New York: Charles Scribners, 1929, p.60.

② C. I. Lewis, *Mind and the World Order: Outline of a Theory of Knowledge*, p.66.

③ C. I. Lewis, *Mind and the World Order: Outline of a Theory of Knowledge*, p.38.

灵的话，知识必定是无内容的、任意的。如果心灵自身没有强加任何解释或构造，那么思想就变得多余，错误的可能性就无法得到解释。”①刘易斯借用了康德的思想，认为知识是先天概念解释经验所予的结果。没有概念和解释，我们接收到的感觉材料就是一堆未经整理的杂多。没有所予，我们的知识内容就是空洞的。二者缺一不可。其次，所予可以确保世界的客观性与独立性。世界给予我们的东西不能直接成为认识的材料，必须通过所予这一媒介再加上心灵的加工处理，我们才能认识对象。如果所予不存在，我们无法谈及世界。所予代表了世界的客观成分，它不受心灵的影响，不受概念的污染，如其所是地存在。刘易斯把所予真正的对象视为世界，但我们不能直接理解真正的世界，我们所能理解的世界是所予呈现出来的样子。世界是实在的、客观的，关于世界的知识的客观性就体现在所予上。所予本身不可改变，我们只能改变对所予的解释。最后，所予可以构成经验知识的基础。所予是世界带给我们心灵的直接感觉呈现，这种呈现可以在当下被立即经验到。经验知识依赖感觉的直接发现。“除非通过感觉的呈现，否则经验真理无法被认识……我们的经验知识是一个极为复杂的结构，它的大多数部分在一定程度上是通过相互支持而得以稳定，但所有这些部分归根结底都依赖于感觉的直接发现。除非有一些陈述，或者说一些可领会和可陈述的东西，其真理只能由所予经验决定的，而无法以任何其他方式确定，否则不能确定非分析真理断言的真假，也就不存在作为经验知识的事物。”②由此可见，刘易斯试图把知识建立在感觉材料基础上。所予作为一种被动接受的东西独立于我们的思想活动，具有直接性和稳定性，它是经验的来源和知识的基础，能够终止证成的无穷回溯(regress)。

刘易斯对所予概念的阐释表明了一种感觉材料理论。经验知识需要建立在直接所予之上，这种被给予的东西是直接呈现的，无须其他信念的证成。所予作为基础的信念是不证自明的，可以充当其他信念证成的基础。塞拉斯对这种所予理论持有不同意见。他提出了“所予神话”这一反驳，对具有所予性的基础主义理论进行批判，刘易斯是其批判的主要对象。

塞拉斯批评传统经验论者将信念诉诸经验的最终法庭，在他看来所有的经

---

① C.I.Lewis, *Mind and the World Order: Outline of a Theory of Knowledge*, p.39.

② C.I.Lewis, *An Analysis of Knowledge and Valuation*, La Salle, IL: Open Court, 1946, p.171.

验都应该以概念为中介,不存在非概念性的感觉所予充当认识的基础,它们无法证成知识。“在知识论范畴中所予阐释了经验知识依赖于非推论知识的基础。”[①]具体来说,感觉材料论混淆了“感觉某物”(sense sth)和“感觉到某事实”(sense that)二者的关系。前者是指我们可以感觉到殊相,它是直接的、独立的,不涉及命题内容,不属于认识论范畴。后者指“我们可以知道一种命题事实”[②],它承认判断,能够为我们的认识提供证成。这两者杂糅的结果就是,我们的感觉是一种知道。一方面,感觉材料论者想要强调所予是非概念的、非命题的、非推理的,但这样就无法构成经验知识的基础,因为推理的内容必须前后属性一致,非命题的内容无法推出命题的知识内容。另一方面,感觉材料论者又要求所予是概念的、命题的、推理的,我们感觉到的不是殊相,而是一种事实,但命题性的经验无法成为知识的基础,因为任何命题性的经验知识必须依赖其他非命题性的经验知识为其提供证成。感觉材料论者认为所予既能够单独作为知识的基础,又能够为其他信念提供证成,即他们将所予视为概念性与非概念性属性兼具的东西,这就产生了两种不相容的解释。

综上所述,刘易斯认为所予能为信念的证成提供无须推理就能断定的基础,这在塞拉斯看来是完全错误的。塞拉斯对所予的批判表明,非概念的所予无法构成知识的基础,只有概念性的东西才能为知识提供证成。感觉材料论者将概念与非概念这两种属性同时赋予所予,这就使得所予成为“神话”(myth)。然而,塞拉斯所理解的所予真是刘易斯式的所予吗?他是否只是在攻击一个稻草人?最近,扎伦布斯基等学者尝试重新回到刘易斯和塞拉斯语境对其进行阐释,这使得二者的所予之争又有了新的讨论空间。

二、刘易斯和塞拉斯的真正分歧是什么?

所予究竟是不是神话?塞拉斯对所予的批判是否击中了刘易斯的要害?刘易斯与塞拉斯的真正分歧是什么?为了回答上述问题,我们不妨先来看看扎伦布斯基对刘易斯所予概念的分析。

---

① Wilfrid Sellars, *Empiricism and the Philosophy of Mind*, 2nd ed., Cambridge: Harvard University Press, 1997, p.128.

② Wilfrid Sellars, *Empiricism and the Philosophy of Mind*, 2nd ed., p.16.

扎伦布斯基试图重新解读刘易斯的所予概念来为其进行辩护。他区分了三个不同层面上的所予来缓和刘易斯—塞拉斯之间的分歧,即绝对所予(the absolutely given)、所予性要素(the element of givenness)以及直接单薄所予(the thin given of immediacy)。[①] 绝对所予可以给我们提供内容以及感受的材料,显示世界的存在。但它不包括任何概念内容,只昭示对象本身。对象要存在就要有形式,这个形式以所予方式在经验里呈现,代表对象本身或经验的真正材料。"它是我们知觉的基础,尽管它本身是不可感知的。"[②]所予性要素在罗森塔尔(S. Rosenthal)那里又称"相对所予"(relatively given)或"功能所予"(functionally given)[③]。功能上充当了给予我们的东西,实际上已经进入到表象阶段成为一种解释,它是认识论环节的初级形态。相对所予是我们有意识地从客观世界"厚实"(thick)的意识中抽象出来的东西。从绝对的所予中抽象出来的所予性要素,是我们对特定对象或事务状态的日常感知基础。每个人在经验相同对象时都能把握这类要素。直接单薄所予是从对象的呈现中抽离出来的东西,它的单薄性不表现在所予本身,而表现在所予的表象或呈现方面,只有它的存在才能构成认识论环节,世界作为内容才能真正进入认识论中形成知识。这种单薄所予是不确定的,但可以修正,在修正过程中会让单薄所予变得厚实。当我们产生了关于世界的知识,这说明所予已具有厚实的意义,可以对世界作出最终判断。比如我们看到一棵树,最初看到的只是表象,也可能是幻象。当我们在不断实践、认识的过程中进行修正,在修正的过程中关于树的知识最终确定下来。

上述三个版本的所予构成了关于经验知识不同层次的解释。刘易斯将形成经验知识的经验性陈述分为三个层次:表达性陈述(expressive statement)、终端性判断(terminating judgment)和非终端性判断(non-terminating

---

① Tomasz Zarębski, "Sellars and Lewis on the given and empirical knowledge," *Pragmatism in Transition: Contemporary perspectives on C. I. Lewis*, Peter Olen and Carl Sach (eds.), London: Palgrave Macmillan, 2017, p.210.

② Tomasz Zarębski, "Sellars and Lewis on the given and empirical knowledge," *Pragmatism in Transition: Contemporary perspectives on C. I. Lewis*, Peter Olen and Carl Sach(eds.), p.209.

③ Sandra B. Rosenthal, "Empirical Certitude and Pragmatic Fallibilism," *C. I. Lewis in Focus: The Pulse of Pragmatism,* Sandra B. Rosenthal(ed.), Indiana University Press, 2007, p.72.

judgement)。[①] 表达性陈述只涉及在经验中实际呈现的东西。其基本功能是将表象用语言刻画出来,形成对所予之物的理解。它只限于对所予表象的内容描述。“通过语言的表达使用形成了感觉的确定性,在使用过程中,所指称的就是经验内容且所断言的是这种内容的所予内容。”[②]例如“我看到我面前的东西看起来像花岗岩台阶”,而不是“我面前有一排花岗岩台阶”。[③] 当我们把表象以语言形式表达出来之后可以进入到判断的环节。判断分为终端性判断和非终端性判断。终端性判断的形式是:对所予 S,如果 A,那么 E。其中 S 表示感觉摄取(sensory intake),A 表示采取的行动,E 表示预期的感觉经验。[④] 终端性判断表示进一步可能经验的预测,它预测我采取某种行动将导致我经验到某种不同的表象。比如我看到了红色的杯子,通过“这有个红色杯子”这个判断来进行表达,进而可以推测这个杯子是存在的,这时就从表象到了判断,实际上指向了世界的存在。终端性判断以非终端性判断为内容,其表述需经过证实,此时已经形成了关于对象的知识,在知识意义上已经达到了阶段性的结束。非终端性判断是对客观事实的判断,它表达了关于这些客观事实的经验性信念。其形式是:“如果我以方式 A 行事,经验结果将是 B。”[⑤]这种陈述所表达的客观信念永远无法被完全验证。在非终端性判断中陈述的经验知识具有规范性和易错性。当某一行动的出现与所预测的效果相矛盾,原来的非终端性判断将被要求修改甚至拒绝,这被刘易斯称为“实用可错论”(pragmatic fallibilism)[⑥]。经验性的主张是规范性的,因为它们要求证成,要求不断面对新的证据或未被预料到的实践后果,在面对它们的时候就会面临修正,需要新的证成,这些后果通过表达性陈述和终端性判断来把握。从这个意义上来说,这些后果就相当于塞拉斯的理由逻辑空间,它们都是由原来的判断导致的,又通过它来检验其有效性。原来的判断是否正确,需要通过证据来推理,这个过程就类似于塞拉斯及其追随者布兰顿所说的推论主义。

---

① C.I. Lewis, *An Analysis of Knowledge and Valuation*, La Salle, IL: Open Court, 1946, pp.179-181.

② C.I. Lewis, *An Analysis of Knowledge and Valuation*, p.186.

③ C.I. Lewis, *An Analysis of Knowledge and Valuation*, p.179.

④ C.I. Lewis, *An Analysis of Knowledge and Valuation*, p.184.

⑤ C.I. Lewis, *An Analysis of Knowledge and Valuation*, p.178.

⑥ Sandra B. Rosenthal, "Empirical Certitude and Pragmatic Fallibilism," *C.I. Lewis in Focus: The Pulse of Pragmatism*, Sandra B. Rosenthal(ed.), Indiana University Press, 2007, p.82.

由上述内容可知，塞拉斯批评的所予只是刘易斯所予理论中的绝对所予，因此他并没有揭示刘易斯式所予的全部面向。塞拉斯是在证成意义上对所予进行批评，即所予由于不具有概念性，不能用来证成经验知识。所予作为知识论的要素，应该在概念的范畴下讨论。实际上，刘易斯的终端性和非终端性判断都是对所予进行解释，通过运用概念进行分类和总结。对所予的解释是概念性活动，这种概念性活动看似是在解释所予，实际上是解释所予的表象。将这些表象用语言表达出来，这是所谓的表达性陈述阶段。将表象表达出来后再开始进行判断。判断需要运用先天范畴，但运用过程是否正确需要验证，这就是非终端性判断阶段。其中可能会出现错误，在不断验证中把所予呈现清楚。表达、判断、否定、肯定，在这个过程中，所予会不断修正。这一环节会形成关于世界的知识。刘易斯也承认，在经验所予时，解释成分并不在内。所予本身并不能发挥证成作用，它不是知识[①]。因此塞拉斯和刘易斯只是在表达陈述环节有冲突。证成只有到了表达陈述阶段才开始，在之后环节二者似乎没有差异。

扎伦布斯基的论证很好地说明了刘易斯的所予并非塞拉斯批评的“神话”，但在一定程度上忽视了对心灵与世界关系问题的处理。在刘易斯那里，心灵之于世界具有一致性。无论是所予还是概念，都与心灵密切相关。所予接收世界，概念解释世界。心灵和世界本身就是同一的。世界的秩序就是心灵的秩序。心灵与世界之间存在所予这个中介。扎伦布斯基忽视了刘易斯的本体论预设，只在经验论层面探讨其所予概念。刘易斯强调所予存在时实际上采取了康德式的先验论证(transcendental argument)。经验要有真正客观的内容，必须预设所予已经存在，它提供给我们有关世界的内容。如果所予不存在，我们的认识就无法可能。所予构成了我们经验得以可能的必然条件。刘易斯对所予的先验论证是，没有所予就不会有我们的经验，我们在行动和感知中就不会使用概念。“所予是建立在先天论证基础上，刘易斯没有提供任何理由说明他的所予概念是神话。”[②]虽然范畴构成了解释的基本规则，但它们是先天的，因为范畴本身不过是我们社会的、共享的行为方式。[③] 刘易斯对世界的理解是在本体论框架下，这种框架的选择和判定不是确定的，会随着旨趣发生变化。当

---

① C.I. Lewis, *An Analysis of Knowledge and Valuation*, p.57.

② Carl B, *Sachs*, *Intentionality and the Myths of the Given*, London: Routledge, 2014, p.25.

③ Carl B, *Sachs*, *Intentionality and the Myths of the Given*, p.27.

刘易斯说所予是不可修正的时候,实际上指的是非认知意义上的不可修正。所予在认识论意义上是可以消除和改变的,但在本体论意义上所予是不可修改的。如果从认知框架角度来说,刘易斯强调可重复的、非概念的所予时,只是将重点放在了我们认识的最基本的成分,该讨论包含了本体论的承诺。

实际上,塞拉斯和刘易斯最大的分歧在于,所予能否充当知识的经验基础。在这一问题上,二者的方案都是不令人满意的。塞拉斯过于片面强调概念性与非概念性的二分。所予神话核心观点是非认知的东西(所予)无法为经验知识提供证成。塞拉斯认为要成为知识就必须已经是概念性的东西。世界向我们呈现的东西无论是以感性还是非感性的方式,要有意义,必须进入理由空间。不存在一种独立于理由空间之外的真实存在的非概念对象。所予不能兼具概念性与非概念性,它只属于自然的逻辑空间。因此不可能存在非概念的所予作为知识基础。刘易斯过分强调概念和经验的二分。一方面,刘易斯强调所予是不可描述的、不可分享的、主观的、不可还原的,是世界给予我们心灵的最外面的那层,此时我们还没有反思,没对所予进行概念化处理,是当下的直接经验。他认为存在这种非概念的经验材料,它能如其所是反映这个世界,充当知识的基础。另一方面,他用概念的结构取代心灵的结构。"世界的厚实经验,而非单薄的直接所予,构成了哲学反思的材料。我们看到的不是一片片颜色,而是树木和房屋。我们听到的不是无法描述的声音,而是人声和小提琴声。"①刘易斯的这种区分清晰呈现了经验和概念的二分。所谓"厚实",是指具有内容的材料,包含了丰富的概念,需要运用心灵进行加工整理。对"厚实"的强调是为了说明所予背后的世界是存在的,否则世界的客观性得不到保障。与之相对的"单薄",指的是内容空洞的,非概念的直接所予。"经验世界并不是在经验中给出的,它是由思想根据感觉材料构造出来的。……哲学研究的材料不是婴儿第一次睁开眼睛时的那种'嗡嗡作响、眼花缭乱的纷杂情形',不是直接感觉的单薄经验,而是日常生活的厚实经验。"②在刘易斯这里,厚实经验才是哲学反思的对象,而所予只是一种单薄的经验。由此可见,塞拉斯局限于能成为知识的概念的东西与所予这种非概念性东西二分的框架里。而刘易斯拉开了直接的

① C.I. Lewis, *Mind and the World Order: Outline of a Theory of Knowledge*, New York: Charles Scribners, 1929, p.54.

② C.I. Lewis, *Mind and the World Order: Outline of a Theory of Knowledge*, pp.29 - 30.

单薄经验与概念性的厚实经验之间的距离，从而无法合理安置所予在知识论中的合理地位。

综上所述，塞拉斯对刘易斯所予概念的理解并不完整，所予神话的批判并不到位。即使二人都过分强调二分，刘易斯依然认为存在一种所予可以成为经验的基础。这在塞拉斯看来是不可能的。这是他们之间最大的分歧。接下来我们尝试在吉拉·谢尔基础整体论这一知识论模型中寻找解决所予问题的合理思路。

三、所予的基础整体论辩护

澄清了上述塞拉斯对刘易斯所予的误解，接下来需要重新考虑对所予问题的处理。在该问题上，吉拉·谢尔独创的基础整体论或许能够为回应所予问题提供新思路。

谢尔认为，知识中并不存在不容置疑的唯一基础。她为“没有基础主义的基础”(foundation without foundationalism)发展了一种新的方法论——基础整体论(foundational holism)，使之避免传统基础主义和融贯论的缺陷。基础整体论建立在以下两个原则之上：

“(1) 知识的每一个分支，都需要在实在中有实质基础，即证成其真实性。

(2) 这种基础关系不一定是严格有序的。”[1]

也就是说，相较于基础主义，它不要求严格的顺序关系。相较于融贯论，它要求我们的知识体系基于实在。谢尔提供的这种批判性理论，试图解决人类如何能够获得知识以及这种知识应该满足什么约束条件的核心认知问题，而没有采用她认为是有缺陷的基础主义方法，即要求这种知识有严格的有序基础。这种基础整体论具有结构性，它把我们的知识系统视为一个由相对独立但相互关联的单元组成的结构化网络，并提供了一种方法，使我们的知识基于世界。基础整体论具有以下三个特点[2]：

(1) 基础整体论除了包含传统整体主义知识单元之间丰富的联系网络外，

---

① Gila Sher, *Epistemic Friction: An Essay on Knowledge, Truth and Logic*, Oxford: Oxford University Press, 2016, pp.24 - 25.

② Gila Sher, *Epistemic Friction: An Essay on Knowledge, Truth and Logic*, p.28.

还包含知识单元与实在之间丰富的联系网络。

(2) 基础整体论不仅允许知识单元和实在之间的联系，而且使之具有强制性。

(3) 基础整体论认为知识不仅基于实在也基于心灵，前者是真实性的组成部分。但它不认为知识在心灵中的基础是对其在实在中基础的一种替代。

在谢尔看来，所有的知识都必须受到世界的约束(摩擦)。为此她提出了"认知摩擦"(epistemic friction)这一术语。知识需要来自世界和心灵的摩擦和约束。"世界作为我们理论的对象或目标，限制了我们对它的真正看法，而心灵在自愿和不自愿的情况下限制了我们的理论。"[①]谢尔之所以提出"认知摩擦"，是受到康德鸽子隐喻的影响。一只鸽子在空中扇动翅膀飞翔，它会受到空气的阻力。鸽子会想象如果没有阻力的影响自己会飞得更高更远。但实际上如果没有与空气的摩擦，它根本飞不起来。[②] 具体来说，认知摩擦具有以下几个原则：

(1) 认知摩擦是对我们的知识体系设置足够的约束，以避免空洞的理论，最大限度增加真正的知识。

(2) 认知摩擦的一个核心要素是要求我们的知识体系有良好的基础。知识体系必须以实在或世界以及心灵为基础。

(3) 知识在世界上的基础并不一定局限于经验。

(4) 知识以自然发展的认知原则为基础，但它也以我们自由地、有意地、批判地发展、选择和/或决定的原则为基础。

(5) 从广义上讲，知识是以心灵为基础的。

(6) 摩擦的核心要求是实质性：为我们知识体系中的所有理论设定发现、解释、证成、提供信息、深度、严谨性、系统性、理智旨趣等高标准。

(7) 核心摩擦要求——立足于实在、心灵、实质性等。[③]

回到塞拉斯和刘易斯的所予之争，"没有基础主义的基础"和"认知摩擦"可以为我们提供新的辩护思路。传统基础主义者认为，我们的感觉经验是可以直接把握到的，它是所有知识的基础，无须推论就能得到，是自我证成的。我们关

---

① Gila Sher, *Epistemic Friction: An Essay on Knowledge, Truth and Logic*, p.3.

② Gila Sher, *Epistemic Friction: An Essay on Knowledge, Truth and Logic*, p.4.

③ Gila Sher, *Epistemic Friction: An Essay on Knowledge, Truth and Logic*, pp.9 – 12.

于外在世界的知识必须由这种基础信念推论而来，它能够终止证成的无穷回溯。但在基础整体论看来，我们无须像传统基础主义那样，把其他的东西建立在感觉经验之上。这样基础主义就失去了与世界的摩擦。我们可以打破基础主义推论的链条。通过非推论的对象和我们之间形成的摩擦关系获得知识。心灵的思考能力与概念能力是不断在与世界的碰撞中形成的，这是一种互动模型。基础整体论"具有动态的结构，与世界有广泛的联系"[①]。它强调过程，我们通过"想出"(figure out)不断与世界打交道。我们对世界的认识不是纯然的状态，而是要与认知对象不断接触与摩擦。世界给予我们的东西(所予)最开始是无意义的，但在认知摩擦的过程中我们被赋予了解释，形成了理解。人类从婴儿起就与这个世界产生摩擦，起初一堆无意义的杂多摆在我们面前，通过教化，我们开始理解世界。最初对世界的认知可能是错误的甚至扭曲的，随着对世界的意义不断生成，我们在这种摩擦过程中最终能框定出认识的对象，知识就这样被锁定下来。我们就是通过这种动态的过程获得对所予的理解以及知识。刘易斯认为概念或范畴是心灵本身拥有的官能，是我们根据旨趣挑选得来的。但基础整体论强调概念是在不断和世界的打交道中产生出来的，从而抛弃康德式的先天范畴。与世界不断摩擦中，我们拥有了概念，并通过概念把握了认识对象。这在一定程度上缩小了刘易斯概念与经验的距离。基础整体论之认知摩擦原则中提到，认知摩擦的核心要求是我们的知识体系要有坚实的基础。这个要求包含两部分，我们的知识体系既要基于实在或世界，又要基于心灵。[②]另外，"知识在世界的基础并不一定局限于经验。知识必须以实在为基础，而经验无疑在其基础中起重要作用"[③]。从这个意义上说，这也打破了塞拉斯的概念与非概念的二分。

这一解读的好处在于，它能够最大程度缝合刘易斯和塞拉斯之间的分歧，使之达到最大的共识。事实上，塞拉斯和刘易斯在对所予意义的理解上具有一致性。塞拉斯和刘易斯都认为所予不能被孤立理解，必须赋予其解释。在刘易斯看来，意义的呈现需要关系。"所予被安置(setting)在一种应该被给予(to-be-given)或可能被给予(could-be-given)的关系中。这种安置是对它的一种解

---

① Gila Sher, *Epistemic Friction: An Essay on Knowledge, Truth and Logic*, p.35.

② Gila Sher, *Epistemic Friction: An Essay on Knowledge, Truth and Logic*, p.9.

③ Gila Sher, *Epistemic Friction: An Essay on Knowledge, Truth and Logic*, p.10.

释,这种解释可以被历时性的(temporal)经验过程证实或证伪。"[①]刘易斯认为所予可以通过在另一个所予可能被给予的关系中得到阐明。理解所予就是理解其与其他所予可能的关系。所予都不是孤立存在的。赋予所予一种关系就是给了所予一种解释。塞拉斯批评经验论的时候,认为"刻画一个片段或状态的认知特征时,我们并不是给出关于那个片段或状态的经验描述,而是将其置于理由的逻辑空间中,也就是置于能够证成我们所说的话的逻辑空间中"[②]。

总之,谢尔的基础整体论提供了一个新型的动态知识论模型。不同于塞拉斯的观点,它承认所予确实可以在某种意义上充当经验知识的基础,即在认知摩擦的意义上为我们的知识奠基。认知者以动态的过程来认识所予,并在认知摩擦的过程中赋予所予阐释。知识基于实在获得了认识材料,也基于心灵获得了对其的建构。

结语

综上所述,塞拉斯对所予的批判并不到位,刘易斯的所予概念并不完全是塞拉斯意义上的"神话"。基础整体论模型为克服塞拉斯概念/非概念的二分以及刘易斯概念/经验的二分提供了一个更加合理的方案,把所予问题重新拉回到心灵与世界的关系之中。当心灵遭逢世界之初,心灵对世界一无所知。在心灵与世界的认知摩擦中,我们的心灵不断获得认识世界的材料,激发起心灵创造概念的能力,这些概念反过来赋予了这些材料独特的解释,最终形成对这个世界的知识。这些材料就是所予。在这个意义上,所予不是一种神话。

---

① Gila Sher, *Epistemic Friction: An Essay on Knowledge, Truth and Logic*, p.52.

② Wilfrid Sellars, *Empiricism and the Philosophy of Mind*, 2nd ed., Cambridge: Harvard University Press, 1997, p.76.

Is given a "myth" or not?
——A New Interpretation between Lewis and Sellars' Argument

Hao Lu

Abstract: C.I. Lewis's concept of the given and his conceptual pragmatism have been criticized by many philosophers, especially Sellars's criticism of the "myth of the given". Although Lewis's theory of the given is problematic, Sellars's criticism of the given did not hit the nail on the head. Sellars unilaterally emphasized the dichotomy between the conceptual and the non-conceptual, while Lewis overemphasized the dichotomy between the empirical and the conceptual. This paper attempts to provide a defense of the given theory from a foundational holistic perspective. Our knowing is a process of constant cognitive friction with the world, and the given is the product of cognitive friction, which constitutes the foundation of our knowledge.

Keywords: Lewis; Sellars; myth of the given; foundational holism; cognitive friction

【指导老师推荐语】

文章结构清晰,论述有理有据,能够积极吸收新的思想资源来解决旧的理论问题。有时,哲学的进步有赖于对老问题的不断重新检视和阐释。因此,本文在选题上有一定的理论价值和创新价值。不过,文章有两处可能还需进一步增强:一是让基础整体论的框架更详尽地展现,同时更清晰、更有层次地呈现刘易斯和塞拉斯分歧的解决方案;二是可以进一步尝试提出新方案可能存在的反驳并作出回应,进一步帮助读者了解新方案的更多细节和效力。此外,可以尝试用新方案塑造一个"新的刘易斯",比如,可以尝试用基础整体论来重新阐释刘易斯的表达性陈述、终端性判断和非终端性判断之间的关系。当然,这些东西不必在一篇文章中完成。

(方红庆,上海财经大学人文学院教授)

论朱子“智包四德”思想

皮昊宇*

［摘　要］“仁包四德”常被理解为宋儒之要义，在朱子学研究中学界重视仁多于智，然而在朱子的文本中亦有“智包四德”的说法。朱子的“智包四德”思想包含两方面内容：一是在功夫论层面，以智为义理根源的知觉保证了“知之在先”，因此智在发生上对于其他三德具有优先性。二是智之“藏”义在天道层面起到了敛藏生机、“贞下起元”的作用；在人道层面“主含藏”“无运用”使得智可以周行诸德，为诸德的实践提供支撑。“智包四德”并非对“仁包四德”的否定，而是在肯认仁体统摄诸德的前提下，叙述智的“敛藏万物”与“周行诸德”功能。辨明朱子“智包四德”思想，为观察诸如阳明等思想大家提供新视域，亦为进一步完善儒学“仁本论”框架提供理论价值。

［关键词］朱子；智；智包四德；仁；智藏

* 皮昊宇（1996—　），男，广东广州人，华中科技大学哲学硕士，中山大学哲学系博士研究生，主要研究领域为宋明理学、中西比较伦理学。

"仁包四德"或"仁统四德"常被理解为宋儒之要义,陈来先生指出这一特质的改变发生在近代康有为的"就一人之本然而论之,则智其体,仁其用也"①。然而这一仁之地位的变动就如陈乔见先生指出,在阳明心学中就已出现。② 阳明多次强调,"良知只是一个是非之心",无是非之心面对生民困苦荼毒则不知疾痛。若往前追溯阳明这种拔高智德的倾向,在朱子这里亦出现了线索。在回答门人"仁包四德"之义时,朱子虽肯定仁之生意贯通万物,但在最后又言"智亦可以包四者,知之在先故也"③(《语类》卷二十);又,根据朱子晚年《玉山讲义》及《答陈器之问〈玉山讲义〉》书,朱子认为智有"藏"与"成始成终"义,更有"仁智交际之间,乃万化之机轴"④(《语类》卷六)的文本。智的地位被拔高,仁智似乎共享"尊位"。可见"智包四德"之所以可能至少有两方面学理依据:一是在功夫论层面的"知之在先",涉及智与知的关系问题;二是在宇宙论层面的仁智循环,涉及对智之"藏"义的辨析。关于前者,近年来有港台学者尝试研究⑤;关于后者,主要以日本的"智藏"学为研究代表。⑥ 而大陆学界并未对这两方面有所关注。"仁包四德"作为朱子思想的核心语词被更多的学者所关注,然而"智包四德"的提出是对"仁包四德"的反动,抑或构成同一框架内语义的对举和内涵的互补;是抵牾扞格的思想冲突,还是具有稳固性的意义网络,这需要深入朱子文本审慎厘清。本文将从"知"与"智藏"入手,阐明朱子"智包四德"成立的两个学理依据与内容,最后再比较"仁包四德"与"智包四德"的分别及提出一种以"智包四德"视域观察阳明思想的可能。

---

① 陈来:《仁学本体论》,北京:生活·读书·新知三联书店,2014 年,第 428 页。后引此书仅标注书名与页码。

② 陈乔见:《从恻隐心到是非心:王阳明良知说对儒家性善论的凝练与发展》,《浙江社会科学》,2018 年第 6 期。

③ 黎靖德编,王星贤点校:《朱子语类》,北京:中华书局,2020 年,第 511 页。后引此书仅标注书名与页码。

④ 《朱子语类》,第 119 页。

⑤ 如沈享民:《再探访朱熹格物致知论:并从德性知识论的视域略论其可能性与限制》,《哲学与文化》,2012 年第 2 期;黄莹暖:《从"心之知觉"论朱子之"心"的道德动能——从"知觉是智之事"谈起》,《国文学报》,2015 年第 57 期。

⑥ "智藏"学为日本幕府末期学者山崎闇斋基于《玉山讲义》等文本提出的研究话题,据此综合而成的学术流派后世称之为"崎门学派"。崎门学派主要特色在于,认为"仁义礼所代表的一切之理都是'智'所展开的",并将"智"视作"万理的母体与根源"。参见藤井伦明:《日本崎门朱子学的"智藏"论探析》,《中正汉学研究》,2016 年第 1 期。

一、“知觉自是智之事”：为诸德之显发奠基的智德

“知之在先”即“知先行后”，在朱子学中，“知先行后”为常人当遵守的功夫实践基本次第。[①] 在行仁层面，圣人与常人有所分别。朱子说：“惟舜便由仁义行，他人须穷理，知其为仁为义，从而行之。”[②]（《语类》卷五十七）圣人仅是“由仁义行”，行仁之举动为天理俱足之性的自然流露，不勉强、不造作，未受“知先行后”这一原理的限制；而常人并非圣人，其性往往为气欲偏私所遮蔽，由此导致已发动作偏离不中，因此需要通过“穷理”以“知其为仁为义”，再循理而行。因此朱子注《中庸》“自明诚，谓之教”一句时又言：“先明乎善而后能实其善者，贤人之学，由教而入者也，人道也。”[③]凡人之学必先明乎善，而对仁义或善的认识手段是格物穷理，格物穷理即求知活动意义上的“知”。那么此“知”的能力依据为何？其与智的关系又如何？

格物穷理的主体为人，人之主动性为格物穷理的前提条件，而这一主动性如陈来先生所指出的，源于心的知觉义与主宰义。[④] 朱子在《大禹谟解》有言：“心者，人之知觉主于身而应事物者也。”[⑤]可以看出，心至少有两方面的功能：一是对身的主宰作用；二是对所接构事物进行反应的能力。朱子将这两方面的功能统称为心之知觉。《观心说》有言：

> 夫心者，人之所以主乎身者也，一而不二者也，为主而不为客者也，命物而不命于物者也。故以心观物，则物之理得。[⑥]（《观心说》）

---

① 如“天下后世之人，自非生知之圣，则必由是以穷其理，然后知有所至而力行以终之。”（朱杰人、严佐之、刘永翔主编：《朱子全书》，《晦庵先生朱文公文集（第五册）》，上海：上海古籍出版社，2010年，第3734页。后引此书仅标注书名与页码。）

② 《朱子语类》，第1443页。

③ 朱杰人、严佐之、刘永翔主编：《朱子全书》，《四书章句集注》，上海：上海古籍出版社，2010年，第49页。后引此书仅标注书名与页码。

④ 陈来：《朱子哲学研究》，上海：华东师范大学出版社，2000年，第213—220页。

⑤ 《晦庵先生朱文公文集（第四册）》，第3180页。

⑥ 《晦庵先生朱文公文集（第四册）》，第3278页。

朱子在此处强调心的能动性与主宰义，心是知觉活动的主体而非客体，亦是命物之主体而非受命于物的对象。“主便是宰，宰便是制”[1]（《语类》卷十七），这一宰制能力以心之知觉能力为前提：

> 问：“知如何宰物？”曰：“无所知觉，则不足以宰制万物。要宰制他，也须是知觉。”[2]（《语类》卷十七）

心的知觉能力为观物提供可能，这一观物得理的过程即格物致知的过程，也就是说格物穷理以心的知觉能力为前提。现在我们要问，知觉与智的关系是什么？

首先要说明知觉的发生前提：

> 问：“知觉是心之灵固如此，抑气之为邪？”曰：“不专是气，是**先有知觉之理**。理未知觉，**气聚成形，理与气合，便能知觉**。譬如这烛火，是因得这脂膏，便有许多光焰。”问：“心之发处是气否？”曰：“也只是知觉。”[3]（《语类》卷五）

朱子认为，知觉是理气相合的结果，知觉之理与气聚成形是知觉成立的两个条件。不能仅把知觉视作理或气的范畴[4]，理与气皆是构成知觉活动的前

---

① 《朱子语类》，第410页。

② 《朱子语类》，第410页。

③ 《朱子语类》，第93页。

④ 李明辉基于朱子之“心”是“气心”、理“只存有不活动”的观点，认为知觉是气的一种功能：“‘理与气合，便能知觉’说的是‘知觉’存在于属于气的‘心’与作为对象的‘理’之关系中。”（见李明辉：《朱子对“道心”、“人心”的诠释》，《湖南大学学报（社会科学版）》，2008年第22卷第1期）这种看法在朱子文本中亦有依据，如“然以气言之，则知觉运动，人与物若不异也”（《四书章句集注》，第396页）；“心之知觉，又是那气之虚灵底”（《朱子语类》，第1531页）；“所谓精神魂魄有知有觉者，皆气之所为也”（《晦庵先生朱文公文集（第三册）》，第2081页）。然而李先生的看法或许忽视了知觉的内容并不仅仅由理所构成，“知觉之理”非谓认识对象而指知觉之条件。不能忽视朱子所言“有知有觉者”乃“气之所为”的下文提到“但有是理，则有是气”（《晦庵先生朱文公文集（第三册）》，第2081页），这表明理仍是更为根源的知觉原因。我们强调，理气共同构成知觉的根据，在一定程度上可以说理为知觉的“形式因”，气为知觉的“质料因”，前者是更为首要且根本的。

提，此即朱子“不离不杂”的理气观之体现。然而，此段的“知觉之理”概念是否就是智？答案似乎是肯定的：

知觉自是智之事，在四德是“贞”字。而智所以近乎仁者，便是四端循环处。若无这智，便起这仁不得。[①]（《语类》卷二十）

在批判谢良佐“以知觉言仁”时朱子更是说道：

上蔡所谓“知觉”，正谓知寒暖饱饥之类尔，推而至于酬酢、佑神，亦只是此知觉，无别物也。但所用有大小尔。然此亦**只是智之发用处**，但惟仁者为能兼之。[②]（《答张敬夫》书之十四《又论仁说》）

“知寒暖饱饥”“酬酢”“佑神”等皆属于一种外在的知觉能力，在朱子看来这种外在知觉能力的根据亦是智。可以看出，朱子对智的理解已不同于孟子。孟子所言的“是非之心”（智之端本），是以是非判断为主的道德知觉能力。而朱子把智的分野扩大至一般的知觉能力上，已与前人有很大的不同。然而对于朱子来说，知觉并不仅指“知寒暖饱饥”“酬酢”“佑神”这类外在知觉，亦包含对性理的内在知觉，这体现在人心与道心的区分上：

此心之灵，其觉于理者，道心也；其觉于欲者，人心也。[③]（《答郑子上》书之十）

人只有一个心，但知觉得道理底是道心，知觉得声色臭味底是人心，不争得多。[④]（《语类》卷七十八）

人心、道心只是一心知觉的不同发用状态，两种状态在对象上有所区别。人心以声色臭味代表的外在事物为认知对象，道心则以万物道理为知觉内容。

---

① 《朱子语类》，第 514 页。

② 《晦庵先生朱文公文集（第二册）》，第 1413 页。

③ 《晦庵先生朱文公文集（第四册）》，第 2680 页。

④ 《朱子语类》，第 2158 页。

由于“心具众理”与“理一分殊”，万物之理与心具之理实为同一理，对万物之理的知觉在事实上也是对内心既有之理的知觉，因此在这个意义上说便是一种内在知觉。[①] 在更精确的意义上，这种内在知觉以外在知觉为前提，这是因为在逻辑序列上外在知觉发生在前，内在知觉发生在后，必然先有对外的认识活动才能有对内性理的知觉过程，所以朱子说：“人心便是饥而思食，寒而思衣底心。饥而思食后，思量当食与不当食；寒而思衣后，思量当著与不当著，这便是道心。”[②]（《语类》卷七十八）无论如何，人心或道心、外在知觉或内在知觉皆不过是一心、一知觉，是人之心与智之功能的外显发用。

人心与道心的另一个区分在于所依据原则的不同：

> 只是这一个心，知觉从耳目之欲上去，便是人心；知觉从义理上去，便是道心。[③]（《语类》卷七十八）

“从耳目之欲”的是人心，“从义理”的是道心。恻隐、羞恶、恭敬、是非之心皆发于义理，因此属于道心的范畴。所以朱子说：“道心是义理上发出来底，人心是人身上发出来底。虽圣人不能无人心，如饥食渴饮之类；虽小人不能无道心，如恻隐之心是。”[④]（《语类》卷七十八）既然四端之心只是同一知觉“从义理”的发用状态，则自然有理由说作为知觉之前提的智奠基了诸德之发用。在这个结构中，智一方面是知觉的前提，另一方面又是四端之心实现的前提。故可说，智为四德之用奠基。若无知觉功能，借由恻隐羞恶辞逊是非之端绪所展露的仁

---

① 王磊指出：“心中性理须即物而显”，“万物之理乃心性所立”（王磊：《王阳明“误读”朱熹格物论之重思》，《船山学刊》，2022年第5期）。此乃承接唐君毅先生的说法：外物之理“兼在吾人之心”；“故穷理之事，即知性之事。知性本为知自己之内在的心之体、心之性”（见唐君毅：《中国哲学原论·原教篇》，北京：九州出版社，2016年，第212、213页）。这一点在《格物补传》中体现为格物致知所致的是“吾之知”：“所谓致知在格物者，言欲致吾之知，在即物而穷其理也。盖人心之灵莫不有知，而天下之物莫不有理，惟于理有未穷，故其知有不尽也”（《四书章句集注》，第20页）；“大凡道理皆是我自有之物，非从外得。所谓知者，（或录此下云：‘便只是理，才知得。’）便只是知得我底道理，非是以我之知去知彼道理也。道理固本有，用知方发得出来。若无知、道理从何而见！”（《朱子语类》，第409页）。

② 《朱子语类》，第2165页。

③ 《朱子语类》，第2157页。

④ 《朱子语类》，第2159页。

义礼智又何从谈起？此时“智包四德”表现为智对于诸德在功夫论层面实现的奠基功能。

此处稍作小结：朱子之“知”指的是格物穷理活动，这一活动以心之知觉能力为前提；而心之知觉能力有不同的对象与发用状态。无论是哪种，皆以知觉之理(即智)为根据。由是，智得以为“知先行后”提供义理保证，而“知先行后”又是常人“知仁义而从而行之”的基本功夫次第，此时作为知觉前提的智为仁义礼三者的开展奠基，因此朱子得以在功夫论层面说出“智亦可以包四者，知之在先故也”。

二、“贞下起元”与“周行诸德”：“智藏”的两个面相

以上探讨了智是如何为功夫论层面的“知先行后”提供支撑，由此实现“智包四德”的。此章我们将关注智的“藏”义如何达成“智包四德”，辨明智在天道运化中的地位及其在人道的体现。

首先需要说明朱子的宇宙论结构。朱子以生生不息，生意循环发生为世界图景，同时天人同构，天之德与人之德皆为一理不同的表现：

> 该天地之间只有动静两端，循环不已，更无余事，此之谓易。[①]（《答杨子直》书之一）
>
> 天地以生物为心者也，而人物之生，又各得夫天地之心以为心者也。故语心之德，虽其总摄贯通，无所不备，然一言以蔽之，则曰仁而已矣。请试详之。盖天地之心，其德有四，曰元、亨、利、贞，而元无不统。其运行焉，则为春、夏、秋、冬之序，而春生之气无所不通。故人之为心，其德亦有四，曰仁、义、礼、智，而仁无不包。其发用焉，则为爱恭宜别之情，而恻隐之心无所不贯。[②]（《仁说》）

这一理即“天地生物之心”，“天地之大德曰生”(《系辞》)，此亦即天地生生

---

① 《晦庵先生朱文公文集(第三册)》，第 2071 页。

② 《晦庵先生朱文公文集(第四册)》，第 3279 页。

之意,朱子将其称为“仁”。若分言此仁,在天道为元亨利贞之德;在天道运化为春夏秋冬之时;在人道为仁义礼智之德;在人道之发显为恻隐羞恶恭敬是非之情感。其中不同段次亦有先生后生之分[①],其中最为根本的是仁、元、春、恻隐。朱子以仁义礼智分别对应元亨利贞与春夏秋冬,其中智为贞与冬。如方才所说,元、仁为先,其余为后,那么朱子又是何以在宇宙论层面说“智包四德”?

朱子喜用四季为例,春乃生意之萌,自然为万物之始点;冬乃生意之收藏,为万物之终点。如此仅是在一轮春夏秋冬上说,如我们所指出,朱子的世界图景是生生不息的循环过程,冬并非终结而又构成新一轮春夏秋冬迭化的起始:

又如乾四德,元最重,其次贞亦重,以明终始之义。非元则无以生,非贞则无以终,非终则无以为始,不始则不能成终矣。如此循环无穷,此所谓“大明终始”也。[②]（《语类》卷六）

又:

仁为四端之首,而智则能成始而成终;犹元为四德之长,然元不生于元而生于贞。盖天地之化,不翕聚则不能发散也。仁智交际之间,乃万化之机轴。此理循环不穷,吻合无间,故不贞则无以为元也。[③]（《语类》卷六）

在朱子看来,元是始,贞是终,元并非无前提的始点,而以贞为始,因此朱子说智或贞“能成始而成终”。世界运化过程前承后继,元贞、仁智互为前提,由此交际之间万物得以化成,这一过程无丝毫间隙。因此朱子称“‘元亨利贞’无断处,贞了又元”[④]（《语类》卷六十八),这又被称为“贞下起元”。明了此“贞下起元”之义,便能理解朱子为何以“藏”为智与贞之义。

---

① 问:“元亨利贞有次第,仁义礼智因发而感,则无次第。”曰:“发时无次第,生时有次第。”(《朱子语类》,第117页)

②《朱子语类》,第115页。

③《朱子语类》,第119、120页。

④《朱子语类》,第1812页。

智本来是藏……仁礼义都藏在智里面。如元亨利贞，贞是智。贞却藏元亨利意思在里面。如春夏秋冬，冬是智。冬却藏春生夏长秋成意思在里面。[①]（《语类》卷五十三）

生意经历萌、长、遂而至敛藏，敛藏阶段为贞，其中并非意谓生意之消失，而指生意以潜藏的姿态涵存于这一时刻或阶段。因此可以说贞与元同样蕴含了万物生生化成之无限可能性，有此潜存之可能，贞方能"起元"。所以朱子说"仁与智包得，义与礼包不得"[②]（《语类》卷六），又说"四端，仁智最大"[③]（《语类》卷六十）。在这一收敛含藏阶段，仁义礼、元亨利、春夏秋都得以收藏其中，因此"智包四德"在宇宙论上体现为"贞下起元"，"贞包元亨利"。

上述是从宇宙生意的角度上讲，在人道层面的智之"藏"义则表现为收敛无所作用：

智主含藏分别，**有知觉而无运用**，冬之象也。[④]（《答廖子晦》书之五）

智更是截然，更是收敛。**如知得是，知得非，知得便了，更无作用**，不似仁义礼三者有作用。智只是知得了，便交付恻隐、羞恶、辞逊三者。他那个更收敛得快。[⑤]（《语类》卷六）

问："智未见束敛处。"曰："义犹略有作为，**智一知便了，愈是束敛。** 孟子曰：'是非之心，智也。'才知得是而爱，非而恶，便交过仁义去了。"[⑥]（《语类》卷十七）

朱子认为智与仁义礼三者的不同在于"无作用"，其仅仅表现为知得是非善

---

① 《朱子语类》，第 1383 页。

② 《朱子语类》，第 117 页。

③ 《朱子语类》，第 1524 页。

④ 《晦庵先生朱文公文集（第三册）》，第 2086 页。

⑤ 《朱子语类》，第 116 页。

⑥ 《朱子语类》，第 401 页。

恶。然而此“无作用”并非无任何发用的意思，是非之心作为已发之情的一种自然算是发用，朱子这里说的“无作用”是指智没有外显表现。恻隐、羞恶、辞让之情皆能够表现为接事待物的具体行径，而是非之情内部发生窅冥无朕，难言有所表现。“知”属智，“行”属其他三德，因此朱子有“交过仁义”“交付恻隐、羞恶、辞逊”的说法。山崎阇斋切中肯綮：“仁爱之有味，智藏之无迹，先生（按：指朱子）丁宁开示之。”[①]在阳明那里智表现为好善恶恶的情感（“是非只是一个好恶”）[②]，有所好恶自然易流露于神色，而朱子并不专以“好恶情感”把握智，而是将其理解为“知是非之正”。[③] 朱子的这种“智无作用”的观点在王夫之那里以“智统四德”的形式再次出现，王夫之在《张子正蒙注》有如下表述：

> 君子之智以知德，仁而不愚，礼而不伪，义而不执，信而不谅，智可以**周行乎四德而听四德之用。** 智，知也，四德，行也。匪知之艰，惟行之艰，行焉而后可为德，《易》之言贞，立义精矣。[④]（《张子正蒙注·大易篇》）

虽然王夫之对四德的理解与朱子不同（王夫之晚年以仁义礼信为四德，智为中位相当于朱子之信）[⑤]，但其精辟地指出了朱子乐于接受的一点：智能“听四德之用”。正因智无作用才具有了周行诸德的涵摄力：无论是恻隐羞恶辞让之事都涉及具体实践中的“是否合乎理”问题，而根据理之准则（“是非之正”）对其进行判断是智的功能，若言智“有作用”，那么是非之发亦成一事，亦要以智对其进行判断，如此则不得不设置一完满“智体”或陷入一种“以心观心”。显然这两种都不是朱子愿意接受的理论结果。

虽然“一知便了”无外在表现，但智的内涵“知是非之正”已表明，其蕴藏一切“是非之正”，因此能够通贯诸德，周行诸事。所以朱子说：“智本来是藏仁义

---

① 山崎阇斋：《新编山崎阇斋全集》，东京：ぺりかん社，1978 年，第 77 页。

② 陈荣捷：《王阳明〈传习录〉详注集评》，重庆：重庆出版社，2017 年，第 277 页。后引此书仅标注书名与页码。

③《朱子语类》，第 2557 页。

④ 王夫之：《船山全书（第十二册）》，《张子正蒙注》，长沙：岳麓书社，2011 年，第 287 页。

⑤ 王夫之思想中存在“以信配贞”与“以智配贞”两种说法，具体可参见王政杰：《王夫之易学中的“贞智”说与“贞信”说辨》，《周易研究》，2021 年第 2 期。

礼,惟是知恁地了,方恁地。”[①](《语类》卷五十三)这与宇宙论层面贞“敛藏生机”之义是融贯互摄的。蔡沈在《洪范皇极内篇》有言:“五运迭至,理藏于智”[②],更有日本崎门学派学者出于同样的理由将智视作含藏万理的太极。[③] 但下如此结论仍过于草率,此处所言的智仍是“偏言”。事实上,无论智有多么与众不同的特性,在朱子的文本中从未有对一超越于诸德的“智体”(与生生仁体同居超越层之“智体”)存在的肯定。

需要指出的是,由于贞有“正固”义,智亦由此并非与“行”无关,又关涉“行”的意涵:

> 贞是正固。只一“正”字尽贞字义不得,故又著一“固”字。谓此虽是正,又须常固守之,然后为贞,在五常属智。孟子所谓“知之实,知斯二者弗去是也”,“正”是知之,“固”是守之,徒知之而不能守之,则不可。须是知之,又固守之。[④] (《语类》卷七十六)

这是在说,仅知之并非真知,真知是既知之又固守之之知。智的内涵并不仅包含知,这一点参看朱子的知行论可以更好地理解。[⑤] 当然这并不是说智便“有作用”了,上引《语类》文本提到智“交付”“交过”恻隐羞恶辞逊或仁义,这是在强调智是仁义礼、恻隐羞恶辞让之行的必要前提。真知必然会行,但智不过是为其他三德提供充分支撑,让其行为的发动更为畅通无阻,行仍是由其余三德所主导的。[⑥] 这与朱子“知先行后”思想是一贯的。在这个意义上智并不独立于其余三德之外,而是贯通于其中,所以朱子才会强调“才知得是而爱,非而

---

① 《朱子语类》,第 1383 页。

② 蔡沈:《洪范皇极内篇》,引自黄宗羲:《黄宗羲全集》(第五册),杭州:浙江古籍出版社,1992 年,第 576 页。

③ 如宇井默斋:“知藏而无迹,谓之有则无迹之可见,谓之无则有理之不泯。所谓人心太极之至灵,无极而太极。”(宇井默斋:《读思录》,转引自藤井伦明:《日本崎门朱子学的“智藏”论探析》,《中正汉学研究》,2016 年第 1 期)

④ 《朱子语类》,第 2084 页。

⑤ 所以全者,由其知之至,是以行之尽(《四书章句集注》,第 384 页);方其知之而行未及之,则知尚浅。既亲历其域,则知之益明,非前日之意味(《朱子语类》,第 160 页)。

⑥ 孔颖达亦有近似的看法,其认为仁义礼信四事的施行皆有赖于智:“不论智者,行此四事,并须资于知”(孔颖达:《十三经注疏》,《周易正义》,北京:北京大学出版社,1999 年,第 13 页)。

恶,便交过仁义去了”。这与王夫之的观点类似,亦构成了另一个“智包四德”的义理支撑。

三、“仁包四德”中的“智包四德”

可见,“智包四德”有两方面的学理依据:一是以智为义理根源的知觉保证了“知之在先”,“知之在先”即“知先行后”,此为从事道德功夫的基本次第,因此智在发生上对于其他三德具有奠基性,这是在功夫论上的“智包四德”;二是智之“藏”与“成始成终”义在天道层面起到了敛藏生机,“贞下起元”的作用,在人道层面“主含藏”“无知觉”使得智可以周行诸德,为诸德提供实践支撑,这是功能层面的“智包四德”。两个层面互为表里,相互补充。对此,我们或许会问:毕竟只有仁与智才能“包四德”,智是否就与仁共享了尊位?

上文已经提到,朱子并未肯定“智体”[1]的存在,朱子的“智包四德”之“智”只是四德之一,若“专言”统体,朱子则称之为仁。

> 恰似有一个**小小底仁**,有一个**大大底仁**。“偏言则一事”,是小小底仁,只做得仁之一事;“专言则包四者”,是大大底仁,又是包得礼义智底。若如此说,是有两样仁。不知仁只是一个,**虽是偏言,那许多道理也都在里面;虽是专言,那许多道理也都在里面。**[2](《语类》卷六)

朱子对仁的理解并不逼仄,其充分自觉仁有“小小底仁”与“大大底仁”两个层面,两者实际上都是指同一生生之理,不过前者是此理其一侧面的强调(仁德),后者是统称(仁体)。仁在专言时,指的是天地生生之仁体,在偏言时则指作为四德之首的仁德,两者只是一个理。[3] 因此朱子的“仁包四德”包含两个层

---

① 智作为性诚然是一种“体”,此处所言的“智体”并非指“性体”,而是指与天地生生总体之“仁体”同等的本源性概念。

② 《朱子语类》,第122页。

③ 这已被多位学者指出,如陈来认为仁分为“贯通总体流行的仁”与“义礼智并行的仁”,两者即理一的仁与分殊的仁,后者仅构成仁体的一个方面的作用(见《仁学本体论》,第425页);向世陵认为仁包含“四德与五常之一”与“融贯仁义礼智信五常的整体性概念”两个方面(见向世陵:《仁的“偏言”与“专言”——程朱仁说的专门话题》,《中国哲学史》,2018年第2期)。

次的意涵：其一是在性之浑然层面讲述仁体统之有元，会之有宗，是四德统合之范畴；其二则关注四德内部的演绎关系，强调仁德可演绎成为诸德而居于统帅地位（“众善之长”）。朱子在《仁说》中说：

> 天地以生物为心者也，而人物之生，又各得夫天地之心以为心者也。故语心之德，虽**其总摄贯通，无所不备，然一言以蔽之，则曰仁而已矣。** 请试详之。盖天地之心，**其德有四，**曰元、亨、利、贞，而**元无不统**。其运行焉，则为春、夏、秋、冬之序，而**春生之气无所不通**。故人之为心，其德亦有四，曰仁、义、礼、智，而**仁无不包**。其发用焉，则为爱恭宜别之情，而**恻隐之心无所不贯**。[①]（《仁说》）

“天地之心”即仁体，其是宇宙生化不已的动力源头。下括仁义礼智、元亨利贞、春夏秋冬，包统分言下的四种德性与生意状态，这是在“专言”层面强调仁体的本源性地位，也是“仁包四德”最根本的意涵；而在元亨利贞、仁义礼智、春夏秋冬的内部，由于仁德是仁体本质规定性的体现[②]，“元无不统”“春生之气无所不通”“仁无不包”“恻隐之心无所不贯”，其作为“众善之长”可以演绎并贯通于诸德。这更强调“偏言”层面四德的关系问题。因此“仁包四德”之包有两重意蕴：其一为“包统”，指仁体作为仁义礼智、元亨利贞之浑然统体包统括摄四种德性与运化状态；其二为“包贯”“统贯”，指仁德统率且贯通于诸德性，诸德性由仁而起且以仁为首，仁之生意、恻隐之爱意贯穿其中。如此区分只是层次上的分别而非本质上的差异，仁体与仁德无非是同一理，“仁包四德”无非也只是一个。前一种层次是后一种成立的本体论前提，后一种则是前一种必然的天道与人道展现。因此“仁包四德”的另一种说法即是“仁统四德”，“统”字更能体现仁德与仁体于诸德的优位性与统摄性。

然而“智包四德”并未有这种“小小底智”与“大大底智”的区分，如前文所述，“智包四德”体现在智的“奠基性”功能与“智藏”的“贞下起元”“周行诸德”特性上。在“知觉是智之事”的层面，智德作为知觉前提与三德的关系是条件提供

---

① 《晦庵先生朱文公文集（第四册）》，第3279页。

② “仁，固仁之本体也；义，则仁之断制也；礼，则仁之节文也；智，则仁之分别也。”（《晦庵先生朱文公文集（第五册）》，第3589页）

者与承受者的关系，所言的条件无非是在功夫论层面仁义礼三德需要知觉功能以展现自身，即所谓"知觉从义理上去"。这并不是说其他三者在存有论意义上依托于智德，反倒是智德仍离不开仁。朱子之高足陈淳指出了这一要点：

> 仁者，心之全德，兼统四者。义、礼、智，无仁不得。盖仁是心中个生理，常行生生不息，彻终始，无间断。**苟无这生理，则心便死了，**其待人接宾，恭敬何自而发？必无所谓礼。处事之际，必不解裁断，而无所谓义。**其于是非，亦必颓然无所知觉，而无所谓智。**既无是四者，又乌有所谓实理哉！[①]（《北溪字义·仁义礼智信》）

虽然心之本质特征在于知觉，这一知觉的义理依据是智，但若无仁所给予的生意，心便死了，便无所谓知觉。

在"智藏"层面，"贞下起元"意谓贞智为新一轮生机循环之前提，但其本身仍有前提。无始则无终，无终则无始，生意循环之统体唯动静、仁智、元贞两端循环往复，仁智互为前提。而统体之仁无前提，其作为天地生生之本体无法究其所以然而是构成万物之所以然。如《庄子》之"物物者非物"，亦如程子所言之"所以一阴一阳道也"云云，天理或仁体是本源性概念。这种有无前提分别构成了"智包四德"与"仁包四德"最显著的不同，智德始终是在生生之仁体内部的一个环节，并未获得超越性的地位也不为其他三德提供存有论依据。由"智藏"而来的"有知觉而无运用"的特性则意味着智具有贯通性，智德与诸德在知行的关系中构成了有机的互动整体，但朱子并未明言智德的这种贯通性意味着对于三德的统摄性。[②] 因此，"智包四德"之"包"并不具有"统"的意涵，而是指"包藏"与"贯通"。这种意涵也仅在四德循环与知行意义上成立，难言其具有存有论意义。[③]

朱子的"智包四德"始终是在这一由仁体统摄的四德框架中，讲述其中智德

---

① 陈淳著，熊国祯、高流水点校：《北溪字义》，北京：中华书局，1983 年，第 22 页。

② 即使在"知先行后"的意义上，这仍须附上"知轻行重"的条件。

③ 江俊亿认为晚年朱子对"智"的理解突破了"仁统四德"框架，"智包四德"成为与"仁包四德"并列的说法（江俊亿：《由朱子思想发展过程考察其智藏说》，台北：私立东吴大学，硕士学位论文，2011 年，第 140、143 页）。此种说法难以成立。

在特定条件下的涵摄性与优先性。智德无非也是仁体的一个表现,在四德内部或许我们可以说智德与仁德在一定程度上共享了"尊位",但如果说智德能够如仁体般拥有对诸德的宗主权恐怕不妥。"智包四德"并非意谓智有"智体",是一囊括诸德的总体性概念,而仍是在肯认统体之仁"包四德"的前提下所叙述的仁义礼智在特定意义上的先后、摄涵、轻重关系。因此部分学者,包括日本崎门学派,将智德本体化的诠释仍面临抵牾于仁体的问题。

四、余论:"智包四德"视域下的阳明学

经过上述工作,可知朱子晚年的"智包四德"思想并非对其"仁包四德"的悖反,而仍是在"仁包四德"这一架构下对智德功能的进一步界说,两者构成了"仁学本体论"框架下仁智关系的内涵互补,不违儒家一贯之"仁本"脉络。亦由于此原因,"智包四德""智藏"等一系列命题在宋代理学脉络中仅作为一隐而不显的思想底色,为诸儒者所忽视。诚如冈田武彦所言,"智藏"说仅在二蔡与真德秀那里被论及。[①] 蔡元定、蔡沈等人仅是复述朱子的表述,但随着朱子体系中诸如功夫"支离"等问题被心学家们所揭示,"智包四德"思想展现出能够补足这一不足的潜力,以全新的形式出现在了儒学的发展史当中。具有代表意义的便是阳明的"良知"与"知行本体"学说。

良知是阳明学的核心概念,阳明以"是非之心"为良知的基本定义,所谓"是非之心,不虑而知,不学而能,所谓良知也"[②]。而"是非之心"为"智之端"(此"端"已非朱子之"端绪"而是"端本"),阳明以此训良知实际上是以智言良知、以智通彻仁义礼。[③] 牟宗三先生觉察此点并指出:"然而孟子尚是仁义礼智并列

---

① 冈田武彦:《山崎闇斋》,台北:东大图书公司,1987年,第126页。

② 《王阳明〈传习录〉详注集评》,第208页。

③ 如陈来先生所说,性并非阳明体系中必要的概念(陈来:《有无之境——王阳明哲学的精神》,北京:北京大学出版社,2006年,第76页),阳明亦未直言"良知即智",但站在分殊四德功能性的角度,说阳明"以智言良知"并不违其孟子学立场,阳明学内部多认可此点。如欧阳德:"智者是非之心,所谓良知也。"(欧阳德:《欧阳德集》,南京:凤凰出版社,2007年,第281页)耿定向:"良知,智也,欲人识其真心耳。"(耿定向著,傅秋涛点校:《耿定向集》,上海:华东师范大学出版社,2015年,第326页)蕺山亦有言:"智者,良知静深之体。良知贯乎四德,而独于智见其体。"(黄宗羲:《黄宗羲全集(第一册)》,杭州:浙江古籍出版社,1985年,第316页)

地言之，而阳明则就其所言之是非之心之智而言良知，将智冒上来而通彻于仁义礼中，通彻于心德之全部，以彰著并保住心之超越性、涵盖性、主宰性、纯粹至善无对性。就此而言之，吾人可说：仁义礼是心之实，而智是实亦是用。(用就灵明言。)心惟有此'即实亦用'之一德，始能先天地知而决定是非善恶之当然之理。"[1]在牟先生看来，仁义礼三者仅为"心之实"，而智"是实亦是用"。这意谓智具有仁义礼所没有的周行诸用之功能，由此亦能"通彻于仁义礼中"。这与朱子之智"周行诸德"的特性类似，不同处在于阳明将是非之心凝练成为良知本体，并给予了智"用"的意涵。"良知只是个是非之心，是非只是个好恶。只好恶，就尽了是非；只是非，就尽了万事万变"[2]，阳明将是非之心还原为好恶情感，并以此情感周遍万事万物之用。有此情感，自然不同于朱子"有知觉而无运用"之智，阳明的智既有知觉亦有运用。此时的智德已获得兼顾知与行的意涵从而实现知行合一的可能性，可谓真正落实了贞智的"正固"意涵。

在朱子那里知与行分庭于智与仁义礼，智不过是"有知觉而无作用"，"交付"过三德与三端，此难免形成一种"异质的时间差"(heterogeneous gap)而导致知行关系的紧张。但在阳明这里，"知者行之始，行者知之成"[3]，知行关系为一"同质的时间差"(homogenous gap)[4]，知行的本然状态由良知统摄为一，是非之心借由好恶情感穷尽一切领域。由此，"智包四德"在阳明学里呈现出以"好好恶恶"情感穷尽万事万变，以是非之心综括四端，以良知统摄仁义礼智的新形态。

受篇幅所限，此章仅指出了阳明于"智包四德"这一视域的观察可能。如所周知，阳明之良知不仅具有道德主体之主观性，亦具有天理实体之客观义，同时，阳明亦在"真诚恻怛"与"万物一体"的意义上言仁。那么此仁与智的关系为何，阳明之智德是否突破了朱子"仁包四德"统御的藩篱而具有了"本体之位

---

① 牟宗三：《牟宗三先生全集(第八册)》，《从陆象山到刘蕺山》，台北：联经出版事业有限公司，2003年，第214页。

② 《王阳明〈传习录〉详注集评》，第277页。

③ 《王阳明〈传习录〉详注集评》，第53页。

④ 见陈立胜：《何种"合一"？如何"合一"？——王阳明知行合一说新论》，《贵阳学院学报(社会科学版)》，2015年第3期。另一种说法为知行合一为"一体两面的'无时间差的合一'"，见高海波：《王阳明"知是行之始，行是知之成"新诠》，《国际儒学(中英文)》，2022年第3期。

相”，这些问题仍需不断考察深入。无疑的是，对朱子“智包四德”思想的辨明，对观察朱子之后的儒学发展史有着重要的参考意义，亦对补足儒家“仁本论”框架有着切实的理论价值。

On Zhu Xi's Thought of “Wisdom encompasses four virtues”

Pi Haoyu

Abstract “Benevolence that tops any four virtues” is often understood as the key word of Confucianism in the Song Dynasty, and in the study of Zhu Xi, the academic community places more emphasis on benevolence than intelligence. However, there is also a saying in Zhu Xi's text that “Wisdom encompasses four virtues”. There are two theoretical foundations for the “Wisdom encompasses four virtues”: firstly, from the perspective of kung fu theory, perception based on Wisdom ensures that knowledge comes first. Therefore, Wisdom has priority over the other virtues in its occurrence. The second is that the “Wisdom as hidden and stored” plays a role in storing the vitality and “Promoting the rejuvenation of the virtuous” in terms of cosmology. From a perspective of specific world, “Focus on storing” and “No use” enable Wisdom to spread over various virtues and provide support for their practice. “Wisdom encompasses four virtues” is not a negation of “Benevolence that tops any four virtues”, but rather a description of the function of wisdom in “Store all things” and “Spread over all virtues” on the premise of acknowledging that the Benevolence governs all virtues. Distinguishing the “Wisdom encompasses four virtues” thought of Zhu Xi provides a new perspective for observing thoughts such as Yang Ming, and also provides theoretical value for further improving the framework of Confucianism's concept of Benevolence.
Keywords Zhu Xi; Wisdom; Wisdom encompasses four virtues; Benevolence; Wisdom as hidden and stored

【指导老师推荐语】

指导老师推荐语：文章从“智包四德”的视角发展和丰富了当前学界对朱熹思想的研究，提出了一种与传统的“仁包四德”说不同的新视点，作者思路清楚，论述有理有据,同时注重文本考释,其论可备一说。可进一步考虑的问题是:阳明的良知观,源于孟子的“孩提之童”段,从孟子的表述和阳明的理解看,良知本身“不虑而知”,其根底在于天赋的仁心,仁心不被遮蔽,人就自然而然地知善行善,可见知善行善的前提在于守护住仁心。基于这一认识,文章提出的“良知就是智”“阳明拔高智德”的说法,似乎可进一步思考。

(唐琳,华中科技大学哲学学院教授)